中文社会科学引文索引（CSSCI）来源集刊

唐宋历史评论

第十一辑

中国人民大学唐宋史研究中心
浙大城市学院浙江历史研究中心

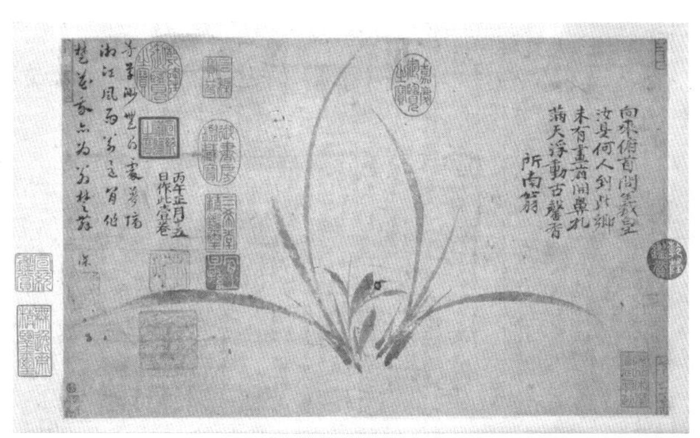

包伟民　刘后滨　主　编
张亦冰　执行编辑

社会科学文献出版社
SOCIAL SCIENCES ACADEMIC PRESS (CHINA)

目录

CONTENTS

·述论·

·书评·

·附录·

Contents

Research Notes

Overview

Book Reviews

Appendix

主编谈往：澎湃新闻《唐宋历史评论》十辑纪念访谈

澎湃新闻：《唐宋历史评论》（以下简称《评论》）创刊的缘起是什么？（创刊经过、刊物宗旨的确定、刊物的定名、刊物定位、为什么是“唐宋”）

包伟民、刘后滨：中国人民大学的汉唐史研究在郑昌淦、沙知等前辈学人的开拓下，原本有较好的基础，进入21世纪以后，在学校重视基础学科的背景下，历史学院成立了以孙家洲、黄朴民、刘后滨、孟宪实、韩树峰等为骨干的汉唐史研究中心。2009年包伟民调入人大历史学院，又激活了原有的唐宋史研究方向。2010年5月组织召开了影响颇大的“实践中的唐宋思想、礼仪与制度”国际学术研讨会，来自中国大陆、香港、台湾以及美国、日本、韩国等地的60余名唐宋史学者参会，会上宣布成立“中国人民大学唐宋史研究中心”。中心成立之初的学术团队相当壮观，成员包括包伟民、刘后滨、孟宪实、华林甫、李晓菊、李全德、皮庆生、刘新光、王静、杨梅、毕波、张耐冬、曹刚华、丁超等人。沙知、吴宗国、田浩（Hoyt C. Tillman）等担任学术顾问，包伟民任中心主任。

中心成立的宗旨是促进研究唐、宋两个断代学者之间的交流，在资料、方法与问题构建方面打通两个时段的研究隔膜。也许是受到“唐宋变革论”和相关学说的影响，以及由于史料和方法的差异，中国史学界唐史和宋史研究之间长期存在一定的疏离。我们商议要创办一份集刊，搭建一个讨论平台，《唐宋历史评论》应运而生。但是办这份集刊，并不是因为我们认同“唐宋变革论”，而是试图以唐、宋为集聚讨论的时间区段，真正打通断代。《评论》的发刊词与第一辑笔谈栏目“为什么是唐宋”中刊出的几篇文稿，可以说充分阐明了我们的出发点。这是纵向的前后贯通。横向而言，也注重拓宽视野，克服惯常的仅仅关注中原与中原民族的不足，拓展到整个唐宋时期中国史的全局，尤其是与赵宋政权同时存在的辽、西夏与金等政权与民族的历史。在已经正式出版的这十辑中，可以说都尽力贯彻了这一主旨。

2011 年 6 月 10 日在中国人民大学历史学院三层会议室召开的创刊论证会至今令人记忆犹新，应邀在人大开课的田浩教授和从美国回归北大的陆扬教授全程参与，讨论热烈，确定了刊物的定位、篇幅、栏目分类等问题。

从 2021 年下半年的第九辑起，《评论》改为由中国人民大学唐宋史研究中心与浙大城市学院历史研究中心合办，更增强了办刊的力量。

澎湃新闻：如何设置栏目版块？有哪些考量？

包伟民、刘后滨：栏目设置主要考虑要突出特色，也可以说是试图与“正规”大刊错位发展。除了一般刊物都列为主体的专题论文之外，《评论》栏目的设置突出“自由讨论”这个特色，主要有学术笔谈、述论、书评和札记等栏目。学术笔谈不拘形式，延请重要学者就唐宋史领域的一些核心问题发表意见，例如关于它们的研究方法、有潜力的议题、可能深化的路径等。笔谈并不是为了就某个议题得出具体的结论，而是试图为同行之间沟通思想提供一个专门的园地。述论是有感于目前学术综述普遍存在一些缺陷，主要是常常简单罗列各种论著，像开中药铺，而未能认真梳理学术史的脉络，目前历史学博士学位论文中那些“格式化”的学术史综述，往往就是这样。我们试图树立一种学术综述的“样本”，就是通过认真归纳，勾画出某一领域学术演进的脉络，明确其理路，指出其不足，并就今后的发展方向提出建议。综述的作者既有成熟学者，也有青年俊彦，甚至有些综述是由优秀博士论文的绪论修改而成。《评论》也比较重视学术评论，针对近年来海内外唐宋史研究领域出版的一些重要论著展开评议。鉴于学术生态，国内一些刊物对于登载书评一向谨慎，甚至干脆告缺。事实上，从国际学术界的“惯例”看，学术评议从来都是推动研究深化的必不可少的讨论形式，重要学术刊物都将专题论文与学术书评这两项作为最重要的内容。因此，《评论》为学术评议提供了足够的空间，每一辑至少刊载 3~4 篇书评。我们试图以自己的努力，在目前坊间常见的“广告式书评”之外，展示一种“正常”的可能性。同时，为了避免“自见者不明，自是者不彰”之陷阱，《评论》还有一个不成文的规定：不刊发关于编辑部同人自己论著的书评。学术札记的特点主要在于它的资料性，无论是披览史书所获之点滴心得，还是断碑残碣所可能提供的某些新历史信息，常常具有重要的意义，都可以是札记的主题。不过这似乎也常为一些学术大刊所忽略，《评论》在追求特色中求发展，因此也用心于此。

澎湃新闻：作为刊物主编，您最在意的是什么？（刊物质量、编辑流程、学术突破）

包伟民、刘后滨：编辑部同人建议由我们两人担任主编，一个重要的考虑就是要真正兼顾唐史和宋史，最初想要突破的有两点：一是唐史和宋史研究之间的隔膜，催生新的议题，获得 1+1>2 的学术效果；二是专题性的学术史缺乏有见地的梳理，许多学生写论文的时候容易陷入重复劳动。

与此同时，我们最在意的当然是刊物的质量了，舍此无他。在印象中，大多数来稿要经过编辑部同人共同讨论，提出修改意见。隋唐史方面主要由刘后滨、孟宪实和王静把关，辽宋金史方面则由包伟民、李全德、邱靖嘉和张亦冰等人把关，后来又加入了何兆泉和仝相卿等人，刊发之前还要两个断代史的同人交叉过一遍。未经修改就直接采用的当然也有，但很少。有一些我们自己把握不定的，则延请相关学有专长的同行提出意见。不少稿子与作者来回讨论，反复修改多达五六次的并不少见。《评论》虽然没有什么行政“级别”，但在我们的心目中它所追求的学术水准，与一流期刊并无二致。

刊物质量取决于稿源，我们刚开始主要通过约稿，获得了学界同人的大力支持。有了一定影响后，我们也广泛接受投稿，但书评和述论主要还是通过约稿。到目前为止，我们已经形成了相对完善的编辑流程，设立了编委会和编辑部，每辑由几位年轻教师轮流担任执行编辑，编委会成员分工审稿或邀请专家审稿，保存审稿记录，召开定稿会。

我们看重刊物在国际上的可交流性，英文标题和摘要都是由担任编委的海外学者陈怀宇教授负责翻译。

澎湃新闻：八年来，在编辑刊物的过程中有哪些逸事？对哪件（或哪几件）事情印象最为深刻？

包伟民、刘后滨：在创刊论证会上，作为中国通的田浩教授满怀期待，希望能够通过这份刊物改变中国史学界尤其是唐宋史学界缺乏深入交流的局面，真正展开学术辩难。陆扬则提醒要兼顾评论内容的尖锐与细腻之间的平衡。我们并不担心得罪人，担心的是很难持续组织到具有辩难力度的稿子。那次激烈的讨论，给在场的年轻教师和研究生一定留下了深刻的印象，对他们后来的教学和科研都产生了影响。

《评论》作为同人刊物，与一般学术杂志有一些不同。例如它所涉及的领域相对有限，编辑部同人都是本领域的学者，相比一些涉及整个学科类别的专业杂志尤其是大学学报那样的综合性刊物，我们关心的问题可能更为具体，与本领域的研究状况更为贴近。

例如，唐宋史研究中历来重视新史料的发现和研究。2021 年夏天，韩国国立中央博物馆在一个展览的网页上公布了几件吐鲁番文书的残片，是学界期盼已久的唐代重要史料。我们鼓励已有相关研究积累的顾成瑞着手研究，抢在韩国和日本学者之前，第一时间将研究论文发表在《评论》第八辑上。

又例如，邓小南教授在组织《邓广铭文集》的再版工作中，发现了不少初版未收入的重要文献，我们也及时关注，率先在《评论》的第九辑上刊载了聂文华《邓广铭致傅斯年二十七札考释》等文章，以飨读者。

有一些重要学者，他们的研究在唐宋史研究的学术史上具有某种标志性意义，但在追求“多快好省”的学术生态之下，却常有被忽略、忘却之虞。我们认为《评论》作为本领域的专门集刊，对此应该关注，因此先后推出了关于沙知、汪篯、刘浦江等学者的专栏，既为了纪念，也更能阐发这些学者的学术思想。

《评论》也起到了很好的交流平台作用。例如，台湾大学高明士教授多次在收到赠刊后来信点评相关论文，探讨学术问题，其中关于唐代判文的讨论对以往认识有了相当推进。

学界同人对《评论》一直寄予厚望，许多重要学者对我们的约稿都爽快应允，充分支持。这些学者的稿件如果提交给“级别”更高的刊物，也会很受欢迎，但他们宁可支持《评论》，并不在乎因此损失学术“工分”。在这十辑中，我们刊发了不少“重量级”学者的文稿，例如学界前辈吴宗国、梁太济、李裕民、张邦炜等，还有当今在不同领域中处于引领地位的邓小南、荣新江和陆扬等，以及海外学者黄宽重、刘静贞、妹尾达彦、魏希德等许多位。

有的时候，在处理来稿时也不免会碰到一些为难的事情。记得有次某位重要学者的文稿因为体例不合，我们犹豫再三，最后还是谢绝了。还有一次，某位年轻学者的文稿，经过近一年时间的前后四五次修改，到最后发排前，编辑部的一位同人再仔细审读，认为仍未达到我们所要求的水准，编辑部为此专门组织线上会议讨论，最后还是决定退稿。

不过在另一方面，《评论》在用稿中并不看重作者的资历，坚持以稿件的学术质量为唯一的衡量标准，编辑部同人甚至更愿意为本科生及研究生的来稿付出更多的劳动。即将刊发在第十一辑的一篇关于唐代“散官当番”的稿子，其作者就是一位大学本科二年级的学生，责编帮着作者前后修改了数次，最后编辑部同人一致通过。在已经出版的十辑《评论》中，总共有十余位作者是硕博士研究生。

澎湃新闻：《唐宋历史评论》第十一辑即将面世，十辑来，共收入多少文章？共收到多少投稿？哪些论文影响力特别大？《唐宋历史评论》对于学界有着怎样的推动？今后还有哪些新动向？

包伟民、刘后滨：《评论》篇幅有限，尤其是中间几辑更少一些，每辑 15 万~16 万字，最初和后面几辑字数略多，达到 20 万字上下。每辑刊载十七八篇文章，十辑总共约 170 篇稿子。所以无论是在研究领域，还是篇幅数量，都是相当“小众”的。至于它的学术影响力，不少学者给予了好评，我们理解这些当然是出于学界同道的好意。如果一定要自评一下的话，我们以为是达到了最初所设定的目标。自 2021 年起，《评论》入选中文社会科学引文索引（CSSCI）来源集刊目录，2022 年入选中国人文社会科学 A 集刊评价名单。

有一些重要学者的文稿，无论是吴宗国的《唐代的科技、外贸与绘画——唐史漫笔三题》、妹尾达彦的《陪京的诞生——6~12世纪东亚复都史再析》，还是戴建国的《现存〈天圣令〉文本来源考》，都提出了引人注目的新见，收到了很好的反响。不过我们最为用心也自以为最具特色的，还是那几组专栏笔谈。除了第一辑的“为什么是‘唐宋’？”外，我们先后在第二至第四辑的笔谈中连续讨论唐宋史研究的资料问题，即第二辑的“唐宋史研究如何对待新材料？”（邓小南、荣新江）、第三辑的关于“数字人文”（魏希德、徐力恒、李宗翰、郑莉），以及第四辑的“石刻史料与中古史研究”（仇鹿鸣、史睿）。另外所设的专栏议题，也都紧跟唐宋史研究发展的步伐，并试图发挥某些可能的引领作用，例如第六辑的“城市史研究”（鲁西奇、包伟民）、第九辑的“跨学科视野中的唐宋变革”（陆扬等），以及第十辑的“唐宋的田野”（吴铮强、杨信良）。学界对这些专栏文稿的回应都相当积极。

总的来讲，纵向看，近年来在唐宋史研究领域前后贯通的研究取向可以说已经蔚然成风；横向而言，尤其对10~13世纪，关于“大宋史”的研究视野也得到了越来越多学者的认同，努力贯通辽宋金几个一向被认为是“不同”的领域。一些具体议题的展开也许仍落实在某个时间或者地域的“点”上，但学者们的观察视野无论在纵向还是横向上，都已有了明显的拓展。这从近年来本领域博士学位论文的选题，就可以得到明显的反映。这些进展当然主要是学术史自身演进逻辑的表现，也由多方面因素促成，《评论》可能在其中发挥了某些助推作用。

此外，《评论》各辑所发表的学术综述，也使得相关学术史的梳理有了可喜的积累。印象中有几篇文稿，例如孙英刚的《中古佛教与隋唐政治关系研究随札》（第二辑）和周曲洋的《概念、过程与文书：宋代两税研究的回顾与展望》（第四辑）等，皆言简意赅，以不多的文字将所讨论领域的学术脉络梳理得清清楚楚，尤其精彩。

澎湃新闻：近十年来，唐宋史学有哪些新发展？学者有着怎样的新方法、新材料、新视角？唐宋史学今后有哪些发展方向？哪些地方还有所欠缺？您对青年学者有哪些建议？

包伟民、刘后滨：这个问题有点儿大，不是这里三言两语能够讲清楚的。2018 年，《中国史研究动态》刊发了一组改革开放 40 年来各个断代的研究综述，刘后滨和包伟民分别撰写了隋唐五代史研究和辽宋夏金史研究部分。2019 年，《文史哲》杂志社召开专题座谈会，学者们的发言后来刊发在《文史哲》杂志此年第 5 期的“近四十年中国古史断代研究的回顾与反思”专栏中。包伟民也发表了一些意见，可以参见。

至于对青年学者的建议，方方面面可以交流讨论的也很多，这里只简单说两句话：第一，细心体悟每一则资料中可能蕴含的、他人尚未发现的历史信息；第二，尽可能从大处着眼，于小处着手。

专　论

堂案、堂判与唐、五代中书门下体制下的政务运作

王孙盈政

摘　要：唐代三省制下，堂案当为宰相对军国大政发表议论的表状在政事堂的存档。开元十一年（723）中书门下体制建立以后，直至五代末期，堂案则是宰相和其他官员对军国大政和常务发表议论的表状在中书门下的存档。《唐国史补》称“宰相判四方之事有堂案”，误。此“堂案”实为“堂判”。中书门下体制下，宰相以堂判判四方、百司之事。堂案内容改变和堂判文书产生，是中书门下作为军国大政的决策机构和常务主要裁决机构在公文运行方面的反映。

关键词：唐、五代时期　堂案　堂判　中书门下体制

《唐国史补》卷下略云：“宰相判四方之事有堂案，处分百司有堂帖……”[①] 史学界对堂帖的性质有所确定，[②] 但对堂案的研究却几乎是空白。到目前为止，没有堂案的实物出土，史籍中提及的与堂案相关的史料少之又少。刘后滨先生在探讨唐代“中书门下体制”时曾略及堂案，认为中书门下体制的主要特征之一，是作为宰相机构的中书门下呈现明显的政

---

① 李肇撰，聂清风校注《唐国史补校注》卷下，第3条“宰相判事目”，中华书局，2021，第221页。

② 关于唐、五代时期堂帖的考证参见以下诸文：李全德《从堂帖到省札——略论唐宋时期宰相处理政务的文书之演变》，《北京大学学报》（哲学社会科学版）2012年第2期，第106~116页；樊文礼、史秀莲《唐代公牍文“帖”研究》，《中国典籍与文化》2007年第4期，第8~12页；雷闻《唐代帖文的形态与运作》，《中国史研究》2010年第3期，第89~115页；刘后滨《唐代中书门下体制研究——公文形态·政务运行与制度变迁》，齐鲁书社，2004，第300~305页。

务官化，负责裁处国家常务，堂案正是中书门下处理常务的专用公文，用于“中书门下对一些奏状的直接裁决”。[①] 李全德先生在论及中晚唐堂帖运作时附带对堂案提出了不同的见解：“堂案只是政事堂内部的一种文书档案，而不是宰相对外指挥公事的公文书。”[②] 雷闻先生在肯定“中书门下体制”概念的基础上，综合了刘、李二位的观点，推测“‘堂案’更像是中书门下处理政务之后的档案，与直接处分政事的‘堂帖’不同”。[③] 学者们将公文运作置于行政运行体制转型的背景下进行考察，值得借鉴。[④] 笔者将延续这一视角，在前人研究的基础上，进一步探讨开元十一年以后与宰相处理政务相关的文书，以揭示中书门下体制下政务运作的特色。

一　行政运行体制转型与堂案内容变化

唐代建立之初，初步确立了三省制，经过高祖一朝和太宗朝初期的调整，三省制趋于完善。三省长官同为法定宰相，享有议政权，辅助皇帝对军国大政做出决策，政事堂是宰相议政的场所。而国家常务则汇总于尚书省，由都省和二十四曹具体裁决，行使最高行政机构的权力。因此尚书省是名副其实的“天下政本”，在三省中居于首要地位。但后来，尚书省在国家政务运作中的作用呈减弱趋势，最高行政机构的地位受到冲击。唐代行政运行体制悄然发生着变化。先天二年（是年十二月改元开元，713）七月，玄宗铲除太平公主一党，政治局面日趋稳定，统治集团进一步有意识地转变行政运行体制。同年底，尚书省开始长期不置左右仆射。[⑤] 开元十一年，首相兼中书令张说奏改政事堂为中书门下，作为由宰相领导的军国大政的决策机构。随后，左右仆射被拒于中书门下之外。中书门下开始逐渐取代尚书省兼掌最高行政权，成为国家常务的主要裁决机构。三省制

① 刘后滨：《唐代中书门下体制研究——公文形态·政务运行与制度变迁》，第 304 页。

② 李全德：《从堂帖到省札——略论唐宋时期宰相处理政务的文书之演变》，《北京大学学报》（哲学社会科学版）2012 年第 2 期，第 108 页。

③ 雷闻：《唐代帖文的形态与运作》，《中国史研究》2010 年第 3 期，第 92 页注 1。

④ 此后，有学者再度忽略了三省制和中书门下体制下公文性质的转型，认为堂案和堂帖在唐初已经存在。参见胡宝华《读〈唐代中书门下体制研究〉——以唐代封驳制度为中心》，《中国史研究》2014 年第 1 期，第 191~196 页。

⑤ 开元前期仆射空置的情况，参见严耕望《唐仆尚丞郎表》卷二《通表上·仆丞》，上海古籍出版社，2007，第 40~42 页。

正式解体，中书门下体制初步确立。行政运行体制转型导致唐代公文运作随之发生变化。

但是，堂案却非中书门下体制的产物，三省制时期已经存在所谓的“堂案”。顾名思义，“堂”即“政事堂”，“堂案”即“政事堂文案”。宋璟曾于睿、玄两朝两次入相，景云元年七月至次年二月，以检校吏部尚书任同中书门下三品，开元四年闰十二月至八年正月以吏部尚书兼黄门监（侍中）。[①] 开元八年正月接任宋璟为相的张嘉贞，[②] 尝悉阅璟之“堂案”，[③]“见其危言切议，未尝不失声叹息”。[④] 张嘉贞入相之时，宋璟已经离任，张嘉贞所阅宋璟之“堂案”，当为留底档案的性质。三省制下，政事堂只作为宰相议政的场所，这些堂案很可能是宋璟为相时所议军国大政相关表状的存档。这种推断也与“危言切议”一词相合。宋璟为相之时，中书门下体制尚未建立，此“堂案”乃真正的“政事堂文案”，与中书门下无关。

中书门下体制确立后，依然存在“堂案”这种文书形式。虽然政事堂已经被中书门下取代，但唐及五代时期的人仍习惯将政事堂作为中书门下的别称。因此，中书门下体制下所谓的“堂案”实际就是“中书门下文案”。史籍中所载开元十一年至五代末期涉及堂案的材料共有三条，[⑤] 笔者将逐一分析这三条史料，以明确中书门下体制下堂案的性质。

乾元元年（758）六月，肃宗下令惩办前宰相房琯，诏书称：

> 房琯素表文学，夙推名器，由是累阶清贵，致位台衡。而率情自任，怙气恃权。虚浮简傲者进为同人，温让谨令者捐于异路。所以辅佐

---

① 《新唐书》卷六一《宰相上》，“景云元年七月丁巳”条、“二年二月甲申”条，中华书局，1975，第1677~1678页；卷六二《宰相中》，“开元四年闰十二月己亥”条、“八年正月辛巳”条，第1685~1686页。

② 《新唐书》卷六二《宰相中》，“八年正月辛巳”条，第1686页。

③ 颜真卿：《有唐开府仪同三司行尚书右丞相上柱国赠太尉广平文贞公宋公（璟）神道碑铭》，黄本骥编订，凌家民点校、简注、重订《颜真卿集》，黑龙江人民出版社，1993，第180页。参见《新唐书》卷一二四《宋璟传》，第4394页。

④ 《新唐书》卷一二四《宋璟传》，第4394页。

⑤ 傅璇琮校笺《李德裕文集校笺》卷一三至一六内容为《论用兵》，附注：“论兵状请诏者留在内廷，降者敕存于堂案。今捡拾旧稿，得三分之一。”此语显然为后人所载，不知出自何处。且此四卷内容并无敕书。

> 之际，谋猷匪弘。顷者时属艰难，擢居将相，朕永怀仄席，冀有成功。而丧我师徒，既亏制胜之任；升其亲友，悉彰浮诞之迹。曾未逾时，遽从败绩。自合首明军令，以谢师旅，犹尚矜其万死，擢以三孤。或云缘其切直，遂见斥退。朕示以堂案，令观所以，咸知乖舛，旷于政事。①

房琯于至德元载（756）七月至二载五月以文部（吏部）尚书任同中书门下平章事。② 离任之后，有堂案证其为相期间“旷于政事”，可知这些堂案必为存档于中书门下的文案。从表面看，这些堂案应与房琯裁处政务相关。但细察肃宗诏书之语，除指责房琯丧师败绩和用人不当外，关于政务，只提到“辅佐之际，谋猷匪弘”，即对国事没能提出建设性意见。所以肃宗所示堂案，更可能是房琯对国家政务所发议论之表状。这些存档的表状，可以证明房琯论事并非“切直”，而是“乖舛”，以至于“旷于政事”。中书门下体制下，中书门下既是军国大政的决策机构，也是常务的主要裁决机构，故房琯所论政事应包括军国大政和常务两方面内容。

《资治通鉴》记载大和四年（830）底，为防止南诏入寇蜀地，西川节度使李德裕奏请增调镇兵一千五百人进行防御。因朝中有大臣反对，李德裕称：“其朝臣建言者，盖由祸不在身，望人责一状，留入堂案，他日败事，不可令臣独当国宪。”③ 李德裕所言“堂案”，如胡三省所注，“堂，谓政事堂。案，文案也”，为政事堂（中书门下）文案。此堂案所指非常清楚，即朝臣建言者将其意见以状上呈，存于中书门下。据此推知，堂案应为臣下对国家政务发表建议的表状在中书门下的存档。大和四年，为李德裕政敌牛僧孺、李宗闵为相当政时期。④ “朝臣建言者”，很可能就是指这两位宰相。但反对者只是“建言”，而非裁决此事。如果牛、李二人曾以宰相身份对德裕奏请的内容进行裁处，李德裕不会再提出“人责一状，留入堂案”。因此，堂案与宰相裁决国家政务没有必然联系。

---

① 《旧唐书》卷一一一《房琯传》，中华书局，1975，第3323~3324页。

② 《新唐书》卷六二《宰相中》，第1693页。

③ 《资治通鉴》卷二四四，文宗太和四年十月条，中华书局，1956，第7873页。

④ 李宗闵大和三年八月甲戌，以吏部侍郎任同中书门下平章事，四年六月己酉，改中书侍郎。牛僧孺大和四年正月辛卯，以兵部尚书任同中书门下平章事，全年在任。参见《新唐书》卷六三《宰相下》，第1720~1721页。

据《旧唐书·武宗纪》，会昌元年（841）十二月，中书门下奏修实录体例：

> 又宰臣与公卿论事，行与不行，须有明据。或奏请允惬，必见褒称；或所论乖僻，因有惩责。在藩镇上表，必有批答，居要官启事者，自有著明，并须昭然在人耳目。或取舍存于堂案，或与夺形于诏敕，前代史书所载奏议，罔不由此。[①]

此条史料曾被学者们引用，证明堂案与中书门下裁处政务相关。[②] 但这里所谓的"堂案"，是"史书所载奏议"（论事）的来源之一，奏议者可以是宰臣、公卿、藩镇官员或其他要官。对这些奏议进行取舍与夺者为皇帝，而非宰相，特别是宰相论事，不可能再由宰相"取舍"。故此处称对奏议的取舍只是"存于"，而非"裁于"堂案。中书门下体制下，国家主要政务，无论是军国大政还是常务都集中于中书门下，因此中书门下堂案的内容较三省制下政事堂堂案的内容要丰富得多，包括宰相和其他官员对军国大政以及常务发表议论的表状。再参看以下史料：

> 后唐赵熙为起居郎。明宗天成二年（927）八月，熙奏："今后凡内中公事，及诏书、奏对，应不到中书（中书门下）者，伏乞委内臣一人旋具抄录，月终关送史馆。"敕："宜令枢密院学士阎至录送。"[③]
>
> 末帝清泰元年（934），史馆上言："凡书诏，及处分公事、臣下奏议，望命近臣以时系日，录下史馆编修。"诏［端明殿学士韩］昭裔（胤）及枢密直学士李专美录送有司，行明宗时旧事也。[④]

① 《旧唐书》卷一八上《武宗纪》，第589页。《册府元龟》卷五五九《国史部·论议二》"李德裕"条略同，中华书局，1960，第6716页。《唐会要》将此事系于会昌三年（卷六四《史馆杂录下》"会昌三年十月"条，上海古籍出版社，2006，第1315页）。

② 参见刘后滨《唐代中书门下体制研究——公文形态·政务运行与制度变迁》，第303~304页；雷闻《唐代帖文的形态与运作》，《中国史研究》2010年第3期，第92页注1。

③ 《册府元龟》卷五六〇《国史部·记注》，第6723页。

④ 《册府元龟》卷五五七《国史部·采撰三》，"韩昭裔（胤）"条，第6692页。

由上引史料可知：第一，后唐时期，与国家政务相关的公文主要分为诏书、处分公事的公文和臣下奏议三类（赵熙所谓“奏对”即史馆上言之“臣下奏议”）；第二，除枢密院等内司处理的事务外，其他公文皆送至中书门下。后唐时期，多次强调施行唐制，唐后期公文交付的情况应基本同于此。可见，在中书门下体制下，臣下奏议多送至中书门下，故中书门下保有这类文书，进行存档，形成“堂案”。堂案与宰相处理政务没有直接关系。

由于史料缺乏，很难对唐及五代时期的堂案下一个精确的定义。就现有史料而言，三省制下，政事堂作为宰相议政场所，堂案很可能只是宰相对军国大政所发议论的表状在政事堂的存案。中书门下体制下，中书门下不但是军国大政的决策机构，也承担起裁决国家主要常务的职能，因此与国家政务相关的各类公文普遍集中于此。堂案包括宰相和其他官员对军国大政以及常务发表议论的表状在中书门下的存档，皇帝对存档于中书门下的奏议拥有最终裁决权。堂案并非《唐国史补》中所称“宰相判四方之事”所用之公文。

二 唐、五代时期中书门下体制下的堂判文书

唐代行政运行体制由三省制转型为中书门下体制，政务处理程序发生了实质变化，这种变化直接反映在公文运作方面。状是唐、五代时期与政务运行相关的上行公文形式，不仅可用作对国家政务发表意见，亦可用作向朝廷汇报公务，请求批示。状分为两类，即奏状和申状。奏状的呈递对象为皇帝；申状的呈递对象，在中央，则是具体职司（主要是最高行政机构）。[①] 有诸多常务，中央百司和地方无权独立裁决，须通过申状，上呈最高行政机构请示处理办法。唐代前期，尚书省作为国家最高行政机构，有权直接对中央百司和地方州府发布政令，接受并批示诸司和地方呈递的申状。符是尚书省发布政令和批示申状的公文。中书门下体制建立之后，中书门下逐渐取代尚书省，兼掌最高行政权，故其亦需要专用公文，以发挥唐代前期尚书省符的功用。堂帖是中书门下直接发布政令的公文形式，但

① 参见吴丽娱《试论“状”在唐朝中央行政体系中的应用与传递》，《文史》2008 年第 1 期，第 119~148 页。

并不用于批答申状。[①]

发给中书门下（政事堂）的申状亦被称为堂状。[②] 堂状与制诏、章表同为唐后期最主要的公文形式。[③] 堂状大体可分为三类：诸司报告或请示政务，[④] 单独呈递给中书门下的堂状；先呈递给中书门下，再经中书门下奏呈皇帝的堂状；在奏闻皇帝的同时，兼申中书门下的堂状。[⑤] 对于第一类堂状，宰相可直接裁决，并将结果发回有司。对于后两类堂状涉及的政务，首先由宰相进行批答，提出初步处理意见，之后奏请皇帝御裁（复奏）。可以推知，在中书门下体制下，必然有一种公文形式作为宰相批复堂状之用。

中书门下宰相裁处国家政务时，使用一种称为“堂判”的公文。生于晚唐、仕于南唐的刘崇远撰《金华子杂编》，其中略云：“宣宗以后，近代宰相堂判俊赡，无及路公岩者。”[⑥]《旧五代史》和《册府元龟》则记载了后唐末帝时，宰相马胤孙堂判被文士所讥之事。[⑦] 身为宰相，路岩因堂判“俊赡”而扬名，马胤孙因堂判不当而蒙羞，故堂判文书与宰相的关系应该极为密切。

首先考察马胤孙堂判的具体内容。清泰年间，御史台定仆射与常侍行香次第，中书侍郎、平章事马胤孙令台司检旧例。御史台申状中书门下：“旧

---

① 关于唐代堂帖的史料较多，雷闻先生在《唐代帖文的形态与运作》一文中对唐代堂帖史料进行过整理。其中清晰可见，堂帖是中书门下直接发出指挥诸司公事的公文，与申状无关（《中国史研究》2010 年第 3 期，第 89~115 页）。

② 参见崔致远撰，党银平校注《桂苑笔耕集校注》卷六，中华书局，2007，第 134~158 页。此卷共收录堂状十篇，都是发给中书门下的申状。

③ 李绅进士及第，自宪宗至武宗朝为官，所草公文包括制诏、章表、堂状三类，由其子李濬编辑成集（李濬：《慧山寺家山记》，《文苑英华》卷八二九《记》，中华书局，1966，第 4376 页）。

④ 唐代上行公文就内容而言，主要分为报告和请示两类。参见叶炜《释唐后期上行公文中的兼申现象》，《史学月刊》2020 年第 5 期，第 16~25 页。

⑤ 参见吴丽娱《试论“状”在唐朝中央行政体系中的应用与传递》，《文史》2008 年第 1 期，第 119~148 页。

⑥ 刘崇远：《金华子杂编》卷上，周广业校注，中华书局，1985，第 4 页。《唐语林》中亦有类似之语：“大中（847~860）已后，宰相堂判无及路岩者。”（王谠撰，周勋初校证《唐语林校证》卷二，中华书局，1987，第 102 页）

⑦《旧五代史》卷一二七《马裔（胤）孙传》，中华书局，1976，第 1669~1670 页；《册府元龟》卷三三五《宰辅部·不称》，“刘昫”条，第 3961~3962 页。

不见例，据南北班位，即常侍在前。”马胤孙判此状曰：“既有援据，足可遵行，各示本官。”史称：“文士哂裔（胤）孙堂判有‘援据’二字。”① 可知，堂判是宰相马胤孙对御史台堂状的裁决公文。

唐、五代时期，诸多政务在堂状和堂判的往复中得到解决。如《册府元龟》卷六四一《贡举部·条制三》略云：

> 是年［天成二年］四月，中书奏：“礼部贡院申，当司奉今月六日敕，吏部流内铨状申，据白院状申，当司先准礼部贡院牒，称具成德军解送到前进士王蟾状，请罢摄深州司功参军应宏词举。前件人准格例应重科，合在吏部。其王蟾并解送吏部，请准例指纵者。当司遂具状申堂，奉判：送吏部分折（析）近年事例如何者。伏缘近年别无事例，今捡（检）《登科录》内，于伪梁开平三年（909）应宏词登科二人，前进士余渥、承旨舍人李愚。考官二人，司勋郎中崔景、兵部员外郎张贻宪者。再具状申堂，奉判：送吏部准例指挥者。其前进士王蟾应宏词，考官试官合在流内铨申请者。前进士王蟾请应宏词……”②

吏部根据格文和旧例，无法确定前进士王蟾该在何处应宏词举，两次“具状申堂（中书门下）”，中书门下做出裁决后，将判文发回吏部，吏部“奉判”进行处理。“奉判”，即奉中书门下“堂判”，“奉判”的内容即堂判的内容。

堂判的广泛应用，使我们可以进一步了解这类公文处理政务的范围。后晋宰相冯道“尝以堂判衡铨司所注官”，引起判铨事史圭的不满。③ 后周显德五年（958），太常寺删集现行公事，提到诸郊坛庙御署祝版如遇皇帝巡省，则“准堂判于留守衙书御名祇应”。④ 后唐长兴四年（933），御史

---

① 《旧五代史》卷一二七《马裔（胤）孙传》，第 1670 页；《册府元龟》卷三三五《宰辅部·不称》，“刘昫”条，第 3962 页。

② 《册府元龟》卷六四一《贡举部·条制三》，第 7690 页。《五代会要》卷二二《宏词拔萃》，“后唐明宗天成二年四月二日”条略同，上海古籍出版社，2006，第 357 页。

③ 《旧五代史》卷九二《史圭传》，第 1218 页。

④ 《五代会要》卷一六《太常寺》，“周显德五年闰七月”条，第 268 页。

中丞龙敏在奏陈事之时，称御史台诸多公事需要申堂，[①] 堂判当为处理御史台申堂事务的主要手段，如上引马胤孙堂判之例。僖宗朝宰相卢携通过堂判对多名地方官员做出惩处。[②] 显然，宰相通过堂判裁决尚书省内诸司职掌和寺监、御史台等百司以及地方的堂状事宜。

天成二年，被南曹驳放的选人申状中书门下，要求宰相对其参选权限重新做出裁决。宰相向铨司下达堂判，令其“具新旧过格年限，分析申上”。[③] 次年，乡贡九经刘英甫于中书门下申状，提出以经义九十道代替旧格帖经的建议。宰相据状发出堂判，要求主管贡举的礼部“详状处分”。[④] 这两条史料表明，宰相亦可通过堂判批答个人堂状，但是这类堂判不是回复给申状者本人，而是交由相应部门做出处理。

有一种情况需要注意。很多时候，皇帝亦会将奏状出付中书门下，由宰相先行裁决，再复奏于皇帝。奏状转至中书门下后，有时宰相以堂帖的形式将奏状事务交由相关部门具体处理。天成三年，学士院需草拟发往高丽国的诏书，奏称：“其高丽国未曾有人使到阙，院中并无彼国诏书式样，未审呼卿呼汝，兼使何色纸书写及封裹事例，伏请特赐参酌详定报院者。”该奏状交付中书门下。中书门下据状发出堂帖，令“太常礼院林祈申堂”。礼官林祈按照堂帖要求，根据往例提出“请约赐新罗国王书诏体样修写”的建议。该建议由中书门下转奏皇帝，最后通过敕书下令“赐高丽国书诏，宜依赐新罗、渤海两蕃书诏体样修写”。[⑤] 长兴三年，国子博士蔡同文奏请明宗修改祭奠文宣王四壁诸英之仪，中书门下亦帖礼院“检讨礼例分析”。礼院检《郊祀录》，制定出具体仪制，申状中书门下。中书门下将该仪制上奏皇帝，获得敕书批准。[⑥] 在这种情况下，对于接受堂帖的诸司而言，堂帖是中书门下发出命令，直接指挥诸司运作的公文。虽然堂帖有时可以用于处理奏状内容，但并不用于批复堂状事宜。

通过考察史籍中的相关记载，推知《唐国史补》所言之“堂案”，实

---

① 《册府元龟》卷五一七《宪官部·振举二》，第 6179 页。

② 刘崇远：《金华子杂编》卷下，第 18 页。

③ 《五代会要》卷二〇《选事上》，“天成二年三月二十四日”条，第 334 页。

④ 《五代会要》卷二三《科目杂录》，“天成三年二月十日”条，第 372 页。

⑤ 《五代会要》卷一三《翰林院》，“天成三年十二月二日”条，第 226~227 页。

⑥ 《五代会要》卷八《释奠》，“后唐长兴三年五月七日”条，第 128 页。

际所指当为“堂判”。一般，将对于公事的书面裁决程序称为判案。堂判正是宰相判地方、百司之事的公文，即宰相对地方和中央百司的堂状进行批复，通过判案处理堂状事务的公文。堂判和堂帖的区别在于：堂判是中书门下对堂状的批示；堂帖是中书门下直接发出命令指挥公事的公文。并非堂判的对象是四方机构，堂帖的对象是在京百司。[①]《唐国史补》称“宰相判四方之事有堂案，处分百司有堂帖……”表明“判”与“处分”含义不同，“判”当指“判案”，“处分”则指发号施令。[②] 此句改为“宰相判四方、百司之事有堂判，处分四方、百司有堂帖”，更加准确。

三 堂判、王言与政务裁决

第一类堂状，即单独申中书门下的堂状，宰相判案后，堂判内容由中书门下直接下达相关机构执行，不必经过皇帝批复。但有部分军国大政或常务需先申状中书门下，由中书门下以堂判形式处理后，再奏呈皇帝做最后审批。《册府元龟》卷一五四《帝王部·明罚三》记载：

> ［长兴］二年三月，礼部令史吴知巳揩改太庙斋郎李谊敕甲及堂判姓名，为张昭因伪出给优牒，与张昭斋郎。［候补斋郎］吕图陈告其伪，捕讯于御史台。[③]

礼部负责补选太庙斋郎，经中书门下引验无误后上奏。[④] 宰相通过堂判批复礼部所申斋郎名单，经皇帝首肯，形成敕甲，返回礼部，礼部根据敕甲向新入选斋郎出给优牒。礼部令史伪出优牒，必须同时篡改敕甲和堂判。

此外，到唐代后期，国家政务在奏闻皇帝的同时兼申状中书门下的情况

① 对堂帖的应用对象是中央百司和地方的考证，可参见李全德《从堂帖到省札——略论唐宋时期宰相处理政务的文书之演变》，《北京大学学报》（哲学社会科学版）2012 年第 2 期，第 106~116 页；雷闻《唐代帖文的形态与运作》，《中国史研究》2010 年第 3 期，第 89~115 页；刘后滨《唐代中书门下体制研究——公文形态·政务运行与制度变迁》，第 300~305 页。

② 宋人沈括称：“唐中书（中书门下）指挥事谓之‘堂帖子’。”（沈括撰，胡道静校注《新校正梦溪笔谈》卷一《故事一》，中华书局香港分局，1975，第 24 页）

③ 《册府元龟》卷一五四《帝王部·明罚三》，第 1867 页。

④ 《五代会要》卷一六《礼部》，“后唐天成三年十一月二十一日”条，第 262~264 页。

并不少见。如《桂苑笔耕集》中所收录的十封堂状，所有内容都分别以表状形式呈给了皇帝。[①] 相关公务应该亦先由宰相裁决，再上呈皇帝审批。[②] 乾符三年六月，敕福建观察使李播、荆州刺史杨权古、蔚州刺史王龟范、壁州刺史张赞、濮州刺史韦浦、施州刺史娄傅会、邢州刺史王回、抚州刺史崔理、黄州刺史计信卿等："刺史亲人之官，苟不谙详，岂宜除授。比为朕养百姓，非独荣尔一身，每念疲羸，实所伤叹。李播等九人授官之时，众词不可；王回等三人到郡无政，惟务贪求。实污方州，并宜停任。"[③] 这封敕书正是以宰相卢携处理此事的堂判为依据发出的。[④]

在大部分情况下，皇帝对堂判内容进行最终裁处时都会全面肯定宰相的处理意见，甚至将堂判原文直接纳入正式王言之中。咸通九年（868），庞勋反叛，泗、滁两州刺史杜慆、高锡望奋力抗击。唯有和州刺史崔雍采取不抵抗政策，致使州城被洗劫一空。次年八月，和州防虞行官石侔等一百三十人状诉崔雍"将一千人兵士之命，赎拔已之一身"。[⑤] 懿宗随即下敕："宜令宣歙观察使追崔雍收禁速勘，逐具事由申奏。"[⑥] 同月，懿宗再下惩办崔雍的敕书：

> 当崔雍守郡之日，是庞勋肆逆之初。属狂寇奔冲，望风和好，置酒以邀贼将，启关而纳凶徒。城内不许持兵，皆令解甲，致使三军百

① 此前叶炜先生已经考证出《桂苑笔耕集》收录的八封谢状和贺状性质的堂状皆有与之内容对应的谢表和贺表存在（叶炜：《释唐后期上行公文中的兼申现象》，《史学月刊》2020年第5期，第16~25页）。《请降诏旨指喻两浙状》有"具状奏陈，请更飞诏止遏"之语；《请转官从事状》有"已具状申奏讫"之语（分别见崔致远撰，党银平校注《桂苑笔耕集校注》卷六，第145、155页），表明这两封请示性堂状亦有与之内容对应的表（奏）状。

② 《请降诏旨指喻两浙状》称"伏惟相公赞成睿略，施展庙谋，俾陈两武之事端，唯仰一言之恩庇"；《请转官从事状》称"伏惟相公庇护戎藩，激扬宾席，稍超常例，特授清资，略假润于丹青，许分荣于朱紫"（分别见崔致远撰，党银平校注《桂苑笔耕集校注》卷六，第145、155页），都是请宰相裁决之语。如果此事先由皇帝裁决，只是通过堂状告知宰相，不会使用这类用语。

③ 《旧唐书》卷一九下《僖宗纪》，第696页。

④ "卢公携入相三日，堂判福建观察使［李］播等九人，上官之时，众词疑惑；王回、崔程、郎幼复等三人，到任之后，政事乖张，并勒停见任。"（刘崇远：《金华子杂编》卷下，第18页）

⑤ 《旧唐书》卷一九上《懿宗纪》，第669页。

⑥ 《旧唐书》卷一九上《懿宗纪》，第669页。

> 姓，抆血相视，连头受诛。初闻奏陈，深骇观听。锡望守城而死，已有追荣；杜慆孤垒获全，寻加殊奖。既褒忠节，难赦罪人，玉石固分，惩劝斯在。将垂诫于四海，当何爱于一夫。其崔雍宜差内养孟公度专往宣州，赐自尽。①

根据《金华子杂编》，门下侍郎、平章事路岩曾判关于崔雍一事的堂状，其中有“锡望守城而死，已有追荣；杜慆孤垒获全，寻加殊奖”之语。②此语一字未改地出现在懿宗惩办崔雍的敕书中。《金华子杂编》又云：“崔雍为起居郎，出守和州。遇庞勋悖乱，贼兵攻和，雍弃城奔浙右。为路岩所构，竟坐此见害。”③ 这很可能是指路岩通过堂判极力煽动懿宗的怒火，促使懿宗肯定了赐崔雍自尽的裁决。对崔雍一事的处理过程大致如下：宣歙观察使将关于崔雍的事由分别以堂状和奏状两种形式上呈朝廷；堂状送递中书门下后，宰相路岩负责判案；结果由中书门下（很可能就是路岩本人）面奏懿宗，故敕书称“初闻奏陈，深骇观听”；路岩提出赐死崔雍的建议得到懿宗认可，懿宗要求草敕官员根据路岩堂判对宣歙观察使上呈的奏状进行批答，发出惩办崔雍的正式敕书。根据敕书内容，除“初闻奏陈，深骇观听”，以及最后“宜差内养孟公度专往宣州”等语，其他语句很可能皆为路岩判文原句。在路岩将崔雍一事的处理结果上奏之前，懿宗对此事并无基本了解。他对此事的认知和处理，完全是基于路岩的判断。④但就原则而言，堂判仅是一种建议，皇帝可以行使否决权。

宰相通过堂判协助君主处理大量政务，故“后僖、昭时，杨复恭、西门季元（玄）欲夺宰相权，乃于堂状后帖黄指挥公事”；⑤ “中尉、枢密使皆得帖黄除吏”。⑥ 唐代末年，在宦官集团势力达到顶峰之际，权宦特别是

① 《旧唐书》卷一九上《懿宗纪》，第 669 页。

② 刘崇远：《金华子杂编》卷上，第 4 页。

③ 刘崇远：《金华子杂编》卷上，第 7 页。参见《新唐书》卷一五九《崔雍传》，第 4963 页。据《唐语林》，崔雍和路岩曾同在崔铉幕府，因事相争，故路岩因和州事陷崔雍于死地（王谠撰，周勋初校证《唐语林校证》卷七，第 670 页）。

④ 史称：“上［懿宗］荒宴，不亲庶政，委任路岩。”（《资治通鉴》卷二五一，懿宗咸通十年十月条，第 8150 页）如果是贤明或强势的皇帝，对于堂判的可否应该会更加有个人立场。

⑤ 《文献通考》卷五八《枢密院》，中华书局，1986，第 523 页。

⑥ 《玉海》卷一六七《宋朝枢密院》，江苏古籍出版社、上海古籍出版社，1987，第 3070 页。

枢密使，通过帖黄的形式对堂状事务进行裁决，取代堂判的处理结果，以进一步攫取参政权力。故堂判是君相一体化裁决政务体制下最为核心的公文形式之一。

唐、五代时期中书门下体制最重要的特征即宰相机构中书门下呈现明显的政务官化倾向，兼掌最高行政权。就公文运行角度而言，堂案内容转变和堂判文书产生，正是中书门下作为军国大政的决策机构和常务主要裁决机构的重要表现。特别是堂判与堂帖共同发挥三省制下尚书省符的功用,① 充分反映出中书门下对最高行政权的行使。

但是，有一点需要指出，堂判和堂帖并未完全取代尚书省符，尚书省仍可以通过符对中央诸司和地方发布政令，并批示申状事宜。然而，与三省制时期相比，尚书省符大幅度减少。堂帖和堂判才是发布政令、批复申状的主要公文形式。

Court Case, Court Adjudication, and the Administrative Practice within the Secretariat-Chancellery System of the Tang and Five Dynasties

Wangsun Yingzheng

Abstract: Under the three-department system in the Tang Dynasty, the court cases were archived as the memorial comments by prime ministers on significant political and military issues in the governance hall. In 723 when the Secretariat-Chancellery system was established, till the end of the five dynasties, the court cases as the comments of the prime ministers were moved into the Secretariat-Chancellery departments. *The Supplements to the National History in the Tang Dynasty* claimed that there were court cases for the prime ministers' adjudications on political affairs from four directions, which was wrong. Here the

① 三省制下，尚书省符的主要作用有二：一是转发制敕王言；二是直接用以指挥中央事务性诸司和地方州府运作，包括对申状做出批复。中书门下体制确立后，中书门下通过敕牒发挥符的第一种功能。参见拙文《唐代“敕牒”考》，《中国史研究》2013 年第 1 期，第 89~110 页。

court cases were actually the court adjudications. Under the Secretariat-Chancellery system, the prime ministers adjudicated the affairs of four directions and hundred offices. Since the content of the court cases changed and the court adjudications were produced, it reflected that the Secretariat-Chancellery system became the decision-makers of significant political and military affairs and the major adjudicative administration.

Keywords: Tang, Five Dynasties; Court Cases; Court Adjudication; the Secretariat-Chancellery System

唐宋敦煌归义军节度使所受功臣号研究

何美峰

摘　要： 功臣号是构成归义军节度使职衔的重要内容。归义军政权中获得功臣号的节度使有曹元深、曹元忠、曹延禄、曹宗寿等人，时间起自后晋天福年间，终于北宋咸平五年。从功臣号的用词、字数看，归义军节度使所受的功臣号具有明显的“外臣”特点，也反映了王朝对归义军政权的重视程度。张氏归义军的节度使并未获得唐封赐的功臣号，原因是唐代功臣号的封赐多与平乱及稳定王朝政局相关。无论如何，归义军节度使所受的功臣号是王朝册封制度的重要构成部分。

关键词： 敦煌　归义军　节度使　功臣号

功臣号作为朝廷封授臣僚藩属的名号，是区别君臣上下、王朝内外关系亲疏的重要标志。这一名号的授予在唐宋时期经历了一个制度化演进的过程，对中国古代职官制度产生了较大的影响。敦煌归义军作为地方藩镇，也曾有多位节度使获得中央封赐的功臣名号。不过，他们所受功臣号的名称和内涵与王朝统辖下的臣僚藩镇有区别，而与境外诸国及政权保持一致。这反映了归义军政权的特殊性质及其与中央关系的实质。学界对唐宋时期的功臣号问题做了充分的研究，取得了丰富的成果，[①] 但无专文论及归义军节度使功臣号的有关情况。基于此，笔者不揣浅陋，通过爬梳史

① 黄楼：《唐德宗“奉天定难功臣”、“元从奉天定难功臣”杂考》，《魏晋南北朝隋唐史资料》第 24 辑，武汉大学文科学报编辑部，2008，第 150~164 页；胡耀飞：《五代十国功臣号研究》，《魏晋南北朝隋唐史资料》第 27 辑《唐长孺先生百年诞辰纪念专辑》，武汉大学人文社会科学学报编辑部，2011，第 424~451 页；黄纯艳：《宋朝对境外诸国和政权的册封制度》，《厦门大学学报》（哲学社会科学版）2013 年第 4 期，第 128~138 页；张琛：《唐代功臣号品阶独立趋向研究》，《暨南史学》2018 年第 2 期，第 1~12 页。

料，对归义军节度使所受的功臣号做一整体考述。同时，兼及唐宋王朝对境外诸国及政权功臣号的授予情况，以求为归义军节度使所受功臣号的研究提供更为充分的阐释。不当之处，敬请教正。

一 唐宋时期功臣号的制度化及对境外诸国和政权的封赐

1. 唐宋功臣号的制度化发展趋势

功臣号为君主赏赐给臣下的名号。据学者研究，功臣号的出现与官阶勋爵空名化有关，也受到南北朝时期出现的给重要功臣加“开国”爵位这一做法的影响。这一名号除用以表示身份及享受特权外，其重要作用是抚慰有勋劳者并增加官员为王朝尽忠的吸引力。① 史籍记载：“加功臣号，始于唐德宗。”② 事实上，功臣号在唐初期就已经出现。《新唐书》记总章元年（668）四月“庚申，以太原元从西府功臣为二等……”③ 同书又记“武德功臣十六人，贞观功臣五十三人，至德功臣二百六十五人”。④ 不论是“太原元从西府功臣”还是贞观时期的功臣，其所赐对象基本上是随李渊太原起兵或追随李世民征战有功的将士，受封者及其子孙可依此享有加官晋爵、减罪免役、食俸食封等优待。⑤ 后世之所以认为功臣号始于唐德宗时期，是因为其改变了以往仅以年号、地名命名的旧例，增加了具有道德品质评价的内容，如“定难”，后又出现更为多元的词语，包括“竭忠”“守正”“扶危”“协赞”等，最终同皇帝的尊号类似，发展成一种独特的名号文化。⑥ 唐后期功臣号出现了向品阶化发展的趋势，其表现为“职事品+功臣号”，后又逐渐形成以字数及用词构成的功臣号表现形式。究其原因，盖由这一时期社会动荡、战事频仍，朝廷需要安抚的功臣群体庞大，加上功臣号本身没有品阶，而功臣号的赐授又无身份的要求，这为皇帝的区别赏赐带来了困难。⑦ 到唐末，功臣号的授予范围已从危难时刻立有功

---

① 参见胡永启《中国古代功臣名号述略》，《兰台世界》2012 年第 25 期，第 70 页。
② 马端临：《文献通考》卷六四《职官考》，中华书局，2011，第 1946 页。
③ 《新唐书》卷三《高宗纪》，中华书局，1975，第 67 页。
④ 《新唐书》卷一九一《忠义传上》，第 5512 页。
⑤ 胡永启：《中国古代功臣名号述略》，《兰台世界》2012 年第 25 期，第 70 页。
⑥ 胡永启：《中国古代功臣名号述略》，《兰台世界》2012 年第 25 期，第 71 页。
⑦ 张琛：《唐代功臣号品阶独立趋向研究》，《暨南史学》2018 年第 2 期，第 6 页。

劳的将士扩展到文臣、藩镇节帅及文武僚佐等；在用词、字数方面也有新的变化，如出现针对个人或群体的具体不同功劳专门制定的功臣号，朝臣、权帅与一般将士的功臣号的区别用字，等等。①

五代诸政权继承了唐代功臣号封赐的做法，不断丰富功臣号的用词及叠加功臣号的字数。出现这种情况的重要原因在于时势环境的影响。五代时期，国家分裂、地方势力坐大，功臣号成为统治者笼络人心的手段之一。②这一时期功臣号的封赐除保持唐末功臣号的特点外，突出了对开国功臣的赐予和对地方半独立政权的笼络，另外个人的功臣号也会随着职位的升降而有所调整，或者在进入新朝代之后仅仅因为某些特殊原因而改变。③

宋代仍然延续了唐、五代的有关做法，不过，这一时期最大的变化是功臣号封赐制度化的完成。《宋史》卷一七〇记载了功臣号授予的沿革及改赐、加赐等情况。④《文献通考》所载更详："功臣：推忠、佐理、协谋、同德、守正、亮节、翊戴、赞治、崇仁、保运、经邦。右以赐中书、枢密院臣僚。（宰相初加六字，余臣初加四字，其次并加两字，旧有功臣者改赐之。）推忠、保德、翊戴、守正、亮节、同德、佐运、崇仁、协恭、赞治、宣德、纯诚、保节、保顺、忠亮、竭诚、奉化、效顺、顺化。右以赐皇子、皇亲、文武臣僚、外臣。（初加四字，次加两字。）拱卫、翊卫、卫圣、保顺、忠勇、拱极、护圣、奉庆、果毅、肃卫。右以赐诸班直将士禁军。（初加二字，再加亦如之。）"⑤ 另外，《宋会要辑稿》中补充了"奉义""忠正""宣忠"等上述两书所未载之用词，指出国初功臣有"扶天、保庆、致理、竭忠、输诚、效义、忠力、孝忠、毅勇、保塞之号，皆汉、

① 胡耀飞先生总结了唐末功臣号封赐的几个特点，即封赐范围更广，功臣号赐予范围从禁军将领、宦官扩大到文臣、藩镇节帅及其文武僚佐；功臣号用词更加多元化，针对个人或群体的具体不同功劳专门制定；中央朝臣和重要藩帅的功臣号用字在六个以上，次要藩帅和一般将士在四个字左右。参见胡耀飞《五代十国功臣号研究》，《魏晋南北朝隋唐史资料》第 27 辑《唐长孺先生百年诞辰纪念专辑》，第 424~428 页。

② 胡永启：《中国古代功臣名号述略》，《兰台世界》2012 年第 25 期，第 71 页。

③ 胡耀飞：《五代十国功臣号研究》，《魏晋南北朝隋唐史资料》第 27 辑《唐长孺先生百年诞辰纪念专辑》，第 424~425 页。

④ 《宋史》卷一七〇《职官志》，中华书局，1977，第 4080 页。

⑤ 马端临：《文献通考》卷六四《职官考》，第 1945~1946 页。

周时所赐，今亦不录”。[①] 从上述材料看，功臣号的制度化主要体现于文臣武将、内臣外臣、初赐改赐及加字等区别上，且受到官阶等级的限制。虽然宋代功臣号的封赐有明确的规定，但其滥授现象较为严重。真宗咸平四年（1001），左司谏、知制诰杨亿上疏言道：“当今功臣之称始于德宗，扈跸将士并加‘奉天定难功臣’之号，因一时之赏典，为万世之通规。近代以来，将相大臣有加至十余字者，尤非经据，不可遵行，所宜削除，以明宪度。”[②] 对功臣号封赐中的乱象提出了反对意见。但事实又不止如此，岳珂指出：“故唐之有功者，或叙阶，或赐勋，或加以检校，或宠以名号，皆上之人有以寓一时之微权，而初无阶升必致之道。四者并用，而又申之以封爵，重之以实封，驭贵驭富，又杂取而辅之。在祖宗朝，若功臣之名犹有官不当赐而特赐，如开宝之于王明，太平兴国之于杜彦钧、陈信从、郝正，大中祥符之于王承美，天禧之于向汉通。南渡以后，高皇帝举久废之典，以宠二三大将，其他则不多见也。每一遇郊，官至某则加功臣若干字，酬勋若干级，进阶若干等，彻国若干户，并举而予之。故世但以为烦，而不见其用。是所谓唐析于四，而本朝则合于一。既合矣而不能分，此所以发神宗皇帝之独断，一举而尽去之也。”[③] 也就是说，宋朝封赐的功臣号在字数方面突破了宪度，比如有的功臣所获封号字数叠加达四十余字，也常有不当赏赐或特赐的情况，更重要的是宋将阶、勋、检校及功臣号合一加剧了官僚制度名实背离造成的混乱，也导致其最终走向衰亡。[④] 神宗元丰元年（1078）十一月“己亥，罢文武功臣号”。[⑤]

总之，自唐至宋，王朝对功臣号的赏赐既有相沿也有损益，唐代为功臣号封赐的初始及发展阶段，五代则为逐步定型阶段，宋代则完成了功臣号的制度化进程。[⑥]

---

① 徐松辑《宋会要辑稿》，礼五九，刘琳等点校，上海古籍出版社，2014，第2092页。

② 《宋史》卷一六八《职官志》，第4007页。

③ 马端临：《文献通考》卷六四《职官考》，第1948页。

④ 胡永启：《中国古代功臣名号述略》，《兰台世界》2012年第25期，第71页。

⑤ 《宋史》卷一五《神宗纪》，第296页。

⑥ 参见胡永启《中国古代功臣名号述略》，《兰台世界》2012年第25期，第71页；胡耀飞《五代十国功臣号研究》，《魏晋南北朝隋唐史资料》第27辑《唐长孺先生百年诞辰纪念专辑》，第451页。

2. 唐宋王朝对境外诸国及政权功臣号的封赐

唐宋王朝封赐功臣号的对象包含王朝内的臣僚藩镇及境外诸国和政权的首领。此处的“境外”，指的是王朝直辖郡县和具有直接或间接治理关系的地区以外的地区。唐代的“境外”这一地域概念相对较为复杂，因为王朝前后期直接统辖的范围发生了较大的变化。以河陇、西域为例，唐前期于此设有府州进行治理。安史之乱爆发后，吐蕃趁唐军东调平叛之机，相继侵占此地诸州。尽管敦煌大族张议潮于大中二年（848）率蕃汉民众驱逐吐蕃于瓜、沙等地的势力，并相继收复甘、肃、伊、凉等州，遣使奉图籍归唐,[①] 不过，如史籍所载：“宣、懿德微，不暇疆理，惟名存有司而已。”[②] 除凉州等地一度受唐经营外,[③] 其他地区多为回鹘、嗢末、龙家、吐蕃等势力所占，并建立了政权。故吐蕃占领河陇、西域至唐末，这些地区大多处于脱离中央王朝统辖的状态。《唐大诏令集》、《唐会要》、《新唐书》及《文献通考》等史书中所列的政权，但凡最后脱离唐王朝统辖者，均可视为“境外”政权。五代、宋时的“境外”则较易区分，王朝一般与这些政权没有直辖关系，如《新五代史》中的《四夷传》、《旧五代史》及《宋史》中的《外国传》等。需要指明的是，唐宋时期的归义军虽为藩镇，但在唐末以后，实际上它已成为“境外”政权。因为张氏归义军后期，“中原多故，王命不及，甘州为回鹘所并，归义诸城多没”,[④] 归义军在疆域上与中央王朝实控疆域隔绝。《新唐书·吐蕃传》中附有其小传，《旧五代史·外国列传二》及《宋史·外国六》有其专门记载，这是归义军实际为“境外”政权的反映。

唐王朝封赐境外诸国及政权首领功臣号的情况多见于两《唐书》中。《旧唐书》载安史之乱平定后，回纥登里可汗进徽号，“功臣皆赐铁券，藏名太庙，画像凌烟阁”。[⑤] 沙陀李克用因于乾宁年间助平王行瑜等人之乱而获封“忠贞平难功臣”，又遣使奔问昭宗行在，后又加号为“协盟

---

① 《新唐书》卷二一六《吐蕃传》，第 6107~6108 页。

② 《新唐书》卷四〇《地理志》，第 1040 页。

③ 关于晚唐中央对凉州的经营，可参看李军《晚唐凉州控制权转移研究》，郑炳林主编《敦煌归义军史专题研究四编》，三秦出版社，2009，第 430~449 页。

④ 《新唐书》卷二一六《吐蕃传》，第 6108 页。

⑤ 《旧唐书》卷十一《代宗纪》，中华书局，1975，第 273 页。

同力功臣”。[①] 但此时沙陀李克用已内附，并不被视为外臣。不论是沙陀还是回纥将士，他们的功臣号是在助唐平乱的前提下获封的，功臣号的名称和内涵与王朝内臣受封者无异。另从对唐朝封赐的功臣号的梳理情况看，[②] 这一时期似乎没有区分内外臣的做法，也没有出现如五代、宋朝时期用于封赐境外诸国及政权首领功臣号的专用词语，如“保塞”“奉化”等。

受时势环境的影响，五代封赐功臣号的情况出现了许多新的内容，其中之一为封赐给境外诸国及政权首领的功臣号使用具有特殊内涵的词语，如“保塞”“奉化”“安远”等。这些用词的出现与王朝的统治和影响力的削弱有关。毕竟，部分原属于唐所辖的旧地脱离了王朝的实际控制，比如河陇地区的甘州、沙州等。虽然这些地方常遣使朝贡，甚至请中央授命以维系其在地方的统治，但实际情况却是“王命不及”。不过，王朝的统治者多有恢复汉唐旧疆的打算，就算不及如此，也希望能够扩大王朝对这些地区的影响力。故中央封赐功臣号给这些地区的首领以示招徕笼络之意，又因这些政权处于实际的“境外”，功臣号中常带有表示为王朝安边及忠诚、效顺于王朝的用词。比如封赐归义军节度使曹元深的功臣号“忠顺安远功臣”就是如此。

宋王朝封赐给境外诸国及政权首领的功臣号遵循了上述原则。笔者据《宋史》、《宋会要辑稿》及《敦煌莫高窟供养人题记》等梳理出宋王朝赐予境外诸国及政权首领功臣号的有高丽、吐蕃、甘州回鹘、交趾、西夏、归义军等多个。[③] 高丽国王昭于建隆四年（963）获赐“推诚顺化保义功臣”，开宝五年（972）获赐“推诚顺化守节保义功臣”。[④] 德明于景德三年（1006）获赐“推忠保顺亮节翊戴功臣”，此后分别于大中祥符、天禧、乾兴年间加赐“守正功臣”、“宣德功臣”、“崇仁功臣”及“纯诚功臣”等。[⑤] 吐蕃董毡于神宗熙宁十年（1077）获赐“推诚顺化功臣”。[⑥] 甘州回鹘夜

---

① 《新唐书》卷二一八《沙陀传》，第 6162~6165 页。

② 参见王苗《唐代功臣号研究》，硕士学位论文，中央民族大学，2012。

③ 参见黄纯艳《宋朝对境外诸国和政权的册封制度》，《厦门大学学报》（哲学社会科学版）2013 年第 4 期，第 131 页。

④ 《宋史》卷四八七《高丽传》，第 14036 页。

⑤ 《宋史》卷四八五《夏国传》，第 13989~13992 页。

⑥ 徐松辑《宋会要辑稿》，蕃夷六，第 9915 页。

落隔等也获得封赐。[①] 交趾的丁琏、黎桓、黎龙廷、李公蕴、李乾德等均获得王朝赐予的功臣号。不过，王朝对境外诸国及政权首领功臣号的封赐有异于制度的一面。《宋会要辑稿》记载："天圣八年，赐赵德明功臣凡二十字，国家绥宠外臣，非常数也。"[②] 交趾李乾德的功臣号更夸张，其于徽宗大观元年（1107）获"推诚佐运保节忠亮同德崇仁宣力守正顺化怀恭赞治翊戴功臣"，而其最终的功臣号为"推诚佐运保节忠亮同德崇仁宣力守正顺化怀恭赞治安信谨度承命济美建勋率义敦礼扬休翊戴功臣"。[③] 李乾德的功臣号计有四十余字，按宋朝对功臣号初赐及加赐的规定，其至少获得数十次的加封，且其中的"怀恭""安信""谨度""承命""济美""建勋""率义""敦礼""扬休"等字为《宋史》《文献通考》《宋会要辑稿》中所无，这实际超出了功臣号授予的本意。笔者认为这是交趾在宋王朝中占有重要地位的反映。史籍载"国朝西北有二敌，南有交趾"，[④] 说明交趾对宋具有重要的影响。其原因为黎桓擅权及多次用兵扰宋，使得宋与交趾的关系成为最重要的关系之一，故在功臣号的封赐上有相应的体现。当然，这也与王朝滥授功臣号的情况有关。归义军中的曹元忠、曹延禄、曹宗寿等节度使也获得宋朝封赐的功臣号，从其名称及用词情况看，遵循了功臣号封赐的有关规定。

二　归义军节度使所受功臣号的情况

敦煌莫高窟和酒泉瓜州榆林窟的供养人题记中保存有大量关于归义军节度使所受功臣号的记载。尽管这些题记多有残缺，给功臣号的授予时间及具体对象等内容的讨论带来一定的困难，但结合史料记载及前贤的研究，依然可以揭示其真实面貌。为讨论方便，先据敦煌研究院编《敦煌莫高窟供养人题记》[⑤]（以下简称"敦编"）和张伯元著《安西榆林窟》[⑥]（以下简称"张著"）将部分归义军节度使所受功臣号的情况列为表 1。

① 徐松辑《宋会要辑稿》，蕃夷六，第 9772 页。

② 徐松辑《宋会要辑稿》，礼五九，第 2092 页。

③ 徐松辑《宋会要辑稿》，蕃夷六，第 9779~9796 页。

④ 蔡绦、曾敏行：《铁围山丛谈·独醒杂志》，李梦生、朱杰人点校，上海古籍出版社，2012，第 63 页。

⑤ 敦煌研究院编《敦煌莫高窟供养人题记》，文物出版社，1986。

⑥ 张伯元：《安西榆林窟》，四川教育出版社，1995。

表1 归义军节度使所受功臣号情况

名称	窟号	来源
敕受忠顺安远功臣归义军节度瓜沙等州……	莫高窟第55窟	敦编第18页
窟主敕推诚奉国保塞功臣归义军……	莫高窟第55窟	敦编第18页
敕□□奉国保塞……进检校太……	莫高窟第79窟	敦编第27页
故叔敕谒（竭）诚□（奉）化功臣河西一十……	莫高窟第130窟	敦编第63页
敕□诚奉□河西……	莫高窟第203窟	敦编第93页
敕推诚奉国……	莫高窟第311窟	敦编第128页
敕推诚奉国……	莫高窟第449窟	敦编第169页
推诚奉国保塞功臣敕归义军节度使特进检校太师兼中书令谯郡开国公食邑……	榆林窟第33窟	张著第238页
推诚奉国保塞功臣敕归义军节度使特进检校太师兼中节令谯郡开国公食邑一千……	榆林窟第34窟	张著第247页

表1所列均为残缺的供养人题记，功臣号主无法直接判定。贺世哲、孙修身先生在《瓜沙曹氏与敦煌莫高窟》一文中指出，莫高窟第55窟“窟主敕推诚奉国保塞功臣归义军……”、第79窟“敕□□奉国保塞……进检校太……”、第203窟“敕□诚奉□河西……”及第311窟“敕推诚奉国……”等的供养人或窟主为曹元忠。榆林窟第33、34窟中的“推诚奉国保塞功臣敕归义军节度使特进检校太师兼中书令谯郡开国公食邑……”的题记属于曹元忠，因为该题记位于两窟中的第一身，而与之相对应的位置均有一相同的供养人，“敕受凉国夫人浔阳郡翟氏一心供养”，[①] 浔阳翟氏为曹元忠的夫人。莫高窟第449窟“敕推诚奉国……”则属于曹延禄的题名，并认为该题名很可能是曹延禄初掌权时袭用其父曹元忠的，后来曹延禄又把“推诚奉国保塞功臣”改为“竭诚奉化功臣”。[②] 笔者认同该题名属于曹延禄的看法。

莫高窟第55窟另一身题记为“敕受忠顺安远功臣归义军节度瓜沙等州……”，在此前面有两身题记，分别为“故敕河西陇右伊西庭楼兰金满等州节度使检校太尉兼中书令托西大王讳议金供养”“敕归义□节度瓜

① 张伯元：《安西榆林窟》，第238页。

② 贺世哲、孙修身：《瓜沙曹氏与敦煌莫高窟》，《敦煌研究文集》，甘肃人民出版社，1982，第253~262页。

沙等州观察处置押蕃落等□检校太□（尉）□□御史大夫谯郡□□□”。在其后面也有两身题记，供养人分别为曹元忠及其侄曹延恭。[①] 高秀军结合该题记在窟内的排序情况指出“敕受忠顺安远功臣归义军节度瓜沙等州……”的供养人为曹元深。[②] 笔者同意此观点。不过，曹元深所获“忠顺安远功臣”的时间需进一步推定。据荣新江先生研究，曹元深于天福四年至九年（939~944）任归义军长官，这一时间段正处于五代后晋时期。[③] 故笔者认为其功臣号受赐于后晋王朝。曹元深所获功臣号，很大程度上当受惠于后晋与于阗间的使者往来。天福三年（938），“晋遣供奉官张匡邺假鸿胪卿，彰武军节度判官高居诲为判官，册圣天为大宝于阗国王。是岁冬十二月，匡邺等自灵州行二岁至于阗”。晋使者一行在经过敦煌时，“刺史曹元深等郊迎，问使者天子起居”。[④] 天福七年（942），于阗遣使者都督刘再升前往中原，曹元深及曹元忠借此机会“遣使附再升以来”。[⑤] 天福八年（943），“沙州留后曹元深加检校太傅，充沙州归义军节度使”。[⑥] 敦煌文书 P. 4065 后晋皇帝表文中对此有更为详细的表述：“臣某言：旌节官告国信使副某至，奉宣圣旨。赐臣手诏一封；赠臣亡父官告一通，告弟［身］二通，焚黄一道；故兄赠太保官告一通，告弟［身］一道，焚黄一道者。泽降丹霄，恩及下土。”[⑦] 其中的手诏，当指前述曹元深“加检校太傅，充沙州归义军节度使”一事。从敦煌文献和史籍看，曹元深任归义军长官期间，后晋使者携旌节官告前来沙州的记载只有天福八年这一次。故曹元深所受功臣号的时间很可能为天福八年。

敦煌莫高窟第 130 窟有一题名为“故叔敕谒（竭）诚□（奉）化功臣河西一十……”，[⑧] 贺世哲认为该功臣为曹延禄。[⑨] 不过，岳键、李国结合

---

① 《敦煌莫高窟供养人题记》，第 17~18 页。

② 高秀军：《敦煌莫高窟第 55 窟研究》，博士学位论文，兰州大学，2016，第 44 页。

③ 荣新江：《归义军史研究——唐宋时代敦煌历史考索》，上海古籍出版社，1996，第 110~113 页。

④ 《新五代史》卷七四《四夷附录第三》，中华书局，2016，第 1039 页。

⑤ 《新五代史》卷九《出帝纪》，第 107 页。

⑥ 《旧五代史》卷八一《少帝纪》，中华书局，2016，第 1249 页。

⑦ 录文参阅李正宇《归义军曹氏“表文三件”考释》，《文献》1988 年第 3 期，第 4 页。

⑧ 《敦煌莫高窟供养人题记》，第 63 页。

⑨ 贺世哲：《从一条新资料谈藏经洞的封闭》，《西北史地》1984 年第 3 期。

张、曹两氏归义军管辖范围的变化及该窟内的另一题名“皇□（妣）敕受秦国□（广?）□（平?）……”，指出该功臣为张议潮，且是在其亡于长安之后所得，也即咸通十三年之后，并认为完整的题名当为“谒诚归化功臣”，表达出张议潮主动归唐之意。[①] 笔者起初对岳、李二位的观点表示认同，但结合唐代封赐功臣号的用词及“敕受秦国□（广?）□（平?）”等内容看，似乎并不如此。一方面，从后世功臣号用词分类看，“谒（竭）诚□（奉）化”一般用于封赐外臣，前述唐朝封赐的功臣号并没有区分内外臣的做法，也未见专用于封赐外臣功臣号的词语。另一方面，“秦国□（广?）□（平?）”成为判断功臣号主的关键信息。按贺世哲对伯希和笔记的转录：“伯希和笔记又云：入口内右侧墙上（按即主室东壁北侧）还有一些供养人画像残余，其中有一条‘雕刻成凸体的题识’（按即沥粉堆金题名）：‘皇□（妣）敕受秦国广？平？（下缺）。’……‘广平’二字可能有误，所以，伯希和也在此二字下打了‘？’号。”[②] 既如此，“秦国”就成为推测该题记主人的主要线索。按归义军中被封“秦国”的女性有曹议金妻回鹘公主李氏及曹元忠妻浔阳翟氏。前者如莫高窟第 22 窟东壁门南侧供养人像列北向第 1 身题名：“敕受秦国太夫人天公主是北方大□（回）□（鹘）□（国）圣天……”[③] 后者如《宋会要辑稿》载：太平兴国五年(980)“四月，诏赠元忠敦煌郡王。制权归义军节度兵马留后、金紫光禄大夫、检校司空、兼御史大夫、上柱国、谯县男曹延禄，可检校太保、归义军节度、瓜沙等州观察处置营田押藩落等使。……母进封秦国太夫人，妻封陇西郡夫人”。[④] 贺世哲认为“曹延禄夫人于阗李氏可能是延用其婆母的封号，自称‘秦国夫人’。‘皇妣’是曹宗寿对曹延禄夫人于阗李氏的尊称”。[⑤] 赵晓星则认为皇妣虽然是对亡母的敬称，但也可用来称呼远

---

① 岳键、李国：《关于莫高窟第 130 窟“谒诚□化功臣”的身份问题——兼及表层壁画年代再讨论》，杜建录主编《西夏学》第 21 辑，甘肃文化出版社，2020，第 287 页。

② 贺世哲：《从供养人题记看莫高窟部分洞窟的营建年代》，《敦煌莫高窟供养人题记》，第 231 页。

③ 《敦煌莫高窟供养人题记》，第 9 页。

④ 徐松辑《宋会要辑稿》，蕃夷五，第 9835~9836 页。

⑤ 贺世哲：《从供养人题记看莫高窟部分洞窟的营建年代》，《敦煌莫高窟供养人题记》，第 231 页。

祖的配偶，该窟中的“皇□（妣）敕受秦国”很可能是曹氏归义军第一任节度使曹议金的回鹘夫人。[①] 两位先生的看法均有道理，但也有疑问之处。其一，曹延禄夫人的称号若是延用其婆母的，那么如何解释“敕受”二字才能保证事实上的合理？其二，如果此处的秦国夫人指的是曹议金的回鹘夫人，那为何要将其与曹延禄放于一窟中？尽管目前没有确凿的证据证明“秦国夫人”的具体所指，但可以确定的是她与张氏归义军关系不大。可以判断“故叔敕谒（竭）诚□（奉）化功臣河西一十……”指的是曹延禄。曹宗寿亦获赐“竭诚奉化功臣”，当为朝廷按其叔曹延禄之例进行授赐，此亦可作一证明。至于其为何在功臣号后加上“河西一十……”，许是自封或沿用前人的名号，这种做法在归义军政权中并不少见。

此外，莫高窟及榆林窟仍保留有完整且带有功臣号的题记。莫高窟第427、454窟，榆林窟第6、19、25、36窟中有曹元忠的题记，其功臣号均为“推诚奉国保塞功臣”。[②] 榆林窟第35窟主室甬道南壁刻有供养人曹延禄题记：“敕竭诚奉化功臣归义军节度瓜沙等州观察处置管内营田押蕃落等使特进检校太师兼中书令敦煌王谯郡开国公食邑一千七百户曹延禄一心供养。”[③]

除莫高窟及榆林窟保存有归义军节度使所受的功臣号题名外，史籍中也有记载。北宋建隆三年的一份制书记曹元忠的职衔道：“推诚奉义保塞功臣、归义军节度、瓜沙等州观察处置管勾营田押藩落等使、特进、检校太傅、同中书门下平章事、沙州刺史、上柱国、谯郡公、食邑一千五百户。”[④] 真宗咸平年间，权归义军节度兵马留后曹宗寿遣牙校阴会迁入贡，朝廷赐其“竭诚奉化功臣”。[⑤]

结合上述分析来看，归义军节度使中获得王朝封赐功臣号的有曹元深、曹元忠、曹延禄及曹宗寿等人，功臣号的名称包括“忠顺安远”“竭

① 赵晓星：《关于敦煌莫高窟西夏前期洞窟的讨论——西夏石窟考古与艺术研究之五》，《敦煌研究》2021年第6期，第4页。

② 参见《敦煌莫高窟供养人题记》，第160、171页；张伯元《安西榆林窟》，第191、214、227、255页。

③ 张伯元：《安西榆林窟》，第251页。

④ 徐松辑《宋会要辑稿》，蕃夷五，第9835页。

⑤ 徐松辑《宋会要辑稿》，蕃夷五，第9836页。

诚奉化”“推诚奉国保塞”。前述建隆三年宋廷所赐曹元忠的“推诚奉义保塞功臣”或为“推诚奉国保塞功臣”之误。虽然《宋会要辑稿》记道“推诚奉义同德翊戴：建隆二年，赐王景‘推诚奉义同德翊戴’。太平兴国初，或改‘奉义’为‘奉国’”,[①] 但据此无法解释莫高窟、榆林窟中曹元忠题记功臣号为“推诚奉国保塞”的实际情况。因为曹元忠于开宝七年(974) 六月六日去世,[②] 按《宋会要辑稿》中的说法，在太宗太平兴国初年之前，曹元忠使用的应当是“推诚奉义保塞功臣”，但曹元忠的题记却并非如此，且涉及曹元忠的洞窟或者供养人画像不可能都作于太平兴国年间及以后。唯一的解释是《宋会要辑稿》所记有误，或者该书所提“改‘奉义’为‘奉国’”当是令其成为定制而已。因为在太平兴国之前，就已有封赐“奉国功臣”的实例。开宝六年 (973)，伊审征、焦继勋、吴虔裕获赐“推诚奉国翊戴功臣”。[③] 此外，“奉国”较“奉义”更能体现归义军与宋王朝之间的关系。故笔者认为前述曹元忠的“推诚奉义保塞功臣”当为“推诚奉国保塞功臣”之误。[④] 功臣号的字数包含四字、六字两类，基本遵照了中央王朝赐予内外臣“初加四字，次加两字”的原则。一般而言，功臣号前所加字数总和越大，越能彰显该政权在王朝中的地位。[⑤] 如

① 徐松辑《宋会要辑稿》，礼五九，第 2092 页。

② 荣新江：《归义军史研究——唐宋时代敦煌历史考索》，第 121 页。

③ 徐松辑《宋会要辑稿》，礼五九，第 2092 页。

④ 贺世哲、孙修身提到推诚奉义保塞功臣中的“义”当为“国”字之误，与笔者观点相合。参见氏著《瓜沙曹氏与敦煌莫高窟》，《敦煌研究文集》，第 253 页。黄京认为如果按照元丰改制后的官号看曹元忠官位，可以称为“推忠奉化保顺功臣开府仪同三司行沙州刺史充归义军节度使特进上柱国谯郡开国公食邑二千户实封二百户”，其给出的解释是曹元忠的功臣号与《宋史》中的功臣条有不符的地方，但是功臣条里有“推忠”“奉化”“保顺”等名号，其中“奉化”“保顺”等名号大多赐予少数民族政权首领，因此其功臣号可能为“推诚奉化保顺”。参见黄京《从敦煌归义军节度使曹氏死后称“卒”看其族属》，《敦煌研究》2013 年第 4 期，第 120 ~ 123 页。笔者对此有不同的看法。一方面，如果曹元忠的功臣号有误，那么莫高窟及榆林窟题记中的功臣号就不应当全为“推诚奉国保塞”，而应该有相应的调整。另一方面，《宋会要辑稿》中记有“国初功臣有扶天、保庆、致理、竭忠、输诚、效义、忠力、孝忠、毅勇、保塞之号，皆汉、周时所赐，今亦不录”。黄先生或许未注意到此处有“保塞”之号，而这恰与归义军和宋朝之间的关系相契合，意为为国保边塞。因此，笔者认为曹元忠所受之“推诚奉国保塞功臣”并没有讹误。

⑤ 参见黄纯艳《宋朝对境外诸国和政权的册封制度》，《厦门大学学报》(哲学社会科学版) 2013 年第 4 期，第 134 ~ 135 页；张琛《唐代功臣号品阶独立趋向研究》，《暨南史学》2018 年第 2 期，第 8 页。

前举交趾李乾德所获四十余字的功臣号，自然不是归义军所能比拟的。从时间上看，归义军节度使所受的功臣号起自后晋天福年间的曹元深，终于北宋真宗咸平五年（1002）的曹宗寿。

值得注意的是，归义军节度使所获功臣号仅见于曹氏时期，张氏归义军时期则不见记载。笔者认为这与唐朝功臣号封赐的做法及惯例有关。张琛梳理唐德宗以前的功臣号情况道："唐高祖朝有'太原元从''太原元谋功臣'；唐太宗朝有'凌烟阁功臣'；唐玄宗朝有'元隆功臣''蜀郡元从'；唐肃宗朝有'灵武元从''宁州元从'；唐代宗朝有'宝应功臣''陕西元从'等。"[①] 唐德宗朝有"奉天定难功臣""元从功臣"等。[②] 此外，史籍中也记有其他功臣号，包括"持危启运保乂功臣""迎銮功臣""资忠耀武匡国平难功臣""忠勤宣力致理功臣"等。从上述情况看，"元从""定难""持危""匡国"等为唐代功臣号中出现频率最高、授予对象最广的词语。[③] 这与唐代政局多动荡的形势相合，也反映出唐王朝主要依国家政局变化形势赐予功臣号的一般做法。如"奉天定难功臣"是唐德宗赐予平定朱泚之乱时，固守奉天的扈从将士的功臣号。[④] 孔纬的"持危启运保乂功臣"则是其随僖宗至蜀，在平定朱玫之乱中依功所得。[⑤] 张氏归义军节度使未参与朝廷的平难、定难行动，没有在国家政局危急之时提供帮助，故他们在唐代被授予功臣号的可能性较小。

三　功臣号反映的归义军与中央王朝间的关系

中央王朝封赐归义军节度使的功臣号实际表达了特殊的政治内涵，是两者关系的真实反映。"忠顺安远功臣"表达了后晋朝廷对归义军尽忠于上、服事顺从中央的期望，同时对归义军镇抚王朝边远之境的辛劳表示嘉

---

① 张琛：《唐代功臣号品阶独立趋向研究》，《暨南史学》2018 年第 2 期，第 2 页。

② 黄楼：《唐德宗"奉天定难功臣"、"元从奉天定难功臣"杂考》，《魏晋南北朝隋唐史资料》第 24 辑，第 159～162 页。

③ 胡耀飞对唐末、五代十国功臣号的用词情况做了统计，与笔者看法基本一致。参见氏著《五代十国功臣号研究》，《魏晋南北朝隋唐史资料》第 27 辑《唐长孺先生百年诞辰纪念专辑》，第 440 页。

④ 《陆贽集》，王素点校，中华书局，2006，第 360 页。

⑤ 《新唐书》卷一六三《孔纬传》，第 5011 页。

赏；“竭诚奉化功臣”“推诚奉国保塞功臣”的重点是强调归义军节度使曹延禄、曹元忠等对宋王朝的归顺，要求归义军竭尽全力保护国家边塞，向中央王朝献诚输忠。这一关系的实质在其他境外政权首领所受的功臣号中也有体现。如前述宋赐交趾丁琏、黎桓、黎龙廷、李公蕴、李阳焕、李天祚等“推诚顺化功臣”，高丽王昭获得的“推诚顺化守节保义功臣”，德明于景德三年（1006）获赐的“推忠保顺亮节翊戴功臣”，等等。这些政权首领所获的功臣号与归义军节度使一样，大多包含有“推诚”“顺化”等词语，其所表达的意思是中央王朝为诸政权的共主，也反映出王朝对境外诸国及政权的笼络。黄京结合宋赐予赵德明的功臣号为“推忠保顺亮节翊戴守正宣德崇仁功臣”等分析指出，归义军节度使功臣号中的“诚”“忠”“顺”“化”等字词实际反映了王朝把他们当外臣看待，同时又是对这位远离中原却一直坚持诚服大宋、守卫中原飞地的地方政权首领的安慰，[①] 这与笔者的看法相合。

归义军节度使所受功臣号中，除曹元忠的功臣号加有六字外，其他节度使均为四字且无改赐、加赐的情况。这实际反映了中央王朝对归义军的重视程度。《新五代史》卷七四记载：“至五代时，吐蕃已微弱，回鹘、党项诸羌夷分侵其地，而不有其人民。值中国衰乱，不能抚有，惟甘、凉、瓜、沙四州常自通于中国。甘州为回鹘牙，而凉、瓜、沙三州将吏，犹称唐官，数来请命。”[②] 也就是说，五代诸政权由于国家实力的欠缺，不能对原属汉唐旧疆的河西之地进行有效的统辖，[③] 其结果只能是“甘、凉、瓜、沙四州自通于中国”。不过，实力的欠缺并不影响其对这些地方的笼络。对于凉、瓜、沙等州的请命，王朝仍持“羁縻制驭恩威之际，不可失也”的态度。[④] 后晋王朝封赐曹元深“忠顺安远功臣”即是其表现。虽然曹元深获得王朝封赐的功臣号，但这并不意味着王朝对归义军政权的重视，因为归义军的请命、朝贡或者内附只是为了起到显示王朝政局繁荣

① 黄京：《从敦煌归义军节度使曹氏死后称“卒”看其族属》，《敦煌研究》2013年第4期，第123页。

② 《新五代史》卷七四《四夷附录第三》，第1034~1035页。

③ 郝振宇：《唐宋丝绸之路视域下党项西夏政权建立的历史考察》，《西北民族大学学报》（哲学社会科学版）2017年第2期，第10~11页。

④ 《新五代史》卷七二《四夷附录第一》，第1001页。

的作用罢了。①

北宋建立之初，南唐、楚、后蜀、南汉、北汉等政权环伺，北面又有强辽，周边形势十分复杂。面对这种情况，宋太祖制定了“先南后北、先易后难”的战略用兵各地。至于西北诸政权，王朝无暇多顾。② 宋太宗时期，王朝对西部党项、吐蕃、回鹘等政权也持漠然视之的态度。比如太平兴国八年（983），吐蕃诸族遣使入贡，太宗却对臣僚说：“吐蕃言语不通，衣服异制，朕常以禽兽畜之。自唐室以来，颇为边患。以国家兵力雄盛，聊举偏师，便可驱逐数千里外。但念其种类蕃息，安土重迁，倘因攘除，必致杀戮，所以置于度外，存而勿论也。”③ 由此可见，宋初对西北地区抱持的是“无意疆理”的态度。④ 至党项李继迁反叛及西夏建立之后，西北边患严重，宋王朝方通好西域诸政权以钳制西夏。⑤ 从这一时期起，西北地区才为王朝所重视。相应的，此前北宋王朝对于归义军政权亦不会给予过多的关注。对于其请命及入贡，王朝采取的是“厚其委积而不计其贡输，假之荣名而不责以烦缛”的“柔远之制”。⑥ 授予旌节及封赐功臣号等自然成为北宋王朝施以恩信的重要做法，其目的亦如前述只是起到显示王朝政局繁荣的作用罢了。这从宋王朝赐予曹元忠、曹延禄、曹宗寿的功臣号只有四字、六字就可以看出，说明王朝对于以上几任节度使基本上只进行过一次封赐，遇郊祀、天恩等按例当赐的时候也未进行加赐、改赐。交趾的情况则不同，黎桓于雍熙二年（985）获赐推诚顺化功臣后，又分别于真宗咸平二年、五年加赐效忠、保节功臣。⑦ 高丽国王昭于建隆四年获赐推诚顺化保义功臣，又于开宝五年加赐守节功臣，德明的情况也一样。

① 李军：《控制、法定与自称：唐宋之际归义军辖区变迁的多维度考察》，《中国史研究》2021 年第 4 期，第 127 页。

② 杨文：《北宋经略河湟民族政策研究》，博士学位论文，西北师范大学，2009，第 46 页。

③ 《宋史》卷四九二《吐蕃传》，第 14153～14154 页。

④ 杨文：《北宋经略河湟民族政策研究》，第 47 页；刘建丽：《北宋御边政策的调整》，《甘肃社会科学》2000 年第 3 期，第 39 页。

⑤ 参见任树民《北宋对西北边疆舆图资料的收集和舆图的绘制》，《中国边疆史地研究》1996 年第 3 期，第 14 页；刘建丽《北宋御边政策的调整》，《甘肃社会科学》2000 年第 3 期，第 40 页；郑炜《北宋民族关系思想研究》，博士学位论文，兰州大学，2011，第 17 页。

⑥ 《宋史》卷四八五《夏国传》，第 13981～13982 页。

⑦ 徐松辑《宋会要辑稿》，蕃夷四，第 9782～9784 页。

以上诸国及政权首领的功臣号获得多次加赐、改赐，彰显出他们在北宋王朝中的地位，这与他们对王朝的影响大小有关。党项西夏自不必多言，高丽向来奉中原王朝正朔且行臣礼甚勤，又是宋牵制辽的对象，南方的交趾也曾多次制造边乱。王朝封赐这些政权首领功臣号并不断加赐、改赐，显然是考虑到这些因素，也反映出王朝对他们的重视。

在朝贡秩序上，归义军政权也明显被边缘化。王朝对于境外诸国及政权来朝有明确的等次安排，即“凡四夷君长，使价朝见，辨其等位，以宾礼待之，授以馆舍而颁其见辞、赐予、宴设之式”。[①] 也就是说，各国及政权因等位的不同在接见、接待、赐物等方面均有差异。具体而言，“契丹国遣使朝贺应接送馆伴官所用仪物，皆预令有司为之办具。高丽亚契丹，其余蕃国则按其等差以式给之”。[②] 又“凡蕃客见辞，同日者，先夏国，次高丽，次交州，次海外蕃客，次山后诸蛮”。[③] 由此可以看出，归义军的使者在各种待遇的享受上不可与高丽、交趾、西夏等相比，这其实也是宋王朝对归义军政权重视程度的反映。与之相应的是，所封赐的功臣号在用词和字数上就不可能像以上所列举的各国及政权一样。

尽管归义军所受到的关注不如其他政权，但军民百姓对中央王朝仍具有较强的文化认同和心理认同，这是与其他政权不同的地方。黄纯艳在讨论境外诸国及政权对宋朝朝贡制度的不同态度时，指出归义军和高丽在与宋朝交往时及在其境内都能一定程度上遵行宋朝朝贡制度，且归义军在与其他政权交往时，也行用王朝封授的职官称号。其他如交趾、西夏、吐蕃、甘州回鹘、于阗和南海诸国等或有意识地遵守朝贡制度，而在其境内自行一套，或不遵守和不理解宋朝朝贡秩序的有关规定。[④] 归义军对中央王朝制度的遵守或官职称号的行用，实际上自其创建政权时即已开始，这是该政权认同中央王朝的体现。归义军节度使在获赐功臣号以后，也会持续使用以彰显其身份地位，如前举莫高窟及榆林窟中的节度使供养人题记

① 《宋史》卷一六五《职官志》，第 3903 页。

② 徐松辑《宋会要辑稿》，职官一三，第 3393 页。

③ 郑居中等撰《政和五礼新仪》卷一五五《宾礼·夏国进奉使见辞仪》，《景印文渊阁四库全书》，台北：商务印书馆，1983，第 647 册，第 694 页。

④ 黄纯艳：《多样形态与通用话语：宋朝在朝贡活动中对“四夷怀服”的营造》，《思想战线》2013 年第 5 期，第 14～16 页。

均带有功臣号。特别是曹元忠，在莫高窟第 55、79、203、311、427、449、454 窟，榆林窟第 6、19、25、33、34、36 窟等供养人题记中，均冠有“推诚奉国保塞功臣”名号，足见其对此名号的重视。

四　余论

综上，归义军共有曹元深、曹元忠、曹延禄及曹宗寿等节度使获赐功臣号，首次获得功臣号的封赐是在后晋天福年间，而功臣号的名称包括“忠顺安远”“竭诚奉化”“推诚奉国保塞”等。唐代功臣号的封赐主要围绕国家政局变动进行，且无明显的区分内外臣功臣号的做法，故张氏归义军时期无节度使获得功臣号。上述功臣号的内涵与高丽、交趾、吐蕃、甘州回鹘等境外诸国及政权所获功臣号相似，集中反映了王朝对其“忠诚”“顺从”及为王朝镇抚边地的期望，也说明了归义军为中央王朝之藩镇与“境外”的事实。从功臣号的用词、字数等方面看，中央王朝对归义军政权的重视程度远不及对交趾、西夏等政权。从莫高窟及榆林窟供养人题记看，归义军的节度使乐于使用王朝所授功臣号以彰显其身份地位。无论如何，归义军节度使所获的功臣号是王朝册封制度的重要构成部分。

A Study on the Meritorious Official Titles of the Dunhuang Guiyijun Jiedushi during the Tang and Song Dynasties

He Meifeng

Abstract: The meritorious official titles constituted as important part of the official ranks of the Guiyijun jiedushi. Cao Yuanshen, Cao Yuanzhong, Cao Yanlu, Cao Zongshou all received the meritorious official titles while serving as the jiedushi, starting from the Tianfu period of the Hou Jin Dynasty till the fifth year of the Xianping period in the Northern Song Dynasty. Given the vocabulary and number of characters of these titles, these meritorious official titles seem to indicate that the jiedushi were referred to foreign ministers, which also reflected to what degree the central court valued the importance of the Guiyijun regime. The jiedushi from the Zhang clan never received the meritorious official titles from the central government of Tang Dynasty, because the granting of the meritorious official titles in the Tang Dynasty often depended upon the court's policy of pacifying and stabilizing the political situation. In any case, the meritorious official titles obtained by the Guiyijun jiedushi constituted as part of the imperial conferring system.

Keywords: Dunhuang; Guiyijun; Jiedushi; the Meritorious Official Titles

论北宋前期三司官员的选任与迁转

张亦冰

摘　要：作为“总国计”之司，北宋君主对三司官员的人事安排一直颇为重视，但在不同时期，其考量侧重有所差异。宋太祖、太宗朝，三司长官经历了从留用前朝三司使到任用潜邸旧僚的变化，同时分设三使，参用科举文臣及富有经验之财臣为僚佐，意图巩固皇位，制衡三司、中书财权，同时保证高效的钱物调度，以足战争状态下的军国用度。自端拱二年后，宋太宗多以进士出身的“文学”之臣充任三司官员，并以久历财政差遣者为三司使，长期任职，以三司僚属为计司储才之阶，期待其通晓治道，更张典制。真宗朝咸平六年重以三司使一人统领三司，加之三司判官等僚佐难以关防长官，三司内部的权力制衡机制动摇。随着天书封禅活动的展开，丁谓、林特等财臣权力逐渐扩张。仁宗即位后，清算了所谓“丁谓党”。出于对“聚敛”之臣出掌大政的顾虑，此时的三司长官，虽仍多历任财政差遣，但不再以专任钱谷者为之，任期也大为缩短。而由于三司官职作为出常调的“清望”资序，具有快速迁转至侍从乃至执政的前景，君主、大臣往往“因人命官”以拔擢亲旧，而任职者也多以此为养资晋升之途，不安于久任，因此不但难以历练选拔钱谷之才，更影响了国家财政管理的成效。

关键词：北宋　三司　选任　迁转　资序

一　问题的提出

中晚唐至北宋，帝制中国的财政收支结构与运作方式发生了巨大变化。募兵制造成的财政开支压力，两税法“以贫富为宗”原则带来的对资产评定与定税的重视，以及国家对茶、盐、酒等榷利收入的倚赖，都对宋王朝的财政管理提出了新的要求。因此，财政官员的专业素质及其与理财成效之间的关系，是学界颇为关注的话题。郝若贝（Robert Hartwell）对此问题进行了深入研究：他统计了北宋财政官员的任职履历，发现大多具有财政管理经验，并认为在10~11世纪，宋朝已然发展出功能完备、由专业财计官僚组成的一套财政管理机构，而任职于三司、转运司等财政机构的官僚，通过专业化的财政服务，使国家得以有效管理新兴的工商业收入，制定合理的经济政策，促成了宋代的经济转型。[①] 上述观点对北美学界影响深远，此后关于宋代财政体系与经济政策的分析，往往以此为前提展开。[②]

然而，郝若贝的这一论断，却与“当事人”的观察颇相凿枘。嘉祐年间，曾任判三司勾院的司马光奏论财计，分析国用不足缘由，指出“财用之所以匮乏者，由朝廷不择专晓钱谷之人为之故也”。在他看来，三司官员之所以不能“专晓钱谷”，专业性不足，原因在于选任时唯择文辞之士，迁转又唯论“资序”，官员难以久任、专任，对财计业务并不熟悉，自然难以胜任。司马光进一步指出，祖宗朝三司使多“久从事于其职”，其僚属亦未数易，“是以先帝屡行大礼，东封西祀，广修宫观，而财用有余者，用人专而任之久故也”。三司官员专业性不强的问题并非赵宋开国以来一直存在，而是仁宗朝方才凸显；至于解决问题的办法，则是振举祖宗旧制，提升财政官员的专业程度，“随材用人而久任之”。[③] 司马光虽自称不胜钱谷剧务，[④] 但毕竟才卸三司职务不久，对于北宋理财中枢的组织架构、

① Robert M. Hartwell, "Financial Expertise, Examination, and the Regional Economics Policy in Northern Sung China," *The Journal of Asian Studies*, Vol. 30, No. 2 (Feb., 1971), pp. 281-314.

② 相关阐发，参见史乐民（Paul J. Smith）：《茶马贸易与青苗法：1068~1085年新法期间的国家权力和经济实干主义》，韩明士（Robert P. Hymes）、谢康伦（Conrad Schirokauer）编《为世界排序——宋代的国家与社会》，刘云军译，九州出版社，2022，第91~96页；万志英（Richard von Glahn）《剑桥中国经济史（古代到19世纪）》，崔传刚译，中国人民大学出版社，2018，第196页。

③ 《司马光全集》卷二三《论财利疏》，李文泽、霞绍晖校点整理，四川大学出版社，2010，第614~616页。

④ 《司马光全集》卷一七《乞虢州三状·第三状》（嘉祐四年上）：“今窃知已降敕命，除臣判三司度支勾院。窃缘臣禀赋愚钝，素无才干，省府职任，俱为繁剧，去此就彼，皆非所宜。若贪荣冒居，必致旷败。”（第517页）

运行状况具有切身体会，所言多经验之谈。事实上，同时期其他臣僚如张方平、蔡襄、王安石等，亦曾论及司马光所言问题。梅原郁、板桥真一等学者根据前述宋人言论，细致梳理了三司长贰、转运使、发运使的仕宦经历，分析了其迁转路径与资序要求，进一步证实了司马光的论点。①

如何理解郝若贝与司马光论点的参差？司马光指出仁宗朝“理财者不晓钱谷”现象既然属实，关于其成因的解释也颇具说服力，这提示我们，郝若贝对于宋代财政官员专业技能的评价可能存在偏差：这部分是由于其统计取样时未细致区分财政官僚任职时段，难以体现北宋不同时期的变化，更重要的是，任职经历与财政管理实际效果间未必存在因果联系——即使曾担任财政差遣，假如不能久任、专任，也未必精于财政专业技能。② 此外，二者论点的参差还进一步引发以下问题：宋廷任命的三司官员既多具财政差遣履历，这至少说明宋廷对其财政管理能力仍有所要求，但倘若宋廷仍重视财臣的财政管理经验，其差遣为何难以久任、专任以历练真正的财政专家，实现司马光期待的“随材用人而久任之”？其制度与人事方面的制约因素为何？司马光所述祖宗朝以来，三司任职者身份、任期与任职条件的变化何以发生，彼此又有何关联？欲对此加以解释，我们有必要梳理北宋前期，特别是太祖朝至仁宗朝，三司官员选任、迁转中各方考量因素的演变过程。

学界有关北宋三司官员的研究积累颇多，议题主要聚焦在两方面。其一，考察三司长官的身份，分析君主人事安排思路，及其同中枢政治格局的关联。③

---

① 梅原郁『宋代官僚制度研究』同朋舍、1985、281~283 頁；板橋眞一「北宋前期の資格論と財政官僚」『東洋史研究』第 40 卷第 2 号、1991 年、95~102 頁。

② 板桥真一已指出，郝若贝关注宋代官僚“财政技能”时，未曾措意其履历中的“资序”因素，参「北宋前期の資格論と財政官僚」『東洋史研究』第 40 卷第 2 号、1991 年、87 頁。

③ 对于宋太祖、太宗、真宗朝三司使选任与中枢政局、财政政策的关系，学者已有所讨论，参見城光威「宋初の三司について—宋初政権の一側面」『集刊東洋学』第 86 卷、2001 年、21~41 頁；范学辉《三司使与宋初政治》，姜锡东、李华瑞主编《宋史研究论丛》第 6 辑，河北大学出版社，2005，第 19~50 页；崔玉谦《北宋天禧元年三司使马元方离任始末考论——兼论内藏库与计司之间的矛盾冲突》，郭锡东主编《宋史研究论丛》第 21 辑，科学出版社，2018，第 229~247 页；孙朋朋《北宋前期三司权力与地位演变及其政治意涵》，河南大学“西园研史”首届唐宋史青年学者论坛论文，2021 年。此外，学者还曾结合宋初三司机构的调整，讨论三司长官身份的变化，参见黄亚娟《北宋三司使研究》，硕士学位论文，河南大学，2006；谢婷《北宋前期三司组织机构和长官出身研究》，硕士学位论文，北京大学，2013。

此类研究，大多对三司长官的出身、生平事迹、仕宦经历及其与君主、宰执的关系进行了细致分析，但研究对象一般局限于长官，考察时段大多较为集中，解释路径也侧重政治权力结构，对于三司不同层次官员人事管理中的制度因素阐述较少。其二，考察三司官员的任职履历与迁转路径的变化，梳理三司官员迁转中的资序要求。[①] 这一研究思路基本循司马光前述议论展开，勾勒出不同时段三司官员人事管理方式的变化，但对于长时段演变的因由多缺乏细致解释；对于君主、臣僚对三司官员职掌有何预期，如何考量三司官员资格、迁转方式，也较少深入考察。

本文以前述研究为基础，但不再究心于仕宦迁转路径与生平事迹的具体细节，更侧重分析北宋太祖至仁宗朝，君主、臣僚对于计司职位的预期，以及对任职条件的要求，进而考察三司官员选任标准、迁转路径演进中的延续性与差异性，并分析其影响因素。本文重点观照人事安排背后统治思路的演变，在此基础上，尝试解释宰执、侍从等高官何以需要三司职官为迁转"资序"，这种"资序"的历练作用又是如何异化的。考虑到三司使作为计相，对于财政运作影响最大，其选任最为朝廷看重，相关材料亦最为丰富，本文的考察对象仍以三司使为主，同时也将论及三部副使、判官、判子司等三司主要官员选任的演变情况。

二　宋太祖至真宗朝三司官员选任的演变

学界对于宋初三朝三司长官的身份，已有细致梳理。[②] 本节将考察宋初三朝三司长官、僚属人事安排思路的异同与演变过程，进而分析其对三司内部权力结构演变的影响。

---

① 参见周藤吉之「北宋の三司の性格」『宋代史研究』東洋文庫、1969、82～110頁；板橋眞一「北宋前期の資格論と財政官僚」『東洋史研究』第40卷第2号、1991年、83～105頁；宮崎聖明「北宋の三司使・戸部尚書の人事と経歴」『宋代官僚制度の研究』北海道大学出版会、2010、25～68頁。

② 谢婷将宋初三司使出身演变过程分为建隆元年（960）至太平兴国七年（982）、太平兴国七年至端拱元年（988）、端拱二年至太宗末年、真宗朝四个阶段，指出任职者经过自武臣、内臣向进士出身文臣的变化，并认为其转折点在端拱二年，但并未深入分析影响三司长官选任的具体因素，参见《北宋前期三司组织机构和长官出身研究》，第30～43页。

（一）太祖朝、太宗初期的三司使选任

据司马光所言，北宋祖宗朝三司长官多有“诸卫将军、诸司使”担任者。这种现象，在赵宋开国至宋太宗端拱二年（989）以前尤为突出，如张美、李崇矩、赵玭、楚昭辅、王仁赡、陈从信、郝正、魏丕、张逊等皆是。但上述情况并非贯穿太祖、太宗两朝，且关注本官类型与出身的变化，仍不足以揭示该时期三司使的选任特点。

范学辉细致分析宋太祖选择历任三司长官的意图，认为在“集中掌控财权”这一目标下，其用人思路经历了三个阶段的变化：其一，开国后任张美、李崇矩，主要为维持后周至赵宋政局的稳定过渡；其二，乾德二年任赵玭，主要为制约宰相赵普，在发觉其不胜任后一度废除三司长官；其三，开宝年间以楚昭辅、王仁赡为三司长官，主要因其为藩邸亲吏出身，便于控制。[①] 见城光威则认为，宋初三司使多用武臣，表明君主意图改变晚唐五代多以宰相判三司的情形，限制相权，集中君权；此后，太祖、太宗均曾以藩邸故旧充任三司长官，同样意在加强君主独裁。[②] 谢婷则注意到，五代宋初担任三司长官的“诸卫将军、诸司使”，多为君主亲信元从或贵戚，属于“内职”；至于判三司的宰相，也多曾担任诸司使等内职；其进一步指出，三司长官由外朝官向“内职”的转化主要出现在后唐明宗朝，并认为天成元年三司使立额与明宗近臣张延朗出任三司使，乃是三司长官“内职化”在制度层面的演进节点。[③] 此外，黄亚娟也指出宋廷委任三司长官，存在“唯亲是用”现象。[④] 上述研究，揭示出宋初三司长官选任的重要特点，但太祖、太宗朝三司使选任思路的异同与变化过程，仍有待阐发。

宋太祖、太宗前期对于三司使的人事安排，其实经历了相似的演变路径：二帝初即位时，均曾留用此前君主任命的三司使，而在罢去前朝旧任三司使后，又都曾以藩邸元从为三司长官。如宋太祖即位时仍任用后周三

---

① 范学辉：《三司使与宋初政治》，姜锡东、李华瑞主编《宋史研究论丛》第6辑，第24~50页。

② 見城光威「宋初の三司について—宋初政権の一側面」『集刊東洋学』第86巻、2001年、25~27頁。

③ 谢婷：《北宋前期三司组织机构和长官出身研究》，第30~37页。

④ 黄亚娟：《北宋三司使研究》，第29页。

司使张美，后又以潜邸楚昭辅、王仁赡掌三司。而宋太宗罢王仁赡后不久，太平兴国八年（983）正月即以宋琪为三司使。其人曾为开封府推官，“太宗为府尹，初甚加礼遇”，后虽一度责降，但很快擢掌三司，当年又入参政。[①] 此后太宗分设三司长官，担任度支使者为原开封府衙吏陈从信；[②] 而在雍熙四年（987）至端拱元年，短短一年多，宋太宗对三司长官进行了多次人事调整，其中盐铁使张平、郭贽，担任度支、盐铁使的张逊，虽出身及本官类型不同（郭贽举乾德进士，太平兴国间知制诰、参知政事；张逊为藩镇军将；张平则为内职），但均曾供职于太宗藩邸。[③] 这种新君即位先沿用前朝三司长官，随后改用元从亲旧的做法，当系继承后周世宗而来，起初沿用三司使李榖，[④] 后改用潜邸旧臣张美。[⑤] 但潜邸旧臣任三司使，在端拱二年后即不多见，仅淳化年间偶有出现。

在相似性的背后，太祖、太宗的三司使选任思路仍存在诸多差异。其一，虽然宋太祖、太宗均试图节制三司使权力，但相比之下，太祖维持单一三司长官，主要依靠僚属对其加以制约，甚至一度不任三司使，由君主直接统辖三部判官；[⑥] 而宋太宗在太平兴国八年后即分设三司长官，[⑦] 多参用元从旧臣、进士及第官员、理财臣僚等不同群体。如太平兴国八年至雍

---

① 《宋史》卷二六四《宋琪传》，中华书局，1985 年点校本，第 9121 页。

② 《宋史》卷二七六《陈从信传》，第 9403～9404 页。

③ 据谢婷统计，自宋太祖开国至宋太宗太平兴国七年王仁赡被罢，三司使中约三成出身内职，而自太平兴国八年至端拱元年，这一比例提高至六成以上（《北宋前期三司组织机构和长官出身研究》，第 43 页）。但若以任职时间论，建隆元年至太平兴国七年共计 22 年，其中开宝七年（974）六月至九年二月，宋廷近两年时间未曾任命三司使，而楚昭辅、王仁赡出身内职，担任三司使长达十年，时长约占该时期三司使总任期的一半。需要说明的是，本文关于三司使任期的统计，以及关于前后任官情况的梳理，均依据黄亚娟《北宋三司使研究》附录“北宋三司使表”，第 44～57 页；并参考宮崎聖明「北宋の三司使・戸部尚書の人事と経歴」『宋代官僚制度の研究』附表 1～4 太祖・太宗・真宗・仁宗朝の三司使の経歴、47～59 頁。下文不再具引。

④ 《旧五代史》卷一一四《世宗纪》，中华书局，1976 年点校本，第 1519 页。

⑤ 《旧五代史》卷一一五《世宗纪》，第 1531 页；关于张美仕宦经历及其与周世宗的密切关系，参见《宋史》卷二五九《张美传》，第 8997 页。

⑥ 范学辉认为，乾德五年（967）宋太祖罢赵玭后，至开宝四年，近五年未任三司使，主要是为了减少宰相赵普掣肘，参见《三司使与宋初政治》，姜锡东、李华瑞主编《宋史研究论丛》第 6 辑，第 40～41 页。

⑦ 淳化四年五月至十月，曾一度以魏羽一人判三司；十月置总计使及左、右计使，至五年十二月复设三部使。关于太宗朝三司机构调整的梳理，参见谢婷《北宋前期三司组织机构和长官出身研究》，附表 1，第 27～28 页。

熙元年，即以王明、陈从信分任盐铁、度支使，后者为太宗藩邸旧僚，前者在太祖朝屡任随军转运使，太平兴国年间任三司副使，资历极深。雍熙四年至端拱元年，三部使虽多任潜邸旧僚，但仍有如魏丕（周世宗藩邸，以内职迁转）、李惟清（开宝间三史出身）等出身各异且不具藩邸经历者参差其间。

其二，宋太祖朝新任三司长官，如李崇矩、赵玭、王仁赡等，在出任三司使前几乎全未有财政差遣经历，仅楚昭辅曾勾校左藏库金帛，“帝以其能心计”，但其仍难以应付漕运计度。[①] 相比之下，宋太宗朝所任三司使，大多在理财方面颇有治绩，表现出很强的吏干。如代替王仁赡同判三司的王明、侯陟，均曾在太祖朝及太宗初期长期担任外路转运使、三司判官、三司副使等财政差遣，且分别参与过征南汉、南唐、北汉等战役的军资调度，在钱谷繁务中经过历练，王明更被太祖称赞“儒臣有武干者”。[②] 此后任职者，不论潜邸臣僚、科举文士抑或军职，大多在仕宦中表现出理财之具：前者如陈从信“恭谨强力，心计精敏”，“太宗在晋邸，令典财用”，[③] 曾为楚昭辅参谋，解决京师漕运难题；张逊则曾主持设立京师榷易署，与商人贸易舶来货品，“岁可获钱五十万缗，以济经费”。[④] 此外，许仲宣曾随太祖攻并州、南唐，负责军资筹措转输；李惟清曾任荆湖南北路、京东路转运使、度支判官，副使，并曾详定荆湖诸路以盐配民事。[⑤]

其三，宋太祖任用的三司长官，大多未曾参加科举（仅短暂出任权点检三司的张澹为后晋进士），据谢婷统计，太祖朝具有科举背景的三司使占任职总人次的比例不过 16.7%；而太宗罢免王仁赡后，曾从事举业者在三司使中的比例增加至七成以上。[⑥] 其中科举出身者五位（占任职总人次的 36%），另如王明曾参加进士科考试，落第后方受奏辟为幕职。此外，如魏丕虽系武职，然“颇涉学问”，自称“本以儒进”欲得台省之职，宋

① 《宋史》卷二五七《楚昭辅传》，第 8959 页。

② 李焘：《续资治通鉴长编》（以下简称《长编》）卷一三，开宝五年，中华书局，2004 年点校本，第 293 页。

③ 《宋史》卷二七六《陈从信传》，第 9403 页。

④ 《宋史》卷二六八《张逊传》，第 9223 页。

⑤ 《宋史》卷二六七《李惟清传》，第 9216 页。

⑥ 谢婷：《北宋前期三司组织机构和长官出身研究》，第 43 页。

太宗亦面谕“知卿本儒生”。[①] 相比太祖朝，宋太宗朝的三司长官人选确实发生了很大变化，“崇文”的倾向已然出现。但需要说明的是，这些重视文治的臣僚并非都出于侧重文辞之才的进士科，而多有经史诸科背景（侯陟明经科，李惟清三史科）；事实上，太宗朝前期，仅郭贽以本朝及第进士担任三司长官（雍熙四年任盐铁使），这种情况直到端拱二年后才完全改变。

综上，北宋太祖、太宗两朝，三司机构分合不常，内部管理模式多有变化，长官人选在先帝旧臣、藩邸亲从、科举文士等不同群体之间摇摆；副使、判官等僚佐则多具有较丰富的财政差遣经验，其既能辅助三司长官行政，又对其加以监督制约。上述人事安排，与赵宋开国后面临的内外政治形势密切相关。一方面，宋太祖、太宗即位后均面临合法性问题，沿用前朝旧臣有利于稳定政局；而当皇位巩固后，其三司计臣的人事安排，往往基于三司内部关防、制约宰相、加强君主独裁等考虑。另一方面，赵宋开国后，为应付京师开支以及战争带来的庞大军资用度，三司使必须高效计度各州军钱物调运，事务颇为繁重。开宝五年（972），三司使楚昭辅即因京师军储不足、江淮漕运不济遭到太祖严责：“设尔安用！苟有所阙，必罪尔以谢众。”[②] 可见计运储、足国用，乃是君主对三司计度财政的主要要求。因此，宋廷须充分考量三司官员的理财能力与经验，以便合理安排钱物筹措与调运任务，应对王朝幅员扩大以及战争造成的复杂财政事务。

（二）端拱二年后宋太宗任进士出身者为三司使

宋廷选任三司使的思路，在宋太宗统治中后期，特别是端拱二年后进一步发生变化，并延续至真宗朝。其一，就出身而论，端拱二年以降新除三司长官，绝大多数由进士出身的朝臣担任，极少任用武臣及君主亲旧，内职的色彩有所淡化。[③] 在朝服、告身、官员相见礼仪等身份性仪制标准

① 《宋史》卷二七〇《魏丕传》，第9277页。

② 《长编》卷一三，开宝五年七月甲申，第287页。

③ 谢婷：《北宋前期三司组织机构和长官出身研究》，第38~43页。

方面，三司使多比照外朝文官，甚至基本趋同，成为“品官”的一部分。[①]与此同时，三司使以亲从参掌机务的色彩也已逐渐消退。淳化年间，盐铁使李惟清与太宗论边费难省，太宗言其不了解内情：“此乃机事，卿所未知也。”[②]上述变化长期持续，此后北宋三司官员，除个别特例，基本为进士出身，绝少出身内职者。

其二，该时期三司使虽为进士出身，习于“文学”之士，但也曾“久任”且“专任”财政差遣。三司使任期往往较长，平均在两年半以上，如陈恕两任计相，时间超过了八年。至于其出任三司使前的仕宦经历，则多累任三司判官、副使及漕司、发运司等财政差遣，钱谷经验非常丰富。如陈恕任盐铁使前，曾于太平兴国年间判三司勾院，后任度支推官、户部副使、河北东路营田制置使；[③]樊知古任盐铁使前，曾任江南东路、京西、荆湖、河北转运使，参与过征南唐战争的军资调度，“权宜调敛，知古悉奏为常额”。[④]另如陈若拙在太宗、真宗两朝曾担任盐铁判官、西川转运使、盐铁判官、京东转运使等职，还曾在与党项战争中护送刍粮至塞外，深得君主嘉奖；咸平五年（1002）六月卸任京东转运使，“时三司使缺，若拙自谓得之”，不料真宗竟命出知潭州，陈氏大失所望，不愿就任，理由是“常任三司判官及转运使，今守湖外，反类责降”。[⑤]陈若拙自认为有资格得授三司使，说明多次历任财政差遣，被认为是充任三司长官的必要条件。

上述任职方式的形成，固然受雍熙北伐失败后宋太宗崇尚文治政策导向的影响，[⑥]但具体到三司使人事安排，还与君主对计司职掌的要求有关。太宗后期至真宗初，宋廷财政政策有所变化，不仅限于一般意义上的计度

---

① 陈文龙：《北宋前期的官品与品官》，未刊稿，第8~9页。但在朝会中，三司使仍与枢密使一道，列于内职班位，参见任石《北宋朝会仪制研究：以文臣身份等级为中心》，博士学位论文，北京大学，2016，第16页。

② 《宋史》卷二六七《李惟清传》，第9217页。

③ 《宋史》卷二六七《陈恕传》，第9199页。

④ 《宋史》卷二七六《樊知古传》，第9394页。

⑤ 《长编》卷五二，咸平五年六月丁卯，第1135页。

⑥ 参见刘静贞《皇帝和他们的权力：北宋前期》，台北：“国立”编译馆，1995，第64~67页；邓小南《祖宗之法：北宋前期政治述略》，生活·读书·新知三联书店，2014，第174~185页。

钱粮与籍账审核，更强调君主主导下对组织机构与典章制度的整顿更张。淳化至咸平年间，宋廷曾对负责财务文账收发审核的诸多子司建置加以调整，其目的固然是合理高效地勘验簿书、关防钱物出入，但相关制度设计亦蕴含寻求“致治”这一更长远的目标，如参知政事张洎赞扬宋太宗减省三司账簿、裁撤子司等举措：“明王为政，虽步骤不同，及其缉熙庶绩，莫先于简。国家乘五代之后，百度陵迟。三司掌邦计，故多创司分以谨关防，果能删繁就简，深合古道也。”① 至于太宗后期与真宗咸平年间，宋廷屡下诏榷利定额、整顿田赋、蠲免逋欠、裁省浮费，乃至茶盐法及入中改革，更是意欲整顿五代弊政，在“民不加赋”的前提下供足军国之需，彰显赵宋善政，建立经久之制，如真宗所言“先帝以财赋国之大本，莫不求诸中道而为其永制”。② 而这些制度调整，宋廷往往诏令三司“经度”，“条析”方案奏闻。端拱年间，宋太宗曾与三史出身的户部使李惟清论及读《汉书·贾谊传》心得，言当用“言大事，知大体”之人；③ 淳化二年（991），又谓三司长官：“夫货财所以济用度，或取之不以其道，违朕惠养庶民之意，岂能召和气乎！当共务均节，无致厚敛于下。”④ 言下之意，计司当改革财制，取财以道，均节用度，以养庶民、收人心。可见淳化以后，宋廷对三司使的素质要求更高，须通晓古今治体之变，擘画长远方略，而非仅限于审核计度出纳、奉法行事以足国用。

此时的三司官员，对于自身职掌也有相应认识。如咸平三年户部判官孙何进奏，称“三司掌钱刀，笼天下货财”，并认为三司长官应如李悝、耿寿昌、刘晏、第五琦等，“虽名聚敛之臣，颇负经通之略，皆民不加赋，兵有羡粮”，⑤ 具备经略之才。倘若三司使仅汲汲于簿书钩考、钱谷出纳，则会被认为不够称职。如咸平初年曾任度支、盐铁使的张雍，处事“龊龊小心”，“在三司置簿籍，有‘案前急’‘马前急’‘急中急’之目”，专置文历事目以登记政务处置程限，就“簿书期会”而言可谓得力，却不能擘

① 《长编》卷四〇，至道二年闰七月辛未，第 849 页。

② 《长编》卷四三，咸平元年十一月戊午，第 921 页。

③ 《长编》卷二九，端拱元年正月己酉，第 650 页。

④ 《长编》卷三二，淳化二年七月己亥，第 718 页。

⑤ 《长编》卷四七，咸平三年六月丙寅，第 1020 页。

画理财之方，“颇为时论所诮”，连真宗也认为其难以胜任“三司事重，宜有裁制”的局面，以王嗣宗代之。[①] 此外，在杨亿为责降罢任的三司使刘师道代拟的“谢表”中，亦称任职期间“无心计以可称，唯诏条之是守”。此语拟刘师道谦辞，正说明当时朝廷对三司使的期待，重点在于“心计”谋划，而非恪守“诏条”。[②]

在宋朝君主看来，武臣、内职学养不足，无法胜任擘画财制之职。如咸平元年短暂担任户部使的上官正，“少举三传”，后一直担任内职，曾参与平定李顺之乱，[③] 但宋太宗评价其“终是武人，不知书，率意粗暴，因知人之材力兼备者，亦云鲜矣”。[④] 相比之下，贡举出身的文学之士被认为知书且明于治道，更合乎财政改革的需要。该时期三司使的实际施政情况也确能证明此点。如被太宗称誉为“真盐铁”的陈恕，任职三司期间多次参与三司机构调整、茶法改革，创设诸多制度，乃至真宗朝寇准入为三司使，仍“检寻晋公（陈恕）前后沿革创立事件，类为方册”，三司所出榜示，“别用新板题扁，躬至其第，请晋公判押。晋公亦不让，一一与押字……自是计使无不循其旧贯”，[⑤] 可见陈恕所定法度合宜，深得人心，可谓经久之制。至于真宗咸平三年任职的盐铁使王嗣宗，除了主持三司减省馈运支费、郊祀杂物工料开支，更担任“纂录”之职，建议将三司条奏“事有可纪者，望令判使一员，撰录送史馆”，以资修史参考。[⑥] 此外，太宗朝以后，三司使作为内职，常受命与外朝文臣共同参与诸多仪式活动，加之该时期进士出身官员增多，并进入包括三司在内的官僚机构，三司长官若非进士出身，无文学，往往难孚众望。如出身三史科的李惟清以“倜傥自任，有钩距。临事峻刻，所至称强干”，长期担任三司长官，颇为得力，“然以俗吏进，无人望”，[⑦] 可见非进士出身，具文学之才者，已不足

---

① 《长编》卷四六，咸平四年五月戊子，第 1060 页。

② 杨亿：《武夷新集》卷一四《代三司刘密学谢表》，《宋集珍本丛刊》第 2 册，线装书局，2004 年影印本，第 330 页下栏。

③ 《宋史》卷三〇八《上官正传》，第 10137 页。

④ 钱若水等修，范学辉校注《宋太宗皇帝实录校注》卷七七，至道二年四月庚寅，中华书局，2012，第 687 页。

⑤ 魏泰：《东轩笔录》卷二，中华书局，1983 年点校本，第 18 页。

⑥ 《宋史》卷二八七《王嗣宗传》，第 9648 页。

⑦ 《宋史》卷二六七《李惟清传》，第 9217 页。

以服人。

需要强调的是，除了擘画政策、制作典章，宋廷丝毫没有放低对三司使期会簿书、监管出纳等日常业务的要求。宋太宗不时向大臣表示对钱物用度的关心，甚至亲自过问污染布帛、多余木料的用度去向，[①] 试图表现出“爱人啬费”的姿态。[②] 在宋太宗看来，“财赋之通塞，系于制置之臧否”，财计利害与制度建设密切相关；至道元年五月，太宗曾与侍从语及三司职掌：“朕岂不知以崇高自恣耶，但为救世养民，所以钱谷细务，亦自与用心区分。朕若更不用心，则如何整顿也……朕今收拾天下遗利，以赡军国，以济穷困，若豪户猾民，望吾毫发之惠，不可得也。”言下之意，三司应当配合君主，用心钱谷细务，这不但为供应军国用度，更是治民养民的基础。此前不久，宋太宗召见了负责簿书勘会的三司孔目官李溥等诸多吏人，“问以计司钱谷之务”，命其条陈三司利害，并对宰相吕端转述其训诫盐铁使陈恕之言：“朕尝谓陈恕等，若文章稽古，此辈固不可望卿，至于钱谷利病，此辈自幼即枕藉寝处其中，必周知根本。卿等但假以颜色，引令剖析，宜有所资益。恕等刚强，终不肯降意询问。”[③] 此言意在表达对财政管理的重视，钱谷利害往往蕴于琐细吏职中，而这正是进士出身、着意文学的三司长官不甚究心者，必须加以叮嘱，甚至命其不耻下问于吏人。值得注意的是，宋太宗仍将李溥提交的方案交陈恕等参酌详定，可见即使对文章之士处理钱谷庶务有所疑虑，但仍倚重其经度典章，谋划财制。

至道元年的一则史事，颇能说明宋廷对三司使职掌的期待。太宗对宰相批评三司，称其敛民甚多，但制度建设成效不佳，无法改变唐五代以来“经制隳坏”之局面，并随即召见盐铁使陈恕，就财制擘画之事，“责以职事旷弛”。面对太宗责难，陈恕奏称：“今土宇至广，庶务至繁，国用军须，所费浩瀚，国家诸州每有灾沴，必尽蠲其租。臣等时举利权，朝廷虑以侵民，皆柅而不行，纵使耿寿昌、桑弘羊复生，亦所不逮。臣等材力驽

① 宋太宗躬亲钱谷细务，其目的主要是在官僚系统中扩大自身的影响力，加强独断。相关表现及意图分析，参见刘静贞《皇帝和他们的权力：北宋前期》，第 47~49 页。

② 《长编》卷四三，咸平元年十一月戊午，第 921 页。

③ 《长编》卷三七，至道元年五月，第 813 页。

下，惟尽心簿领，终不足上裨圣理。”极尽自责之言的同时，指出财政浩繁情况下，君主的统治意图与三司长官职掌日标存在错位——前者意欲惠民以收人心，后者则为应付国用军需不得不“举利权”。在透露无奈后，陈恕自称“臣等材力驽下，惟尽心簿领，终不足上裨圣理”，只能应对账簿庶务，难以实现君主意图更张财政制度以致治世的目标。面对陈恕诉苦似的“自我批评”，宋太宗的回应颇有深意，先称“卿等清而不通，专守绳墨，终不能为国家度长絜大，剖烦析滞”，随即责备道：“只如京城仓库主吏当改职，簿领有一处节目未备，即十年、五年不与断决，以至贫无资给，转死沟壑。此卿等之过也。”言下之意，其即使账簿庶务亦未能“尽心”，耽误吏人改职，并称这类细务疏漏将“伤和气”，同样碍于治世的实现。此言一出，陈恕只得“顿首称罪”。[①] 据此奏对可知，君主对于三司使提出了多方面要求：一方面，其固然应当“尽心簿领”，勉力于钱谷庶务；另一方面，任三司使者不但需“清”，更要“通”，如此才能合理擘画财制，经制国用以合“圣理”。由此观之，宋太宗久任科举出身者掌三司，主要基于对当时财政管理任务的理解，以及对科举文学之士才具与局限的认识：这些官员知书而通晓治道，能够应付典章制定、擘画政策等任务；但如司马光所言“文辞之士，习钱谷者固有之矣，然不能专也。于是乎有以簿书为烦而不省，以钱谷为鄙而不问者矣”，[②] 故须长期久任，既为考验其设法立制的成效，更为历练这些文学之士的理繁治剧的才具，使之专精于钱谷之职。如淳化二、三年间担任度支、盐铁使的魏羽，本为进士出身，“涉猎史传”，“出入计司凡十八年”，长期负责钱谷事务，殚精竭虑，“历剧职十年，始逾四十，须鬓尽白”，表现出“强力有吏干”“小心谨事”等特点，宋太宗称其“有心计，明吏道”。[③]

值得一提的是，三司长官的专任与久任，之所以既使文学之士得以历练钱谷，朝廷得以考验吏干，又没有造成长官专权难制局面，这与宋太宗对三部判官、判勾院等僚属的选任方式密切相关。这一时期，三司僚属选任的主要目标有二：其一，辅助长官的同时对其监督关防；其二，为三司

① 《长编》卷三七，至道元年五月丁卯，第 815 页。

② 《司马光全集》卷二三《论财利疏》，第 615 页。

③ 《宋史》卷二六《魏羽传》，第 9205 页。

长官储备具有钱谷经验的吏干之才。先论关防长官。乾德四年（966），宋太祖下诏“条约”三司判官，职掌之一便是监督长官政务处置，“应三司使或有行遣未当，本判官并须执谘。如事理显明，不肯依据，即许面取进止。或事有已经敷扬，称奉旨施行者，若未通便，亦许指陈”。当长官行遣不当，可直接面陈指出问题，甚至可以面奏取旨；本司判官若有顾虑，“避事不言”，则他司判官应予以奏闻。[①] 宋太宗即位后，沿袭了以僚属制长官的措置思路，在沿用太祖藩邸旧僚王仁赡为三司使的情况下，新设三司副使一职，先后由太宗潜邸元从贾琰（很快去世）、范旻、李符等担任；此外，还安排太平兴国二年进士陈恕、潜邸僚属宋琪等担任三部判官、判三司勾院等职，主要意图即安插亲信以监管伺察王仁赡。[②] 王氏对这一意图并非毫无察觉，并兴走私秦陇大木案，将范旻等太宗潜邸僚属治罪，“坐贬黜者十余人，皆上南府时勋旧戚里用事吏”，但仍于太平兴国七年的一次奏对中，被判三司勾院陈恕等攻击，最终罢职，而同判勾院的宋琪则因奏对辩论时“反附仁赡”，[③] 以“辨事忤旨”罪名被贬。[④] 此后，宋太宗分置三使，使长官难以专权，但仍重视三司僚属的关防作用。如端拱年间，户部判官袁廓奏对，“强项好争，数与判使等较曲直于上前，声气俱厉”，[⑤] 与长官争执不已；淳化年间，盐铁使李惟清女婿盗用官钱数十万，吏畏之不敢劾，判三司都磨勘司刘式“发举其事，惟清坐黜”。[⑥] 早在太平兴国八年，宋太宗就向宰相抱怨“三司官吏奏事朕前，纷纭异同，互有所说，此固不为私事，但迭执偏见，不肯从长商度，朕每以理开谕。若帝王躁暴，岂能优容”，[⑦] 但这种三司长官与僚属相互关防，甚至彼此争执的局面，正是其人事安排造成的结果。

次论为计相储才。如前所述，宋太宗对于三司长官的财政管理经验与

① 《长编》卷七，乾德四年正月丙戌，第 165~166 页。

② 关于宋太宗以潜邸旧僚担任三司副使、判官的具体意图，参见見城光威「宋初の三司について—宋初政権の一側面」『集刊東洋学』第 86 卷、2001 年、26~27 頁。

③ 《长编》卷二三，太平兴国七年二月辛未，第 513 页。

④ 《宋史》卷二六四《宋琪传》，第 9121 页。

⑤ 《宋史》卷二七六《袁廓传》，第 9393 页。

⑥ 刘敞：《公是集》卷五一《先祖磨勘府君家传》，《宋集珍本丛刊》第 9 册，第 757 页上栏。

⑦ 《长编》卷二四，太平兴国八年三月癸亥，第 540 页。

能力颇为看重，而这往往依托于三司僚属、漕司官职等财政差遣的历练与考察。淳化元年，知制诰田锡为盐铁使李若拙起草的命官制书，虽不免格套之言，但颇能体现君主对三司僚属吏干的重视，以及对其职任的期待：

> 朕以管榷之利，军国是资，必求经济之谋，委以重繁之务。以尔具官李若拙，素有文学，蔼然声光，加以通明，善于操剧。珥笔轩墀之下，直史是咨；运筹征赋之能，干时攸属。勉倅铜盐之职，更观盘错之才。[①]

由制书可知，宋太宗要求三司官员胜任“经济之谋”“重繁之务”，在选任时一方面考虑其是否具备“文学”声望，另一方面看其是否“通明”，能否应付剧务。李若拙此前曾任河东漕司，又曾掌水陆发运司，得太宗嘉奖，[②] 已体现出“运筹征赋之能”，故可担任盐铁判官，并期待其在“倅铜盐之职”时进一步历练理财才能。为保证任职者的素质，对于三司僚属的选任，宋太宗虽曾命翰林学士等参与举荐，但仍相当依靠对官员历任治绩、才具的躬亲观察与了解。如太平兴国二年进士张郁，在三司户部推官任上“上言邦计泉货登耗之利”，得到太宗赏识，遂迅速迁转为盐铁判官；[③] 另如雷有终以荫补出身，其受命三司盐铁判官，并最终升任度支副使，主要是因在雍熙北伐中任蔚州飞狐路随军转运使，有转运军资之劳；[④] 而李惟清出任度支判官，乃因其任荆湖漕司时奏减官卖盐价，得太宗首肯。[⑤] 此外，如索湘任盐铁判官，此前曾以度支巡官按行民田水灾，并在太宗谋划东封时“同知泰山路转运事”，又为河北转运使，“经度供馈，以

---

① 田锡：《咸平集》卷二九《起居舍人李若拙可盐铁判官》，《宋集珍本丛刊》第 1 册，第 422 页下栏。

② 《宋史》卷三〇七《李若拙传》，第 10133～10134 页。

③ 严儒：《大宋故尚书户部郎中兼侍御史知杂事赐紫金鱼袋张公（郁）墓志铭并序》（天禧四年闰十二月），罗振玉辑《芒洛冢墓遗文四编》卷六，《石刻史料新编》第 1 册，台北：新文丰出版社，1977 年影印本，第 14297 页上栏。

④ 《宋史》卷二七八《雷有终传》，第 9456 页。

⑤ 《宋史》卷二六七《李惟清传》，第 9216 页。

能干闻";[1] 陈若拙为盐铁判官，则因"部送刍粮至塞外，优诏奖之"。[2] 如此事例甚多，兹不赘举。

除了重视三司僚属选任，以实现关防、储才之目标，宋太宗更以严苛的御臣之术黜陟三司官员。如南方入宋士人，在京师官场维系着密切的关系网，占据了三司多个职位，若长期任职的三司长官樊知古、陈恕、魏羽，多年执掌三司勾院、磨勘司的刘式，均来自江南，而于宋朝进士及第。[3] 此外，太宗朝贡举及第者，往往依托同年关系互结奥援。对于南方士人、科举同年等出身背景相似、关系较密切的三司臣僚，太宗严伺其交游，防微杜渐。端拱元年，盐铁副使陈象舆、度支副使董俨即因交结枢密副使赵昌言、知制诰胡旦遭到责降；[4] 淳化元年，户部使樊知古因"职事不治"遭太宗诏责，遂求助时任参知政事陈恕，请求告知"太宗言及计司事有乖违者"，此事很快为太宗获悉，"怒恕泄禁中语，且嫉知古轻侻"，将二人罢职。[5] 此外，宋太宗事必躬亲、严伺苛察的施政风格，也约束着臣僚的言行。淳化年间，知天雄军郭载诬告市籴朝臣段献可买物粗恶，太宗命三司覆验，属实，遂将其削官，但此后判三司勾院冯拯奏明郭载乃诬告，面对太宗诘问，度支使魏羽答曰："献可等所市不至粗恶，亦无欠数。臣与侃亲旧，是以未敢白。"其明知真相，但因忌讳亲嫌，遂未敢言。[6] 可见魏羽力图在太宗面前表现慎守无私，无所亲嫌，以免引起猜忌，而宋太宗则通过三司僚属，以多种渠道掌握三司理政内情。至于陈恕任盐铁使，素以"峭直守公"著称，但在太宗面前言行表现得非常谨慎乃至局促，"性靡阿顺，每便殿奏事，上或未察，必形诮让。恕敛版踧缩，退至殿壁，负墙而立，若无所容"，[7] 唯恐忤逆圣意。即使如此，宋太宗对这一久任且得力的臣僚仍不时敲打，乃至当面责备。据前所述，太宗对吕端、寇准抱

① 《宋史》卷二七七《索湘传》，第 9420 页。

② 《宋史》卷二六一《陈若拙传》，第 9040 页。

③ 关于江南士人在太宗朝"久居计司"现象及其原因分析，参见张卫忠《江南士人与北宋前期政治》，博士学位论文，北京大学，2013，第 115~122 页。

④ 《长编》卷二九，端拱元年三月，第 651 页。关于此事人事纠葛的具体研究，参见何冠环《宋初朋党与太平兴国三年进士》，中华书局，1994，第 25~27 页。

⑤ 《宋史》卷二七六《樊知古传》，第 9396 页。

⑥ 《宋史》卷二七六《郭载传》，第 9397 页。

⑦ 《长编》卷四〇，至道二年七月，第 850 页。

恕钱谷之事“烦朕思虑”，并言及陈恕“刚强，终不肯降意询问”，细揣其意，并非对陈恕不满，而是通过向宰执暗示对三司使职掌的“疑虑”，以加强臣僚间的关防。值得一提的是，太宗后期仍偶尔重拾故技，参任亲旧，如淳化三年任户部使的魏庠，系“介旧恩以进”；[①] 淳化五年任户部使的王延德本为开封府元从牙校，“太宗尹京，署为亲校，专主庖膳，尤被倚信”。[②] 由此观之，太宗朝逐渐形成的“事为之防，曲为之制”的理政原则，[③] 不但体现于三司的机构、职官设置，更渗入人事安排与升降黜陟思路中。

要之，宋太宗端拱二年以降，多以科举进士出身者担任三司使。他们虽为文学之士，但在执掌计司前，多于三司判官、副使、转运使、发运使等财政差遣间迁转，并曾主持、参加战争军资调度、京师上供转输或制度更张等事务，不但于钱谷之事历练甚久，更有机会表现吏才，博取能名。而君主亦将三司判官、判勾院等僚属视为计臣储才所在，多根据其实际治绩，量其才具，亲自拔擢，令掌国计。对于这些长于文学、明于典故而又久司钱谷、专领国计的“计相”，君主一方面依托其学养经制典章，设法立制；另一方面强调钱谷簿领的重要性，使其专注于烦琐剧务。此外，君主通过分设多使、僚属制衡、参用不同背景官员等方式，辅以人主伺察控御，避免三司使权力坐大或与他官联系过深，难以掌控。

（三）太宗后期至真宗初三司内部权力结构的变化

宋真宗咸平六年，三司组织架构经历了重大调整。宋廷“并盐铁、度支、户部为一使”，以三司使寇准统领三司，并分设三部副使为佐贰，维持多年的三部“各置使局”、不相统属之局面至此告终。[④]

就出身与任职履历而言，相比咸平初年，三司长官的任职条件变化不大，几乎全为进士出身朝官；在任三司使前，大多曾历三部判官、判三司

① 王安石：《临川先生文集》卷九二《户部郎中赠谏议大夫曾公墓志铭》，王水照主编《王安石全集》第7册，复旦大学出版社，2016年点校本，第1591页。

② 《宋史》卷三〇九《王延德传》，第10153页。

③ 关于“事为之防，曲为之制”内涵的阐发及宋廷“防弊之政”的措置，参见邓小南《祖宗之法：北宋前期政治述略》，第259~284页。

④ 《长编》卷五五，咸平六年六月丁亥，第1205页。

子司、诸路转运使、发运使等职，在财政差遣间多次迁转。[①] 然而，在这一时期，三司使的迁转路径发生了较大改变。太宗后期及真宗初年，三部长官罢任后多为知州，亦有充转运使、御史中丞等职者，甚少跻身政府。但自咸平六年宋廷新设三司使统掌三司，其往往迁转执政进而拜相。真宗一朝，出任参知政事、枢密院长官及宰相者，分别约占 15 位三司长官的 7%、20%、13%。其中寇准以前任参知政事为三司使，罢任后直接拜相；丁谓自三司使出任执政，随即拜相。[②] 同一时期，中书门下、枢密院共计 24 位宰执，其中出自三司长官者约占 13%，其担任宰执时间共计约 6 年，占真宗一朝总年数（25 年）的 24%。乍看之，真宗朝出任三司使者大部分并未出任宰执，但若以咸平六年为断限，则三司长官出任宰执者比例提升至三成以上，任职时间也更长。在未出任执政者中，刘师道系获罪左迁，[③] 马元方因财政政策与真宗不合遭弃用，[④] 至于林特、李士衡，则因与丁谓关系密切，陷入真宗朝后期的政治风波，影响了仕途。由此观之，咸平六年后任三司使者，多晋身执政并随即拜相。相比太宗朝仅宋琪一人由三司使充执政进而拜相，真宗朝三司长官的迁转情况显然发生了变化。此外，该时期三司长官任期仍普遍较长，而在晋身执政并出任宰相的三司长官中，陈恕自太宗淳化四年十月任总计使，至真宗咸平三年冬罢盐铁使，任职时间约 7 年（于真宗朝在任 3 年多）；丁谓自景德二年五月至大中祥符五年九月在任，时长亦达 7 年；仅寇准任期较短，于咸平六年六月至景德元年八月在任，约 1 年 3 个月。其平均任职时间达 5 年，超过北宋三司长官平均任期。[⑤] 可见晋身宰执的前景，并未影响三司长官的“久任”。

由此，真宗咸平六年改制后，三司长官不但延续了此前专任、久任局

① 这一时期三司长官的仕宦履历，参见宫崎聖明『宋代官僚制度の研究』50~53 頁。

② 宫崎圣明曾统计北宋历朝三司长官升任宰执的比例，本文采取其结果，参见『宋代官僚制度の研究』36 頁。

③ 《宋史》卷三〇四《刘师道传》，第 10065 页。

④ 崔玉谦：《北宋天禧元年三司使马元方离任始末考论——兼论内藏库与计司之间的矛盾冲突》，郭锡东主编《宋史研究论丛》第 21 辑，第 240~247 页。

⑤ 据黄亚娟统计，北宋三司使平均任期约 1 年 3 个月，参见《北宋三司使研究》，第 22~25 页。

面，且一人独掌三司，更能升入执政乃至宰相，直接参掌大政，权力大为扩展。与此同时，自太宗统治后期，三部判官、判勾院等僚属对三司长官的关防作用却受到更多制约。雍熙以降，三司判官退出了垂拱殿常朝，“止随百官五日起居”，[①] 上殿奏事“止使、副使同之”，直到大中祥符九年（1016），方允许判官“有大事亦令上殿”。[②] 淳化三年，宋廷下诏规定三司判官见本使仪范，要求“判官见本使，各谨礼度，无失恭虔”，明确尊卑等次，又规定“每日内朝谒见，非咨事不得辄至本使庐中，朝罢各赴本司视事，即不得于诸处辄行私谒”，并命御史台纠弹，[③] 限制了三司判官获取信息的渠道。淳化五年，进一步规定三司判官见判使“并同南省郎中、员外郎见尚书丞郎之仪”，并命其“凡有公事并须取禀判使商量，不得专辄闻奏”。[④] 上述措置，固然有利于整齐三司内部权力秩序，提高决策效率，但也使判官直达君主的沟通渠道受到极大限制，长官权位愈发尊崇。如大中祥符年间，判户部勾院梁固曾揭举三司使马元方“临事粗率”，职掌旷废，但其必须“请对条奏”，[⑤] 已无法如太平兴国七年陈恕等人一般参加常朝，在君主面前奏劾长官。

三司与君主沟通渠道受阻，还导致君主难以通过奏对详悉其才具。此外，太宗朝科举取士数量急剧膨胀，班簿中的朝官也增加了一倍多，[⑥] 太宗实在难以遍识朝臣。随着大规模军事活动与物资调度逐渐减少，君主更难通过钱谷剧务考验臣僚之才。正是在这一时期，宋太宗多次抱怨三司判官“不职”，难得其才：淳化五年三月，太宗以“以三司判官多不守本职，拜疏言事悉非济要，召总计使陈恕令晓谕，各扬其职”；[⑦] 同年十一月，太宗阅朝官班簿，感叹“比于其中求一材中转运使、三司判官者，了不可得”。[⑧] 在此情况下，太宗遂屡命宰执、三司长官举荐三司僚属。淳化三年，“三

---

① 徐松辑《宋会要辑稿》仪制二之一，刘琳等校点，上海古籍出版社，2014，第 2317 页上栏。
② 徐松辑《宋会要辑稿》仪制六之七，第 2404 页上栏。
③ 《宋大诏令集》卷一六二《三司判官见本使仪范诏》，中华书局，1962，第 607 页。
④ 孙逢吉：《职官分纪》卷一三《三司·判官》，中华书局，1988 年影印本，第 301 页下栏。
⑤ 《宋史》卷二九六《梁固传》，第 9866 页。
⑥ 张其凡：《宋初政治探研》，暨南大学出版社，1995，第 144 页。
⑦ 徐松辑《宋会要辑稿》职官三之五〇，第 3067 页下栏。
⑧ 《长编》卷三五，淳化五年十一月丁卯，第 801 页。

部判官高象先而下选授者十五人，皆从三司使之举”；次年又诏令宰执“各于京朝官内举廉勤强干、明于钱谷、堪任三司判官者各一人”。[①] 从淳化以降担任三司僚属者的身份看，确多有宰执、三司使举荐亲旧者。如淳化初度支判官宋沆系“宰相吕蒙正之妻族，蒙正所擢用”，[②] 户部判官边肃则为盐铁使魏羽所荐，[③] 户部判官马元方为盐铁使陈恕所荐。[④] 要之，自太宗朝后期，三司判官、判勾院等僚属在政务决策与奏对中的角色逐渐边缘化，而其来源多为进士出身且缺乏财政差遣历练之臣僚，在理财经验方面不及长官；加之君主难以遍识群臣，又缺乏钱谷计度任务考验历练，遂不得不更多依靠宰执、三司使等高官举荐。如此一来，三司僚属须倚靠长官保举方得迁转，对其监督与制约难免有所削弱，而君主也难以躬亲精选钱谷干才。

上述变化，未必直接有碍财政管理，在宋太宗事为之防、躬亲细务的情况下，也确未出现三司使权力扩张问题，但毕竟影响了三司内部权力结构的平衡，埋下了三司长官权重难制的隐患。咸平、景德年间，宋廷茶盐榷法屡经改革，并集中立法编敕，确立钱物征调额，编修《会计录》，以期形成财政管理“经久之制”，进而加强中央对财政收支的整体掌控与监督。由于宋真宗缺乏如其父一般乾纲独断的能力与锱铢必较的精力，[⑤] 密迩君主的三司长官借助专属的常朝奏对之权，在决策与立法过程中常居于主导地位。[⑥] 与此同时，为统筹财务管理，三司长官与沿边诸路转运司、内藏库以及京师库务之间的联系愈发密切，[⑦] 难以彼此监督。如出身三司小吏、担任东南发运使十余年的李溥“奸赃狼籍，丁谓党之，无敢言者”，

① 《长编》卷三五，淳化四年八月戊寅，第 752 页。

② 《长编》卷三二，淳化二年九月丁丑，第 720 页。

③ 《宋史》卷三〇一《边肃传》，第 9983 页。

④ 《长编》卷四四，咸平二年五月丁酉：“以殿中丞鄄城马元方权户部判官，从户部使陈恕所奏也。”（第 944 页）按，陈恕此时当为盐铁使。

⑤ 关于宋太宗独裁统治风格及其心态分析，以及宋真宗与宋太宗统治方式的区别，参见刘静贞《皇帝和他们的权力：北宋前期》，第 61~71、100 页。

⑥ 张亦冰：《北宋三司与宰相职权关系新探》，《史学月刊》2019 年第 1 期，第 19~25 页。

⑦ 板橋眞一「北宋前期の資格論と財政官僚」『東洋史研究』第 40 巻第 2 号、1991 年、94~95 頁。

至天禧元年（1017）才被新任发运使黄震揭发。[①] 至于大中祥符年间东封西祀、宫观营造等礼仪活动造成的大规模钱物筹措、调拨需求，更进一步增强了君主对丁谓、林特、刘承规等内外财政臣僚的信任与倚赖程度，[②] 巩固了其在朝廷决策中的地位。丁谓、林特等兼任宫观使职，丁谓本人拜相，更提升了其主导大政的地位。当真宗去世，“神道设教”诸般活动中止，丁谓也在政治斗争中遭遇重挫。乾兴元年（1022）七月，宋廷下诏处置“丁谓党”，除了三司使林特，还包括江淮发运使苏维甫、权户部判官黄宗旦、权盐铁判官孙元方和周嘉正、户部判官上官佖等。[③] 正如板桥真一所论，“丁谓党”以丁谓为核心，其主要成员则多为中央、发运司的财政官僚；[④] 而“丁谓党”之形成，同三司长官的久任、专任，以及三司判官、诸子司官员在财政决策中角色的边缘化，很难说毫无关系。

三　养资假途：宋仁宗朝三司官员的选任与迁转模式

宋仁宗即位后，朝廷选任三司官员的方式发生了较大变化。三司官员以资序除授，缺乏钱谷才具，且不久任、不专任等情形也在此时期出现，宋廷甚至称三司职官为“养资假途”之阶。[⑤] 本节将尝试解释这些现象如何发生，彼此有何关联，又何以影响财计职掌。

（一）三司使的迁转与任期

宋仁宗天圣、明道年间出任三司使者共十人，其中刘后垂帘时期任命者共计八人，蔡齐、范讽系明道二年（1033）仁宗亲政后除授。相比真宗咸平以降三司长官任期与迁转情况，这一时期出现以下值得注意的现象。其一，就迁转路径看，三司长官仍多任执政，但不拜相。十人中有六位升任执政，而未任执政者中，程琳系权发遣资序且任职时间极短，胡则、范

① 《长编》卷九〇，天禧元年八月丙戌，第2076~2077页。

② 蓝克利：《礼仪、空间与财政——11世纪中国的主权重组》，顾良译，《法国汉学》第3辑，清华大学出版社，1998，第147~151页。

③ 《长编》卷九九，乾兴元年七月壬申，第2292页。

④ 板橋眞一「北宋前期の資格論と財政官僚」『東洋史研究』第40卷第2号、1991年、95頁。

⑤ 《长编》卷二〇三，治平元年十二月丁巳，第4928页。

讽则因获罪被罢，当属特例，可见三司使仍为晋身之阶；这一情形似乎延续了真宗咸平六年以降三司长官的迁转路径，但这些升任执政的三司长官均未得拜相，而是外任知州，相比真宗朝三司长官晋身后往往随即拜相，存在显著差别。其二，就任期看，三司长官多不久任，平均任期仅一年，低于北宋平均数，且除李谘、晏殊外再无任职达一年以上者，与真宗咸平六年之后三司官员平均任期三年以上差异较大。[①]

由此观之，刘太后垂帘时期，三司长官继承了真宗咸平六年之后的迁转模式，但也发生了较大变化。上述变化何以产生，彼此有何联系呢?[②] 笔者认为，这与仁宗即位之初国家财政、人事政策的调整密切关联。在垂帘听政的刘太后的主持下，宋廷中止了真宗朝为"神道设教"举行的诸多礼仪活动与宫观工程，并着手减省财政开支。此外，财政臣僚的理财措置，如进纳羡余之类行为，也被视为聚敛，不再得到鼓励。时有京西漕臣刘绰，"自京西还，言在庾有出剩粮千余斛，乞付三司"，这一做法本循真宗朝李士衡、李溥等转运使、发运使进羡余故例，此时却遭到刘太后训斥："卿识王曾、张知白、吕夷简、鲁宗道乎？此四人岂因献羡余进哉!"[③] 其以四位缺乏理财经验的宰执为例，意在阐明态度：朝廷财政管理目标与财臣激励机制已然变化，敛财上供以充朝廷用度不再被认为是正当的"政绩"。[④]

朝廷财政政策的调整，影响了三司人事安排。这一时期，随着丁谓、林特等出身三司的财政官僚被清除出中央决策层，朝廷人事结构经历了较大调整。仁宗继位留任的宰相冯拯、王曾、张知白虽曾任判三司勾院、户部判官、判开拆司之类三司僚属，但任职时间较早，且与丁谓无甚瓜葛；[⑤]

---

① 对于真宗朝三司长官仕宦经历、迁转过程与任职时间的梳理，参见宫崎聖明『宋代官僚制度の研究』表 3、52~54 頁。

② 板桥真一、宫崎圣明将三司使非久任与晋身执政视为其"资序化"的表现，并推测该局面的出现，与仁宗初期防止财政官员"结党"、避免三司使权力坐大有关，但未充分论证，且不足以解释三司使何以成为入执政之阶而不拜相。

③ 《宋史》二四二《章献明肃刘皇后传》，第 8615 页。

④ 关于宋廷对待漕司进奉"羡余"态度的变化，参见高聪明《从"羡余"看北宋中央与地方的财政关系》，《中国史研究》1997 年第 4 期，第 98~105 页。

⑤ 《宋史》卷二八五《冯拯传》，第 9608 页；《宋史》卷三一〇《王曾传》，第 10182 页；《宋史》卷三一〇《张知白传》，第 10187~10188 页。

至于天圣、明道年间新任宰相张士逊、吕夷简，则全无三司任职经历。[①]这一局面的出现，除了鉴于丁谓等财臣具体的敛财之举，惩前毖后，也缘于君臣长期以来对三司官“聚敛”的刻板印象。乾德四年，三司建议赏赐场院主吏羡余，宋太祖专门下诏，引述《论语》批评道：“出纳之吝，谓之有司。傥规致于羡余，必深务于掊克。”[②]咸平六年蠲放逋债，减除率敛，臣僚担忧“三司必以恩泽太滥，亏损国计为言”，真宗亦谓“吝于出纳，固有司职也，要当使斯人实受上赐”；[③]不久，天雷暴震，真宗对天象示警自解云：“今河北、关西，戍兵未息，民甚劳苦，而三司、转运使赋敛益繁。”[④]上述言论，或可视作君主为彰显恩德或推卸责任，故而归咎三司，但真宗朝以降，不少臣僚同样在奏议中将三司视作务行聚敛之机构。如咸平年间，杨亿于知处州任上进奏状，请求减少龙泉县三酒坊课额，即言“百姓亦尝诣阙披陈，诏下三司相度”，但三司“惟聚敛是图，陆沉无报，疮痍益甚，冤痛弥深”，为保榷利收入，无视百姓之困；[⑤]天圣元年（1023），国子博士张愿进奏，请求整顿地方官司增租摊逃现象，以免民户因积欠过多而逃移，特别强调“国家富有万方，三司是聚敛之臣，必虑不能蠲免，乞不下三司定夺”。[⑥]可见三司使为“聚敛之臣”，多扭曲朝廷恤民善意，唯务敛财增收，几乎已为时人共识。天圣、明道年间，宋廷在清算“丁谓党”，节用国帑的政策主导下，不再以三司官升任宰相，当意在于最高决策层中淡化“聚敛之臣”的影响力。[⑦]

---

① 《宋史》卷三一一《张士逊传》，第10216页；同卷《吕夷简传》，第10206~10207页。

② 《长编》卷七，乾德四年四月，第170页。

③ 《长编》卷五五，咸平六年九月癸未，第1221页。

④ 《长编》卷五五，咸平六年九月甲申，第1221页。

⑤ 杨亿：《武夷新集》卷一五《论龙泉县三处酒坊乞减额状》，《宋集珍本丛刊》第2册，第341页下栏。

⑥ 《宋会要辑稿》食货一之二一，第5951页下栏。

⑦ 这种对于财臣“聚敛”的疑虑，并非始于北宋。唐玄宗朝以降，伴随着财政制度的诸项改革，练习钱谷的“财计专家”与科举出身的“通才型”士大夫之间，围绕理财之策是否合乎治道，是否意在“聚敛”，展开了长期辩论乃至斗争（参见卢建荣《聚敛的迷思——唐代财经技术官僚雏形的出现与文化政治》，台北：五南图书出版有限公司，2009）。但随着五代宋初对文士钱谷吏干要求的提升，以及自11世纪前期起士大夫政治主体意识的增强（邓小南：《祖宗之法：北宋前期政治述略》，第143~147、425~426页），士大夫如何训练理财能力，应对与军国大政密切相关的财政事务，同时又避免“聚敛”之嫌，是这一时期君臣需要面对的问题。

然而，钱谷事繁，若全未历其职者，往往莫知所以。二府决策钱谷大政，仍须曾任财政差遣、具备理财经验的三司臣僚参与其间。如天圣元年宋廷裁减冗费，即由权三司使李谘、盐铁判官俞献卿动议，三司诸官协同他官商议谋划。[①] 至于宋廷设计置司议改边防军储入中法，虽由参知政事吕夷简、鲁宗道总领，但因牵涉茶盐榷法，须比较历年榷利登耗，而二人并无三司任职履历，缺乏经验，实际谋议仍由权三司使李谘牵头，范雍、蔡齐等此后出任三司使者均参与其中。[②] 在时任宰相财政管理经验不足的情况下，将三司长官补充入二府决策层实属必要。正如南宋臣僚总结的："祖宗时特重财计之臣，凡除执政，必先除三司，使更历钱谷之事。"[③] 宋廷以三司使入政府，是为保障中书门下财政管理与决策能力，也为增重三司长官身份。值得注意的是，这部分三司长官虽晋身执政，却均未能出任宰相，这应当是为避免"聚敛之臣"再次职掌大政。事实上，与丁谓等聚敛财臣存在联系者，即使财政管理经验丰富，亦难晋升执政。如寇瑊曾历任三司盐铁判官、河北转运使、度支副使，曾主持修治澶渊堤防，行河北三说法，仁宗亦称其"有吏干"，但任三司后未能执政，或同其"与丁谓厚善"并因此左迁有关；[④] 而曾任江淮制置发运使、度支副使、河北都转运使的胡则，因与丁谓有旧而"骤进用"，后"坐丁谓党"，为御史奏劾，罢三司使知陈州。[⑤]

总之，天圣、明道年间三司使的迁转模式，相较真宗朝既有继承亦有变化。这是两方面因素共同作用的结果：一方面，为避免财臣权力扩张，影响国家大政，须避免其任期过长或执掌相位，务行聚敛；另一方面，朝廷须维持三司长官进入执政的渠道，以保证宰执群体的财政决策能力。由此观之，朝廷对财臣权力的制约，以及对执政理财能力的要求，仍是影响这一时期三司使迁转的主要因素；而在一长独领三司，三部副使、判官角色相对边缘化的情况下，对于三司使权力的制约，主要依靠避免长官久

① 《长编》卷一〇〇，天圣元年正月壬午，第 2311 页。

② 《长编》卷一〇四，天圣四年三月甲辰，第 2403～2404 页。

③ 此系嘉泰三年三月二十三日臣僚进奏，参见徐松辑《宋会要辑稿》职官六之二三，第 3166 页下栏。

④ 《宋史》卷三〇一《寇瑊传》，第 9989 页。

⑤ 《宋史》卷二九九《胡则传》，第 9942 页。

任、专任实现。

天圣、明道年间形成的三司使不久任即入政府这一迁转模式，此后仍长期持续。据宫崎圣明统计，在宋仁宗、英宗二朝，六成以上三司使曾升入执政，[①] 所谓“国朝除用执政，多从三司使、翰林学士、知开封府、御史中丞进拜，俗呼为‘四入头’”，[②] 三司使已被认为是晋身执政的必要条件。而这些三司长官任期普遍较短，平均仅一年左右。即使在宋夏战争爆发，军需调度紧张时期，三司使亦难久莅其职。宝元元年（1038）至庆历元年（1041），短短三年间，宋廷竟四易三司使，其中郑戬、叶清臣任期均仅半年。宋廷不久任三司使，主要是鉴于真宗朝后期“丁谓党”等财臣权力坐大实施的更张之策，但如此一来，三司使成为进入政府的快速通道，使得任职者多谋晋升而不安于位，如庆历年间苏舜钦所言：“三司者，国之计府，当慎选才者主之……今但取高科及久在翰林者居其任，他本不晓财利，又知朝廷之意，用之以为资级，但应副人情，不复留心金谷。多者逾岁，少者数月，已入两府。”[③] 此外，朝廷往往“因人命官”而非“为官择人”，以三司使为宠臣速迁执政之阶，如宋仁宗亲政之初，任蔡卞为权三司使，即出于“欲擢政府，先除正使”[④] 的考虑。蔡惇在《官制旧典》中曾记载伯祖蔡齐宦业：“祖宗旧制：选除执政、侍从必先选历钱谷。蔡文忠公（蔡齐）由进士第一，亦尝自三司度支副使，权拜起居舍人知制诰，乃至翰林学士、权御史中丞。章献明肃皇后遗诏，令杨太后继垂帘同听。是时仁宗年二十四，文忠公力诤之，方亲决万机，即欲权参大政，尚书除权三司使，数月乃拜枢密副使。”[⑤] 蔡齐身为状元，历任两制，又曾担任三司副使，不论从“文学”身份还是财臣履历看，都合乎出任三司使的资格。但仁宗之所以命蔡齐掌三司，并非借重他的经验、才具，主要缘于其襄助顺利亲政，故特加宠遇，意图借助三司使这一快速晋身阶梯拔擢其

① 宫崎聖明『宋代官僚制度の研究』36 頁。

② 洪迈：《容斋续笔》卷三《执政四入头》，中华书局，2005 年点校本，第 253 页。

③ 《苏舜钦集》卷一〇《上范公参政书·谘目三》，上海古籍出版社，1981 年点校本，第 121～122 页。

④ 林駉：《新笺决科古今源流至论》后集卷二“三司”，元延祐四年圆沙书院刻本，《中华再造善本》第 1 编，北京图书馆出版社，2005，叶 12a。

⑤ 林駉：《新笺决科古今源流至论》后集卷二“三司”，《中华再造善本》第 1 编，叶 12a。

入执政。果然，蔡齐担任三司使仅半年即升为枢密副使，一年多后又为参知政事。

三司使作为总国计之长，事繁权重，“因人命官”速迁执政，偶或为之则可，却难以作为常态化用人之制。如司马光所言“凡有司官莫不欲久于其任，而食货为甚。何则？二十七年耕，然后有九年之食。今居官者不满三岁，安得有二十七年之效乎”，[①] 相比其他行政事务，财政管理具有自身特点，需要稳定的政策，且往往经历较长时间方见成效。三司使任期过短，使其无从熟悉相关职掌进而积累经验，无暇整顿本司典章与吏治，最终导致合理的财政政策难以形成，朝廷也难以验明三司使治迹。庆历年间，苏舜钦上书参知政事范仲淹，极论钱谷之弊，并言三司使当为此负责：“主计者十余年来相习其弊，不务经久疏通之术，日偷月削，相蒙不知。闲则懈怠于事，急则侵暴于民……不计时之丰凶，地之出产，民之有无，一切迫之以刑，朝令暮办，虽是至多之物，其价重增数倍；大家居蓄，以困下户，使弱者流转，强者为贼，寻其根本，尽在三司也。”在他看来，三司使并未用心规划经久理财之术，财政计度与决策缺乏合理性，或因循苟且，或急刻暴敛，“不惟国之货利用度日蹙，亦使生民愁苦，四海离怨”。而根据苏舜钦提出的改革建议“自下拔取有才通晓钱谷者，分立三部，各建使名，令自辟属官，更相求胜，明下诏旨，必使久任，每岁终则考其耗登而升黜之”，[②] 可见造成三司使失职的原因非常复杂：一使独掌三司，本已缺乏竞争压力，加之长官不得久任，无法熟悉并举荐僚属，朝廷也无从检验其长期政绩，更加剧了财计“残弊溃乱”的局面。

对于三司长官久任的必要性，宋仁宗其实早有充分认识，其于景祐二年（1035）下诏：“盖念幅员至广，货利惟繁，必牢笼之得宜，乃用度之无失。非久其职，将瘝厥官，期底定之有同，繄服劳之靡懈，庶使详研计簿，狎贯事程，宽物力以阜民，谨岁成而济治。”[③] 强调三司使必须“久其职”，才能熟悉财务账簿与法规依据，从而充实国计，养民致治；并要求“自今三司使副在职未久，毋得非次更易”，须久历其职，方得晋身二府，试

① 《司马光全集》卷二三《论财利疏》，第 615~616 页。

② 《苏舜钦集》卷一〇《上范公参政书·诸目三》，第 121~122 页。

③ 《宋大诏令集》一六一《三司使副未久不得迁易诏》，第 611~612 页。

图使三司使获得充分的历练，以便朝廷了解其实际业绩、才具，拔擢人才。该诏令一度有所成效，当年五月上任的三司使程琳，“在三司阅四年，遂得政（参知政事）”，其间确实积累了颇多财计经验，在江淮漕运、田赋沿纳归并以及禁中需索等财政制度改革中，提出了专业且极具针对性的建议。[①]此外，宋廷屡使三司长官迁而复任，这在一定程度上平衡了任期与职位迁转间的矛盾，使其得以积累理财经验，张方平、叶清臣、王尧臣、王拱辰等均属此类。洪迈论“执政四入头”，也承认存在“固有尽历四职而不用”的情况，并以张文定公（张方平）与王宣徽（王拱辰）为例。[②]然而，此类尝试很难长期践行。正如宋仁宗在皇祐二年（1050）诏中所言，三司长贰“名秩颇崇，政务尤剧”，因此“凡所更践，莫匪俊良。故有不时而迁，遂成数易之弊”。[③]他清楚地意识到，天圣、明道年间以来三司使迁转过速，根源在于此职成为政府要津，已难作历练选材之所，更践此职的“俊良”急于晋升，又不耐久处繁剧，“有以簿书为烦而不省，以钱谷为鄙而不问者”，[④]故而朝廷屡举久任之法，却往往不了了之。如此一来，在三司使不得久任的情况下，如何合理选择任职者以保证基本理财能力，从而维持国计正常运转，便显得愈发重要。

（二）三司使的选任条件

宋仁宗朝三司使的选任条件，相较真宗朝后期，同样体现出延续性与差异性的并存。一方面，除晏殊、夏竦系前执政任三司使，其余迁转至三司使者，大多曾累任转运使、发运使或三司判官、副使，基本延续了真宗朝局面；另一方面，该时期三司长官迁转历职类型较为灵活，[⑤]未必多任财政差遣，且大部分曾授馆职或出任知制诰、翰林学士，仅薛奎、寇瑊、胡则无之，可见词臣、馆职等“文学之士”并非一般意义上的进士出身臣僚，已成为三司长官的主体，相较真宗后期林特、马元方、李士衡等专任

① 《长编》卷一一四，景祐元年五月乙丑，第 2675 页。

② 洪迈：《容斋续笔》卷三《执政四入头》，第 253 页。

③ 《宋大诏令集》一六一《三司使副未久不得迁易诏》，第 611 页。

④ 《司马光全集》卷二三《论财利疏》，第 615 页。

⑤ 宮崎聖明『宋代官僚制度の研究』35 頁。

财政差遣者颇有差别。《宋史·职官志》所载三司使任职条件“以两省五品以上及知制诰、杂学士、学士充”,[①] 应当也是在这一时期形成的。

据板桥真一所论，宋廷此时少以专任财计者任三司使，目的之一，在于防止财臣之间形成密切联系，以致权力扩张难制。[②] 此外，由于财政差遣多被视为“聚敛”，宋廷更需考虑三司使用人带来的政策导向作用。宋仁宗嘉祐七年（1062），朝廷拟命李参为三司使，当政事堂行将议定之际，参知政事孙抃指出：“方今民困弊久矣，宜得敦厚而有学术之人使主邦计，庶几可以宽民保众。苟急于趣办应猝之才，则诛敛掊克，无所不至，如此民何所措手足乎?”[③] 李参恩荫出身，“无学术”，但曾历任淮南、京西、陕西、河北、河东都转运使、盐铁副使，身负钱谷之责多年，且于陕西行“青苗钱”以实军储，改钱币入中之法以平粜估，省国计，极具吏干，“刚果严深，喜发擿奸伏，不假贷，事至即决，虽簿书纤悉不遗，时称能吏”。然而，正因李参的出身与专任财政差遣的经历，孙抃指其为“趣办应猝之才”，担心若用为三司长官，各处臣僚将以为朝廷政策倾向聚敛，“外台将承风刻剥天下，天下之民困矣”。[④] 其余宰执亦未反对孙抃的说法，命官之议遂格。

三司使既多由文学之臣担任，而文辞之才与钱谷之职并不匹配，所学非所用。如王安石所论：“士之所宜学者，天下国家之用也。今悉使置之不教，而教之以课试之文章，使其耗精疲神，穷日之力以从事于此。及其任之以官也，则又悉使置之，而责之以天下国家之事。”[⑤] 对于这一问题，赵宋君主亦有觉察。熙宁年间，韩维判开封府，吴充任三司使，宋神宗称：“维、充以文学进，及任烦剧，而皆称职，可谓得人矣。”[⑥] 言外之意，以进士科出身者，往往难以胜任刑名钱谷等剧务。在此情况下，通过财臣

① 《宋史》卷一六二《职官志》，第 3807 页。

② 板橋眞一「北宋前期の資格論と財政官僚」『東洋史研究』第 40 巻第 2 号、1991 年、96~97 頁。

③ 苏颂：《苏魏公文集》卷六三《朝请大夫太子少傅致仕赠太子太保孙公行状》，中华书局，2004 年点校本，第 969 页。

④ 《宋史》卷三三〇《李参传》，第 10619 页。

⑤ 王安石：《临川先生文集》卷三九《上仁宗皇帝言事书》，王水照主编《王安石全集》第 5 册，第 756 页。

⑥ 《宋史》卷三一五《韩维传》，第 10307 页。

职任积累经验，在差遣中历练理财能力，几乎是财臣积累“专业”经验的唯一途径。特别是承平时期，君主不得不通过三司官员的出身与仕宦经历，如任职次数、年劳情况，了解其有无理财经验，考察其是否具备计臣才具，而这些因素，即体现在所谓“资序”之中。① 庆历年间，曾任两浙、淮南转运使、盐铁判官、判户部勾院的王琪奏对便殿，仁宗当面鼓励：“卿雅有心计，若三司缺使，当无以易卿。”虽然王琪最终因出使契丹获罪，② 未能升任三司长官，但由仁宗言论可知，“心计”是君主任用三司长官的重要考虑因素，而考察臣僚是否具备“心计”，则主要通过其仕宦履历。

宋仁宗亲政后，三司长官的仕宦履历较诸天圣、明道年间并无太大改变，出掌三司者大多曾多次任职三司、漕司、发运司等财政管理机构。③ 通过宣言任命合理性的命官制书，可以管窥朝廷对三司使任职资格的要求与职位预期。词臣阐述任官三司使的合理性，依据主要是仕宦资序，具体体现为出身情况、文学才能与任职经历。其中列举任职经历，显然是认为“仕途”与“宦业”之间，履历与行政经验、能力之间存在密切联系。而从“宦业”的内容，可以看出朝廷任使三司长官时，要求其具备多方面的素质：除了理财与“治剧”，还特别强调其进士出身、文学之选。如庆历年间，宋祁为三司使王尧臣所作制书，称其“历阶词禁，俾代予言。倬为文章，近古风烈……宜旌干蛊之能，往谐主计之剧”；④ 又如皇祐年间，蔡襄为田况所作制书“文业华敏，屡中科选。经谊精博，早奉策对。践历谏署，规箴有直亮之节；延登词禁，策训有深厚之体”，因而能够“孚予仁心，而图可久之利”。⑤ 此外，如王珪作杨察三司使制书“绸缪禁林之直，密勿秘殿之言”，⑥ 郑獬作三司使制书“翰林之职，高文大册，为当世宗

① 板橋眞一「北宋前期の資格論と財政官僚」『東洋史研究』第 40 巻第 2 号、1991 年、91~92 頁。

② 《宋史》卷三一二《王琪传》，第 10246 页。

③ 有关这一时期三司长官的履历梳理，参宫崎聖明『宋代官僚制度の研究』56~59 頁。

④ 宋祁：《景文集》卷三一《王尧臣可三司使制》，《景印文渊阁四库全书》，台北：台湾商务印书馆，1986，第 1088 册，第 264 页下栏。

⑤ 《蔡襄集》卷一〇《翰林学士兼龙图阁学士给事中权三司使田况可礼部侍郎充三司使制》，上海古籍出版社，1996 年点校本，第 231 页。

⑥ 王珪：《华阳集》卷三四《翰林学士知开封府杨察可权三司使制》，《景印文渊阁四库全书》第 1093 册，第 236 页下栏~237 页上栏。

工”，均为此类。[①] 强调三司使具备文学之才，既为消除士大夫们对于计臣务行聚敛的疑虑，更表明时人将文学之臣表现出的器局、才具同钱谷吏干相联系，认为文学之选通晓治体，有助于总领国计，涵养民生。如张方平除三司使，举翰林侍读学士宋祁自代，即言其“器蕴闳深，业履端厚”，“久登近列，绰有远猷”，故能兼备“平准之权，通利之术”，“俾之治财，必济轻重”。[②]

三司使选任、迁转过程中，宋廷对于历任资序的看重，充分展现在皇祐年间张尧佐任三司使引发的台谏争论中。皇祐元年九月，仁宗任命温成皇后兄张尧佐为三司使，除命甫下，监察御史陈旭（升之）随即进奏，称张氏“以后宫亲，非才也，不宜使制国用”，仁宗不为所动。[③] 次年五月，谏官包拯、陈旭、吴奎等再次进奏，列举各处灾害，并言“天道福善祸淫，与众同欲则依，从己之欲则违”，张尧佐除命不得人心，招致灾沴；至于这一任命的不妥之处，则在于“今亿兆之众，谓三司使张尧佐凡庸之人，徒缘宠私，骤阶显列，是非倒置，职业都忘”。此时台谏官弹劾张尧佐的理由，除了指出其外戚身份，恩宠过甚，更强调张氏理财才具不足，“职业”不精，用之将导致“诸路不胜其诛求，内帑亦烦于借助。法制刓弊，商旅阻行”，故而“上违天意，下咈人情”，[④] 但仁宗仍未因此动摇对张尧佐的任命。直到当年八月，侍御史知杂事何郯进奏，终于说服仁宗，罢张尧佐三司使，改任宣徽南院使，其奏议曰：

> 伏见三司使、礼部侍郎张尧佐，庆历三年冬，从开州来，是时犹作南宫散郎。自顷至今，不五六年间，遂历尽要近，乃尹京邑，乃司计籍。缘尧佐虽由进士登第，历官无他过，然骤被宠用，人情皆以止缘后宫之亲，不复以才能许之。况三司使位望任使，为二府之亚，跂步便至。今尧佐充三司使已逾年，若大飨讫事，众议谓陛下以酬劳

① 郑獬：《郧溪集》卷二《三司使制》，《宋集珍本丛刊》第 15 册，第 16 页下栏。

② 张方平：《乐全先生文集》卷三〇《除三司使举官自代》，《宋集珍本丛刊》第 5 册，第 574 页下栏。

③ 《长编》卷一六七，皇祐元年九月乙未，第 4013~4014 页。

④ 杨国宜校注《包拯集校注》卷 3《弹张尧佐》，黄山书社，1999 年点校本，第 155 页。

为名，必当进用尧佐在两府。果如众议，命行之日，言事之臣必以死争。[①]

据何郯所论，张尧佐不宜任三司使，原因有二：其一，张氏虽“由进士登第，历官无他过”，但擢用过速这一事实，本身会予人口实，认为其“止缘后宫之亲，不复以才能许之”；其二，三司使系直通二府执政的阶梯，所谓“二府之亚，跂步便至”，臣僚担心张尧佐将以外戚入政府，破坏祖宗旧例——这是最触动仁宗的地方。在其随后下达的诏书中，一方面禁止台谏不经中书门下论奏，另一方面阐明态度，消解臣僚疑虑：“言亲连宫掖，不可用为执政之臣……兼已指挥自今后妃之家，毋得除两府职任。”[②]

台谏反对张尧佐任三司使，根本原因在于其“以戚里进”，“为世所鄙”,[③] 但落实到具体职任方面，奏陈君主的理由集中在两点：一是理财经验与能力不足以胜任；二是外戚将借三司使之阶晋身执政。关于第一点，主要体现在任职资历与实际表现方面。但张尧佐系进士出身，曾历任州县，在知犀浦县任上曾主持当地田赋整顿，减少争讼，体现出理繁治剧的才能，此后又历任开封府、三司判官、副使、判流内铨、知开封府，其间并无失职黜责，包拯等论其才能“凡庸”，业务能力不济，均为凿空立说，仁宗不加理会。台官何郯不得不承认，张尧佐的出身与仕宦履历、表现均符合担任三司使的资格要求，从历官资序看，其才具未必存在明显问题。至于第二点，即张尧佐以外戚历三司而入二府，则更为要害，这也是促使仁宗让步的主要因素。可见三司使为执政之阶，已成为君臣共同接受的“常识”。值得注意的是，何郯在阐述其担忧时，特别强调“尧佐充三司使已逾年，若大飨讫事，众议谓陛下以酬劳为名，必当进用尧佐在两府”，仁宗有意命张尧佐为三司使，也须以政绩“酬劳”为名义。换言之，即使君主有心以三司使为臣僚执政之阶，也当使其在任上以年劳、政绩“养资”方可“假途”，绝非仅凭职位本身可做至执政。由此观之，一方面，在仁宗朝，三司使成为臣僚履二府之阶，君主可任命其亲信、宠遇之臣历

① 《长编》卷一六九，皇祐二年八月己未，第 4053~4054 页。

② 《长编》卷一六九，皇祐二年闰十一月己巳，第 4070 页。

③ 《宋史》卷四六三《张尧佐传》，第 13558 页。

三司使而入执政；另一方面，在张尧佐任三司使之争中，君主与台谏虽主张对立，但对于三司使任职、迁转的“资序”要求及其合理性，仍保有共识，这也是双方对话展开的基础。任职“资序”固然难以充分拣选理财之才，但至少原则上得以维持任职者基本的行政经验——即使以戚里宠遇得进的张尧佐，也是“持身谨畏，颇通吏治，晓法律”，[①] 历任有钱谷之效者。

要之，三司使“名秩颇崇，政务尤剧”，[②] 既为国计中枢，又为执政之阶，臣僚多借此晋身二府，君主亦以此宠遇近臣，因此往往难耐繁剧，不得久任。在此情况下，财臣任职履历体现的经验与能力，是朝廷维系三司使财政管理能力的重要手段；其于三司使任上积累的经验，也有助于避免擢入政府后对钱谷之事懵然无知。但从仁宗朝三司使总领国计的实际效果看，似乎并不尽如人意。如臣僚所论，三司使不得其才，除因难以久任，主要原因即在于选任过重资序，而非考验实际吏干，导致无从“自下拔取有才通晓钱谷者”。那么，原本作为计臣储才之阶的三司僚属等财政差遣，此时为何难以起到历练吏干与拔擢钱谷之才的效果？

（三）三司僚属的选任与迁转

天圣年间，三司副使、判官等僚属已然成为职官迁转资序。[③] 而三司僚属之所以难以如太宗朝一般，发挥历练储才的作用，主要是由于这一资序的“清要”性质，[④] 以及由此产生的迁转过速、理财经验不足、权势滥荐等问题。

作为“清要”资序，任三司判官者在仕途中拥有诸多优势，如磨勘改官无举主人数之限，[⑤] 但其最吸引人之处，还是在于其职任迁转的速度与前景。元祐二年，文彦博曾回顾北宋前期官员迁转资序，官员任知州军

① 《宋史》卷四六三《张尧佐传》，第 13558 页。

② 《宋大诏令集》卷一六一《三司使副未久不得迁易诏》，第 611 页。

③ 明道元年，宋廷诏令知大名、真定、京兆、凤翔、河中、江陵、江宁等府，以及兖、郓、青、陈等州，“自今并理三司判官、转运使副资序”（《长编》卷一一一，明道元年七月庚午，第 2583 页）。

④ 徐松辑《宋会要辑稿》职官一一之一四，据庆历四年十一月审官院所言：“三司判官、开封府推判官、天章阁待制及官职尝任提点刑狱，各系清要资序。”（第 3317 页下栏）

⑤ 徐松辑《宋会要辑稿》职官一一之一四，第 3317 页下栏。

“有绩效，或有举荐，名实相副者”，可特擢为“转运使副、判官或提点刑狱、省府推、判官”，实现“出常调”，此后历任漕司、提点刑狱，并根据所任漕司路分“轻重远近之差”逐次迁转，或归任三司、开封府判官，当转至河北、河东、陕西上三路及成都府路转运使、江淮发运使时，则可擢为三司副使，此职一旦任满，即除待制，进入侍从行列。[①] 在此过程中，三司判官既是迁转“快车道”的起点，也是官员积累资序的重要阶梯。任此职者，大多谋求快速晋升，加之三司判官员额有限（六人），为免阻碍他人迁转，现任者也很难长期居位。故《神宗正史·职官志》称三司判官本为“监司出入资，无久任者”。[②]

事实上，三司判官充满吸引力的迁转前景，已为当时士大夫习知。如常年居乡不仕的处士徐积，在代人致信某蒋姓三司判官时，即恭维道：“天下泉货，军国大计，此非三司之任乎？……今闻朝廷用阁下，宜矣。此固吾君吾相，且将大任阁下之阶也。”[③] 将出任三司判官称为朝廷“大任”其人的信号。而对于三司僚属不耐久任的现状，任职者也多有感触。庆历年间，担任度支判官的刘立之喟叹：“先君仕太宗朝，居一官终身。虽其时士大夫乐职恬势亦皆然，故所兴造，功效声实常溢其望。今士大夫亟迁官，无宿业，此风俗之敝也。吾岂敢忘先君之守？”[④] 立之之父，系太宗朝久判三司勾院、磨勘司的刘式。据其所言，太宗朝三司僚属安于职守尚为常态，但至仁宗中期，“风俗”败坏，坚持“宿业”，不求速迁，反成为难得的品质。司马光嘉祐间判三司勾院，发现三司“居官者出入迁徙，有如邮舍，或未能尽识吏人之面，知职业之所主，已舍去矣”，根本无从熟悉业务，寻常“怠惰之人”只求满任成资，故“因循苟且，惟思便身，不顾公家”；即使有“恪勤之人，夙夜尽心，以治其职”，也因任期过短，

① 申利校注《文彦博集校注》卷二九《奏除改旧制》，中华书局，2016，第789~790页。据《宋史》卷一六二《职官志》，三司判官“以朝官以上曾历诸路转运使、提点刑狱充”（第3808页），但据文彦博所述，这一任职条件，一般针对转运使、提点刑狱归朝任三司判官者，而非第一任三司判官。

② 徐松辑《宋会要辑稿》职官五六之一一，第7288页上栏。

③ 徐积：《节孝先生文集》卷三〇《代人上省判蒋工部书》，《宋集珍本丛刊》第16册，第691页下栏。

④ 刘敞：《公是集》卷五一《先考益州府君行状》，《宋集珍本丛刊》第9册，第770页下栏~771页上栏。

“人情稍通，纲纪粗立，则舍之而去；后来者意见各殊，则向之所为，一皆废坏”,[①] 很快人去政熄，因此缺乏更张财制、谋划长期政策的动力。

三司判官“清要”资序的迁转前景，不但造成官员不耐久任，还影响了朝廷的选官方式。如张方平所言，“财者……理道之最急者也。故朝廷用三司使，至于副介寮属，非士之选不处焉。夫尊主其要，卑治其目，故其寮属尤须择人”。[②] 照理，三司僚属作为财计要剧之职，又为计相历练之阶，本应精择熟悉财计、富有吏干之人，朝廷原则上也强调吏事之能,[③] 但在实际选任中，几乎很难“为官择人”，拔擢钱谷长才。

如前所述，出任三司判官的条件，为知州军“有绩效”或“有举荐，名实相副者”。关于前者，在三司判官命官制书中，多阐明其知州治绩可称，如“剖符名部，去辄见思”,[④] “以名字典郡，风采奉使，敏以为政”[⑤] 之类。相比太宗朝、真宗朝，此时除授三司判官的条件已然放宽，不再强调历任财政差遣，只需在知州任上表现“实绩”，证明吏干即可，这不免影响三司僚属的理财经验。但更大的问题在于举荐。如前所述，自太宗后期，君主虽仍有权亲除三司判官,[⑥] 但因朝官数量膨胀，加之资序要求放宽，君主无从遍识，遂更多依靠二府、三司使等大臣举荐，命官制书中，亦可见“丞相言尔通敏无滞，可用为判官。惟朕既能选三司使而无废职，今丞相又能择其属官”，“今三司使某言尔之才，明白强力，长于治剧，可用为属官……贤者必能推其类而进之，安可不听大司农之言哉”[⑦] 之类文

① 《司马光全集》卷二三《论财利疏》，第 615 页。

② 张方平：《乐全先生文集》卷二五《论诸恩例除省府官事奏》，《宋集珍本丛刊》第 5 册，第 525 页上栏。

③ 王安石在嘉祐年间上疏宰相富弼，推辞三司判官任命，即言“三司判官，尤朝廷所选择，出则被使漕运。而金谷之事，某生平所不习，此所以蒙恩反侧而不敢冒也”（王安石：《临川先生文集》卷七四《上富相公书》，王水照主编《王安石全集》第 6 册，第 1317 页），可见是否熟习钱谷，仍是三司判官除授的重要理由。

④ 宋庠：《宋元宪集》卷二三《刑部员外郎直集贤院柳植可三司盐铁判官制》，《景印文渊阁四库全书》第 1087 册，第 580 页上栏。

⑤ 刘敞：《公是集》卷三〇《度支郎中李硕可三司户部判官》，《宋集珍本丛刊》第 9 册，第 581 页上栏。

⑥ 如景祐三年，庞籍以侍御史还朝，执政奏拟户部判官，仁宗表示反对：“庞某止可三司判官邪？”遂除刑部员外郎、兼侍御史知杂事，参见《司马光全集》卷七六《太子太保庞公墓志铭》，第 1543 页。

⑦ 郑獬：《郧溪集》卷二《三司判官制》，《宋集珍本丛刊》第 15 册，第 17 页下栏。

字，彰显了宰执、计相举荐三司判官的正当性。这虽有利于发现人才，但也增重了宰执等臣僚在三司僚属选任中的话语权，其往往借机提携故旧，收取人心。庆历三年，谏官蔡齐弹劾宰相吕夷简，即言吕氏“不选材贤充三司使副，发运、转运使非其人，但务收取人情，用为资历”，导致“帑藏空虚，民财殚竭”；[①] 而三司使举荐僚属，也多出于己意而非公心，“三司诸部有所奏辟，辄先白判使，相踵以为俗。其后判官署奏状而已，或不自知所举为谁”，“既而奏上，多非其人”。[②]

宰执、计相等权要的荐举既成为市恩之具，遂为奔竞之徒、亲旧之家大开侥幸之门。胡宿进奏，称三司判官为取才之要，“比来夤缘用人，忽略此职，一概置亲厚之吏，或假借横势之家”，导致三司、开封府、漕司难得其人。[③] 根据规定，大臣举荐三司判官本应“名实相副”，但这一要求很难按验落实，往往流于形式。如庆历年间，三司使张方平曾举吕昌龄为三司判官，举状称其“材用精敏，干略通济。周知财利之事，明于轻重之体”，并举具体事例为证，“三司度支粮料案行诸路粮草，总三边入中，其间甚有细微利害，臣尝以问昌龄，昌龄晓知之”。[④] 表面上看，张方平的保举完全基于吕昌龄的钱谷之才，有理有据；但事实上，吕昌龄得以获得举状，跻身三司判官，与其交结首相陈执中有关。庆历八年，殿中侍御史何郯弹劾陈执中，一大罪名即为用人徇私，所举事例即为“吕昌龄曲事执中宠嬖之兄弟，至为三司判官”。[⑤] 此外，君主也没有放弃恩从己出的机会，将三司僚属之职作为给予臣僚子弟的恩泽，“大臣去位，或老而致仕，辄陈乞子弟入省府以为例”。上述诸般问题，造成“三部判官及诸子司，由门阀恩泽而进，其居太半”的局面，[⑥] 他们占据了三司僚属有限的员额，挤压了寒俊与才能之士的晋升空间。

---

① 《长编》卷一四〇，庆历三年四月壬戌，第 3368 页。

② 刘敞：《公是集》卷五一《先考益州府君行状》，《宋集珍本丛刊》第 9 册，第 769 页下栏。

③ 胡宿：《文恭集》卷八《乞慎选省府推判官提点刑狱奏》，《景印文渊阁四库全书》第 1088 册，第 677 页下栏。

④ 张方平：《乐全先生文集》卷三〇《举吕昌龄充三司判官状》，《宋集珍本丛刊》第 5 册，第 576 页下栏。

⑤ 《长编》卷一六五，庆历八年八月，第 3966 页。

⑥ 张方平：《乐全先生文集》卷二五《论诸恩例除省府官事奏》，《宋集珍本丛刊》第 5 册，第 525 页上栏。

至于进士高第、制科或馆职文学之选，迁转至三司判官更为便捷。对其而言，三司僚属资序不过是通向宰执、侍从高位的资序之阶。蔡惇《官制旧典》曰："祖宗用人必严资格，三人赐第，制科入等，自不待次而举，犹试以民事。故三人皆擢通判，制科除签判一任还，试馆职，或擢言路。因其帖职，遂除省、府，擢判官，循至三司副使；言官历台谏，循至侍御史知杂事，乃不次任用所致。"① 可见对于不次任用的进士高第及制科入仕者，只需得通判资序便可试馆职，获帖职后即可除授三司判官。此外，君主为拔擢自身赏识的文学之臣入两制，还有意命其为三司判官，以合乎资序要求。如吕公著至和年间"任馆阁礼官，已有贤名"，深得仁宗赏识，"欲置之禁从"，但吕氏历任"未尝经钱谷"，为补此资序，仁宗先除其为户部判官，任职数月即"进修起居注，旋召试知制诰"。② 这些文学高选既无理财经验，任三司僚属也纯为"养资"速迁，很难究心钱谷事务。

综上，不论君主优待进士高第、文学之士，抑或门阀权势举荐、请托亲旧，其落脚点都是"因人命官"而非"为官择人"。原因正在于三司僚属，特别是判官，乃是官员"出常调"的关键资序，此后既可于三司判官、外路漕司迭相出入，积累资序，更有可能成为通往侍从的快速阶梯。不论是朝廷拔擢才学之士，抑或权要提携奔竞之徒，若能历此资序，均极有助于仕宦显达。因此，除授此职，更多考虑的是由谁获此"清要"资序以便快速迁转，而非钱谷吏干。而出任三司僚属者，"凡诸门阀之士，惟处京都为便，既入省府，即以为家；寒素之人别无进望，容身待阙，俄复外除。故三司者，贵游处之即为家，寒素处之即为传舍。而又诸清要官以为扬历养资之地"，身份背景虽有差异，然一旦居于此职，或唯求进取，或明知难得久任，唯求苟且，多不专注财计业务本身，既无法在任上充分积累财计经验，亦难得谋划理财长策，最终影响财政管理成效，"功利不举，职此之由"。③

① 林駉：《古今源流至论》前集卷七"资格"，《景印文渊阁四库全书》第942册，第103页上栏。按，元延祐四年圆沙书院刻本《新笺决科古今源流至论》前集卷七条目、文字与文渊阁四库本差异甚大，无此段文字。

② 林駉：《新笺决科古今源流至论》后集卷二"三司"，《中华再造善本》第1编，叶12a。

③ 张方平：《乐全先生文集》卷二五《论诸恩例除省府官事奏》，《宋集珍本丛刊》第5册，第525页上栏。

四　结论

自宋太祖至仁宗朝，三司官员选任与迁转方式屡经变化，折射出赵宋君主对于“总国计”之职的重视，以及不同时期对于计臣人事安排的具体考量。大体说来，宋太祖朝及太宗初期选任三司官员，主要考虑的是如何实现政权的稳定过渡，巩固皇权。其即位初留用原三司使，待统治稳定后，即以藩邸僚佐或亲从旧部取而代之，其身份多为内职武臣。与此同时，两位君主对三司僚佐的选任也颇为着意，多任命富有财计经验，仕宦履历、出身背景与三司使完全不同者，并赋予其关防长官之职，意图通过人事安排中的“交错参用”，实现三司内部的权力制衡。

至太宗端拱年间以降，宋廷逐渐确立了“崇文”导向，财政政策也不仅限于足军食、供国用，更重视更张财政典制，革除五代弊法，以求养民致治。在此背景下，三司长官与僚属均多由进士出身、清通明理的官员担任。为确保这些进士出身的文学之士具备理财素养，宋太宗选任三司官员时，特别强调其所任财政差遣的履历与实际治绩，并通过面奏问对，观其言行，察其能否。三司官员任期一般较长，且多于财政差遣间迁转。长期的理财历练与经验积累，使得太宗后期至真宗初年，三司长官中出现了如陈恕、魏羽等理财能臣。但在此时期，三司内部的权力制衡机制逐渐动摇：三司使在咸平六年后，得以一人通掌三司，并能升入政府乃至拜相，权力逐渐扩大；而三司判官失去了常朝面奏的机会，对于长官的关防亦大为削弱。随着景德、大中祥符年间一系列典制建设、礼仪活动的展开，真宗愈发倚仗丁谓、林特等财政官员的计度擘画，计臣们也借助举荐僚属之权彼此勾连，乃至形成了主要由三司官员、发运使等财臣构成的“丁谓党”。

仁宗即位后，对“丁谓党”进行了清算，并试图削弱财臣“聚敛”对国家大政的影响，三司使不再拜相，任职者也非久任、专任财政差遣者。与此同时，为保证高层决策群体具备理财素质，三司使、副使、判官等三司职位仍是晋身执政、侍从的重要资序，堪称“清要”。但因三司官职员额有限，加之处迁转要津，前景可观，任职者反而不安于位，很难究心钱谷事务，即使属意财计者，为免阻碍他人仕途，亦不能久处其位。如此一来，三司官员不久任、不专任成为常态，故而既不能充分历练钱谷，也无动力擘画理财长策。加之三司判官资序要求放宽至知州，不再要求财政差遣，君主难以遍识符合条件之臣僚，不得不更多依赖宰执、三司使等大臣保举，其遂得以此“清要”资序市恩，因人命官而非为官择人，导致权贵亲旧、奔竞之徒多居其位，钱谷干吏更是无从拔擢，司马光所谓三司官员不“专晓钱谷”局面遂由此形成。

总的来看，北宋三司长官经历了从亲从内职向外朝文臣的转变，而在此过程中产生了两个问题：其一，如何在君主对臣僚熟悉度不高的情况下，通过仕宦经历，历练缺乏财计专业素养的文学之臣，使之成为兼具文学、吏干，又充满政治主体意识的“新型士大夫”，并从中拔擢钱谷之才；其二，如何制约财臣权力，特别是避免其与相权过度联结，这既出于君主集权的需要，也同士大夫视理财为“聚敛”之疑虑有关。上述问题背后包含着一组矛盾：欲擢钱谷之才，则须使其历经财政差遣，并尽可能久任、专任以察其效；但三司职位令人瞩目的快速迁转前景，加之财臣权重难制的顾虑，又使得财臣难以常居其职，甚至不安于位。应当说，随着政治形势由开国时期的动荡逐渐转向承平，财计调度与制度建设由大规模兴作、改易转向守成，朝廷如何在日常行政中发现并拔擢富于吏干的文士，本属官僚选任的一般难题；而三司官员“总领国计”的重要职权，作为内臣在决策中的特殊地位，加之士大夫对其“聚敛”的犹疑，则增加了这一难题的复杂性。在这种情况下，将三司使副、判官作为迁转资序，以仕宦履历、年劳等因素蕴于其间，尽可能“任人以法”，乃是平衡上述矛盾、纾解难题的合理路径。诚然，“以资任官”导致了一系列问题，特别是在国计困难、理财体制亟待改革的北宋中期，三司官员不耐久任，不精钱谷之弊，士大夫已多加指摘。司马光、张方平等臣僚虽然注意到仁宗朝中后期计臣难得其才的窘况，但都无法否认以“资序”任官的合理性。如司马光提出的改革方案，以资浅者为权发遣三司判官，并命其于任上迁转资序，不离其职，实际是对以资命官原则的完善，即将资序与实际差遣剥离，使得三司官员久任、专任其职，同时资序得以迁转。① 值得一提的是，王安石在嘉祐年间上仁宗皇帝万言书中，严厉批评了以资序任官、唯求通才的

① 《司马光全集》卷二三《论财利疏》，第616页。

现象，主张朝廷应从“教、养、取、任”环节入手，作育、拔擢认同并能执行朝廷治道之臣，如此方得“任使当其才”。[①] 这种打破既有资序体系，构建全新选官标准的主张，在熙宁年间得到了部分实践，但招致了诸多非议，且因侥幸之徒唯求奔竞，奉承朝廷新法旨意，造成诸多乱象，直接影响了新法推行的成效。[②]

A Study on the Selection and Promotion of the Officials of Three Bureaus in the Early Northern Song Dynasty

Zhang Yibing

Abstract: As the chief offices of the state, the rulers of the Northern Song Dynasty always paid particular attention to the personnel arrangement of the Three Bureaus. However, the consideration of these personnel varied by different time periods. During the Taizu and Taizong's reign periods, the directors of Three Bureaus gradually transformed from appointing the directors of Three Bureaus from previous regime to selecting from the old officials who served Taizong before. In the meantime, three directors were appointed individually, and they were assisted by civil officials selected from the civil examinations and the officers who had financial experience, which aimed to enhance the monarchy power. This strategy could also check and balance the power of Three Bureaus and the financial power of the Central Secretariat. It helped guarantee the efficient distribution of money and goods, especially during the wartime. Since 989, Taizong often selected the jinshi degree holders to serve in Three Bureaus and appointed who served the roles of financial officials for a long time as the directors

① 王安石：《临川先生文集》卷三九《上仁宗皇帝言事书》，王水照主编《王安石全集》第5册，第752~755页。

② 关于王安石的任官思路、目标及其同司马光的区别，以及在新法中的实践，参见包弼德（Peter）《政府、社会与国家：论司马光与王安石的政治理念》，《为世界排序——宋代的国家与社会》，第185~186、195~196页。关于仁宗至神宗朝宋廷任用财政官僚思路的变化，参见宮崎聖明『宋代官僚制度の研究』38~43頁；熊本崇「薛向略伝—北宋財務官僚の軌跡」『集刊東洋学』51号、1984年、77~87頁。

of Three Bureaus. He also reserved the assistants and advisors in Three Bureaus as the pool of selecting future directors. He expected these officials to familiarize themselves in governance so they could contribute to the bureaucracy. In 1003, Zhenzong again appointed one director for Three Bureaus. Other advisors and assistants could no longer balance and check the power of the director. The old model no longer worked. With the development of the Heavenly Text and Fengshan Sacrificial Rite, some financial officials such as Ding Wei and Lin Te expanded their power. After Renzong took the throne, he cleaned up the Ding Wei group, because he was concerned with the expanding power of the financial officials. By this time, many officials no longer came from those who were familiar with the financial management and their tenure was also shortened. Since many officials in Three Bureaus could be promoted quickly to serve as advisors to the emperor, the rulers and subjects often selected those who served them before for these positions. Those positions holders also used their positions to earn promotion, rather than holding their positions longer. Therefore, this appointment model could not maintain the experienced financial officials, and it also hurt the state's efficient financial management.

Keywords: Northern Song; Three Bureaus; Selection; Promotion; the Order of Experience

从域外秘辛到本土知识：《星学大成》所见 10~13 世纪的星命术及其中国化[*]

韦　兵

摘　要： 星命术自域外传来，逐渐中国化，但因星命著作往往被视为秘辛，流传范围有限，所以唐代以降的星命文献大多散佚。《星学大成》虽成书于明代，但基本是攒集而非著述，保留了大量宋元古星命著作。由其中收录的《西天聿斯经》，以及从《聿斯经》衍生出来的各种文本，可以大致看到这部唐代从西方传来的星命著作的主体部分，其与敦煌和黑水城出土的星命文献可以密切勘合。从敦煌、西夏等不同《聿斯经》版本可以看到星命术传播过程中本土化的明显趋势。《洞微百六限》是《星学大成》收录的另外一种重要的唐宋星命文献，这部著作是星命术在唐宋之际从技术上实现中国化的重要表现。《星学大成》是 10~13 世纪星命著作的总结性汇编，是解读出土宋元西夏星命文献的重要参考，不应以其为明代著作而轻视之。

关键词：《星学大成》　星命术　《聿斯经》

域外星命术自传入中国之际即为术士所掌握，作为谋生牟利手段，星命著作往往亦被视为秘辛，流传范围有限，所以唐代以降的星命文献大多散佚。[①] 同时，星命文献专用名词、概念繁多，颇难阅读理解，导致我们对当时星命推算具体技术还不甚明了，许多细节还有待探索。幸运的是，

* 本文为国家社会科学基金后期资助项目“10~13 世纪星命术与星神崇拜研究”（21FZSB045）阶段性成果。

① 韦兵：《十二宫值十一曜论命：宋元时代的星命术》，《世界宗教文化》2017 年第 4 期，第 142~149 页。

明代编撰的《星学大成》收罗了众多宋元星命文献，可谓星命著作之渊薮。用《星学大成》来印证、解读敦煌 P. 4071《康遵批命课》、俄藏黑水城 ИНВ. No. 5722《谨算》等出土的宋与西夏时期的星命文献时，往往合若符契，而且提供了破解其中星命推占的关键信息；俄藏西夏文 6382《[illegible]》（《新雕注解聿斯歌》）与《星学大成》中收录的《西天聿斯经》及相关聿斯文献完全可以对勘。这提醒我们应该重视《星学大成》的文献价值。《星学大成》一书，网罗星命文献，但因系专门之学，名相甚多，晦涩难懂，常被今人摒弃不读；又因被视为明人杂糅之作，历来少有人关注，其文献价值被大大低估。本文拟对《星学大成》的时代、内容做出一些判断和梳理，结合出土敦煌、西夏文献，钩稽其中保留的宋元古星命文献，探讨星命文献自域外翻译以来的文本衍生、变化，探寻其中日益明显的中国化趋势。

一 《星学大成》的价值：唐宋以降星命文献之渊薮

《星学大成》，三十卷，明代万民英编撰。万民英，字育吾，大宁都司人，嘉靖庚戌（二十九年，1550）进士，历官河南道监察御史，出为福建布政司右参议。此书特点，四库馆臣总结为“取旧时星学家言，以次编排，间加注释论断”，“其于星家古法纤巨不遗，可称大备”，“鸠集众说，多术家不传之本，实为五星之大全”。[①] 也就是说，万民英《星学大成》主要不是他的创论，而是汇集古代星命著作，加以条理化和系统化而成。此书包含了大量前代星命文献，略述如下。

---

① 《四库全书总目》卷一〇九《子部十九·术数类二》，中华书局，1965 年影印本，第 928 页。此书最为通行的是文渊阁《四库全书》三十卷本，尚有文津阁《四库全书》三十卷本。两个版本文字略有异同，从选校看各有优长。北京师范大学出版社 1993 年出版了郭安、钟琳的据文渊阁本标点、翻译本；中央编译出版社 2015 年也据文渊阁本出版了一个标点本。本文参考这两个标点本，勘对《四库全书》本原文，引文仍采用《景印文渊阁四库全书》本。该书有两淮盐政采进的十卷三十册本，此两淮本与文渊阁本卷数及分卷都不同（见纪昀等纂《四库全书总目稿钞本丛刊》，上海科学技术文献出版社，2021，第 160～163 页；吴慰祖校订《四库采进书目》，商务印书馆，1960，第 64 页），二者的关系值得进一步探讨。日本尊经阁文库还有一个《新刻明鉴总会星学大成》十八卷明隆庆刻本（『尊經閣文庫漢籍分類目録』精兴社、1935），这是已知的最早传本，极有价值，但笔者目前尚无法看到。

（1）《西天聿斯经》：《星学大成》卷七收录，共1880余字，篇幅不少。其中文字可以和敦煌文献P.4071《康遵批命课》所引《聿斯经》对勘，文字基本相同，可证此《西天聿斯经》为唐宋古书。今唐宋书目著录的聿斯类星命经典一部也未能流传下来，保留在《星学大成》中的《西天聿斯经》就显得尤其珍贵。同时，《星学大成》中还有许多地方散见引用《聿斯经》，虽仅寥寥数句，亦当重视。

（2）《洞微百六限起例》《百六吉凶歌》等：《星学大成》卷七收录。通过比勘，发现其内容和《正统道藏》洞真部众术类“姜”字号的《秤星灵台秘要经》部分内容相同，就是其中的《洞微大数休咎歌》和《洞微限歌》。《秤星灵台秘要经》内容有残损，《星学大成》所收是全本，可以补足其中残损内容，文献价值更高。《秤星灵台秘要经》中有乾宁（894~897）中作者的勘疏记录，说明其成书于晚唐五代；[①] 那么，《星学大成》卷七中《洞微百六限起例》《百六吉凶歌》与其内容相同，也应是晚唐五代的古书。同卷《统论》《洞微歌》等都是讲“洞微”的内容，语言风格相似，亦当为唐宋古书。郑樵《通志》著录：“道士梁嗣真《洞微歌》一卷，注《洞微限》一卷。”[②]《星学大成》所收《洞微歌》或为道士梁嗣真所撰《洞微歌》，《百六吉凶歌》（即《秤星灵台秘要经》中的《洞微限歌》）有注解，或许就是梁嗣真所注解的《洞微限》。

（3）辽代耶律纯《星命秘诀》三卷：《星学大成》卷一〇至一二收录。此书另一个版本是四库馆臣从《永乐大典》中辑出者，名为《星命总括》，亦分为三卷。但据明《百川书志》《澹生堂藏书目》著录，此书为五卷。而且从内容上来看，《星命秘诀》更翔实丰富。[③] 此书据称由耶律纯传自高丽国师，却在明代人的书目中才出现，故或为伪托，然其中也保留有部分比较古老的内容。

（4）《三辰通载》：《星学大成》卷一四至二二收录，宋代编辑的星命书。南宋陈振孙载：“《三辰通载》三十四卷，嘉禾钱如璧编。集五星

① 任继愈主编《道藏提要》，中国社会科学出版社，1991，第214页。

② 郑樵：《通志》卷六八《艺文略第六》，中华书局，1987年影印本，第806页上栏。

③ 此点承蒙邱靖嘉博士指出，特致谢。

命术。”[①] 宋人钱如璧汇集当时所能见到的星命书如《琅玕经》《源髓歌》《西天都例》《玉关经》等编成此书。《通志》载有唐贞元年间都例术士所传以十一曜推命的《都例聿斯经》,《三辰通载》所引用的《西天都例》就是此类聿斯类经典。宋元时期,《三辰通载》这本书很流行,元代方回谓“今之知星者,民间有《三辰通载》之书”,“及近人缪著《五行精纪》《三辰通载》犹行于世”。[②]《星学大成》也称其为“星家之渊海,术者之指南”。除卷一四至二二收录《三辰通载》论十一曜外,据万民英介绍其体例:“原书首载三日八煞等论,理趣优长,则收入《凡例》;末载二明三暗之说,矫揉太过,则附于《乔拗》。”[③]“三日”疑为“三元”之误,《三辰通载》书首“三元八煞”之论就是《星学大成》卷二的《定三元星》《论天元印星歌》《论八煞宫歌》《八煞宫定局图》等,而书末“二明三暗”之说附在《星学大成》卷二九《乔拗渊微》后面。这样,《三辰通载》虽被万民英拆分,纳入《星学大成》不同部分,但内容还是基本完整的。《三辰通载》今仍存日本静嘉堂藏三十卷影抄本,内容与《星学大成》所收基本相同。[④] 这也证明《星学大成》所收宋元古书皆非虚妄。

(5)《总龟十二位论》:卷六收录,这是从宋元星命书《紫府珍藏星命总龟》中选出的一篇。《紫府珍藏星命总龟》“集诸家而总类之”,[⑤] 性质和《三辰通载》是一样的。《星学大成》卷一四至二二论十一曜,十一曜行度就是抄自《紫府珍藏星命总龟》。此外,卷二三所收丁无咎进之《紫府珍藏星命总龟续集》,所举星命例子的年代系于绍兴、淳熙、乾道等年间,此书或也是宋元古书。

---

① 陈振孙:《直斋书录解题》卷一二,徐小蛮、顾美华点校,上海古籍出版社,2015,第372~374页。

② 方回:《桐江续集》卷三一《夏推官(仁玉)谈星诗序》,《景印文渊阁四库全书》,台北:台湾商务印书馆,1986,第1193册,第639页上栏;卷三四《河洛言敬序》,第692页上栏。

③ 万民英:《星学大成》卷一四《三辰通载叙》,《景印文渊阁四库全书》第809册,第552页下栏。

④ 日本静嘉堂藏三十卷影抄本《三辰通载》,见山东大学子海编撰中心编《子海珍本编·海外卷(日本)·静嘉堂文库》,凤凰出版社,2016。相关研究参考赵江红《静嘉堂藏孤本〈三辰通载〉考略》,《中国典籍与文化》2020年第2期,第131~144页。

⑤ 万民英:《星学大成》卷二三《总龟紫府珍藏叙》,《景印文渊阁四库全书》第809册,第718页下栏。

（6）《星经杂著》：卷二四至二七收录，包括万民英家藏星命书共三十余篇。其序文称："乃裒集家藏秘诀精语、单经短赋，共三十余篇，总编一卷，以其非纯于一家，故名之曰杂。"① 这部分内容驳杂，多数为明代著作，但也包含宋元古书的内容。

（7）《邓太史乔拗经》：卷二九收录，题为"宋太史邓鉴心传"。序文称"予生西京，世居太史之职"，② 则此人当为宋司天人员。"淳熙中殿试进士，有邓太史者告周益公：魁星临蜀。"③ 不知此邓太史是否著《乔拗经》的邓鉴心。

（8）琴堂《指金虚实五星天机七五赋》：卷八收录。作者是闽僧妙曦，号琴堂。"琴堂之名，乃昔有琴堂和尚，传授（脱一'于'字——引者注）吕逸斋。"④ 可知琴堂身份是和尚，从术士吕逸斋处得传星命术。此僧至元中曾上书言星变："初，闽僧妙曦，号琴堂，以谈星见。是春（按：至元十九年壬午），进言：'十一月，土星犯帝座，疑有变。'"⑤ 以此知其为宋元之际人。《指金虚实五星天机七五赋》为琴堂摘编、注解吕逸斋玉版之文而成，书中言："余三十年留意五星，有验有不验，故弃为僧也。辛未年六月初一日，得吕逸斋传此。"⑥ 此辛未年最有可能是宋度宗咸淳七年（元世祖至元八年，1271），再证此人生活于宋元之际。此书前还有署名"古杭月壑老人黄秋山"的序文，黄自称曾从琴堂学二十余年。万民英多次论及琴堂，且言明朝的星命术士宗琴堂，如"琴堂准于我朝，耶律准

① 万民英：《星学大成》卷二四《星经杂著叙》，《景印文渊阁四库全书》第 809 册，第 743 页下栏。

② 万民英：《星学大成》卷二九《邓太史乔拗经》，《景印文渊阁四库全书》第 809 册，第 825 页下栏。

③ 刘壎：《隐居通议》卷二八《魁星移次》，中华书局，1985 年据《丛书集成初编》排印本，第 289 页。

④ 万民英：《星学大成》卷二四《琴堂易览注解》，《景印文渊阁四库全书》第 809 册，第 752 页下栏。据琴堂自著《指金虚实五星天机七五赋》，琴堂得习吕书是辛未年六月初一日，而后加以编订，摘其六十四条，从而形成《指金虚实五星天机七五赋》。

⑤ 《文天祥全集》卷一七《宋少保右丞相兼枢密使信国公文山先生纪年录》，熊飞等校点，江西人民出版社，1987，第 711 页。

⑥ 万民英：《星学大成》卷八《指金虚实五星天机七五赋》，《景印文渊阁四库全书》第 809 册，第 444 页下栏。

于辽金”，[1]“琴堂《虚实五星》，术家独称验于我朝”，[2] 可知此人是对元、明星命术影响极大的术士。《星学大成》收录的琴堂著作及托名之作还有：《琴堂十二位论》《琴堂碎金》《琴堂易览注解》《括苍季宗舒琴堂五星总断》《教外别意杂诗二十六首》《独步钩玄琴堂秘诀》《琴堂五星集》等。

如果从地理、职官来考察，《星学大成》中的一些内容为唐宋古书就更明显。比如，卷一所绘《星辰分野所属庙旺喜乐之图》，所列十二宫对应地名均为北宋路分，如白羊座（京西北路）、金牛座（河北西路）、双子座（河北东路）。尤其巨蟹座所对应的陕西地区，分列永兴军和秦凤路，北宋陕西地区转运司和提刑司路分就是这两路。而陕西地区又因军事划分为六个安抚司路：永兴军路、鄜延路、环庆路、秦凤路、泾原路、熙河路。除永兴军外，其他五路均与西夏、吐蕃接壤，习惯称为“陕西五路”。以严格的转运司路来说，陕西其实就只有永兴军和秦凤路两路，但在当时宋夏对峙的背景中，因军事因素设置的六个安抚司路意义十分重大，影响深远，宋人已经把西北六个安抚司路和其他二十一个转运司路并列，后来人往往认为陕西分为六路而不是两路，《元史·地理志》就是这样。[3]《星辰分野所属庙旺喜乐之图》准确标注陕西地区是两路，对宋代陕西地区转运司路和安抚司路的差别很清楚，宋以后人不容易有此认识。可以这样说，南宋中后期的人一般不大能分辨清楚北宋陕西两种路分划分的详情。此图详于北方，略于南方，对北方转运司路与安抚司路区分得很清楚：比如，金牛座对应的分野既标注了转运司路分的河北西路，也标注了安抚司路分的真定府；双鱼座对应的分野既标注转运司路分的河东路，也标注安抚司路分的太原府。而南方地区的转运司路江南东、西路居然没有标注出来。对宋境外的地区也从略，人马座对应的幽燕地区在辽国境内，笼统称为河西河北；狮子座对应的三河、河西地区统称为关西。其中河北路已经分为河北东、西两路，京西路分为京西南、北路，等等，这是元丰二十三

① 万民英：《星学大成》卷一〇《耶律学士星命秘诀序》，《景印文渊阁四库全书》第809册，第469页下栏~470页上栏。

② 万民英：《星学大成》卷八《琴堂虚实五星序》，《景印文渊阁四库全书》第809册，第440页下栏。

③ 周振鹤：《体国经野之道：中国行政区划沿革》，上海书店出版社，2009，第77~78页。

路体制。尤其是京畿标注在宋分豫州天蝎座，这正是汴梁对应的分野，这是此图为北宋之物的铁证。但此图分野标注杂乱，二十三路也并未完整分配、标注到分野中，比如四川地区，标注了成都府路、梓州路、夔州路，缺少利州路，但又在巨蟹座处标注四川。有的地方还有错误，比如双女座对应的“广东西路”应该是“广南东西路”之误，指广南东、西路，和同属这一分野的“荆湖南北”是指荆湖南、北路一样。此图原本可能出于北宋元丰以后，但在流传过程中又添加了一些后代的内容，加之传播过程中的篡乱、缺失，形成今本所存的混乱面目。

《星学大成》收录的著作中还出现一些宋代职官名称。比如，丁无咎所著《紫府珍藏星命总龟续集》一书，其中论“五字连珠”命局：“全一路无破善终州县，全二路无破善终京官，全三路无破善终朝官，全四路无破官至员郎，全五路无破官至正郎，全六路无破官至卿监，全七路无破官至两制，全八路无破官至两省，全九路无破官至两府，全十路无破官至三公。”① 这一从州县、京官到两府、三公的职官序列为宋代制度无疑，② 其中两制、两府这种提法，尤其具有宋代职官的特点，据此可以认为丁无咎是宋代的术士。又如《说竹罗三限》：“后限不明宜换武，免教失禄及恓惶。”③ 其中说到文职换武职，亦为宋代职官制度特点。从职官制度考察，这些文献保留了创作时期的特点，将其年代定为宋，应无大碍。

《星学大成》主要是攒集前人星命著作，其中大量保留一般认为已经散佚的宋元著作。星命文献如符天、聿斯等经典被术士视为谋生秘籍，往往秘而不传，导致宋代以后这类著作失传，上引宋代目录中列举的符天、

① 丁无咎：《紫府珍藏星命总龟续集》，万民英：《星学大成》卷二三，《景印文渊阁四库全书》第809册，第734页下栏。

② 这一序列也有问题，最明显的是官和差遣的混淆，两制、两府是差遣，其他是阶官。序列中尚有一些所指不明确，比如朝官应该包括这里朝官以上所有的序列；两省有大两省和小两省的区别，等级相差较大，这里应该是指大两省；而且，这个序列缺少六部尚书和侍郎，可能的解释是这里的两府是指两府的迁转寄禄官阶，那就可以包括尚书和侍郎。这个序列虽然是宋代的，但表达并不精确，有点像文官官场“地位”高低的排序，所以同时包括寄禄官和差遣。由此可以推断，这个序列可能出自宋代民间，对宋代职官制度其实并不真正理解，是对官场“地位”高低的模糊认知。这一点也恰好符合此类星命书作者身份及流传范围的特点。此点承蒙尹航、洪丽珠两位同人指正，特致谢意。

③ 万民英：《星学大成》卷七《总限》，《景印文渊阁四库全书》第809册，第432页下栏。

聿斯经典，今天我们一部完整的也不能看到了。宋元时流行的星命总集如《三辰通载》，也没能完整流传下来，但在《星学大成》中几乎得到完整保留，而且静嘉堂抄本缺失的部分亦在《星学大成》中可以找到。《星学大成》可贵之处就是保留了许多这类散佚的宋元星命经典，它其实是一部关于星命术的类书。

二 《星学大成》所见《西天聿斯经》与《洞微百六限》

《聿斯经》是唐代翻译的域外星命著作，“贞元中，都利术士李弥乾传自西天竺，有璩公者译其文”。[①] 明代已经看不到《聿斯经》全文，万民英称：“星命之说，其法传自西天，今西天《都例聿斯》等经散载诸家，余弗获睹厥全。”[②] 既然散载诸家，唐宋《聿斯经》的主体就还可能保留在后代继起的星命书籍中。[③]

前面已经谈到《星学大成》收录的《三辰通载》为宋代古书，南宋陈振孙、元代方回都提到过这本书，它在当时很流行，原因就是其汇集众书，分类罗列，便于翻阅查对。此书多引唐宋古星命书，如《玉关经》《玉关歌》《琅玕经》《都例经》等，里面就包含《聿斯经》的许多片段，麦文彪认为《玉关经》其实是一个口传本的《聿斯经》。[④] 尤其是《星学大成》卷七收录了一篇《西天聿斯经》，敦煌《康遵批命课》论水星在双女座引《聿斯经》：“水居双女最为灵，生时一个临强处，即为毫（豪）富处王庭。”与《星命大成》所引《西天聿斯经》文字基本相同：“水居双女最为灵，生时一宿皆临照，即为豪贵处王庭。”[⑤] 这篇《西天聿斯经》

① 《新唐书》卷五九《艺文志三》，中华书局，1975 年点校本，第 1548 页。

② 万民英：《星学大成》卷一〇《耶律学士星命秘诀序》，《景印文渊阁四库全书》第 809 册，第 469 页下栏。

③ 关于唐宋《聿斯经》的研究，较为详尽的工作是麦文彪（Bill M. Mak）最近做出的，他梳理了《聿斯经》的文本源流及传播路线，见氏著 “*Yusi Jing*: A Treatise of ‘Western’ Astral Science in Chinese and its Versified Version *Xitian Yusi Jing*,” *SCIAMVS* 15 (2014): 105-169。

④ Bill M. Mak, “*Yusi Jing*: A Treatise of ‘Western’ Astral Science in Chinese and its Versified Version *Xitian Yusi Jing*,” *SCIAMVS* 15 (2014): 111，注解 36。

⑤ 陈万成已经发现《康遵批命课》所引《聿斯经》与《星学大成》中《西天聿斯经》相合，见氏著《中外文化交流探绎：星学 · 医学 · 其他》，中华书局，2010，第 11~12 页。

可能是唐宋时期流行的聿斯类星命书中的一部，与唐贞元初都利术士李弥乾所传的《都利聿斯经》有直接关系。“都利”，饶宗颐据宋濂“都利盖都赖也，西域康居城当都赖水上”，认为都赖水就是中亚的Talas河。[①] 后来的人虽然不知道“都利”是什么地方，但大概知道是在域外，所以笼统地以“西天”来指代，把《聿斯经》也称为《西天聿斯经》或《西天都利经》。经过对勘，俄藏西夏文6382《新雕注解聿斯歌》内容和《西天聿斯经》基本一样，是西夏文译本的聿斯类星命文献。这种带有双行夹注的西夏文《聿斯经》译本很特别，传世的汉文《聿斯经》都没有带夹注的，估计这个西夏文译本的底本是一个已经失传的宋元时期夹注本。这个西夏文《聿斯经》本子在传播史方面意义重大，这种译本的出现说明《聿斯经》及星命术成为中原与党项人共享的知识。下面以敦煌文书所引唐代古星命书《聿斯经》“水居双女”“土水星合”“岁火同宫”几条为例，讨论唐代《聿斯经》与《星学大成》所引宋代《聿斯经》及西夏文本之间的继承、发展关系。

敦煌文书引《聿斯经》“水居双女最为灵”云云，意谓水星在双女座，星命认为主贵，如何理解这个“贵”呢？敦煌文书《康遵批命课》所引《聿斯经》解释的“贵”是“即为毫（豪）富处王庭”，突出的重点是有资财［“毫（豪）富”］和接近君王（“处王庭”），以财富和权力的结合来理解“贵”，符合中亚的传统，应该是较为接近李弥乾携来梵书的翻译。后来这个“贵”结合了中国自身的文化特点，向更为中国化的方向转变。《星命大成》所收《西天聿斯经》已经有了细微的变化，“即为毫（豪）富处王庭”变为“即为豪贵处王庭”，“富”字被“贵”字取代，不强调资财，只是强调在朝中为官的“处王庭”。毕竟在中国正统儒家的价值中，财富和官贵是不同的畛域，权力的正解是官贵，不是资财。虽为一字之变，其中已经有了价值观念的转变，所以《西天聿斯经》是稍后经宋代润

① 饶宗颐：《论七曜与十一曜》，《饶宗颐史学论著选》，上海古籍出版社，1993，第577~578页。麦文彪认为“都利”是一世纪的占星家都勒斯（Dorotheus of Sidon），他发现《西天聿斯经》里的某些内容仅在都勒斯的著作 *Carmen Astrologicum*（《占星之歌》）里存在，而不在影响更大的托勒密（Ptolemy）的 *Tetrabiblos*（《四书》）中，这一发现非常具有启发意义。

色的文本。

西夏文 6382《新雕注解聿斯歌》里面对这一句的翻译：

> [illegible]/[illegible]（[illegible]，[illegible]/[illegible]，[illegible]），[illegible]，[illegible]/[illegible]（[illegible]/[illegible]，[illegible]）。
>
> 译文：水居双女最明达（金星乐宫在金牛座，火星乐宫在天蝎座，水星乐宫在双女座），生逢一星在宫内，岁人富翁益贵前（命中一星在喜乐宫，为富贵之人）。

西夏译本也是以“富翁”“富贵”来理解水居双女，和敦煌文书所引《聿斯经》“毫（豪）富”的意思相近。就此点来看，这个译本的底本和敦煌唐代的本子更接近。

以后，水居双女的“贵”向科举及第、为台谏官的解释发展，又引申为聪明、有文才，这是和宋代以来中国的社会现实相结合的结果。南宋成书的《三辰通载》在讨论水星在双女座时引《琅玕经》《赋》《水星歌》等数种古书，如《琅玕经》云：“水居双女最为灵，华省台官给谏臣。”① 前一句和《聿斯经》一样，后一句比《聿斯经》典雅，虽内容实质是一样的，都是说主贵，但强调是为台谏官。又引《赋》云：“给谏功臣，须假水临双女。”② 也是说水居双女宫主贵，为给谏言官之臣。宋代谏官为皇帝亲擢，监察百官，为君王的耳目，亲近贵臣，把“处王庭”理解为“为台谏”，颇与当时实际状况相符合，是很有时代特色的理解。

又引《水星歌》：“乐庙若居巳申贵，他宫笔吏好心肠。（水在命宫乐庙高，曰及第；他宫有文才，笔吏也）。”双女巳宫为水之乐宫，这段也是说水居双女巳宫主贵，与上引星命书相同，但强调水在双女巳宫，同时也是命宫才最符合，才能够科甲及第，如果水居双女，但不是命宫，就只能

① 万民英：《星学大成》卷一七《三辰通载》引《琅玕经》，《景印文渊阁四库全书》第809册，第616页上栏。

② 万民英：《星学大成》卷一七《三辰通载》引《赋》，《景印文渊阁四库全书》第809册，第616页下栏。

有些文才，做文吏而已。而水居双女与金会和，同样主科甲词臣："双女宫中得逢金，超升富贵巳宫临。金水共蛇蛇会处，科甲必定称人心。"[①] 此言水星在双女巳宫与金星相会合（巳为蛇，故言"金水共蛇"），主科甲富贵。《水星歌》又论水星在双女宫与太阳会合："辰星在巳旺非常，与日同躔列轸乡。假使不登黄阁贵，也须官至翰林郎。"[②] 此言水星在双女巳宫与太阳会合，且在轸宿（双女宫大致对应二十八宿的翼、轸，为水星旺宫，而轸四度为正旺。强调轸宿，就是说水星不仅要在双女宫度，而且要在正旺之宿度），主科甲及第，为清贵词臣。

又从科甲及第引申为聪明机智，《水星论》引《经》曰："北方水星专主智，性地惺惺多巧艺。好乐阴阳巨蟹宫，若临申巳尤为贵。生逢坐命最聪明，更在身宫亦伶俐。非惟辨舌若悬铃，更主文章多藻丽。"[③] 此段与《水星歌》所言相同，水居双女巳宫等处，且为命宫或身宫，主文章口才。此处的《经》，应该就是《聿斯经》的一种。因为另外一处引《都例经》论金、水会合，可以与此互为参证："金水相逢最为美，智慧聪明须见水。此为有福无难人，一生营求皆称遂。"[④] 同样强调聪明和水星间的联系。《都例经》就是《都例聿斯经》。

又引《玉关经》《玉关歌》论水星在双女宫对应的翼、轸二宿："水躔翼宿号天异，年少登科文学贵。清华要路骤迁荣，与日同宫须大贵。翼宿八度至十三，员明净洁水来参。不论迟留并伏逆，当居科甲有文谈。水躔轸宿号天岑，文学之官众所钦，聪明谋略人多会，藻思文章入翰林。轸宿本是水乐宫，水星入庙福尤浓，上下同流为乐曜，男人多学女人聪。"[⑤] 十二宫已经转换为二十八宿，意思与《水星歌》相同，突出水居双女（翼、轸）主科甲及第、聪明机智。这种强调聪明的解释，已经在原始《聿斯经》

① 万民英：《星学大成》卷一七《水星歌》，《景印文渊阁四库全书》第809册，第617页。
② 万民英：《星学大成》卷一七《水星歌》，《景印文渊阁四库全书》第809册，第618页下栏。
③ 万民英：《星学大成》卷一七《水星论》，《景印文渊阁四库全书》第809册，第616页下栏。
④ 万民英：《星学大成》卷一六《金星论》，《景印文渊阁四库全书》第809册，第600页下栏。
⑤ 万民英：《星学大成》卷一七《水星躔宿俱出玉关经玉关歌》，《景印文渊阁四库全书》第809册，第623页上栏。

的基础上有了发展，时代应该晚些。“水居双女”一句，以敦煌文书所引《聿斯经》和《星学大成》所引星命书对勘，或文字相似，或内容相同，都是从原始《聿斯经》译本流衍出来的文本。以水在双女为贵，对贵的理解，较早敦煌文书所引《聿斯经》和黑水文献西夏文译本强调资财、近君王，衍生的《琅玕经》等则以身居台谏来理解，后来《水星歌》又引申出科甲及第及主机智、文章、口才等，文本再创造过程中的中国化色彩和时代特点日益突出。

敦煌遗书《康遵批命课》所引星命口诀：“土水合号有学禄，智慧多端好翻覆。岁火同宫主贵权，为事心中多敏速。”虽没有说明出处，但《星命大成》的两处有这两句。卷七《西天聿斯经》：“火（当作‘水’——引者注）土合兮有学禄，智慧多端好反覆。木火同宫主贵权，为事心中多敏速。”① 卷六《论星曜合照命宫》引《歌》曰：“水与土合有学禄，智慧无穷爱番覆。木火同照主贵权，设施惊众夸神速。”② 对勘文字可见，这里《康遵批命课》所引口诀和《论星曜合照命宫》引《歌》都是出自《聿斯经》，这里引用的《歌》可能就是《聿斯歌》，西夏文 6382 就是以“歌”来命名——《新雕注解聿斯歌》。“歌”是在“经”的基础上进一步通俗化的产物。西夏文 6382《新雕注解聿斯歌》对这两句的翻译如下：

[illegible]，[illegible]（[illegible]/[illegible]，[illegible]，[illegible]/[illegible]，[illegible]）。

译文：土水相合学禄有，智慧多有心不休（土水三合/相见，则智慧明达，诸事为时变/化，多增腹心疑虑也）。

[illegible]，[illegible]（[illegible]，[illegible]/[illegible]，[illegible]）。

译文：木火宫同贵主得，所为腹心多急速（火木宫同，不同在火木/宫为，则福禄多性情急速）。

① 万民英：《星学大成》卷七《西天聿斯经》，《景印文渊阁四库全书》第 809 册，第 437 页上栏。

② 万民英：《星学大成》卷六《论星曜合照命宫》，《景印文渊阁四库全书》第 809 册，第 400 页下栏。

此两句西夏文译本基本忠实于唐宋汉文本。敦煌文献作“土水合”，土星在前，黑水文献同，《星学大成》收《西天聿斯经》作“火（水）土合”，水星在前，也可见黑水西夏文本和敦煌本的联系。另外，西夏译本夹注将经文讲得更清楚。比如“土水相合”，夹注解释是“土水三合相见”，强调只有土、水星在命宫及其三合宫内同宫，才符合这句口诀。而且，火木同宫夹注解释，这种同宫必须不在五行属性为火、木之宫（木宫指双鱼座、射手座，火宫指狮子座、天蝎座）。这些都是现存汉文本没有的，有助于我们正确理解聿斯文献的内涵。看来《聿斯经》这一段讲星曜合照，均以合照命宫及其三合宫为前提，若在其他宫位就不符合。

此外，《星学大成》收录的文献中有些没有明言是《聿斯经》，如上引《星学大成》卷六《论星曜合照命宫》所录星命《歌》，但内容能与敦煌文献和《西天聿斯经》勘合，证明此《歌》是聿斯类文献的一种，可能就是《玉关歌》或《聿斯歌》。同卷《论星曜对照命宫歌》也能与《西天聿斯经》勘合，证明这些歌诀也是聿斯类文献：

> 更推星曜相冲望，就中火土为灾障。对在强方并见月，中年困苦多消歇。湿宫水照当忧溺，干位却须防兽啮。少男少女少资财，多病多迍多口舌。或遭毒药及刑伤，了了经中皆具说。[①]
>
> 更有五星相对视，就中五星为灾瘴。相对在强并在月，中年困苦多消竭。湿宫水照投江湖，干位虫狼多咬啮。少男少女少资财，多疾多迍多口舌。或遭毒药兼临刑，了了经中皆具说。[②]

这段文字论火、土二曜对宫相冲和水星照湿宫、干宫的占卜，以《论星曜对照命宫歌》对照《西天聿斯经》，除个别文字，基本相同，是聿斯经典流衍过程中产生的不同版本。敦煌文献所引《聿斯经》、《星学大成》所收《西天聿斯经》《论星曜对照命宫歌》都是原始《聿斯经》流传中产

① 万民英：《星学大成》卷六《论星曜对照命宫歌》，《景印文渊阁四库全书》第809册，第400页下栏。

② 万民英：《星学大成》卷七《西天聿斯经》，《景印文渊阁四库全书》第809册，第437页下栏。

生的不同版本，内容一致，文字稍异。也证明以《聿斯经》为代表的星命文献往往没有“定本”，文字在传播中不断衍生变化，形成不同的版本。

西夏文 6382《新雕注解聿斯歌》对此段的翻译：

> [illegible]
>
> 译文：又在五星相对视，其中土火多厄祸。对处强宫又月见，年中劳苦丰弱为（五星相对视，如火土对视；水火在强宫或水土同宫，又对宫见月，则一世多厄祸，中年受苦受也）。湿宫水见河江没，干宫中狼咬力伤。女少男少财帛少，疾多难多馋舌多。若遭毒恶又刑逢，细查文中显明说（东南位是湿宫，西北位为干宫。恶曜同在此二宫，则没于河江中，或为狼所食，女男皆数厄多祸，中于毒恶也）。

以之对勘汉文本，汉文本《西天聿斯经》“就中五星为灾瘴”一句明显有误，“五星”当为“火土”之误，《论星曜对照命宫歌》也作“火土”。《西天聿斯经》中有干宫、湿宫的概念，但不知其具体内涵。西夏文本有一条夹注，解释了干宫、湿宫的概念：“东南位是湿宫，西北位为干宫。”而《星学大成》中有《定干湿沈没宫》，对干、湿宫有另一种说法：“巳、午为干宫，亥、子为湿宫。”[①]《定干湿沈没宫》把室女巳宫、狮子午宫称为干宫，双鱼亥宫、宝瓶子宫称为湿宫，这比较清楚。西夏文本夹注把干、湿宫和西北、东南位联系起来，如果只从字面上看，东南和巳、午不是有关联吗？按理应该是干宫，为何夹注说是湿宫呢？西北和亥、子同理，这就和《定干湿沈没宫》的说法矛盾。其实，解开这个矛盾首先要

① 万民英：《星学大成》卷三《定干湿沈没宫》，《景印文渊阁四库全书》第 809 册，第 329 页下栏。

明确夹注所说的“东南位”和“西北位”指的是什么，这绝非仅从字面按五行对位把东南理解为巳、午，把西北理解为子、亥。我们应该特别注意这个“位”字，这是突破这个问题的关键。这个“位”应该是指黄道带的方位，域外星命学以太阳在黄道带上运行的周期，习惯上将白羊宫到室女宫称为北六宫，天秤宫到双鱼宫称为南六宫。进一步细分，太阳运行在黄道带的西、西北位巨蟹宫、室女宫、狮子宫就是夏天，运行在东、东南位的摩羯宫、宝瓶宫、双鱼宫就是冬天。[①] 这样可以看出，夹注所说的“东南位”其实就是指双鱼亥宫和宝瓶子宫，为湿宫；“西北位”就是室女巳宫和狮子午宫，为干宫。夹注和《定干湿沈没宫》是同一个说法，并不矛盾。值得注意的是，夹注采用黄道带方位的标准来定干、湿宫，这和以《天文书》为代表的域外星命学更接近；《定干湿沈没宫》应该是较后起的著作，估计为了避免黄道带方位带来的混淆，从而将干湿宫直接对应相应星宫。这也提示我们，在《聿斯经》的翻译、传播过程中域外成分中容易引起歧义的部分如何被替换成容易理解的表达。

此外，《星学大成》卷六《十二位论》有《论身命宫歌》《论财帛宫》《论兄弟宫》等论十二宫位文字，分述十一曜在各宫位的吉凶，是标准的星宫算命法则。其中多引古星命书，如《论福德宫变格》引《西天都例经》，此或即为《都利聿斯经》，是《聿斯经》的另一译名；《论迁移宫》引《灵台经》，此或为《灵台秤星经》，为唐宋时期道经，今正统《道藏》所收已不全。又多引歌诀韵文体的《经》，此《经》也当为古佚星命书，语言风格与敦煌所引唐宋《聿斯经》等星命文献相似，接近当时俗语。略举数例，以见风格：

《经》云：足禄多财，木星与太阳同会。平生不耕蚕而衣食具，所谓生居豪族世无虞，出有轻车食有鱼，福寿厚高天与佑，平生万事称心如。（财帛宫）

《经》云：多居产业，金水木照田园。（田宅宫）

---

① 海达儿、阿达兀丁等：《天文书》第一类第九门《说十二宫分分为三等》，方鹏程总编《四部丛刊广编》第32册，台北：台湾商务印书馆，2013，第356页下栏。

> 《经》云：蚀神临子最难为，得力还招外姓儿。假饶若过三旬外，亲生一个是便宜。（男女宫）①

这些《经》《歌》很可能是从《聿斯经》中衍生出来的，将更具体的推算以歌诀的形式进一步通俗化，以利记诵理解。其数量很大，传播范围更广泛。今天完整的《聿斯经》虽然没有保留，但通过《星学大成》保留的《西天聿斯经》《玉关歌》，西夏文 6382《新雕注解聿斯歌》等，以及其他没有直接标明但其实就是《聿斯经》中衍生出来的歌诀文本，可以大致看到这部唐代从西方传来的星命著作的主体部分。

《洞微百六限》是《星学大成》收录的另外一种重要星命文献，是星命术在唐宋之际中国化的重要证据。所谓“限”就是星命推算行运流年的方法，如果说命主贵贱寿夭由十一曜分布的星盘格局决定，则兑现的时间则由“行限”来决定。“洞微限”分为大限和飞限两种，大限是一个阶段，飞限是这一阶段中的每一年。“洞微大限”从命宫（卯）开始，向相貌宫（辰）方向移动，每宫为一限，各限年数不一，洞微大限共一百年零六个月，故名“洞微百六限”。各宫所主年数：“命宫十五貌宫十，福德妻宫十一详。官禄十五最高位，迁移止有八年粮。疾厄七兮共六六，财帛兄弟五年强。田宅子孙并奴仆，四年之半定毫芒。”② 这是说人的一生首先一到十五岁命宫（卯）主宰十五年，十六到二十五岁相貌宫（辰）主宰十年，二十六到三十六岁福德宫（巳）主宰十一年，其余依此类推。

具体到每一宫所主年龄段中逐岁行运何宫，又要配合“洞微飞限”来推定。“飞限”的规律：“一二本限里，三四对照冲。三合五六载，其年见吉凶。”③ 这就是说，一二年在本限，三四年在对冲宫，五六年在三合宫，第七年又从本宫开始循环。比如，命宫（卯）主宰的十五年，一二岁在命宫本宫，三四岁就在命宫对宫妻妾宫（酉），五岁在三合宫男女宫（亥），

---

① 万民英：《星学大成》卷六，《景印文渊阁四库全书》第 809 册，第 401~403 页。

② 万民英：《星学大成》卷七《总论诸限》之《洞微百六限起例》，《景印文渊阁四库全书》第 809 册，第 416 页下栏。

③ 万民英：《星学大成》卷七《洞微飞限歌》，《景印文渊阁四库全书》第 809 册，第 427 上栏。

六岁在三合宫迁徙宫（未），亥卯未为地支的三合。七八岁又回到本宫，依次循环。

“洞微限”是星命术中国化的产物。以《聿斯经》和《符天历》为代表的西方传统，在推算流年时的特点是对每年星曜运行的位置进行计算；而洞微限是一种程式化的大运、流年的机械排定。以程式化的洞微限取代星曜位置的计算，星命中西方传统的计算性大大减弱。敦煌文献 P.4071 北宋开宝七年《康遵批命课》尚延续域外星命传统，推算逐星曜位置，而俄藏黑水城 ИНВ. No.5722 西夏蒙元之际的西夏文《谨算》则已经使用洞微限排流年，这件星命文献正是通过与《星学大成》收录的洞微限文献对勘才得以成功解读。[①] 数百年间星命术发生了很大变化，而且这种变化也传播到西夏地区，出现了西夏文的洞微限星命文书。除《谨算》《新雕注解聿斯歌》等外，俄藏、英藏黑水城西夏文献中还有多件是关于推算洞微限的西夏文写本，比如，英藏黑水文献残叶 Or.12380-359A、Or.12380-1796、俄藏 No.4489-2 等。[②]

“洞微限”原只有道藏《秤星灵台秘要经》中有个不完整的版本，有了《星学大成》所收录的版本，我们在考订黑水城西夏文星命文献时就找到了可靠完整的底本，释读过程中的难题便可迎刃而解。

三　余论：星命文献的流传、衍生与阅读路径

《星学大成》杂集诸书，将不同时代、不同内容的东西混在一起，条理紊乱，异说纷纭，重复芜杂，对同一个概念的论述散布在书的不同地方，又没有一条合理的编纂理路，所以很不方便阅读。我们其实可以设想一种以“标准型”重构文本来厘定古文献的思路，通过拆分处理《星学大成》，以符合星命推算逻辑和次第的原理来重组文本，赋予其内在逻辑理路，把分散的论述集中起来，剔除后起、冗余的部分，形成最靠拢宋元而

① 韦兵、秦光永：《俄藏黑水城文献 No.5722〈谨算〉星命解读》，《西夏学》2017年第2期，第249~264页。

② 参见韦兵《〈推星命洞微百六大限逐岁吉凶文书〉：英藏黑水城文献359占卜书残叶考释与定名》，《西夏学》2018年第2期，第223~227页；徐阳、韦兵《英藏黑城出土 Or.12380-1796 西夏文〈百六吉凶歌〉残叶考》，《宁夏社会科学》2020年第6期，第186~190页。

又可以理解的“古”文本。通过这个新文本，把《星学大成》的宋元古文献遴选出来，从明代著作中“发掘”出宋元古本。星命文献通常有一个初始文本，在此基础上提炼雅化文字、细化宫度或宿度、叠加新内容，衍生出次生文本。比如，从域外翻译的《聿斯经》是初始文本，据此衍生的《西天聿斯经》《聿斯歌》等，可能就是经加工的次级文本，这些次级文本又被翻译为西夏文，流传到草原地区。俄藏西夏文 6382《新雕注解聿斯歌》的汉文底本就带有夹注，是加工后的次级文本，夹注中带有许多后来衍生出来的规范和解释。党项人通过自己的理解来翻译《聿斯经》，西夏文的翻译增加了这个文本传播流衍的丰富性。同时，这些不同文本被不断重新编撰、整合，形成《三辰通载》《星学大成》等三级类编整理文本。初始文本可能逐渐散佚，但基本内容保留在次级衍生、三级类编文本中。《星学大成》成书于明代，收罗当时还能见到的星命著作，是唐宋初始星命文本的片段及后来宋元次级衍生、三级类编星命文本的汇总。从初级到三级的文本衍生过程也是星命学知识中国化的过程。如果批判地使用《星学大成》的文本，可以复原唐宋星命术的主体内容。尤其是《洞微百六限》和《西天聿斯经》已经得到出土文献的印证并在出土文献解读中起到关键作用。

《星学大成》虽成书于明代，但此书基本是攒集而非著述，其中保留了大量宋元古星命著作。《三辰通载》《星学大成》这类汇总编印的星命书籍是宋明印刷术普及带来的知识整合的产物，星命书籍的编辑汇总过程也是星命知识被重新汇集、编辑并产生出新知识的过程。分散的秘籍在市场需求的推动下被汇总在一起，晦涩、异域色彩浓厚的星命秘籍必须本土化、通俗化以符合印刷书阅读市场的需求。宋明人新编的星命著作融合本土文化，符合时代要求，但其编排非常混乱，芜杂丛脞，往往无法卒读。如果要真正读懂《星学大成》，还需要把此书攒集的星命著作进行梳理辨析。星命术在流传过程中掺杂进了大量中国本土的成分，混杂了诸如四柱、星禽等内容，越到后来，无论是推算概念和还是推算过程都叠加了更多的本土成分，星命术日益复杂，《星学大成》充分显示了这种芜杂的特点。此书经过万民英的整理编撰，古代文献被重新打散、拆分，与后来的明代文献糅合，形成了一个时代混杂的文本。而其中包含的宋元古文献基本散佚，这个混杂文本里面哪些是宋元古文献，哪些不是，除通过敦煌遗书所引《聿斯经》和《星学大成》所载《西天聿斯经》对勘，以确定后者为宋元古籍外，尚缺乏其他可以对勘的文本。如何推定《星学大成》的某些部分是否为宋元古星命文献，需要一条新的思路来辨析。

From the Secret Book of the Foreign Land to the Indigenous Knowledge: The Astral Prognostication in the 10th–13th Centuries according to the *Grand Compendium of Astral Studies* and its Sinicization

Wei Bing

Abstract: The astral prognostication was transmitted from the foreign land and became Sinicization gradually. Since the works on astral prognostication were often regarded as the secret books, their transmission was limited. Therefore, many works have been lost since the Tang dynasty. The *Grand Compendium of Astral Studies* was compiled in the Ming dynasty, but it preserved numerous ancient works from the Song and Yuan periods. The *Xitian Yusi Jing* in this collection and some other expanded texts from and *Yusi Jing* (Tetrabiblios) seem to contain the major part of the *Yusi Jing* in the Tang Dynasty, which could be compared with the astral works found in Dunhuang and Khara Khoto. Various versions of the *Yusi Jing* from Dunhuang and Khara Khoto seem to suggest the trend of the Sinicization of the astral prognostication. The *Dongwei Bailiuxian* was another astral text from the Tang and Song periods later preserved in the Grand Compendium of Astral Studies, which also demonstrated the Sinicization of the astral techniques since the Tang and Song periods. Thus, the *Grand Compendium of Astral Studies* was a comprehensive collection of the astral prognostication from the 10th–13th centuries, which has become the crucial reference for understanding the uncovered astral prognostication works in the Song, Tangut, and Yuan periods. It should not be ignored due to its compilation in the Ming Dynasty.

Keywords: *Grand Compendium of Astral Studies*; Astral Prognostication; *Yusi Jing*

富国、裕民、废约自治

——试论宋孝宗时期的三条恢复之路*

李　超

摘　要：南宋诸帝中，孝宗因有志于恢复中原而备受称道，但对于其所秉持恢复路线之具体内涵却鲜有深入探讨。大致而言，孝宗主张的是一条富国强兵的恢复路线，将军事和财政视作恢复的主要着力点，希望通过理财等技术手段尽快让朝廷掌握雄厚财富，为恢复奠定基础。但理财与聚敛不过咫尺之间，这一路线下官僚聚敛成风，州县财政匮乏，百姓负担沉重。包括相当部分理学中人在内的一批士大夫起而反对，主张将恢复重点转向裕民，希望在暂时维系与金朝和议的情况下，通过改善民生以增强国力，实现恢复。只是，这一主张很容易成为因循苟且、不思进取的主和者的保护伞。为此，陈亮、叶适又提出了第三条恢复路线，强调"明大义"以"定大计"，将废除和议视作恢复起点，以打破因循苟且之局，主张废约后并不立即对金朝用兵，而是专注于内政建设。但这一路线因难以保证南宋安全以及改革要求过于激烈，影响甚微。

关键词：富国　裕民　废约自治　恢复路线　孝宗

宋孝宗是南宋最有志于恢复中原的君主，但终其一生并未能真正意义上将恢复主张付诸行动。个中原因，论者多已指出高宗的反对、妥协苟安

* 本文为国家社科基金青年项目"南宋中期的权臣政治与道学研究（1194～1207）"（19CZS021）阶段性成果。

势力的阻挠、国力的不足、金朝无机可乘等外在因素的影响。[①] 在反对恢复者中，尤为引人注目的是一批理学士大夫，他们曾积极批判秦桧，主张恢复，此时却公然站在了孝宗的对立面。张维玲认为这源于两种不同恢复主张的冲突：一属“急进派”，一属“稳健派”。前者包含了近习和与之合作的宰执，强调“要把握时机，随时都有可能夺回中原”；后者则主要由道学型士大夫构成，强调恢复之前要经过一个较长时间的“内修政事”阶段。孝宗更倾向于前者。[②] 只是无论张维玲还是其他论者，都未能阐明孝宗或者理学士大夫所坚持的恢复路线究竟有着怎样的具体内涵。此外，在理学群体中，陈亮、叶适通常被视作“另类”，属较为激进的恢复论者，但他们的主张似乎亦未能得到“急进派”的认可。他们与孝宗，以及其他理学士大夫又有着怎样的区别？本文试就孝宗朝这些不同的恢复路线进行考察，以揭示其内涵及相互间的关联与冲突，深化对南宋和战论争的认识。

一　富国：孝宗的恢复路线

孝宗作为有志于恢复中原的帝王，所秉持的恢复路线无疑在当时最具影响力，那么孝宗的恢复路线是怎样的呢？即位之初，孝宗有意趁完颜亮南下失败之机挥军北上收复中原，却遭遇符离之败，在主和势力推动下与金朝订立“隆兴和议”。但孝宗的恢复志向并未就此磨灭，已有论者指出孝宗为促成恢复在政治、经济、军事、外交上进行的一系列努力，[③] 但多泛泛而谈，未揭示其奉行的路线方针如何。只有弄清楚孝宗心目中有着怎

① 柳立言：《南宋政治初探——高宗阴影下的孝宗》，《中央研究院历史语言研究所集刊》第 57 本第 3 分，1986 年，第 553~584 页；王德忠：《宋孝宗“恢复”图治述评》，《东北师大学报》（哲学社会科学版）1991 年第 1 期，第 54~59 页；方如金：《试评宋孝宗的统治》，《浙江师大学报》（社会科学版）2000 年第 6 期，第 9~13 页；陈晓莹：《宋孝宗治国政策与成效之评析》，《甘肃社会科学》2001 年第 3 期，第 45~47 页；何忠礼、徐吉军：《南宋史稿》，杭州大学出版社，1999，第 217 页；朱丹琼、范立舟：《南宋中期政治特性之形成与治国理念之嬗递——以宋孝宗、韩侂胄为例》，《中国矿业大学学报》（社会科学版）2005 年第 2 期，第 96~101 页。

② 张维玲：《从南宋中期反近习政争看道学型士大夫对“恢复”态度的转变（1163~1207）》，硕士学位论文，台湾大学，2009，第 60 页。

③ 陈晓莹：《宋孝宗治国政策与成效之评析》，《甘肃社会科学》2001 年第 3 期，第 45~47 页。

样一条既定的恢复路线，才能明白其恢复工作的重心及先后步骤等内容，进而才能考察其长短利弊。

孝宗确定的恢复路线，简而言之，就是富国强兵。乾道二年（1166）的殿试策题言道："子大夫通达古今，明于当世之务。凡可以移风易俗、富国强兵者，悉陈无隐，朕将亲览焉。"① 孝宗要求士子就如何实现"中兴"提出对策，同时又明确将对策内容具体落实在"富国强兵"范围内。朱熹亦言道："时上已深悟前日和议之失，思欲亟致富强，以为恢复之渐。"② 在内政上，最为重要的事务莫过于军事、财政与民政。③ 在富国强兵路线下，军事与财政成为恢复根基，被置于优先于民政的位置上。孝宗在不同场合多次表达出军事、财政优先于民政的思想。乾道八年，著作佐郎丁时发奏称："近来多竭民力以事不急，陛下当恤民以固本。"孝宗答道："朕非特要建功业，如汉文景蠲天下租赋事，亦将次第施行。"④ 诚如关长龙所言，孝宗"其语隐有先统一区宇再行惠政意"。⑤ 淳熙三年（1176），孝宗对宰臣言道："若异时兵革偃息，数十年来额外横赋尽蠲除之，民间喜可知也。"龚茂良回应道："陛下念念不忘，若一旦恢复旧疆，则轻徭薄赋且有日矣。"⑥ 淳熙六年，孝宗又言道："朕不忘恢复者，欲混一四海，效唐太宗为府兵之制。国用既省，则科敛民间诸色钱物可悉蠲免，止收二税以宽民力耳。"⑦ 在孝宗看来，为尽快实现恢复大业，暂时劳民也在所不惜。

在富国与强兵之间，或者说在"财"与"兵"两者中，又以"财"扮演着更为基础的角色，南宋学者王柏指出："富国强兵，必以理财为本。"⑧

---

① 洪适：《盘洲集》卷六四《乾道二年殿试策题》，《景印文渊阁四库全书》，台北：商务印书馆，1983，第1158册，第673页上栏。

② 《朱熹集》卷九七《敷文阁直学士陈公行状》，郭齐、尹波点校，四川教育出版社，1996，第5002页。

③ 如理宗时期的官员李鸣复称："御外之策莫过于和、战、守，理内之道无出于兵、民、财。"（黄淮、杨士奇等：《历代名臣奏议》卷一五〇，台北：台湾学生书局，1985，第1982页）

④ 《宋史全文》卷二五下，"乾道八年八月甲子"条，汪圣铎点校，中华书局，2016，第2130页。

⑤ 关长龙：《两宋道学命运的历史考察》，学林出版社，2001，第325页。

⑥ 《宋史全文》卷二六上，"淳熙三年秋"条，第2178页。

⑦ 《宋史全文》卷二六下，"淳熙六年九月丁卯"条，第2233页。

⑧ 王柏：《鲁斋集》卷五《送曹西淑序》，《景印文渊阁四库全书》第1186册，第69页上栏。

孝宗恢复路线的重心即在理财，其本人对理财就颇为用心，“孝宗初立，励精庶政，至于财用大计，尤所经心，或时呼版曹吏入禁中驱磨财赋，诸库皆有簿要，多自按视”。[①] 淳熙四年，孝宗与王淮、赵雄等宰执议论政事时，君臣之间就士风问题有过一番对话：

> 上曰：“近世士大夫多耻言农事，农事乃国之根本。士大夫好为高论而不务实，却耻言之。”奏曰：“士大夫好高论，岂能过孟子。孟子之言，必曰：‘五亩之宅，树之以桑。’‘百亩之田，勿夺其时。’所见诸侯，未尝离此数语。”上曰：“今士大夫微有西晋风，作王衍阿堵等语，岂知《周礼》言理财，《易》言理财，周公、孔子未尝不以理财为务。”奏曰：“舍周公、孔子、孟子不学，而学王衍，士大夫之有见识者必不至此。曩时虚名之俗诚是太胜，自陛下行总核名实之政，身化臣下，顷年以来，士风为之一变。三馆、两学之士，出为郡守、监司，无不留意民事，留意财计，往往皆有能声。此圣主责实之效。”上曰：“然。近年亦稍变，然犹未尽，且不独此耳。士大夫讳言恢复，不知其家有田百亩，内五十亩为人所强占，亦投牒理索否？士大夫于家事则人人甚理会得，至于国事则讳言之。”奏曰：“陛下志在大有为，故深思远虑如此。臣等敢不罄竭忠力。”[②]

对话大致可分作两部分，前半部分主要是在批评士大夫“好高论”而“不务实”，“微有西晋风”；后半部分则是在指责士大夫“讳言恢复”。君臣在这两个问题上观点颇为一致，故一唱一和，十分契合。孝宗同时批判士大夫的这两个缺陷，透露出他心目中理财与恢复的密切联系。孝宗认为，《周礼》《周易》等儒家经典无不在讲理财，理财本就是儒者分内事，但士大夫却不能明晓此理，对理财漠不关心。孝宗不过是有意以子之矛攻子之盾，借用儒家本身理论来批判士大夫漠视理财而已。孝宗对士大夫风气的不满，根本原因还是在于理财乃其心目中恢复之基础。

---

① 李心传：《建炎以来朝野杂记》乙集卷三《孝宗论士大夫微有西晋风》，徐规点校，中华书局，2000，第 542 页。

② 李心传：《建炎以来朝野杂记》乙集卷三《孝宗论士大夫微有西晋风》，第 543 页。

为何通过理财就可以积聚起恢复所需要的财富呢？或者说如何论证理财以图恢复的合理性与可行性呢？孝宗未予正面阐释，王质的言论或可从侧面做出解答。王质，字景文，兴国人，绍兴三十年进士及第。他深得虞允文赏识，虞允文有“景文天才”之感叹。虞允文出任宰相后，加以擢用。[①]王质是恢复的积极支持者，也将富国强兵作为恢复先务：“今日事势，训兵理财，先为富强，以待天下有变。敌国有衅，则乘机从事于中原，此今日恢复之定规也。”[②] 他向孝宗上疏专门论及理财问题，开篇即言道：“臣窃谓方今天下之财，患在于散而不能收，隐而不能出。收其散，出其隐，据度内之财，自可了目前之事。”认为天下财富足够朝廷所需，问题只在于朝廷能不能将分散和隐漏的那部分财富有效地集中利用起来。所谓“目前之事”自当包括恢复中原。他以在地方为官的经验指出，地方州县存在大量被隐漏的财富，“今陛下郡国布在宇内，臣窃料其间上下熬煎支吾不前者，居其大半。此其财赋亦未尝无，或逋滞不集，或渗漏不见”。对于这些财富，“逋滞不集者，促迫之不得其法，则逋滞无可集之期。渗漏不见者，搜索之不得其处，则渗漏无可塞之理”。应当通过理财等手段将之发掘出来供朝廷使用，“方其散且隐也，则此物或落于奸欺之手，或委为废弃之物。及其收且出也，则一物成一用，一用济一事。以岁计之，其所济不知其几何。以天下计之，其所济又不知其几何”。[③] 在王质看来，朝廷完全可以在不增加民众负担的情况下，通过理财等技术手段积累财富，达到民不加赋而国用饶的理想状态。另一位颇得孝宗赏识的理财官员蔡洸，亦时常言道：“财无渗漏则不可胜用。”[④] 这或许正是孝宗强调理财合理性与可行性的依据所在。当然，从前面的分析可知，即便这样的理财举措会在一定程度上增加民众负担，对于认为恢复优先于改善民生的孝宗来说也当是可以接受的。

对理财的重视促使孝宗偏好那些擅长理财的实务性官员。早在孝宗即

① 《宋史》卷三九五《王质传》，中华书局，1977，第 12055~12056 页。
② 王质：《雪山集》卷一《上皇帝书》，《景印文渊阁四库全书》第 1149 册，第 350 页上栏。
③ 王质：《雪山集》卷三《论州郡财赋殿最赏罚札子》，《景印文渊阁四库全书》第 1149 册，第 370~371 页。
④ 《宋史》卷三九〇《蔡洸传》，第 11956 页。

位之初，韩元吉就致书执政言道："今每事不欲撙节，而止务财赋之增。儒士龌龊，任用不快，必使豪健之吏，驰骋四出，以网罗利源。"[①] 指出了孝宗任用"豪健之吏"的主要目的就在于"网罗利源"。朱熹称："属者天子慨然发愤，以恢复土疆、报雪仇耻为己任，思得天下卓然可用之实材而器使之，夙寤晨兴，当食屡叹。于是天下之士祗承德意，始复相与刮摩淬厉，务精其能，以待选择。盖自庙堂侍从之英，下至韦布蒭荛之贱，奋然并起，求以治军旅、商财利之术自献者，一时争出头角。"[②] 更清楚地揭示出孝宗图恢复、重理财与擢用理财型官员间的关系。孝宗任用的宰执中就有不少以理财见长者。如乾道四年拜相的蒋芾，因提出减汰军队以节省开支的建议获得孝宗赏识，"由此骤相"。[③] 乾道九年拜相的曾怀，"在版曹凡五年，未尝以钱谷语人。凡钱谷之数，州郡所积，与夫出纳之多寡，纤悉必记。上以萧何、刘晏目之"。[④] 朱熹即明言"执政曾怀以财利进"。[⑤] 淳熙元年拜相的叶衡，因在稳定会子价格上的突出成绩，得到孝宗高度赞扬，称之为"真宰相才"。[⑥] 执政中亦不乏因理财而获擢用者，杨万里提到："沈复之为秀州，盖尝以献羡余而进，自此而得枢密矣。钱良臣之为总领，盖尝以巧聚敛而进，自此而至参政矣。"[⑦] 两人皆因积极配合朝廷的富国目标而相继进入中枢。

为将理财获得的财富用于恢复，孝宗建立了专门的封桩库，李心传称："左藏封桩库者，孝宗所创也。其法，非奉亲、非军需不支。"[⑧] 朱熹则更为明确地指出："封桩、内藏，孝宗时锐意恢复，故爱惜此钱，不肯妄用。"[⑨] 为尽快充实封桩库，朝廷有意识地将那些数量较大、来源稳定的

---

① 韩元吉：《南涧甲乙稿》卷十三《上张同知书》，《景印文渊阁四库全书》第1165册，第183页下栏。

② 《朱熹集》卷七五《送张仲隆序》，第3935页。

③ 李心传：《建炎以来朝野杂记》甲集卷一七《国用司》，第387~388页。

④ 孙应时纂修，鲍廉增补，卢镇续修《（宝祐）重修琴川志》卷八，《宋元方志丛刊》第2册，中华书局，1990，第1229页。

⑤ 《朱熹集》卷八九《中奉大夫直焕章阁王公神道碑铭》，第4576页。

⑥ 《宋史》卷三八四《叶衡传》，第11823~11824页。

⑦ 杨万里：《诚斋集》卷六二《旱暵应诏上疏（淳熙丁未七月十三日上）》，《景印文渊阁四库全书》第1160册，第582页上栏。

⑧ 李心传：《建炎以来朝野杂记》甲集卷一七《左藏封桩库》，第383页。

⑨ 黎靖德编《朱子语类》卷一一一，王星贤点校，中华书局，1986，第2720页。

赋税项目划归其中，将其他名色相对较差的赋税项目划归户部充作朝廷日常开支。朱熹称："凡天下之好名色钱容易取者、多者，皆归于内藏库、封桩库。惟留得名色极不好、极难取者，乃归户部。"[①] 孝宗终究未能下定决心发动恢复战争，一个重要原因亦是财政匮乏，"孝宗幼年，规恢之志甚锐……厥后蓄积稍羡，又尝有意用兵，祭酒芮国器奏曰：'陛下只是被数文腥钱使作，何不试打算，了得几番犒赏？'上曰：'朕未知计也，待打算报卿。'后打算只了得十三番犒赏，于是用兵之意又寝"。[②] 没有足够的军费，成为影响孝宗无法下定决心发动恢复战争的重要因素。

可以看到，孝宗执行的恢复路线乃是一条富国强兵之路，是通过理财让朝廷掌握雄厚财力，在此基础上建立起一支精锐军队，从而发动恢复战争。这一路线的优势在于可以立竿见影，在较短时间内积累起巨大财富，尽快将恢复主张付诸实施。这与孝宗急于恢复的心态是一致的。时人已指出孝宗及其支持者虞允文等人在恢复上急于求成的迫切心态，蔡戡上疏称："以今日事势言之，欲速则未有必胜之道。"[③] 薛季宣致书虞允文："大抵喜欲速之功者，昧于宏远之规模；临重事而轻为之，鲜不中道而废。"[④] 委婉地批评虞允文在恢复上有"欲速"之心。同时，该路线也有着非常突出的弊端，即理财与聚敛不过咫尺之间，"古之圣人虽以理财为急，尤以聚财为戒。无政事则财用不足，以理财为急也，与其有聚敛之臣，宁有盗臣，以聚财为戒也。二说相距，不啻天渊之远。而于疑似之间，相去不能以寸，君子所甚畏也"。[⑤] 即便孝宗的初衷果真只是通过理财将地方上隐漏的财富集中起来，服务于恢复，实现民不加赋而国用饶的美好局面，但理想落到现实层面不可避免会发生扭曲，甚至给地方和民众带来种种灾难。

在不少士大夫看来，孝宗理财举措的推行及大量理财官员的任用导致了地方吏治恶化，聚敛之风大盛。汪应辰感叹："民力困竭矣，而建言者

① 黎靖德编《朱子语类》卷一一一，第2719~2720页。

② 罗大经：《鹤林玉露》丙编卷四《中兴讲和》，王瑞来点校，中华书局，1983，第302页。

③ 蔡戡：《定斋集》卷二《论和战疏》，《景印文渊阁四库全书》第1157册，第585页下栏。

④ 薛季宣：《浪语集》卷一七《与虞丞相札子》，《景印文渊阁四库全书》第1159册，第286页下栏。

⑤ 孔学辑校《皇宋中兴两朝圣政辑校》卷四九，中华书局，2019，第1108~1109页。

每为掊克之请；州县匮乏矣，而当官者竞为羡余之献。”[①] 与此相应的就是各级官员对民政事务漠不关心。蔡戡在乾道二年的对策中言道：“凡今之人，聚敛以献羡余者谓之善生财，拷掠以督租赋者谓之能办事。吹毛之察，人以为明；刺骨之暴，人以为健。……如此等人，朝廷方且增秩改命，以为之宠。不可干以私者谓之僻，律己以廉者谓之矫，抚字心劳、催科政拙者又以为无能。相率成风，恬不为怪。”[②] 朝廷在对地方官员的评判上，视财赋重于民生、能够严厉督责百姓缴纳租赋者，能够为朝廷聚敛生财者，可得到奖赏，致力于民生者，则视为无能。乾道六年，礼部尚书刘章奏称：“当今县邑之政，出于苟且。为令者惟知以官钱为急，月解无欠则守臣监司必喜之。而民讼不理，皆置不问。”[③] 淳熙八年，中书舍人崔敦诗称：“监司郡守以蜂厉之威为强，以敏给办事为能。词讼不理，而专事财利；教化不修，而专用刑法。”[④] 淳熙十五年，朱熹亦言道：“版曹经费阙乏日甚，督趣日峻……于是中外承风，竞为苛急，监司明谕州郡，郡守明谕属邑，不必留心民事，惟务催督财赋，此民力之所以重困之本。”[⑤] 更为清楚地指出地方官员漠视民政、专注聚敛的根源在于朝廷对财赋的积极搜求。即便最初建议理财的王质也不得不承认，理财政策下所任用者多为聚敛之徒：“廉耻道丧，未有甚于此时者也。诞慢之风盛，佞谀之俗昌，而廉耻扫地。狂生孺子，敢窃借韩信、诸葛亮以干时；庸夫腐儒，敢假托管仲、范蠡以欺世。”[⑥] 韩信、诸葛亮为古代用兵之名家，管仲、范蠡则是古代理财能手，“狂生孺子”“庸夫腐儒”能够假借他们的名目横行无忌，显然是孝宗富国强兵路线下的产物。

孝宗一朝通常被认为是南宋最为繁荣兴盛的时期，享有“淳熙之治”的美誉。可以见到诸多有关孝宗爱民的记载，“寿皇圣帝爱惜财赋，不肯

---

① 汪应辰：《文定集》卷一五《与陈枢密书二》，《景印文渊阁四库全书》第 1138 册，第 728 页下栏。

② 蔡戡：《定斋集》卷一一《廷对策》，《景印文渊阁四库全书》第 1157 册，第 678 页上栏。

③ 《宋史全文》卷二五上，“乾道六年十二月庚申”条，第 2096 页。

④ 韩元吉：《南涧甲乙稿》卷二一《中书舍人兼侍讲直学士院崔公墓志铭》，《景印文渊阁四库全书》第 1165 册，第 344 页。

⑤ 《朱熹集》卷一一《戊申封事》，第 477~478 页。

⑥ 王质：《雪山集》卷八《与李处全殿院书》，《景印文渊阁四库全书》第 1149 册，第 424~425 页。

一毫妄费，而蠲减之令，史不绝书”。[①] 然而，在相当一部分士大夫眼中，孝宗为恢复而践行的富国强兵之路，某种程度上确实蜕化成了聚敛厉民之路。例如，对于朝廷蠲减赋税的举措，朱熹就批评道：“朝廷爱民之心不如惜费之甚，是以不肯为极力救民之事。”[②] 蠲减的象征意义更胜于实质，并不能从根本上改变富国强兵路线的聚敛厉民性质。他们认为，富国强兵路线不仅不是如孝宗所宣称的在传统儒家思想范畴内，反而是典型的战国功利之路。蔡戡就直言不讳道：“至于富国强兵之术，此战国之君切切以咨其臣，战国之臣哓哓而告其君者也，臣未之学焉。”[③] 朱熹亦将孝宗的富国强兵路线斥为“管、商功利之说”：“若夫管、商功利之说，则又陋矣。陛下所以取之者，则以既斥儒者之道为常谈死法，而天下之务日至于前，彼浮屠之学又不足以应之，是以有味乎彼之言，而冀其富国强兵或有近效耳。”[④] 这也成为他们抵制孝宗恢复路线的重要原因。

二 裕民：理学士大夫的恢复路线

与孝宗富国强兵的恢复路线相对应，出现了另外一条恢复路线。其支持者包括了相当一部分理学中人，当然还有其他一些士大夫，但前者占据了主要地位。他们站在这一立场上，对孝宗的恢复行动予以了积极抵制。吕中《大事记》记载：“恢复之机既失，虽虞允文始相，建议遣使，以陵寝故地为请，然识者以为当争之于未讲和之初，而不当争于和议已定数年之后。彼虽仁义不足而凶狡有余，反以大义责我。”因此，“当时端人正士，如张栻、黄中、刘珙、朱熹、吕祖谦最为持大义者也”，皆对孝宗的恢复主张持反对立场。[⑤] 原则上说，朱熹等人并不反对恢复，反对的只是孝宗秉持的恢复路线。在他们看来，鉴于南宋的国力，当时并不是恢复的恰当时机。正确的恢复之路大致当如黄中所言：“内修政理，外观时变。”[⑥] 也就是先立根本，再图进取。根本为何呢？张栻认为“必先固我境内百姓之心”，

---

① 《宋史全文》卷二六下，第 2239 页。

② 《朱熹集》卷二六《上宰相书》，第 1133 页。

③ 蔡戡：《定斋集》卷一一《廷对策》，《景印文渊阁四库全书》第 1157 册，第 680~681 页。

④ 《朱熹集》卷一一《戊申封事》，第 485 页。

⑤ 孔学辑校《皇宋中兴两朝圣政辑校》卷五四，第 1230~1231 页。

⑥ 孔学辑校《皇宋中兴两朝圣政辑校》卷五四，第 1230~1231 页。

即从赢得境内之民心开始。如何才能赢得民心呢？“求所以得吾境内百姓之心者无他，不尽其力，不伤其财而已。”[①] 首要就是轻徭薄赋，减轻民众负担，改善民生。通过这样的方式来积累财富，凝聚国力，而后伺机展开恢复。这一路线可以简单地称作“裕民路线”。

表面上看，裕民路线与富国强兵路线都强调先充实国力再图恢复。但孝宗主张理财以富国，将财政与军事作为恢复的燃眉之急，至于施行仁政，改善民生，则待恢复完成后再行考虑，也就是先恢复后富民，重点在富国。裕民路线则强调通过施行仁政，减轻民众负担，以赢得民心，故是先富民后恢复，重点在裕民。这一区别，在蔡戡给时任宰相虞允文的信中表现得十分清楚。

蔡戡在对金政策上倾向于维系和议。在《乞备边札子》中，他指出：“外坚和好，以休士卒，内修政事，以待机会，可谓得上策矣。”[②] 在《论和战疏》中，他更为具体地言道：“愿陛下甘言厚礼，外示和亲，选将厉兵，内修武备。凡自治之道，汲汲而为之，唯恐其不速，出师之期，徐徐而计之，不嫌其少缓。”[③] 大致而言，就是在和议的掩护下积极自治，增强国力，经过充分准备方伺机展开恢复。那么，他恢复思想的重点何在呢？与孝宗的路线有怎样的区别呢？在给虞允文的信中，他言道：

> 世之言治者，不过曰富国也，强兵也。言之则美而可听，听之则乐而忘倦。为是说者，追时好、取世资而已。求以富国，国未必富，而民且贫。求以强兵，兵未必强，而国愈弱。利不一二，害将十百，不知究其本而从事于其末，去治逾远矣。有人焉，以仁义之说而告其君，非唯君之不信，众必相聚而笑之曰：是书生之常谈也，是迂儒之高论也。幸其君之不信，而得以申己之说。[④]

① 《宋史全文》卷二五上，“乾道五年十二月”条，第 2078 页。

② 蔡戡：《定斋集》卷一《乞备边札子》，《景印文渊阁四库全书》第 1157 册，第 567 页上栏。

③ 蔡戡：《定斋集》卷二《论和战疏》，《景印文渊阁四库全书》第 1157 册，第 585~586 页。

④ 蔡戡：《定斋集》卷八《上虞枢密书》，《景印文渊阁四库全书》第 1157 册，第 645~646 页。

士大夫群体中存在两种不同主张：一者强调富国强兵，一者强调仁义为治。蔡戡站在后者的立场上对富国强兵持否定态度，认为这些人不过是“追时好、取世资而已”。所谓“追时好”，无非迎合孝宗的恢复志向，这也表明富国强兵路线正是孝宗本人的主张。蔡戡接着指出那些反对以“仁义之说”图恢复者的理由是：

> 今日之势，似非昔比。疆土未复也，陵寝未修也，九重之上，禹菲舜瘅，皇皇焉思中兴之治，旦暮而冀之。今欲责成效于数十年之后，是犹指来岁之粟以疗饥，亦已晚矣。①

明白揭示出孝宗坚持富国强兵的根本原因，就是对恢复“旦暮而冀之”，希望在尽量短的时间内完成“中兴”大业。“仁义之说”即便有效，亦在“数十年之后”，对急于“中兴”的孝宗来说无疑是过于迂远了。然而，蔡戡认为，富国强兵看似美好，实则欲速则不达，其最大弊端在于“此说一行，未见其效，而民已告毙矣”，② 即会对百姓造成沉重负担。他坚持强调恢复当从减轻民众负担开始，“为今日之计，莫若节浮费，省冗官，减无名之征以结民心，汰无用之卒而练军实，劝农桑而抑末作，示敦朴而振颓风。凡立政用人，发号施令，一本于仁义……不数年间，当有成效。虽不求以富国，而天下有余；不求以强兵，而天下无敌矣”。③

与蔡戡同时的唐仲友亦提出了类似观点。唐仲友也是主和自治论者，宣称：“吾之实谋至计，要当君臣至诚，日夜不忘宗社之仇。先为立国之计，以建兴复之基。力行不倦，以须可为之时。得时则起而收之，臣子之至愿也。”君臣上下必须以复仇为志向，日夜积极自治，奠定恢复根基，待时而动。他认为，“若欲速而危国剿民，幸安而玩时愒日。事

---

① 蔡戡：《定斋集》卷八《上虞枢密书》，《景印文渊阁四库全书》第 1157 册，第 646 页上栏。

② 蔡戡：《定斋集》卷八《上虞枢密书》，《景印文渊阁四库全书》第 1157 册，第 646 页下栏。

③ 蔡戡：《定斋集》卷八《上虞枢密书》，《景印文渊阁四库全书》第 1157 册，第 646 ~ 647 页。

虽不同，失则均耳”。[①] 在恢复上过于求速，上则会威胁国家存亡，下则会对百姓造成伤害，本质上与因循苟且、不思进取的主和者别无二致。他同样将恢复准备工作的重点放在了施行仁政、改善民生上，在《馆职备对札子》中言道：

> 臣仰惟陛下绍太上兴复之基，念中原陷溺之苦，忧勤宵旰，于兹十年，圣意未尝一日不在于恢复也。……然则建一定之规，收万全之效，在陛下先审其本末而已。曷谓本？治安是也。曷谓末？富强是也。安者必富，富而不安，其富易贫；治者必强，强而不治，其强易弱。此本末之所由分，人君之用心不可以不审也。用心于其本，则所进者皆道德仁义之士，所行者皆保民治国之术。其初若无可喜之迹，其终乃有不可胜计之功。用心于其末，则所任者皆权谋功利之臣，所谋者皆攻战聚敛之事。其初似有目前之利，其终乃有不可胜救之弊。[②]

唐仲友批评孝宗奉行的富国强兵路线乃是本末倒置，在这一路线下所用皆为“权谋功利之臣”，所行皆为“攻战聚敛之事”。他以唐代为例指出，一旦奉行富国强兵路线，则“所言所行，无非辟土地，充府库，剥下附上，剿民怒众之事”，[③] 表面上看似乎立竿见影，成效显著，实际上不过是眼前之利，长远来看反而会产生更大弊病。正确的恢复路线应该是用“道德仁义之士”，行“保民治国之术”，“民惟邦本，本固邦宁，故国家之益莫大于益民，国家之利莫大于利民”。他以汉武帝与汉宣帝的先例来证明裕民与“攘外”间的关系，“汉武帝士马强盛，穷追远讨，乃文、景务在养民之余力。宣帝推亡固存，单于慕义，乃昭帝与民休息之成效。今之议求益谋利，而不本之于民，此所以害有益而妨大事也”。[④] 汉代的这两位皇帝之所以能够对匈奴取得一系列胜利，都是建立在之前皇帝与民休息、涵养民

① 唐仲友：《悦斋文钞》卷三《上四府书》，《重修金华丛书》第 15 册，上海古籍出版社，2013，第 381 页上栏。
② 唐仲友：《悦斋文钞》卷一《馆职备对札子二》，《重修金华丛书》第 15 册，第 362 页上栏。
③ 唐仲友：《悦斋文钞》卷一《馆职备对札子二》，《重修金华丛书》第 15 册，第 362 页。
④ 唐仲友：《悦斋文钞》卷一《馆职备对札子四》，《重修金华丛书》第 15 册，第 363 页上栏。

力的基础上。而孝宗朝显然不具备这样的条件，高宗朝三十余年的统治在养民事务上并未取得实质意义上的成绩。①

孝宗朝名臣汪应辰，同样对富国强兵的恢复路线进行了批判，其着眼点亦在于强调养民的重要性。汪应辰属理学中人，“少受知于喻樗，既擢第，知张九成贤，问之于樗，往从之游，所学益进”。② 乾道四年，他在转对中向孝宗阐述了在和战问题上的立场：“欲和者则以无事为安，讳兵而不言，偃武而不修；欲战者则不相时，不量力，而姑徼幸于一胜。此二者皆非也。二者皆非，则将何适而可？亦曰反其本而已。反其本者，自治之谓也。”“和”当是指秦桧以后的主和路线，“战”则当是指孝宗所坚持的“急进”路线。他认为两者皆误，正确的做法应是“自治”。汪应辰虽将和、战两条路线并称，但重点在后者，故强调：“臣愿陛下无欲速，无见小利，而专以自治为本。”对于与金朝的和议，汪应辰认为在“自治”未取得成效前可暂时予以维系，“夫夷狄而侵中国，此文王之所当愠怒而不释者也，故不殄厥愠。国与夷狄为邻，则聘问之礼有所不可已也，故不殒厥问。苟吾之政事井井乎其有条理，所植之木则拔而茂盛，所行之道则兑而成蹊。以中国之治而制夷狄之乱，则彼将遁逃而日以困穷矣。文王之政，其先后本末之序如此，万世所不可易也”。③

汪应辰“自治”主张的核心就在于养民，这突出体现在他乾道五年所上之《论爱民六事疏》中。奏疏开篇，汪应辰指出：“臣窃以为昔大有为于天下之君，虽酬酢事变，不一而足，然皆以畏天爱民为本。”孝宗作为有志于恢复的大有为之君，自然概莫能外。而后对战国之君不行仁政、专尚霸道的行为予以批判，分别以齐宣王和汉高祖、汉光武帝为例，从正反两方面论证了以养民为核心的仁政，看似迂阔不切实用，却是一统天下之正道。紧接着联系孝宗朝的现实提出了六条具体意见：第一条要求慎重选择监司、郡守等地方官员；第二条批评当时“献言进计之人，类多舍循常

① 杨宇勋指出，高宗朝曾以与民休息作为和议的合法性论述，也施行了一系列减免赋税等减轻民众负担的举措，但其象征性大于实际意义，各种新增之赋税并未得到系统性的减免，民众负担依旧沉重。参见杨宇勋《休兵讲好苏民力：绍兴和议后减免税役的政策论述》，《国际社会科学杂志》2020 年第 3 期。

② 《宋史》卷三八七《汪应辰传》，第 11876 页。

③ 黄淮、杨士奇等：《历代名臣奏议》卷三四九，第 4548 页。

而好纷更"，"听其言则美，施于事则悖，民受其弊，当在于此"；第三条针对州县科敛之弊，"榷货之利，今数倍于前代，州县或科敛以取办，虽未能蠲减，不宜有所增加，以重困民力"；第四条针对地方官员进献羡余以谋进取之弊，"州县费用，比承平时不翅十倍，岂复更有羡余？贪猾之吏，往往刻剥进献。顷虽禁止，未能尽革。自今有犯令者，陛下必行绌罚，以明示好恶"；第五条，针对地方和籴、派役等弊政，"收籴粮储、缮修器械之类，诸所费用，悉宜计其实值，给降本钱，无使州县于百姓重赋之外，复有此等赔累，或更并缘肆为奸利"；第六条则是针对训练民兵之弊，"民竭其财力以养兵矣，而又欲以民为兵，恐其不足以御盗而适以为盗也"。[①] 表面上看，六条举措似乎都只是就地方弊政泛泛而谈，无甚特别，但联系到乾道五年前后正是孝宗恢复热情最为高涨的时期，就可看出进献羡余、科敛、和籴、训练民兵等事，无不服务于孝宗富国强兵路线，汪应辰的建言显然意在纠正该路线带来的种种弊端。他对养民的刻意强调，无异于从根本上否定了孝宗路线。正因如此，这一批判引起了很大反响，"论爱民六事，庙堂议不合，不悦者众"。[②] 庙堂之议代表的无疑就是孝宗的立场。这就决定了汪应辰很难长久立身朝中，《宋史》本传记载："应辰在朝多革弊事，中贵人皆侧目。德寿宫方甃石池，以水银浮金凫鱼于上，上过之，高宗指示曰：'水银正乏，此买之汪尚书家。'上怒曰：'汪应辰力言朕置房廊与民争利，乃自贩水银邪？'应辰知之，力求去。"[③] 高宗所指是否属实已不可知，但从孝宗的愤怒可以看出，他对汪应辰有关其"置房廊与民争利"的指责是颇为介意的，而孝宗的不满也成为汪应辰被迫离开朝廷的最主要原因。

淳熙七年，朱熹在南康知军任上应诏上疏，阐述了恢复与改善民生的关系，对孝宗的富国强兵路线进行了批判。他开宗明义地指出："天下国家之大务莫大于恤民，而恤民之实在省赋，省赋之实在治军。"改善民生，主要就是减轻民众负担，轻徭薄赋，与民休息，而鉴于朝廷财政的大部分

① 汪应辰：《文定集》卷五《论爱民六事疏（乾道五年）》，《景印文渊阁四库全书》第1138册，第624~625页。

② 《宋史》卷三八七《汪应辰传》，第11881页。

③ 《宋史》卷三八七《汪应辰传》，第11881页。

耗费于军队，治军应成为改善民生的重点。朱熹对孝宗为实现富国强兵过分汲取州县财赋的做法提出了批评，认为任事之臣“惟务迫趣州县，使之急征横赋，戕伐邦本。而其所以欺陛下者，则曰如是而国可富，如是而兵可强。陛下亦闻其说之可喜，而未究其实，往往误加奖宠，畀以事权。是以比年以来，此辈类皆高官厚禄，志满气得，而生民日益困苦，无复聊赖。草茅有识之士相与私议窃叹，以为莫大之祸、必至之忧近在朝夕，顾独陛下未之知耳”。为避免出现“莫大之祸”就必须改弦更张，“为今之计，欲讨军实以纾民力，则必尽反前之所为，然后乃可冀也”。朱熹提出了三条具体措施：一是“选将吏、核兵籍可以节军资”；二是“开广屯田可以实军储”；三是“练习民兵可以益边备”。只是这些举措见诸成效可能需要十数年时间，在此间隔期如何改善民生呢？朱熹指出：“其功效未能遽见之间，而欲亟图所以纾州县民间目前之急者，则愿深诏主计将输之臣，且于见今桩积金谷绵绢数内，每岁量拨三二十万，视州郡之贫乏者，特与免起上供官物三五分而代其输。”力行十数年，“州县事力既益宽舒，然后可以禁其苛敛，责以宽恤，岁课而时稽之，不惟去其加耗预借非法科敷之弊，又视其土之肥瘠、税之轻重而均减之，庶几穷困之民得保生业，无复流移漂荡之意。所在旷土，亦当渐次有人开垦布种，而公上之赋亦当自然登足，次第增羡，不俟程督迫促而国真可富，兵真可强矣”。[①] 可以看到，朱熹之说与孝宗的富国强兵之路差不多截然异趣。后者强调通过理财尽快聚集起财富，为此不惜暂时劳民。前者则坚持富国强兵当从改善民生始，为此不惜让朝廷拿出财赋来为民众代缴赋税。双方可谓同归而殊途。

以裕民为重心的恢复路线，较之孝宗的富国强兵路线似乎更为稳妥，至少不用冒着立即与金朝交兵的风险，但其缺陷也是明显的。一方面，这一路线耗时更长，至少需要十年甚至更久的时间。如刘珙对孝宗言道：“复仇雪耻，诚今日之先务。然非内修政事，有十年之功，臣恐未易可动也。”[②] 唐仲友对孝宗声称：“近期十年，远期二十年，狂虏灭矣。”[③] 朱熹亦言道：“恢复之计，须是自家吃得些辛苦，少做十年或二十年，多做三十年。岂有安

① 《朱熹集》卷一一《庚子应诏封事》，第450~458页。

② 《朱熹集》卷九七《刘公行状》，第4956~4957页。

③ 唐仲友：《悦斋文钞》卷三《上四府书》，《重修金华丛书》第15册，第381页上栏。

坐无事，而大功自致之理哉！”[1] 另一方面，这一路线强调在维系和议的前提下积极自治。设想固然美好，但可能会成为贪图苟安者安于现状、不思进取的堂皇借口。正如胡铨所言：“议者乃曰：‘外虽和而内不忘战。’此向来权臣误国之言也。一溺于和，不能自振，尚能战乎？”[2] 朱熹对此也有着清醒的认识，他对黄榦抱怨：“国家只管与讲和，聘使往来，贺正贺节，称叔称侄，只是见邻国，不知是仇了！”[3] 朱熹等不少理学中人在给孝宗的进言中皆不厌其烦地强调“正心”，大概就是想通过君主的发愤图强来振作朝野士气，打破因循苟且之局面。只是这谈何容易。

三　废约自治：陈亮、叶适的恢复路线

裕民路线的支持者中，理学中人占据了相当分量，但并非所有理学中人的思想皆完全相同。理学群体中围绕恢复问题也存在不同的观点，陈亮、叶适就属于其中的“另类”，他们皆被视为力主恢复的激进派成员。陈亮和叶适的恢复观都已有学者进行过较为细致深入的论述，[4] 但多孤立而言，并未将之置于孝宗时期恢复论争的特定政治背景下，与上文揭示的富国强兵路线和裕民路线加以比较观察，因此也就难以准确把握住他们恢复思想的特色。其实，无论是陈亮还是叶适的恢复思想，都是在与上述两种主流恢复路线的对话中形成的。如陈亮在为恢复而上孝宗的奏疏中，就对这两条路线予以了批评。

在《上孝宗皇帝第二书》中，陈亮言道：

> 论恢复则曰修德待时，论富强则曰节用爱人，论治则曰正心，论事则曰守法。君以从谏务学为美，臣以识心见性为贤。论安言计，动引圣人，举一世谓之正论，而经生学士合为一辞，以摩切陛下者也。……论恢复则曰精间谍，结豪望；论富强则曰广招募，括隐漏；

① 黎靖德编《朱子语类》卷一三三，第 3200 页。

② 《宋史》卷三七四《胡铨传》，第 11585 页。

③ 黎靖德编《朱子语类》卷一三六，第 3237 页。

④ 陈润叶：《陈亮规复中原大计评议》，《湘潭师范学院学报》1990 年第 4 期，第 7~13 页；田浩：《功利主义儒家——陈亮对朱熹的挑战》，姜长苏译，江苏人民出版社，1997，第 120~134 页；张义德：《叶适评传》，南京大学出版社，1994，第 190~248 页。

> 论治则曰立志，论事则曰从权。君以驾驭笼络为明，臣以奋励驱驰为最。察事见情，自许豪杰，举一世谓之奇论，而才臣智士合为一辞以撼动陛下者也。①

强调修德待时、节用爱人，显然就是以裕民为重心的恢复路线。强调广招募、括隐漏，显然就是富国强兵的恢复路线，只不过为了顾及孝宗颜面，有意将之视作才吏型官员的主张而已。叶适也在上孝宗的札子中言道："至若为奇谋秘画者，则止于乘机待时；忠义决策者，则止于亲征迁都；沉深虑远者，则止于固本自治。高谈者远述性命，而以功业为可略；精论者妄推天意，而以夷夏为无辨。"② "亲征迁都"对应的就是孝宗"急进"的恢复路线，"固本自治"对应的则是裕民路线。陈亮、叶适对这两条路线的批判，无疑为提出新的主张做好了铺垫。

正是在明悉富国强兵路线和裕民路线各自弊端的基础上，陈亮和叶适提出了第三条道路。尽管两人的恢复主张不尽相同，但整体思路类似。用陈亮的话来说，裕民路线支持者的弊端在于"持天下之正论，而不足以明天下之大义"。富国强兵路线奉行者的弊端则在于"为天下之奇论，而无取于办天下之大计"。因此，恢复的正确路线至少应该包括两个部分——"明大义"与"定大计"。

先来看"明大义"的内容。陈亮和叶适的恢复观中，最为突出的特点就是强调"明大义"，这似是此前学者未予充分注意的。所谓"明大义"，就是按照春秋大义的要求公开宣示对金朝复仇。如此就必须停纳岁币，断绝和议。在裕民路线的支持者看来，和议可以作为内部自治的权宜之计予以暂时维系。而孝宗君臣虽然坚持富国强兵的"急进"路线，但在用兵之前亦未有先废约的举动。陈亮与叶适对此不以为然。对于孝宗担心出师无名，屡屡派遣泛使挑衅金朝，试图刺激对方率先毁约的做法，叶适批评道："吾用兵之名，若雷霆久蛰，藏而不震，一日可用即用耳，何忧无名

---

① 《陈亮集》卷一《上孝宗皇帝第二书》，邓广铭点校，中华书局，1987，第10~11页。

② 叶适：《水心别集》卷一五《上殿札子》，《叶适集》，刘公纯、王孝鱼、李哲夫点校，中华书局，1961，第832页。

而必为是乎？”[①] 有复仇大义作为支撑，根本无须遵守与金朝的和议，可以随时撕毁和约，孝宗所为实无必要。

在陈亮、叶适看来，毁约乃是开展恢复行动的第一步。叶适称：“夫惟以复仇为正义，而明和亲之决不可为。自此以往，庶有可得而论者。”[②] 这样做的原因除了《春秋》复仇大义的要求，更重要的是可借此打破长期主和带来的因循苟安局面，振作士气民心，为恢复工作的展开奠定基础。陈亮指出：“人情皆便于通和者，劝陛下积财养兵以待时也。”但这一做法至少有三个弊端：一是这会成为贪图苟安者不思进取的堂皇借口，“通和者所以成上下之苟安，而为妄庸两售之地，宜其为人情之所甚便也”；[③] 二是即便真的在维系和议的同时积极自治，也不是一个可行的办法，因为只有在实际行动中才能辨别人才是否能用，才能清楚财赋是否能满足需要，“人才以用而见其能否，安坐而能者不足恃也；兵食以用而见其盈虚，安坐而盈者不足恃也”；[④] 三是若不能公开宣扬复仇大义，则所有为恢复进行的准备工作都将名不正而言不顺，恢复也就难以顺利展开，“既和而聚财，人反以为厉民；既和而练兵，人反以为动众。举足造事，皆足以致人之疑。议者惟其不明大义以示之，而后大计不可得而立也”。[⑤] 废除与金朝的和议，使两国始终保持战争敌对的状态，对于恢复有着切实益处，“使朝野常如虏兵之在境，乃国家之福，而英雄所用以争天下之机也”。[⑥] 他建议孝宗：“何不明大义而慨然与虏绝也！贬损乘舆，却御正殿，痛自克责，誓必复仇，以励群臣，以振天下之气，以动中原之心。”[⑦]

但是，贸然废除和约很可能会招致金朝兴师问罪。在陈亮、叶适看来，这样的担心实无必要。叶适称：“今天下非不知请和之非义也，然而不敢自言于上者，畏用兵之害也；其意以为一绝使罢赂则必至于战，而吾未有以待之故也……以臣计之，一战之可畏，犹未足畏也；然虽绝使罢

① 叶适：《水心别集》卷四《外论三》，《叶适集》，第 689 页。

② 叶适：《水心别集》卷四《外论二》，《叶适集》，第 688 页。

③ 《陈亮集》卷一《上孝宗皇帝第一书》，第 3 页。

④ 《陈亮集》卷一《上孝宗皇帝第一书》，第 3 页。

⑤ 《陈亮集》卷一《上孝宗皇帝第二书》，第 11~12 页。

⑥ 《陈亮集》卷一《上孝宗皇帝第一书》，第 4 页。

⑦ 《陈亮集》卷一《上孝宗皇帝第一书》，第 4 页。

略，而臣以为犹未至于遽战者。盖求战在敌，使之不得战在我。”① 陈亮则论述得更为详细：一者，金朝已今非昔比，呈现衰弱之势，无力大举南下，“今虏酋庸懦，政令日弛，舍戎狄鞍马之长，而从事中州浮靡之习，君臣之间，日趋怠惰”；② 二者，金朝在政治体制等方面效仿宋朝，已失去了初起之时的迅捷彪悍，难以发动突然袭击，“昔者虏人草居野处，往来无常，能使人不知所备，而兵无日不可出也。今也城郭宫室，政教号令，一切不异于中国；点兵聚粮，文移往返，动涉岁月；一方有警，三边骚动。此岂能岁出师以扰我乎？”③ 三者，即便金军南下，南宋坐拥地理形胜之便，亦有能力抵御，“吴会者……其地南有浙江，西有崇山峻岭，东北则有重湖沮洳，而松江、震泽横亘其前。虽有戎马百万，何所用之！……独海道可以径达吴会，而海道之险，吴儿习舟楫者之所畏，虏人能以轻师而径至乎！破人家国而止可用其轻师乎！书生以为江南不易保者，是真儿女子之论也”。④ 有此三者，可保证与金朝断约只会享其利，而不至于蒙其害。

再来看“定大计”的内容。所谓“定大计”，主要是就恢复所要采取的具体措施而言。这一方面此前学者论述已多，故只就其中与富国强兵路线和裕民路线的相关处进行考察。对于陈亮和叶适来说，废约并不意味着立即对金用兵。陈亮称：“夫伐国，大事也。昔人以为譬拔小儿之齿，必以渐摇撼之，一拔得齿，必且损儿。今欲竭东南之力，成大举之势，臣恐进取未必得志，得地未必能守。邂逅不如意，则吾之根本撼矣。此岂谋国万全之道？”⑤ 叶适也称：“为国之道，必有次第；天下大事，不容苟简；岂可不出于用兵则出于通和哉？……且夫复仇者，本非用兵之谓也。”⑥ 在他们看来，废约之后当有一个致力于内政治理的过程。

在内政治理上，陈亮、叶适的主张与裕民路线颇为类似，皆将裕民作为恢复重心，而更多地将批判矛头指向孝宗的富国强兵路线。他们将对孝宗路线的批判置于宋初以来所形成的政治脉络下。陈亮认为出现“夷狄之

① 叶适：《水心别集》卷四《外论二》，《叶适集》，第687~688页。
② 《陈亮集》卷二《中兴论》，第22页。
③ 《陈亮集》卷一《上孝宗皇帝第一书》，第4页。
④ 《陈亮集》卷一《戊申再上孝宗皇帝书》，第16页。
⑤ 《陈亮集》卷二《中兴论》，第25页。
⑥ 叶适：《水心别集》卷九《廷对》，《叶适集》，第754~755页。

所以卒胜中国”的形势并非偶然，根本就在于自立国以来所奉行的高度中央集权的政治体制。他指出，自太祖惩五代之弊而强化中央集权以来，“兵皆天子之兵，财皆天子之财，官皆天子之官，民皆天子之民，纲纪总摄，法令明备，郡县不得以一事自专也”。① 神宗曾有意洗刷“夷狄平视中国之耻”，改变积弱国势，然王安石主持下的变法却是“误入歧途”，走上了一条富国强兵之路，“王安石以正法度之说，首合圣意。而其实则欲籍天下之兵尽归于朝廷，别行教阅以为强也；括郡县之利尽入于朝廷，别行封桩以为富也”。② 这一做法“徒使神宗皇帝见兵财之数既多，锐然南征北伐，卒乖圣意，而天下之势实未尝振也。彼盖不知朝廷立国之势，正患文为之太密，事权之太分，郡县太轻于下而委琐不足恃，兵财太关于上而重迟不易举”。③ 王安石未能真正认识到国家积弱的根本原因，故变法不仅未能纠正祖宗制度的弊端，反而将这种弊端推向了极致。南宋建立后依旧未能有所改观，“南渡以来，大抵遵祖宗之旧，虽微有因革增损，不足为轻重有无”。④ 如今孝宗为推进恢复，竟然又走上了王安石变法的老路，“陛下愤王业之屈于一隅，励志复仇，而不免籍天下之兵以为强，括郡县之利以为富；加惠百姓，而富人无五年之积；不重征税，而大商无巨万之藏；国势日以困竭。臣恐尺籍之兵，府库之财，不足以支一旦之用也”。⑤ 若继续循此路线而求恢复，“虽一旦得精兵数十万，得财数万万计，而恢复之期愈远，就使虏人尽举河南之地以还我，亦恐不能守耳”。⑥ 最终恐怕亦将如神宗那般壮志难酬。

叶适也做出了类似分析：“天下之弱势，历数古人之为国，无甚于本朝者”，神宗时期，“王安石相神宗，欲一反之”，“安石不知其为患在于纪纲内外之间，分画委任之异，而以为在于兵之不强、财之不多也。使安石知之，正其纪纲，明其内外，分画委任而责成功，然后取赋敛之烦者削之，本学校，隆经术，以新美天下，岂复有汹汹之论，不惟无成而反有所

① 《陈亮集》卷一《上孝宗皇帝第一书》，第 5 页。
② 《陈亮集》卷一《上孝宗皇帝第一书》，第 6 页。
③ 《陈亮集》卷一《上孝宗皇帝第一书》，第 6 页。
④ 《陈亮集》卷一《上孝宗皇帝第一书》，第 6 页。
⑤ 《陈亮集》卷一《上孝宗皇帝第一书》，第 6 页。
⑥ 《陈亮集》卷一《上孝宗皇帝第三书》，第 13~14 页。

丧也!”[①] 这里的“纪纲”，就是陈亮指出的高度中央集权的政治体制。[②] 叶适对王安石富国强兵的指责，矛头所指亦是孝宗的恢复路线，故他也对孝宗将改善民生置于恢复之后的做法不以为然，“‘民力艰而未裕’，臣日夜念此久矣……陛下盖恻然兴叹，以为俟版图之复也，当尽捐天下之赋在于常科之外者，天下无不感陛下之言也。然臣以为陛下诚欲大有为也，则必先有大慰天下之望。故夫能捐横赋而后可以复版图，俟版图之复而后捐之者，无是道也；能裕民力而后可以议进取，待进取之定而后裕之者，无是道也”。[③] 民众乃国家根本，根本未固，进取也好，恢复也罢，都只能是空中楼阁。

在陈亮、叶适看来，孝宗路线与王安石变法可谓一脉相承，都是将祖宗法度的弊端推向极致。结果表面上看朝廷似乎掌握了可观的财富和强大的军队，但不过是无源之水、无本之木，根本不足以支撑持续的恢复行动。孝宗希望通过富国强兵来实现恢复，无异于缘木求鱼，其越是汲汲于军政和理财，距离恢复的目标就越远。为克服富国强兵路线的弊端，就须对祖宗以来形成的高度中央集权的政治体制进行改变，赋予地方更多自主性。叶适言道：“陛下徒因今之法而少宽之，此不足以裕民；果裕民也，更为之法可也。”[④] 真正的裕民需要从政治体制改革入手，“致今日之治无他道，上宽朝廷，下宽州县而已”。“朝廷宽，则凡所以取州县者皆不用，而食租税之正矣；州县宽，则凡所以取民者皆不用，而敛租税之正矣。且又非特此也。朝廷宽，则群臣有暇而人才多矣，不若今之乏矣；州县宽，则庶民有暇而良善多矣，不若今之薄也。上多人才，下多良民，兵省而精，费寡而富，五年之内，二年之外，合其气势，用其锋锐，义声昭布，奇策并出，不用以灭虏而何所用哉!”[⑤]

陈亮和叶适的观点，实际是在综合了富国强兵路线与裕民路线基础上提出的第三条路线，有意识地克服两条路线的弊端。不过，这一新路线在

① 叶适：《水心别集》卷一四《纪纲三》，《叶适集》，第814~815页。
② 叶适：《水心别集》卷一四《纪纲二》，《叶适集》，第813~814页。
③ 叶适：《水心别集》卷九《廷对》，《叶适集》，第753页。
④ 叶适：《水心别集》卷九《廷对》，《叶适集》，第753页。
⑤ 叶适：《水心别集》卷一五《终论二》，《叶适集》，第820~821页。

两个方面大概都是孝宗难以接受的。第一，陈亮、叶适要求将废除和约作为恢复的起点。尽管两人皆论证了其合理性，认为不必担心废约会导致金兵南下，但多是一厢情愿的推测，并不能提供切实可靠的证据。第二，在陈亮、叶适的恢复规划中，都要求将裕民作为恢复重心。为实现这一目的，则要进行全面的政治体制改革，改变自宋初以来形成的高度中央集权体制。在尤为强调“祖宗家法”的宋代，其中困难可想而知。更何况孝宗有惩于秦桧专权的教训，本就有着强化皇权的心理需求。陈亮、叶适的主张恐怕是较之孝宗更为激进的恢复路线，《宋史》称陈亮上疏后，“在廷交怒，以为狂怪”。[①] 陈亮也自称在向宰执提出主张后：“二三大臣已相顾骇然。”[②] 当就与此有关。这就决定了两人所持路线在孝宗时期难以产生广泛的影响。

结　论

和战论争是贯穿南宋一朝的重要政治主题，既往研究多将重点放在确定个人或者群体孰为主战、孰为主和上，对于他们主和、主战背后思想内涵的关注相对来说较为欠缺。实际上，相较于前者，对于后者的考察可能更为重要。就本文而言，其价值至少体现在三个方面。

第一，过去多认为孝宗与理学群体在恢复问题上的冲突集中于和、战立场的对立。这固然不能说错，但通过对各自恢复路线内涵的考察，可以看到，双方矛盾的焦点更多表现在对恢复的规划不同。孝宗坚持富国强兵路线，认为恢复当从军事与财政入手，尤以财政为重，希望通过理财等技术手段尽快让朝廷掌握雄厚的财富，为恢复奠定基础。以朱熹、张栻为代表的相当部分理学中人则强调将裕民作为恢复重心，希望在暂时维系和议的前提下，积极于内政治理，通过改善民生，增强国力，实现恢复。前者强调先恢复后富民，后者则强调先富民后恢复。这种规划上的不同，就决定了双方在一系列政策举措上都将处于对立状态，且难以调和。这一认识较之单纯的和、战视角，似乎更能把握孝宗与理学群体矛盾的核心所在。

---

① 《宋史》卷四三六《陈亮传》，第 12942 页。

② 《陈亮集》卷一《上孝宗皇帝第三书》，第 14 页。

第二，过去对孝宗不能实现恢复宏愿的研究，多注重高宗、主和苟安势力等外部因素的影响。这固然有其道理，但通过对孝宗恢复路线的考察，可以发现，该路线本身存在的缺陷可能也构成了一个重要的阻碍因素。富国强兵路线下对于理财的重视，确实能够在短时间内积累起雄厚财富，奠定恢复基础。但理财与聚敛不过咫尺之间，过分攫取地方财富会导致州县财政匮乏，进而加重百姓负担，使得地方空虚无力，民怨四起。在此基础上对金朝用兵，或将面临难以预料的风险。也就是说，对孝宗恢复问题的认识，除了考虑各种外部因素，孝宗自身的因素也是值得注意的重要方面。①

第三，在对和战问题的考察上，不同的恢复思想实际上是在不断的交流、对话甚至是冲突中形成的，彼此之间可以说存在一种相互形塑的关系。这就决定了不同时期的和战论争呈现出不同的时代特色。孝宗朝三条恢复路线的关系就是如此，裕民路线的支持者在政治上对裕民的重视，固然是儒家传统上民为邦本思想的体现，但孝宗富国强兵路线下过分注重理财带来的弊端，无疑刺激了他们对裕民的刻意强调。而富国强兵路线与裕民路线各自的弊端，又在相当程度上促成了陈亮、叶适强调“明大义”以“定大计”的第三条恢复路线的提出。因此，孤立考察某个个人或群体的恢复思想，而不将之置于不同思想、不同路线的对话、交锋这样一种更为宏观的背景下，是难以把握其确切内涵的。

Enriching the Country, Enriching the People, Abolishing the Treaty and Self-governance: On the Three Routes of Recovering the Central Plains during the Song Emperor Xiaozong's Reign Period

Li Chao

Abstract: Among the emperors of the Southern Song Dynasty, Song Emperor Xiaozong was praised for his ambition to restore, but the connotation of his

① 当然，孝宗之不能恢复，即便从自身的角度考虑，原因也是多方面的。本文着重强调的是孝宗富国强兵路线中理财以富国的一方面，对于强兵的内容则未做探讨。其实孝宗在强兵问题上同样采取了一系列举措，包括军队的招募与裁汰、将帅的选拔与任用、军队的训练、军事体制的改革等，这些举措的成效同样是影响孝宗恢复行动的重要因素。

roadmap of restoring the Central Plains was rarely explored in depth. Generally speaking, Xiaozong developed his roadmap of enriching the country and strengthening the army. He regarded the military and financial power as the cornerstone of the recovery, and hoped by technical means of financial management his court could accumulate the rich wealth as soon as possible for laying the foundation of recovering the Central Plains. However, in the name of this roadmap, the bureaucrats under his regime accumulated the huge wealth, but the local governments lacked financial resources and the public was heavily burdened. Many literati-officials including some Neo-Confucianists objected this approach. Instead, they advocated to shift the focus of recovery to enriching the people, hoping to improve the people's livelihood for strengthening the nation and achieving the goal of recovering the Central Plains, upon temporarily maintaining the peace treaty. However, this new approach could easily turn out to be a protective umbrella for stubbornness of lacking the progress. To this end, Chen Liang and Ye Shi put forward a third approach, emphasizing the "righteousness" and "making a big plan", taking the abolition of the peace treaty as the starting point, in order to break the situation of obedience. It claimed that the court would not immediately deal with the Jin Dynasty after the abolition of the treaty. Instead, it would concentrate on internal state-building. However, this approach had little impact because it was difficult to ensure the security of the Southern Song regime and the reform required intense changes.

Keywords: Enriching the Country; Enriching the People; Abolishing the Treaty and Self-governing; Recoving the Central Plains Route; Song Emperor Xiaozong

仙道难求：宝山1号辽墓《降真图》图像研究

魏聪聪

摘　要：汉武帝与西王母的会面是在文学故事中得以实现的，而后这类文学作品又被创作成视觉性图像作品。宝山1号辽墓中的《降真图》，应是画家依据文学作品进行的图像创作，之后又因为某种机缘走入墓葬壁画粉本系统之中。通过与常阳天尊石像、《听琴图》、《写神老君别号事实图》中道君形象的比对，可以看出《降真图》中的汉武帝实际上是道教系统中符号化、概念化的道君形象。《降真图》的壁画渗透着道教成仙的思想，寄托着营建者希望墓主人在死后能升仙的一种美好愿望。将《降真图》与《寄锦图》对比可以发现，两图在人物姿态和动势上存在高度的相似性，可以充分反映出墓葬壁画粉本的流传及演变情况，由此推测宝山辽墓群壁画可能出自同一画家（或同一团队）之手。宋人董逌见过一幅名为《武皇望仙图》的绘画作品，他考证后认为，此画的主题是唐武宗观看由歌舞艺人扮演的汉武帝见西王母戏剧演出时的场景，与《降真图》中以汉武帝见西王母为主题的道教题材绘画有所差异，但是从中可见这个道教故事在唐代的流行程度和影响力，足以说明汉武帝见西王母在道教发展中的重要性。

关键词：宝山1号墓　《降真图》　《寄锦图》　汉武帝　西王母　《武皇望仙图》

引　言

宝山1号墓位于内蒙古赤峰市阿鲁科尔沁旗东沙布尔日台乡西南12.5公里处，西与巴林左旗毗邻，东距宝山村1.5公里。宝山1号墓由墓道、门庭、墓门、甬道、墓室、石房组成，《降真图》绘于宝山1号墓石房内东壁（见图1），石房西壁绘有《高逸图》，[①] 上有“天赞二年”（923）题记。因此，这也是迄今为止所发现的辽代纪年最早的贵族墓。[②]

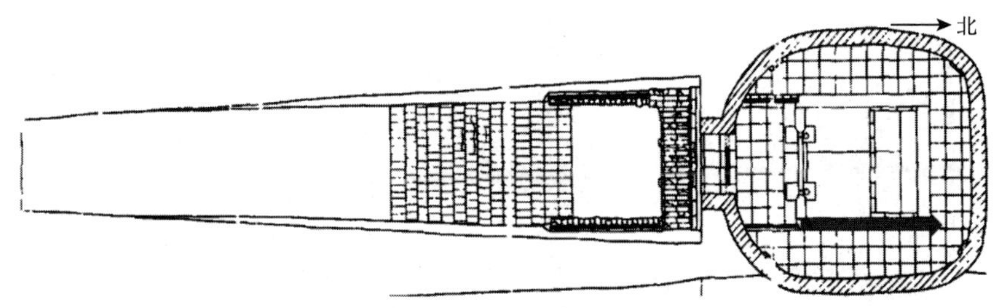

图1　宝山1号墓《降真图》位置示意图

资料来源：内蒙古文物考古研究所、阿鲁科尔沁旗文物管理所《内蒙古赤峰宝山辽壁画墓发掘简报》，《文物》1998年第1期。

《降真图》基本保存完好，壁画局部有漫漶。从构图上看，可将整幅壁画分为三个部分（见图2）。第一部分为画面左边，最上面的框内榜题“降真图”三字，这幅壁画的命名由此而来。左中部框内榜题“汉武帝”三字。最左边则有一棵遒劲的大树，树的高度为画面的四分之三左右，树干有皴擦渲染。树的前方是汉武帝，身着交领宽袖长素袍，腰身挺直跽坐于方形榻上。第二部分为画面的中部，主要是由树木和供桌构成，中上部绘一簇花青色的竹子。竹子下面为长方形案几，桌面为红色，上有团花图案。案桌上有三足盖鼎和托盘等物，应为供品。第三部分为画面的右边，右上部有一排连绵起伏的远山，远山的轮廓用墨勾勒，山体由浓墨、淡墨、花青三色组成，山石处可见一些类披麻皴的皴法。石下方为四个榜题，[③] 榜题下方为四位足踏祥云的仙女，最前方的为“西王母”，西王母身后的女仙榜题残存“董□□”，[④] 其身后两位女仙的榜题漫漶不清，最后一

① 罗世平：《辽墓壁画试读》，《文物》1999年第1期，第82~84页。

② 内蒙古文物考古研究所、阿鲁科尔沁旗文物管理所：《内蒙古赤峰宝山辽壁画墓发掘简报》，《文物》1998年第1期，第73页。

③ 么鑫喆：《从〈降真图〉看古代的粉本使用及其文学叙述功能》，《艺海》2016年第10期，第72页。“榜题文字是证明人物身份的关键元素，一旦失去榜题，人物便无身份。”

④ 巫鸿：《宝山辽墓的释读和启示》，巫鸿、李清泉：《宝山辽墓：材料与释读》，上海书画出版社，2013，第27页。巫鸿认为：“这个仙女因此应该是董双成。”

个字都有类似“后”字的部首。[①] 画面的右下方有一块奇石卧于地上。那么，为何汉武帝与神话中的西王母及众女仙会出现在同一幅画面之中呢？[②]

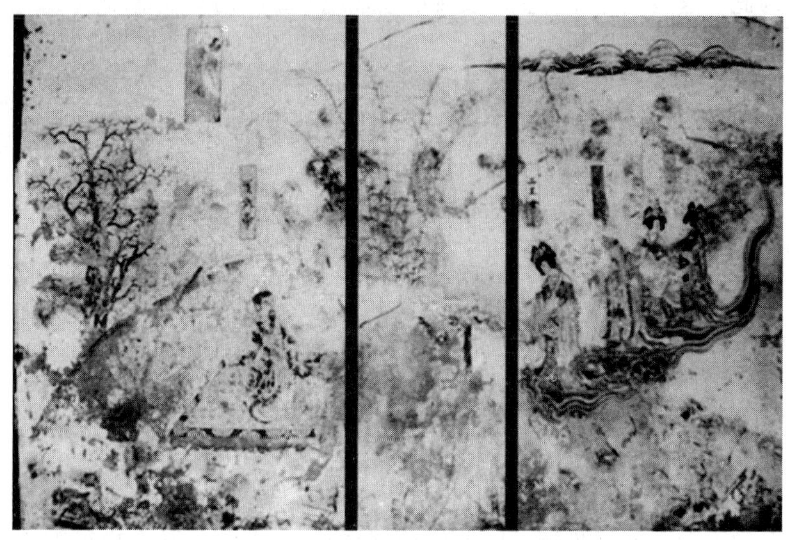

图 2 宝山 1 号墓石房内东壁《降真图》

资料来源：孙建华《内蒙古辽代壁画》，文物出版社，2009，第 34 页。

一 从文本到图像

汉武帝与西王母的成功会面发轫于文学作品之中。在历史上，喜好神仙和长生之术的帝王有很多，以秦始皇和汉武帝为最。[③] 汉武帝好神仙之

① 李慧：《内蒙古宝山辽壁画墓〈降真图〉考》，《大众文艺》2017 年第 15 期，第 64～65 页。李慧在文中对西王母身后的三位女仙上面的榜题和身份做了考证，认为分别是董双成、公子石、范成君。

② 张泽洪：《道教神仙学说与西王母形象的建构》，《华中师范大学学报》（人文社会科学版）2016 年第 6 期，第 129 页。“道教对先秦西王母神话进行了吸纳改造，赋予西王母统领女子学仙者最高权威的女神形象。道教认为昆仑山为天之中岳，乃西王母统众女仙所居之地。道教宣称天上、天下、三界、十方女子之登仙得道者，都归属西王母管辖。”

③ 赵彦卫：《云麓漫钞》卷八，中华书局，1996，第 136 页。“秦皇、汉武始好神仙，方士祠祀始有观。始皇曰：‘吾慕真人。’自谓真人，不称朕。乃令咸阳旁二百里内，宫观二百七十，复道相通，于此候神仙。《汉武故事》，于上林作飞廉观，高四十丈，长安作桂馆、益寿馆以候神人，犹未居道士。元帝被疾，远求方士，汉中送道士王仲都，能忍寒，遂即昆明观处仲都。故自后道士所居曰观，六朝多曰馆，亦武帝故事。”

术，“及即位。好长生之术，常祭名山大泽，以求神仙”，[①]“思仙术，召诸方士言远国遐方之事”。[②]为了迎神仙，汉武帝听信方士之说，大肆修建宫殿、道观、祭台、灵坛等。[③]除此之外，他还常常祭拜名山大泽，[④]召集道士，服用仙丹，在求仙的道路上不遗余力。《汉武帝内传》记曰：“寻道求生，降帝王之位，而屡祷山岳。”[⑤]武帝到晚年方才醒悟，觉悟后的汉武帝也曾因多次求仙失败而斩杀道士。[⑥]“每见群臣，自叹愚惑：‘天下岂有仙人，尽妖妄耳！节食服药，故差可少病。’”[⑦]直到晚年他也未能如愿见到西王母和神仙，所有的努力终究化为泡影。

在文学作品中，汉武帝如愿以偿见到掌握成仙秘诀的西王母的故事，目前可见较早的文本为两汉之际郭宪所著《汉武帝别国洞冥记》一书。书中记汉武帝开始只是听到了西王母的歌声，[⑧]后来才得以成功相见，“咋之有膏，膏可燃灯，西王母握以献帝”。[⑨]其后在《汉武帝内传》[⑩]、《汉武故

① 《汉武帝内传》，刘歆等：《西京杂记（外五种）》，王根林校，上海古籍出版社，2019，第71页。

② 郭宪：《汉武帝别国洞冥记》卷三，刘歆等：《西京杂记（外五种）》，第61页。

③ 郭宪：《汉武帝别国洞冥记》卷一，刘歆等：《西京杂记（外五种）》，第56页。“元光中，帝起寿灵坛。”郭宪：《汉武帝别国洞冥记》卷二，刘歆等：《西京杂记（外五种）》，第57页。“元鼎元年，起招仙阁于甘泉宫西。”郭宪：《汉武帝别国洞冥记》卷三，刘歆等：《西京杂记（外五种）》，第61页。“天汉二年，帝升苍龙阁，思仙术。”《汉武故事》，刘歆等：《西京杂记（外五种）》，第95页。“凿昆池，积其土为山，高三十余丈。又起柏梁台，高二十丈，悉以香柏，香闻数十里，以处神君。”《汉武故事》，刘歆等：《西京杂记（外五种）》，第97页。“栾大曰：‘神尚清净。’上于是于宫外起神明殿九间。”《汉武故事》，刘歆等：《西京杂记（外五种）》，第99页。“上于长安作蜚帘观，于甘泉作延寿观，高二十丈。又筑通天台于甘泉，去地百余丈，望云雨悉在其下。春至泰山，还作道山宫，以为高灵馆。……又作神明台井干楼，高五十余丈，皆作悬阁辇道相属焉。”

④ 张华：《博物志》卷八，张华等：《博物志（外七种）》，王根林校，上海古籍出版社，2019，第36页。“汉武帝好仙道，祭祀名山大泽，以求神仙之道。”

⑤ 《汉武帝内传》，刘歆等：《西京杂记（外五种）》，第71页。

⑥ 《汉武故事》，刘歆等：《西京杂记（外五种）》，第95页。

⑦ 《汉武故事》，刘歆等：《西京杂记（外五种）》，第101页。

⑧ 郭宪：《汉武帝别国洞冥记》卷一，刘歆等：《西京杂记（外五种）》，第56页；参见孙昌武《道教文学十讲》，中华书局，2014，第54页。孙昌武认为汉武帝见西王母的故事以旧题班固的《汉武故事》最早。

⑨ 郭宪：《汉武帝别国洞冥记》卷一，刘歆等：《西京杂记（外五种）》，第57页。

⑩ 《四库全书总目》卷一四二子部小说家类三《汉武帝内传》提要，中华书局，2020，第1206页。“其殆魏晋间文士所为乎。”

事》、《博物志》等文学作品中，描写汉武帝与西王母会见的场景越发丰富多彩。尤其是《汉武帝内传》一书，结构复杂，辞藻华美，明确地宣扬道教，并利用道教上清派流行的女仙降临构想，综合当时流传的有关西王母和汉武帝交往传说，又糅入中土传统神话及佛传故事的一些因素，将汉武帝求仙及西王母带领众女仙降临的故事写得更为华丽神奇。[①] 可以说，汉武帝与西王母的会面在文学故事中是成功的。

汉武帝和西王母二人原本并不相干，却因长生话题而建立起联系。二人的种种传说给后人留下了丰富的想象空间和谈资。因汉武帝的帝王身份十分有利于道教的传播和发展，所以被拿来当作文学作品中求仙的主人公。这类文学作品又被创作成视觉性图像，这就是《降真图》中汉武帝与西王母同框的原因。

画家一直在利用绘画的视觉性图像来展示文学中的形象。根据文学作品进行绘画创作的例子有很多，比如《女史箴图》[②]、《洛神赋图》、《列女仁智图》等，皆是此类型绘画作品。文本与图像之间的关系既密切又有区别，图像不可能表现出文本描述的全部内容，画家一般只是选取一些代表性的元素去呈现文本所记的重要内容。

在《降真图》中，人物位于画面中部偏下的部分，并形成一个抛物线的构图，汉武帝正好位于对角线的位置上（见图 3）。众仙足踏祥云从天而降的创意可能与文本中“王母乘紫云之辇”[③] 相关，众仙所形成的曲线构图更好地诠释了文本所描述的西王母“降真”人间的情景。关于《降真图》绘制在石房内东壁这个位置，很可能是画家为了与文本所记“帝东面西向”[④] 一致而有意为之。还有一个细节值得关注，那就是《降真图》中西王母手中的两枚桃子（见图 4）。《汉武帝内传》记曰：“桃七枚，大如鸭子。

① 孙昌武：《道教文学十讲》，第 54 页。

② 郑岩编《无形之神——巫鸿美术史文集卷四》，上海人民出版社，2020，第 298 页。“张华（232~300）所作的《女史箴》是《女史箴图》的文本依据……此处我想要强调的是，为对应张华文中变化的语言形式和论述重心，绘制《女史箴图》的画家创作了不同类型的图像，以不同的形式来联系图和文。”

③ 《汉武帝内传》，刘歆等：《西京杂记（外五种）》，第 72 页。

④ 张华：《博物志》卷八，张华等：《博物志（外七种）》，第 36 页。

图 3　《降真图》构图示意图

资料来源：孙建华《内蒙古辽代壁画》，第 34 页。

图 4　《降真图》西王母手中的两枚仙桃

资料来源：孙建华《内蒙古辽代壁画》，第 34 页。

形圆，色青，以呈王母。母以四枚与帝，自食三桃。”① 《汉武故事》载：“因出桃七枚，母自啖二枚，与帝五枚。”② 《博物志》记载：“帝东面西向，王母索七桃，大如弹丸，以五枚与帝，母食二枚。”③ 可见从文本到图像的创作过程中，图文之间并非完全对应的关系，画家通常会选取文学作品中具有重要性、关键性、代表性的元素进行再创作。

二 图像粉本的流传与演变

吴玉贵认为宝山辽墓中的《颂经图》与《寄锦图》都来自唐代画家创作的传统题材绘画粉本，他提出《颂经图》的粉本很可能来自周昉的《贵妃教鹦鹉图》，该图一直流传到北宋，后变为墓葬壁画粉本。④ 巫鸿则进一步提出：“这两幅画实际上是由中原画家制作的。”⑤ 除此之外，唐代流行的绘画题材走进墓葬壁画粉本的例子还有很多，如在河北井陉县柿庄 6 号宋墓壁画中发现的唐代流行的《捣练图》，⑥ “根据郭若虚的记载，周文矩画作流传至北宋的有《贵戚游春》《捣练》《熨帛》《绣女》等图”。⑦ 也就是说,唐代流行的绘画题材，有一部分变为墓葬壁画粉本在流传。《降真图》亦应属此类情况，是画家依据文学作品进行图像创作后，又因某种机缘被墓葬壁画粉本系统所选择。

《降真图》中的汉武帝身着宽袖素色长袍，腰身挺直，双膝跽坐于榻上，身后有一棵大树，左前方有一簇竹子。他面容祥和，眉毛清秀，嘴角上扬，略带笑意，嘴上方为八字胡，下颌处留有长胡须，眼部漫漶，头戴莲花瓣形冠，

---

① 《汉武帝内传》，张华等：《博物志（外七种）》，第 72~73 页。

② 《汉武故事》，张华等：《博物志（外七种）》，第 99 页。

③ 张华：《博物志》卷八，张华等：《博物志（外七种）》，第 36 页。

④ 吴玉贵：《内蒙古赤峰宝山辽墓壁画〈寄锦图〉考》，《文物》2001 年第 3 期，第 95 页；吴玉贵：《内蒙古赤峰宝山辽壁画墓“颂经图”略考》，《文物》1999 年第 2 期，第 83 页。

⑤ 巫鸿、李清泉：《宝山辽墓：材料与释读》，第 39 页。

⑥ 河北省文化局文物工作队：《河北井陉县柿庄宋墓发掘报告》，《考古学报》1962 年第 2 期，第 74 页。

⑦ 黄小峰：《四季的故事：〈捣练图〉与〈虢国夫人游春图〉再思》，《美苑》2010 年第 4 期，第 80 页。“周文矩，建康句容人……《捣衣》《熨帛》《绣女》等图传于世。”郭若虚撰，吴企明校注《图画见闻志校注》卷三《纪艺中》，上海书画出版社，2020，第 341 页。

冠上还残存着金箔，金莲花冠是汉武帝尊贵身份的象征（见图 5）。“道教人物头戴莲花冠，这在唐代已成为一种较为固定的模式。”① 可资参考图像为山西唐代开元七年（719）的道教常阳天尊石像（见图 6）。② 此天尊头戴莲花形冠，面相丰颐，眼睛细长，颔下长髯呈山字形垂于胸前，身着宽大道袍，盘坐于石座之上，右手持扇与拂尘，左手凭几而放。由此可以看出，汉武帝的装扮是唐代以来典型的道君形象。类似的道君形象持续了数个世纪，在《降真图》成画两个世纪之后，赵佶创作了一幅名为《听琴图》的作品。③ 经众多专家考证，图中穿着道士袍服的人是赵佶的自画像（见图 7）。④ 南宋王利用绘制的《写神老君别号事实图》⑤ 中有两位脸型圆润的道君（见图 8、图 9），他们头戴莲花冠饰⑥、唇上八字胡、下颌长须，身着交领宽袖长袍，与《降真图》中汉武帝身着道袍的形象十分相似。综上所述，《降真图》中的汉武帝形象不能从肖像写实性绘画的角度来看待，其是道教中儒雅温和、仙风道骨的道君形象的符号化、概念化，这说明墓葬绘画在发展中融进了许多道教元素。

墓葬壁画粉本在继承前人的基础上，随着时代的发展而变化。“一套粉本，往往父子、师徒相传多年，当然粉本的效用也会随着时代的演变而改变其内容。”⑦ 这种情况，在宝山辽墓群的壁画粉本绘制及使用上尤为明显。

---

① 罗丰《固原南郊隋唐墓地》：“莲花冠最早出现于北朝晚期。……由此可知，过去唐墓中头戴莲花冠或方形冠的树下老人，大多是表现道教弟子形象或与道教有关。”文物出版社，1996，第 132 页。

② 侯毅：《唐代道教石造像常阳天尊》，《文物》1991 年第 12 期，第 42~47 页。

③ 徐邦达：《宋徽宗赵佶亲笔画与代笔画的考辨》，《故宫博物院院刊》1979 年第 1 期，第 62~67 页。

④ 胡敬：《艺术文献集成：胡氏书画考三种》，《西清札记》卷二，浙江人民美术出版社，2019，第 342 页；杨新：《〈听琴图〉里画的道士是谁?》，《紫禁城》1980 年第 1 期，第 28 页；付铭：《由宋徽宗〈听琴图〉谈开来》，《文物鉴定与鉴赏》2011 年第 2 期，第 85~86 页。胡敬、杨新等人都认同《听琴图》中穿着道教服饰的人物就是宋徽宗本人，“此徽庙自写小像也”。

⑤ 《宋画全集》第 6 卷第 5 册，浙江大学出版社，2010，第 102 页。

⑥ 赵伟《山西太原唐代赫连山墓“树下老人”图试读》一文中指出：“盛唐时期有多种道阶的道士均可佩戴莲花冠。”《中国本土宗教研究》第 4 辑，社会科学文献出版社，2021，第 218 页。

⑦ 张鹏：《“粉本”、“样”与中国古代壁画创作——兼谈中国古代的艺术教育》，《美苑》2005 年第 1 期，第 55 页。

图 5 《降真图》中的汉武帝形象

资料来源：孙建华《内蒙古辽代壁画》，第 35 页。

图 6 常阳天尊石像（康家轩拍摄）

图 7　赵佶《听琴图》中的“宋徽宗”形象（故宫博物院藏）

资料来源：《宋画全集》第 1 卷第 2 册，第 91 页。

图 8　王利用《写神老君别号事实图》中道君局部形象（纳尔逊-阿特金斯艺术博物馆藏）

资料来源：《宋画全集》第 6 卷第 5 册，第 102 页。

图9 王利用《写神老君别号事实图》中道君局部形象（纳尔逊－阿特金斯艺术博物馆藏）

资料来源：《宋画全集》第6卷第5册，第103页。

将《降真图》与宝山2号墓石室南壁《寄锦图》比对后，可以看出墓葬壁画粉本的流传及演变情况。部分学者不仅关注到《降真图》中的女性形象，还发现《寄锦图》《颂经图》中女性的形象在粉本上来回“挪用”的情况。[①] 事实上，两个墓葬的壁画粉本不仅是女性形象的来回变换挪用，将《降真图》（见图10）与《寄锦图》（见图11）中的图像进行比对还可发现，两幅壁画作品中的人物形象、姿态和动势竟如此相似。据此，可将其分为五组（见表1）：第一组人物，双手呈特定手势的男性形象，

① 么鑫喆：《从〈降真图〉看古代的粉本使用及其文学叙述功能》：“《降真图》、《寄锦图》以及《颂经图》中女子的形象看上去基本没什么变化，且与唐代仕女画风格极其相似，或许画者只是学习了唐代仕女画中的仕女形象处理，然后在他需要创作作品时，来回‘挪用’他学会的人物模式，并在人物旁边加上榜题文字，从而使‘西王母’变成了‘苏若兰’，又从‘苏若兰’变成了‘贵妃’。”《艺海》2016年第10期，第73页。

汉武帝与书童（或信使）；第二组人物，角度和动势基本一样，西王母和“苏蕙”；第三组人物，西王母身后的女仙（董□□），与其相似的在《寄锦图》中有两位；第四组人物，西王母身后的第二位女仙，人物动势与位于“苏蕙”左右两侧的两位女侍相类似，而两位女侍基本上是“复制粘贴”状，只在人物头部动势以及服装的纹饰上稍有调整变化；第五组人物，《降真图》里以侧面示人的女性形象，《寄锦图》中同样也有一位。

图10 《降真图》局部

资料来源：孙建华《内蒙古辽代壁画》，第34页。

图11 宝山2号墓《寄锦图》

资料来源：孙建华《内蒙古辽代壁画》，第46页。

表 1 《降真图》与《寄锦图》中的人物形象对比

	1 号墓《降真图》		2 号墓《寄锦图》	
第一组	汉武帝		书童	
第二组	西王母		“苏蕙”	
第三组	女仙 1（董□□）		侍女 2 位	 
第四组	女仙 2	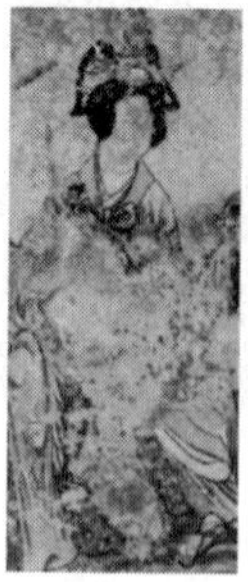	侍女 2 位	 

续表

	1号墓《降真图》		2号墓《寄锦图》	
第五组	女仙3（侧面）		侍女（后背）	

墓葬壁画粉本在传播中会出现一些相应的灵活性变化和调整，“在具体操作时又根据不同墓葬的实际需要，而对原画稿作了不同程度的选择和改造”。[①] 在粉本的创作过程中，画家会根据绘画主题的差异性及人物设定需求，在服饰及持物的细节上进行调整，更换人与物的组合方式，以便更符合人物身份的设定。比如以上两图都是一位男性与多位女性的组合，《降真图》中身份尊贵的汉武帝变成了《寄锦图》中送信的书童，书童的装扮也似道教服饰。如此说来，《寄锦图》可能也与道教有着千丝万缕的联系，这说明在宝山辽墓的营建过程中渗透着道教成仙的思想。画家想要突出《降真图》中西王母尊贵的女仙形象，可通过绘制云肩及代表仙人身份的锯齿羽毛状服饰等手法来实现，类似的女仙形象可参考大阪市立美术馆藏的宋人摹唐传吴道子《送子天王图》（见图12）。《寄锦图》中的“苏蕙”与西王母在动势上相近，服饰上则依据身份进行了相应的调整，云肩和羽毛状的服饰变为贵族妇女经常使用的披帛，这就是画家依据壁画主题的差异性进行相应调整的表现。

受到《降真图》与《寄锦图》图像粉本相似度的启发，同时又考虑到宝山2号墓营建时间略晚于宝山1号墓的情况，笔者推测《寄锦图》创作参考了《降真图》的粉本，或者是两图都脱胎于相同或相近的粉本。另外

① 张鹏：《“粉本”、“样”与中国古代壁画创作——兼谈中国古代的艺术教育》，《美苑》2005年第1期，第57页。

图 12 《降真图》中的西王母与《送子天王图》中的女仙

资料来源：孙建华《内蒙古辽代壁画》，第 36 页；《送子天王图》（大阪市立美术馆藏），《宋画全集》第 7 卷第 2 册，第 99 页。

一些细节也可以说明宝山 1 号墓与宝山 2 号墓在粉本上的关联性。比如《降真图》、《颂经图》及《寄锦图》中的竹子（见图 13），从造型特点、绘制技法及设色方法看，都有较高的相似度。再如《降真图》与《寄锦图》中女性特殊的发式，被称为蝶形双鬟髻（见表 2），双环发髻中间都有红色花状的装饰物，且头上插满金钗，十分奢华夸张。由此笔者推测，

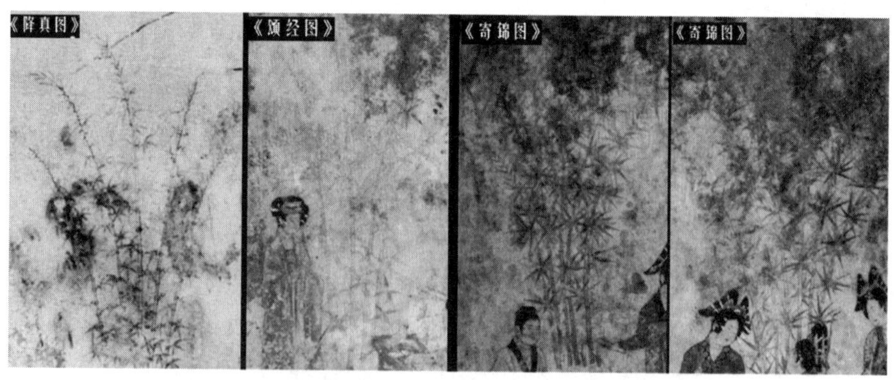

图 13 宝山辽墓中的竹子图像（系笔者后期合成）

《降真图》与《寄锦图》很有可能出自同一画家（或同一团队）之手。进一步推论，那就是宝山 1 号墓和宝山 2 号墓石室壁画可能是出自同一画家（或同一团队）之手。

表 2　《降真图》与《寄锦图》中的女性发髻

《降真图》	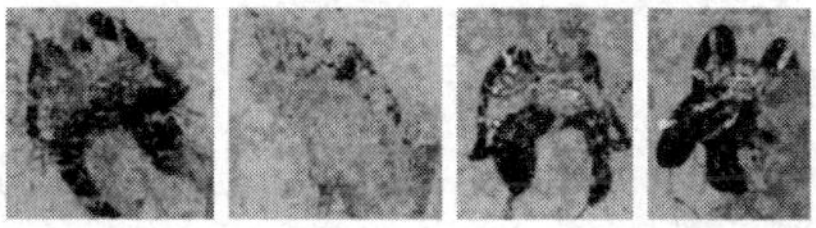
《寄锦图》	

《降真图》中蝶形双鬟髻的样式起源可能与道教有一定的关系，文献记载有一些特殊的发髻与求仙相关。秦始皇时期“宫中悉好神仙之术，乃梳神仙髻，皆红妆翠眉，汉宫尚之”，自此，发髻的样式与神仙开始有了关联。到汉武帝时，“时王母下降，从者皆飞仙髻、九环髻，遂贯以凤头钗，孔雀搔头，云头篦以玳瑁为之”。[①] 五代马缟记曰：“始皇诏后梳凌云髻，三妃梳望仙九鬟髻，九嫔梳参鸾髻。……武帝又令梳十二鬟髻。”[②] 很可能这类插满金钗的蝶形双鬟髻的图像样式，就是对文献记载的神仙髻、飞仙髻、望仙九鬟髻、十二鬟髻的诠释，反映的是唐至五代时期人们对于女仙发髻的认知。这样的女性发式在宋辽时期墓葬壁画粉本之中流传很广，且延续时间持久。例如北宋绍圣四年（1097）李守贵墓中墓室南壁上部的《导引图》（见图 14），[③] 绘有两位头梳蝶形双鬟髻、插满钗饰的女仙，负责引导墓主人升仙。在库伦 6 号辽墓中，墓门前额绘伎乐图，图中女子均梳蝶形双鬟髻，双鬓抱面，头插钗饰（见图 15）。[④]

---

① 宇文氏：《妆台记》，知虫天子辑《香艳丛书》，人民中国出版社，1998，第 272 页。

② 马缟：《中华古今注》卷中，头髻条，辽宁教育出版社，1998，第 20 页。

③ 郑州市文物考古研究所编著《郑州宋金壁画墓》，科学出版社，2005，第 109 页。

④ 哲里木盟博物馆、内蒙古文物工作队：《库伦旗第五、六号辽墓》，《内蒙古文物考古》1982 年第 2 期，第 42 页。

图 14　北宋绍圣四年李守贵墓中的《导引图》局部

资料来源：徐光冀主编《中国出土壁画全集·河南》，科学出版社，2012，第140页。

图 15　库伦 6 号墓中的伎乐图局部

资料来源：孙建华《内蒙古辽代壁画》，第255页。

三 《降真图》与《武皇望仙图》

在绘画史上，《降真图》不可能是孤例，还有没有类似汉武帝见西王母题材的绘画作品呢？可能因为一些历史原因，类似题材的作品并没有流传下来。然宋人董逌曾在秘阁内见过一幅名为《武皇望仙图》的作品，他对画面内容记述如下：

> 秘阁有《武皇望仙图》，轩县业虡，撞（崇）牙树羽，升龙舞鹤，卿云瑞雾，按曲奏技者，皆霞衣云裳練日月冠，箍卷云履，步摇诸于，垂佩错囊，雁进蚁行，罗布殿上，旧传汉武帝会西王母也。然庭下装倡者，复有武帝会王母，设位庭上严深。更得冠通天而袍绛纱者，开轩止御，意色遐想，怆恍自失。[①]

从记述可知，画面中有规格很高的宫殿式建筑，分为殿上和殿下两个空间。大殿之上悬挂着编钟和编磬类乐器的架子，乐器架十分华丽精美，上面绘有飞腾的祥龙、舞动的瑞鹤及卿云瑞雾的纹样。演奏者皆穿着华服，头戴日月冠和步摇，脚穿卷云履，腰间佩带囊状类饰物，有序地排列分布于大殿之上。大殿之下有姿容绝美、云环仙袂的歌舞艺人正在演出汉武帝见西王母的剧目。殿内还有一位身着红衣、头戴通天冠的人物正在开窗遐想。

董逌生于北宋元丰初年，卒于南宋绍兴年间，是北宋著名的藏书家和书画鉴赏家，以精于鉴赏考据擅名。董逌在徽宗、钦宗、高宗三朝都有任职，“徽宗皇帝，耽于艺术，痴于收藏。董逌从游，职责所系，秘殿所藏，皆多寓目”。[②] 徽宗朝为中国绘画发展的黄金盛世，董逌由于职责所在，秘殿中所藏的珍贵书画大都过其目，他是宋代书画盛世的参与者。董逌所著

---

① 董逌：《广川画跋》卷一，浙江人民美术出版社，2016，第3页。

② 董逌：《广川画跋》，点校说明，第1页。“逌，字彦远，京东西路郓州须城人（今山东省东平县）。生于元丰初年，卒于绍兴年间。董氏藏书极富，逌少时，亦刻苦攻读，博览群书。徽宗政和年间，逌官秘书省校书郎。钦宗靖康年间，为国子监司业、祭酒。……高宗建炎年间，又先后任江东提刑、礼部员外郎、宗正少卿、中书舍人，充徽猷阁待制。”

《广川画跋》是一部书画著录文献，包含了对绘画题材、内容及相关鉴定考证的记录。这部书里面记述了董逌作为一名书画鉴赏家的专业评议和见解，所以董逌的记载值得重视和讨论。

相传《武皇望仙图》的主题是汉武帝会西王母，但董逌考证后认为，画中所绘为唐武宗观看汉武帝见西王母的戏剧演出时的场景。他认为这幅画应该作为劝谏后世帝王的重要作品，但其真名已失，故而应该将它重新正名为《唐武宗仙乐图》：

> 余以画考之，殆《唐武宗仙乐图》也。闻之前史，武皇初锐精政理，刬削蠹弊，诛叛讨逆，四方大定。其后怠于政事，肆欲游幸。崔魏公曰：陛下听政余暇，行幸稍频，射猎、击踘、角抵趫捷之技，不离左右，累闻谏官上疏，愿赐省览。自后帝亲万机，幸门壶渊，去如薙草。内臣耆旧相顾曰：刘行深、杨钦义败风弃本而致于斯。因幸教坊，撰《孝武宴瑶池曲》，广召容倡，曳云环仙袂，星冠月帔，鹤驾龙轩，偶汉武对王母举流霞杯，归《武帝长生乐》，奏《霓裳羽衣曲》《太和万寿乐》。上若有感者，继幸两军，皆恢张新意，穷奢极侈，互进神仙乐。于是上惘然有遗天下意，飘然若神仙，可接袂而升也。故赵归真得以左道荧惑上听，即此图是也。……会昌之祸，殆此图发之。昔之传此者，将为后王龟鉴，则其名之失，不可不正。①

据其所言，唐武宗②在即位之初励精图治，待有一番作为，就怠于政事，沉迷于游乐享受。后经大臣劝阻，又重新回到政事之中。然而有奸佞内臣，投其所好，让教坊奏《霓裳羽衣曲》《太和万寿乐》，搭配华丽的舞台背景，由穿着华丽服饰的歌舞艺人排练演出汉武帝见西王母的情境，

① 董逌：《广川画跋》卷一，第3~4页。

② 《旧唐书》卷一八上《武宗纪》："武宗至道昭肃孝皇帝讳炎，穆宗第五子，母曰宣懿皇后韦氏。元和九年六月十二日，生于东宫。长庆元年三月，封颍王，本名瀍。"中华书局，1975，第583页。

试图营造出人间仙境。唐武宗在居心叵测之辈的安排下，观看了汉武帝会西王母的演出场景后十分受用，加之本人好神仙道，一直有追求成仙和长生不老的愿望，遂又听信赵归真的蛊惑，重新开始求仙之路，“会昌之祸”与此图所绘事件有很大关系。关于董逌定名《唐武宗仙乐图》这件事情是否准确，现已无从考证。但董逌认为唐武宗听信了赵归真的蛊惑，很有道理，因为有很多史料可证唐武宗与赵归真的密切关系。如《杜阳杂编》记：“上每斋戒沐浴，召道士赵归真已下共探希夷之理。”①《旧唐书》载：“是秋，召道士赵归真等八十一人入禁中，于三殿修金箓道场，帝幸三殿，于九天坛亲受法箓。”②“以道士赵归真为左右街道门教授先生。时帝志学神仙，师归真。归真乘宠，每对，排毁释氏。”③《唐语林》载：“武宗好神仙，道士赵归真者，出入禁中，自言数百岁，上颇敬之。”④最终，唐武宗因服食丹药中毒而亡，⑤赵归真也因罪被杖杀。⑥二人的缘分至此终结。

可以确定的是，《武皇望仙图》里面的确有关于汉武帝见西王母的绘画情节，这一点是毋庸置疑的。依董逌所言，《武皇望仙图》是一幅描绘唐代宫廷事件的绘画作品，类似新闻纪实类的《韩熙载夜宴图》，画中带有浓厚的政治意味，与《降真图》这类道教主题的作品还是有本质区别的。综上所述，《降真图》是一幅以汉武帝见西王母为主题的道教题材绘画作品，真如董逌所言，唐代宫廷排练演出过以汉武帝见西王母为主题的演出剧目，将唐武宗观看由歌舞艺人扮演的“汉武帝”“西王母”相见的戏剧演出情节画出来，变成一幅绘画作品《武皇望仙图》，由此“汉武帝”“西王母”“唐武宗”这三个不同时空的人得以同框于一

① 苏鹗：《杜阳杂编》卷下，王仁裕等：《开元天宝遗事（外七种）》，丁如明等校，上海古籍出版社，2019，第127页。

② 《旧唐书》卷一八上《武宗纪》，第585页。

③ 《旧唐书》卷一八上《武宗纪》，第600页。

④ 王谠撰，周勋初校证《唐语林校证》卷一《政事上》：“三月壬寅，上不豫，制改御名炎。帝重方士，颇服食修摄，亲受法箓。至是药躁，喜怒失常，疾既笃，旬日不能言。”中华书局，2012，第79页。

⑤ 《旧唐书》卷一八上《武宗纪》，第610页。

⑥ 《资治通鉴》卷二四八载，武宗会昌六年“杖杀道士赵归真等数人”。中华书局，2020，第8146页。

幅画面之中。可见，汉武帝见西王母的主题被文学、绘画、戏剧等多种艺术媒介所选择，这足以说明这个故事在道教的发展和传播中的影响力和重要性。

结　语

《降真图》是画家依据文学作品进行的视觉图像再创作，其粉本来源应是唐代较为流行的一类绘画题材，而后又因为某种机缘流传到墓葬壁画系统中。巫鸿认为宝山1号辽墓墓主人是一位14岁的男孩，由他自己选择墓室内壁画主题的可能性微乎其微，但是《降真图》和室顶所绘的祥云仙鹤都明确地反映了“升仙”的愿望。他推测可能的情况是：“这个墓的壁画是由死者家庭、礼仪官员或专业墓葬建造者选择的，应该在某种程度上反映了这些人的观念和爱好。”可以说《降真图》的绘制蕴含着期待仙人降临和成仙的美好意愿，[①] 是一幅单纯地表达道教求仙的图像作品。可以说，整个宝山辽墓在营建过程中都渗透着道教成仙的思想，有意识地表现出对于升仙的美好愿望。

《降真图》图像的流行，无疑与帝王想长寿成仙的观念有关系。而董逌所见的《武皇望仙图》应是一幅描绘唐代宫廷新闻纪实类的绘画作品，包含了更多的政治意涵。一场“汉武帝见西王母”的戏剧演出，成功地激发和坚定了唐武宗求仙的欲望和决心。汉武帝和唐武宗这两位帝王，因拥有共同的成仙理想，机缘巧合之下有了一场跨时空的“相遇”。虽然两人的求仙之路都未成功，但也因道结缘于艺术世界。

不论是秦始皇还是汉武帝，他们的求仙之路并不顺利，甚至都以失败告终。汉武帝见西王母的故事最早出现在虚构的文学作品之中，其后因某种机缘被画家创作成图像作品。在唐武宗时期，汉武帝见西王母的故事还被改编成戏剧，由宫廷歌舞艺人进行演出，之后又被宫廷画师以绘画的方式记录下来，最后得以收藏在宋朝秘阁之内，被董逌看到经过考证并记录于书中，兜兜转转又回到文本本身。

---

① 巫鸿、李清泉：《宝山辽墓：材料与释读》，第36页。

由此可以看出，因汉武帝的帝王身份十分有利于道教的传播和发展，所以被拿来当作求仙的案例和典范。加之唐代帝王对道教的推崇，以唐武宗为最，道教的传说与唐代的帝王权威相结合，使得汉武帝会见西王母的题材流行于唐朝各种艺术门类之中，以文本、戏剧、绘画等诸多形式流传开来。

The Way of Transcendent is Difficult to Seek: A Pictorial Study on the Image of *The Perfected's Descendance* from the No. 1 Tomb of the Liao Dynasty in Baoshan

Wei Congcong

Abstract: The meeting of Han Emperor Wudi with the Queen Mother of the West often appeared in literature and the literary works later became the basis for visual materials. *The Perfected's Descendance* uncovered from the No. 1 tomb in Baoshan should be created by a painter based on the literature and later entered the draft system of the tomb murals. In comparison with the stone statue of the Celestial Honored One of Changyang, the Lord of the Way in the *Illustration of Listening to the zither* and the *Xieshen laojun biehao shishi* tu, Emperor Wudi in *The Perfected's Descendance* was depicted as the Lord of the Way as being symbolized and conceptualized in the Daoist religious system. The mural of *The Perfected's Descendance* depicted the thought of becoming transcendants in Daoism, which demonstrated the builder's beautiful hope that the deceased could become a transcendent in the afterlife. While comparing with *The Perfected's Descendance* and *The Picture of Sending the Silk*, the gesture and mobility of the figures in both painitngs were very similar, which might indicate the transmission and transformation of the original drafts for the tomb murals. It seems that those murals in the Liao tomb in Baoshan might be produced by the same artist. Dong You in the Song dynasty once saw a painting depicting Emperor Wudi's viewing the transcendent. Dong suggested that this painting actually depicted the scene that Tang Emperor Wuzong watched the drama performed by the dancers and artists on Han Emperor Wudi met the Queen

Mother of the West, which was slightly different from the theme of *The Perfected's Descendance*. Nevertheless, it shows that this story was very popular in the Tang dynasty, and it played a crucial role in the history of Daoism.

Keywords: No. 1 Tomb in Baoshan; *the Perfected's Descendance*; *Illustration of Sending the Silk*; Han Emperor Wudi; the Queen Mother of the West; *Illustration of Emperor Wuzong's Viewing the Transcendents*

永乐《东昌志》所收南宋辅顺庙敕牒考析

骆　勇

摘　要： 永乐《东昌志》所收吉州庐陵县永和镇辅顺庙的敕牒，反映了庙神王山大王获赐庙额和由二字侯累次加封为八字王的历程。敕牒叙及王山大王在建炎三年庇护被金军追击的隆祐太后和在绍定年间驱退劫掠永和镇的峒寇等神迹，表明永和士民已能将奉祀对象的德行和功业描述成契合朝廷政策的形态，也反映了隆祐南奔和峒寇作乱对于论证吉州与朝廷联系的重要意义。永和的乡居名士通过构拟王子乔与王山大王的关联，延展了王山大王得到官府认可的历史；欧阳氏永和派参与修建辅顺庙中的荐德亭，并援引儒学典故解释王山大王庇佑举子的神迹，体现了名士大族对朝廷的价值观念和礼仪法度的理解与接受。

关键词： 地方祠祀　敕牒　辅顺庙　隆祐太后　峒寇

吉州在唐代以前的开发历程鲜见于史籍，伴随唐末五代北方大族的迁入，当地丁口激增，财赋益饶，举业渐兴，风俗愈淳，至宋代已成为赣江中游的望郡。要探究宋代吉州社会的发展脉络，不仅应关注当地官员营建城池、缉捕贼盗和创设官学等举措，还应分析士民理解并接受朝廷的价值观念和礼仪法度的过程。永乐《东昌志》所收王山大王获赐辅顺庙额和由二字侯累次加封为八字王的敕牒，便是反映这一复杂过程的例证。

永乐《东昌志》三卷，篇末附有《辅顺庙志》一卷，系吉安府庐陵县永和镇（古称东昌）人钟彦章和曾钝，在乡贤文玉立所编诗文集《东昌十五咏》的基础上，搜求汇辑镇内于元末兵燹中幸存的文献而成。[①] 该书明本亡佚已久，仅存江西省博物馆所藏清初抄本一种，版式为每半叶十行，每行二十四字，版框、版心、栏格、叶码俱无，间有句读符号。从扉页所题“本会何国维同志往赣南调查，在吉安市搜得。一九五四年三月十一日。明东昌志抄本”来看，该书系供职于江西省文物管理委员会的何国维，在永和镇调查吉州窑遗址期间访得。[②] 由于永和镇是江西著名的陶瓷产地，故从事陶瓷考古研究的学者常征引该书以论证吉州窑的烧造历史，[③] 于书中反映的永和士民与官府互动的历史过程则关注不多。

王山大王又称王仙或匡仙，仙化前本名匡和，正祠在吉州太和县东部的王山（今称紫瑶山），主要接受吉泰盆地士民的祭拜。本文讨论的辅顺庙系王山大王行祠，位于永和镇东端，与青原山隔赣江相望，殿宇已圮，基址尚存。[④] 本文拟在考辨永乐《东昌志》所收南宋朝廷颁给王山大王的赐额和加封敕牒的基础上，分析永和士民如何构拟王山大王与朝廷的联系，名士和大族如何叙说王山大王的获祀历史和显灵事迹，以期在宋代吉州社会的发展脉络中，理解当地基层社会与朝廷的互动过程。

一 王山大王获赐庙额和加封爵号的历程

永乐《东昌志》所附《辅顺庙志》收载的《敕封辅顺庙额及封王爵原由》，系辑录庙中数通石碑而成，其中即包括绍兴五年（1135）赐辅顺庙额敕牒。今依敕牒不同层次分段整理如下：

---

① 有关永乐《东昌志》主要内容的介绍参见刘景会、黄庆文《手抄孤本永乐〈东昌志〉价值考论》，《南方文物》2018 年第 4 期。永乐《东昌志》现有两种标点本，分别收录于《吉安县方志文化丛书》（康泰、汪泰荣点校，江西高校出版社，2018）和《江西旅游文献·名迹卷》下册（张志军点校，江西人民出版社，2018）。本文征引永乐《东昌志》时所加标点与两种标点本差异较多，但由于清初抄本无叶码且尚未发行影印本，故仍据两种标点本标注引文出处，并分别省作“吉安第×页”“江西第×页”。

② 何国维：《吉州窑遗址概况》，《文物参考资料》1953 年第 9 期。

③ 吉州窑考古研究成果颇丰，参见张文江《吉州窑考古研究回顾》，北京艺术博物馆编《中国吉州窑》，中国华侨出版社，2013，第 230~241 页。

④ 辅顺庙遗址概况参见李德金、蒋忠义《南宋永和镇的考察》，中国考古学会编《中国考古学会第七次年会论文集（1989）》，文物出版社，1992，第 336~344 页。

尚书省牒吉州泰和县永和镇辅顺庙

礼部状

准批送下江南西路转运司奏

据吉州申

据士庶、父老、僧道、百姓、左迪功郎邓泾舟等状："建炎三年十一月廿四日，睹番兵三百余骑到永和驻扎寨，驱掳士女，掠取金银，镇民无计逃避。众议祈祷本处土神王山大王，望神阴助。当便狂风骤至，飞沙走石，番兵仓惶失势，结队奔走，遗下所掳。民户回归，皆言番兵齐说：'此地小镇，却有六七千兵，皆绯衣绯巾，红旗焰焰，势不可敌。'切缘户民即无绯衣巾、红旗，显是大王神兵之力。乞敷奏朝廷赐恩命褒嘉、爵赏及庙额。"

吉州委庐陵县尉刘之邵躬亲前去永和镇体究，得王山大王上件灵迹因依，保明是实。本司行下邻州，委官询究，续据袁州申："依应委司法参军邹敦礼询究所陈灵应，委是有功于民。"寻委本司主管帐司何澹前去覆实。今据何澹申："躬亲到吉州永和镇覆实上件王山大王灵迹，与前后委官询究保明到，事理一同，即无伪冒。"本司保明指实，欲望特降睿旨施行。

前批：送礼部。

本部寻行下太常寺勘会去后，今据本寺状："检会已降指挥节文：'神祠如有灵应，即先赐额。'勘会今来江南西路转运司保奏到，吉州泰和县永和镇土神王山大王庙祈祷感应，合先赐额。"本部欲依本寺所申事理施行，伏乞朝廷钦差指挥。伏候指挥。

牒。奉敕："宜赐辅顺庙为额。"牒至准敕，故牒。

绍兴五年十二月□日行

参知政事沈

尚书大（右）仆射同中书门下平章事

尚书左仆射同中书门下平章事①

① 佚名：《敕封辅顺庙额及封王爵原由》，永乐《东昌志》附《辅顺庙志》，吉安第129页，江西第117页。

这通敕牒在从纸本原件到镌刻上石，再到编入《辅顺庙志》的过程中经历了哪些变化，今已无从查考，但比对现存其他元丰改制后颁行的赐额敕牒，可发现这通敕牒的体式符合规范，应不存在大篇幅的脱漏或改撰。[①] 敕牒颁给对象为“吉州泰和县永和镇辅顺庙”，礼部引录的太常寺勘会文书也作“吉州泰和县永和镇土神王山大王庙”，但元丰年间编订的《九域志》称庐陵县辖“九乡、永和一镇”，[②]《宋会要辑稿·礼》诸祠庙门叙及王山大王获赐庙额事，亦谓该庙“在吉州庐陵县永和镇”。[③] 虑及永和在隋代以前为东昌县城，开皇十一年（591）东昌县省废后转隶太和县，至迟在元丰年间已改属庐陵县，[④] 则敕牒所谓“泰和县永和镇”，或系《敕封辅顺庙额及封王爵原由》的编集者误书。牒尾列衔者共三人，署“沈”的参知政事为沈与求，位尊例不署姓的右仆射和左仆射分别为张浚和赵鼎。[⑤]

这通敕牒反映的庙额乞请和审批程序如下：在申报神迹的环节，首先是邓泾舟代表永和士民，向吉州申报建炎三年（1129）十一月王山大王调

---

① 参见须江隆「唐宋期における祠廟の廟額・封号の下賜について」『中国—社会と文化』第9号、1994年6月；张祎《制诏敕札与北宋的政令颁行》，博士学位论文，北京大学，2009，第109~110页；林煌达《论宋代祠庙赐额封爵乞请与稽核程序——以安吉县仁济庙为例》，《淡江史学》第32期，2020年9月。

② 王存：《元丰九域志》卷六《江南路·西路·吉州》，王文楚、魏嵩山点校，中华书局，1984，第252页。洪武八年刘嵩所作《凤冈精舍记》和洪武后期谢矩与钟彦章为《东昌志》撰写的序文，皆称永和镇在元丰年间改属庐陵县，与《九域志》的记述相合。见永乐《东昌志》卷一、卷三，吉安第3、4、78页，江西第15、78页。

③ 徐松辑《宋会要辑稿》礼二〇之一三二，刘琳等校点，上海古籍出版社，2014，第1057页。

④ 《隋书》卷三一《地理志下》，中华书局，1973，第880页。康熙《庐陵县志·地舆志》古迹门东昌城条谓永和于贞观五年改属庐陵县，乾隆《泰和县志·舆地志》古迹门东昌城条引弘治旧志亦作此说，但此说史源不清，姑不采信。另据万历《吉安府志·郡纪》，元贞元年太和县升为太和州，洪武二年太和州易为泰和县，知永乐《东昌志》所称“泰和”实系明代地名。见康熙《庐陵县志》卷五《地舆志·古迹》，中国国家图书馆藏清康熙二十八年刻本，叶2a；乾隆《泰和县志》卷四《舆地志·古迹》，《中国方志丛书·华中地方》第838号，影印清乾隆十八年刻本，台北：成文出版社，1989，第224页；万历《吉安府志》卷一《郡纪》，《中国方志丛书·华中地方》第768号，影印明万历十三年刻本，台北：成文出版社，1989，第50、53页。

⑤ 徐自明撰，王瑞来校补《宋宰辅编年录校补》卷一五《高宗皇帝中》，中华书局，1986年，第1001、1002页。徐度《却扫编》谓“旧制，宰相官仆射以上，敕尾不书姓，盖用唐故事也。元丰官制，仆射为宰相，故不计寄禄官之高下，皆不书姓云”，但仆射仍须在敕尾押字。《敕封辅顺庙额及封王爵原由》的编集者辑录赐辅顺庙额敕牒时，应删略了押字。见徐度《却扫编》卷上，《全宋笔记》第3编第10册，大象出版社，2008，第128页。

遣阴兵击溃金军庇护镇民的情状；然后吉州委派庐陵县尉刘之郃查验王山大王神迹，确认属实后申报江南西路转运司；转运司先牒袁州差委司法参军邹敦礼前往永和镇询究神迹，袁州向转运司申报神迹属实后，转运司又派遣主管帐司何澹再度勘核神迹，确认属实后撰写奏状呈送朝廷。在拟定庙额的环节，首先是尚书省将江南西路转运司所进奏状付下礼部，礼部行下太常寺勘会；然后太常寺依照既有指挥和转运司奏状，确认申报神迹的流程符合规范后，拟定庙额并上报礼部；礼部按覆太常寺所申勘会意见和庙额后上报尚书省，再由尚书省奏请高宗裁断。在颁赐庙额的环节，尚书省奉高宗"宜赐辅顺庙为额"之敕出牒，宰臣在牒尾签押后，通过江南西路转运司和吉州将敕牒发至辅顺庙。

需说明的是，敕牒中"准批送下江南西路转运司奏"指礼部依据尚书省批示付下的转运司奏状出具意见，具有标示礼部受文情况的功能。用方框标出的"前批：送礼部"，是尚书省收到转运司奏状后批示的送付意见，系文书往还过程中的程序用语，并不体现庙额审批时的权责关系，[①] 且依据批状语的常例当作"前批：送礼部勘会后申省"。[②] 此外，辅顺庙祝史将这通敕牒刻于石碑时，保留了反映庙额乞请和审批程序的文句，当旨在凸显王山大王与朝廷的关联，并确保敕牒的合法性。引文未体现敕牒原件经江南西路转运司和吉州转发至辅顺庙的过程，实因北宋后期以降，敕牒在

① 各地祠庙祝史将敕牒刻于石碑时，常保留与"前批：'送礼部'"类似的程序用语。例如，绍兴五年向湖州德清县新市镇土地神保宁将军颁赐永灵庙额的敕牒，庆元六年将江州瑞昌县安泰乡显济庙神万修封为孚泽侯的敕牒，嘉熙元年向宝庆府邵阳县龙山神颁赐普济庙额的敕牒，景定五年向嘉兴府嘉兴县思贤乡土地神施府君颁赐灵显庙额的敕牒，咸淳四年向临安府仁和县城兴德坊土地神蒋自量颁赐广福庙额及爵号的敕牒，皆保留了尚书省批状语，表明祠庙祝史将敕牒刻于石碑时，原样保留敕牒的文字信息已成为南宋的普遍现象。见阮元编《两浙金石志》卷八《宋永灵庙敕牒碑》，《续修四库全书》第910册，影印清道光四年李沄刻本，上海古籍出版社，2002，第621页；康熙《瑞昌县志》卷五《艺文·宋封显济庙敕》，中国国家图书馆藏清康熙十二年刻本，叶1a~叶2b；康熙《邵阳县志》卷一六《志余·遗文》，《中国方志丛书·华中地方》第1042号，影印清康熙二十三年刻本，台北：成文出版社，2014，第573~574页；崇祯《嘉兴县志》卷六《建置志·祠庙》，《日本藏中国罕见地方志丛刊》第17册，影印日本宫内省图书寮藏明崇祯十年刻本，书目文献出版社，1991，第241~242页；唐恒九辑《广福庙志·宋赐广福庙额封侯敕牒》，丁丙、丁申辑《武林掌故丛编》第一集，广陵书社，2008，第275~277页。

② 有关南宋尚书省行用批状情况的讨论参见李全德《信息与权力：宋代的文书行政》，社会科学文献出版社，2022，第259~267页。

形式上可直达寺观祠庙，尽管在实际层面仍须通过地方官司逐级传达。[①]

除赐辅顺庙额敕牒外，《辅顺庙志》所收王山大王由二字侯累次加封为八字王的十二通敕牒节文亦曾镌刻上石。[②] 这些加封敕牒原件的体式当与前引赐额敕牒相仿，主要区别在于加封敕牒的“牒。奉敕”后，为中书舍人所拟命词，命词后接续所加爵号。辅顺庙祝史将这些加封敕牒刻于石碑时，仅保留了命词部分，盖因敕牒原件篇幅过长且事多重复。这十二通敕牒的主要信息见表1。

表1　《辅顺庙志》所收宋廷加封王山大王的十二通敕牒节文

加封年月	加封爵号	命词所述加封事由
绍兴十五年（1145）七月	威远侯	永和之民愿赐封爵，应验昭晰，询究不诬
隆兴二年（1164）六月	肃应威远侯	于庐陵为之排寇禳，苏旱虐，厥功茂焉
庆元四年（1198）四月	英格肃应威远侯	神当周显德中，已列祀典，迨今盖三百年，而建炎却敌之功，其灵炫焰亦然，犹前日事。重以水旱禳祷，有功于民
嘉定九年（1216）十月	惠泽英格肃应威远侯	间者郡国以水旱遍走群望，而四方万里以神应来谂者，肩相摩也
嘉定十一年（1218）十一月	勇利公	本以神仙者流，积功累行，故于艰厄之际，尊主庇民之绩，灵异昭显。自周显德以迄于今，几三百载，水旱必祷，应答如响
嘉定十五年（1222）七月	勇利昭济公	民皆仁寿，乌有乎疵疠？物皆阜昌，乌有乎水旱？夫是以吏之名不著，神之功亦不显。今郡之守臣上神之功，明白隽伟，可褒不疑
宝庆元年（1225）六月	勇利昭济广惠公	著灵显德，庙食永和，曩以阴功，累加封爵，一方承祀，久而益虔。兹览曹臣之章，益加明效

① 小林隆道：《宋代的赐额敕牒与刻石》，郑振满主编《碑铭研究》，社会科学文献出版社，2014，第94~117页。

② 永乐《东昌志》附《辅顺庙志》，吉安第130~133页，江西第118~121页。

续表

加封年月	加封爵号	命词所述加封事由
绍定四年（1231）十二月	勇利昭济广惠忠显公	昔在建炎，阐威灵而卫社；逮于绍定，敷惠利以及民。属邻境之牢骚，借神兵之诃护
绍定六年（1233）三月	忠惠王	蠲除疫疠，民沾全活之恩；调节雨旸，郡奏祈祷之效。忠力潜驱于峒獠，阴功率护于城邦
淳祐二年（1242）十一月	忠惠灵应王	素怀忠而抱义，能捍患而御灾。在昔建炎，赖阴兵而保境；迄今淳祐，奉庙貌以妥灵。驱寇则扬旌蔽空，苏旱则随车致雨
淳祐十年（1250）五月	忠惠灵应昭肃王	隆祐舟行，所助者顺。扬旗而寇退，反风而火熄，霈霖而旱苏。有祷必应，犹谷传声
宝祐四年（1256）十月	忠惠灵应昭肃广济王	助顺隆祐之舟行，启封绍兴之庙祀。反风致雨，若影响然；弭疫销兵，在呼吸顷。民一日非神而靡恃，神历年于民而有功。矧纲司甫祷于瓣香，而江潦随通于鉮漕

按《宋会要辑稿·礼》诸祠庙门所载王山大王于绍兴十五年初封威远侯和隆兴二年加封肃应威远侯二事,[①] 与表1所列前两通敕牒的颁行时间和加封爵号相合。庐陵名士刘将孙于大德七年（1303）撰写的《吉州路永和重修辅顺新宫记》，亦叙及王山大王及其家眷加封情况。

> 庐陵四境神庙封爵，宠灵赫奕未有若永和辅顺之祠者。自宋绍兴五年赐庙额，迄宝祐四年加王封极八字，百五十年间，由侯而公，公而王，始二字，增四以极美名。上自王父母，下逮妃若子又孙，皆疏王爵，崇显号，八八而并，以及女姬子妇，无不累加逾尊。[②]

① 徐松辑《宋会要辑稿》礼二〇之一三二，第1057页。

② 刘将孙：《养吾斋集》卷一七《吉州路永和重修辅顺新宫记》，《景印文渊阁四库全书》，台北：台湾商务印书馆，1983，第1199册，第166页。张贞生纂辑的《王山遗响》收录有佚名《王山三仙合传》，所记匡和获赐庙额并累次加封的史事，并非源自《辅顺庙志》，却与之全无抵牾，亦表明《辅顺庙志》所收敕牒真实可信。见佚名《王山三仙合传》，张贞生辑《王山遗响》卷五，《四库全书存目丛书》史部第255册，影印中国科学院图书馆藏清康熙讲学山房刻《张篑山三种》本，齐鲁书社，1996，第108页。

引文所记王山大王获赐庙额和加封为八字王的年份，与《辅顺庙志》中对应的敕牒相同，则该书所收王山大王赐额和加封敕牒当非凭空捏造。

对宋代朝廷而言，向不在官方祀典的地方神祇颁赐庙额和爵号，愈益成为宣扬儒家意识形态、构建基层社会秩序和管控民众祭拜活动的重要手段。[①] 熙宁七年（1074）神宗诏命州县奏报祈祷灵验却未获赐庙额或爵号不显的神祇，开启了神祇赐额和加封普遍化的进程。[②] 元丰六年（1083）神宗又采纳太常博士王古的建议，规定“诸神祠加封，无爵号者赐庙额，已赐庙额者加封爵，初封侯，再封公，次封王，生有爵位者从其本”，[③] 不仅昭示着朝廷处理神祇赐额和加封事务的机制趋于严密，还使士民依照程式为神祇乞得赐额或爵号渐成常态。建炎三年高宗在金军进逼江淮之际，仍颁行了“神祠遇有灵应，即先赐额；次封侯，每加二字，至八字止；次封公，每加二字，至八字止；次封王，每加二字，至八字止”的新规，[④] 在延展了受封神祇的等级序列之余，也使朝廷管控地方神祇的手段愈渐具有可操作性。嘉定九年加封王山大王的敕牒称“美号之加，非徒厚于神，所以厚于民也。神其体然朕爱民之意，益推所以加惠于民者，以慰满远方之望”，表明朝廷向王山大王颁赐庙额和爵号，旨在施展权威和收揽民心。

然而，仅探讨宋代朝廷管控地方神祇的考量和实践，难以揭示王山大王获赐庙额并累次加封过程中的地方性因素。要在宋代吉州社会的发展脉络中理解这一过程，还应分析士民如何构拟王山大王与朝廷的联系。

二 隆祐南奔、峒寇作乱与王山大王显灵

检视前引敕牒可发现，相较调顺雨旸和消弭疫疠之类与士民生活关联紧密、奠定士民祭拜基础的神迹，庇护被金军追击的隆祐太后与

---

① 皮庆生：《宋代民众祠神信仰研究》，上海古籍出版社，2008，第276~282页；金相范：《宋代祠庙政策的变化与地域社会——以福州地域为中心》，《台湾师大历史学报》第46期，2011年12月。

② 徐松辑《宋会要辑稿》礼二〇之二，第988页。有关此诏影响的讨论参见须江隆「熙寧七年の詔—北宋神宗朝期の賜額・賜号」『東北大学東洋史論集』第8辑、2001年1月。

③ 李焘：《续资治通鉴长编》卷三三六，元丰六年闰六月辛卯，中华书局，2004，第8100页。

④ 陆增祥：《八琼室金石补正》卷一一七《渠渡庙赐灵济额牒》，《续修四库全书》第898册，影印民国14年刘氏希古楼刻本，第453页。

驱退劫掠永和的峒寇，才是地方官员和文人论证王山大王“素怀忠而抱义”时更重视的依据，且这两起事件也是南宋吉州发展历程的重要节点。

建炎三年八月，高宗迫于金军已有南下之势，遂命隆祐太后率领六宫与百司迁奉神主前往洪州避战。当年十月，金军自兴国军大冶县渡江直捣洪州。江南西路安抚制置使知洪州王子献弃城远遁后，太后与扈从由陆路退至吉州。知吉州杨渊闻悉金军兵锋进逼州城，亦未组织兵士御敌，太后乃仓皇乘舟溯赣江而上逃往虔州，彼时“虏遣兵追御舟。有见金人于市者，乃解维夜行”。孰料行至太和县，随行部将忽遭离间，哗变后劫掠财货遁入山中，“乘舆服御物皆弃之，钦先、孝思殿神御颇有失者。内藏库南廊金帛为盗所攘，计直数百万。宫人失一百六十人”。在护卫士卒不满百人的情况下，“太后乃自万安舍舟而陆，遂幸虔州”。后因金军惮于进涉山险，太后方得脱身。[①] 王山大王显灵庇护太后之说固然荒诞不经，但战时情势错综复杂，各级官府难以详尽掌握太后逃亡期间发生的事件，且金军北归后朝廷频繁向皇室行经州县的神祇颁赐庙额和爵号，[②] 这都为永和士民构拟王山大王的“义举”并乞请庙额提供了契机。

王山大王因庇护隆祐太后而获赐庙额，并非吉州士民利用太后行经之机为当地神祇乞得庙额或爵号的孤例。胡铨为吉州城隍神灌婴的祠庙撰写的记文谓“建炎初，大驾南巡，降奴长驱江界，所至守若令望风举颡，人走死如骛。邦民惧不免，哀祷庭下。卒之，城虽不守，而邑屋赖以全”。绍兴三年士民申报灌婴在金军进逼吉州时庇护州城的神迹后，次年朝廷就

① 李心传：《建炎以来系年要录》卷二九，建炎三年十一月丁卯，胡坤点校，中华书局，2013，第 675 页。类似纪事亦见徐梦莘《三朝北盟会编》卷一三五，建炎三年十一月丁卯，《中华再造善本》影印中国国家图书馆藏明抄本，国家图书馆出版社，2013，叶 1a。

② 建炎四年高宗诏：“巡幸经由温、台、明三州海道，应神祠庙宇已有庙额、封号处，令太常寺加封；有封号、无庙额去处，与赐额；其未有庙额、封号，令所在官司严洁致祭一次，钱于本路转运司系省钱内支破。”此诏适用范围虽仅限于温州、台州和明州，但金军退兵后，皇室行经州县有大量地方神祇获赐庙额或加封爵号，或表明彼时高宗还曾诏命其他州县奏报皇室行经期间的神祇显灵事迹。见徐松辑《宋会要辑稿》礼二〇之四，第 989 页。

向其颁赐了灵护庙额。[①] 虑及城隍神是士民普遍奉祀的神祇，[②] 则隆祐太后行经吉州，对于构拟当地与朝廷的联系应具有重要意义。虞集曾撰文记述元代中期吉水州孚应庙更名为显祐庙并加封庙神的由来，其引录至顺二年（1331）江西等处行中书省所呈奏状曰：

> 吉安守臣言，其所统吉水州中鹄乡，有神庙食于石砻之里者。相传神姓刘氏，讳焕，盖长沙定王之裔云。……建炎初，金兵蹂江南，隆祐太后入赣避之。舟行为石所碍，有巨人翼其舟以出于险。后物色之，则神良是也，遣人祠谢之。自是百数十年之间，岁或旱，祷之，则必有云起其东以为雨；有蝗，祷之，蝗不至其旁近；有群盗犯其境，祷之，贼恍惚有所见而散去。……敕赐其庙曰孚应庙，又封其神曰顺惠侯。盖当时之制，神灵之有功于民者，有司核实其事以闻，始赐庙额，又有功，则封之以王，其号自二字以上，累封至八字极矣。[③]

孚应庙供奉的是长沙定王刘发的后裔刘焕，其在太后所乘御舟为石所阻时挺身相助。战事平息后朝廷知悉刘焕神迹，遂颁赐孚应庙额并遣使致祭。此后刘焕因消祛旱蝗和驱退盗贼，累次加封为八字王。吉水县和万安县的刚应庙神，因在御舟夜泊庙前时，于梦中警示太后追兵将至，并分别建议太后溯赣江而上和从万安造口登岸，获封刚应侯。[④] 奉祀刘焕和刚应庙神的群体应当异于王山大王的祭拜者，但太后躲避金军追击期间行经神祇封域，却是这些群体构拟神祇与朝廷的联系时共同借重的政治资源。

对吉州士民而言，隆祐太后行经当地不惟影响了幽冥世界，也为试图改变当地权势格局者提供了契机。抚州府乐安县云盖乡流坑村（绍兴十九

① 胡铨：《胡澹庵先生文集》卷一七《灵护庙记》，中国国家图书馆藏清乾隆二十二年练月楼刻本，叶 3b。

② David Johnson, "The City-God Cults of T'ang and Sung China," *Harvard Journal of Asiatic Studies*, Vol. 45, No. 2 (1985): 363-457.

③ 虞集：《道园学古录》卷四八《敕封显祐庙碑》，《四部丛刊初编》第 1446 册，影印明景泰翻元小字本，上海商务印书馆，1919，叶 3b~叶 4a。

④ 罗大经：《鹤林玉露》甲编卷三《幸不幸》，王瑞来点校，中华书局，1983，第 47 页；康熙《吉安府万安县志》卷二《建置志·坛庙》，中国国家图书馆藏清康熙刻本，叶 25b。

年以前属吉州永丰县）名士董燧于万历十年（1582）主持修成的《抚乐流坑董氏族谱》，收载了万历七年族人董裕所编《乡贤表》，表中引录《永丰县志》曰：

> 建炎二（三）年，金人追隆祐太后至吉州文江之下，太后因问："两河相交，从何上广？"侍臣对曰："西岸水驿上广，东岸河是董御史家水出。"太后曰："取金钟来，饮一杯水。董御史生死是我大恩人，饮此水以报之。"是夜，太后梦董御史来朝谢。明日，风便送皇船上广。今永丰县号恩江者，以此也。[①]

隆祐太后行至吉水县城南侧文江汇入赣江处，得知文江上游的流坑村是在瑶华秘狱中为自己申冤的侍御史董敦逸故里，遂饮下江水以示报恩，翌日御舟竟获强风助力并得以摆脱追兵，文江因此又得恩江之名。在流坑董氏逐渐垄断恩江流域竹木贸易的背景下，[②] 董氏族人依据董敦逸为太后申冤和太后行经吉水的史实，构拟出太后饮下江水的故事，当有强调董氏家族与恩江关联紧密的用意。虑及恩江得名于东汉末年庐陵孝子欧宝结庐守丧期间将被猎户追捕的猛虎藏于庐中，猛虎脱身后每月捕鹿报恩的论说，较恩江因太后饮下江水而得名的论说更早在永丰士民中间流传，[③] 那么董氏族人极力刻画先祖与太后的施报关系，或旨在改变当地既有权势格局。

---

① 董裕：《乡贤表》，《抚乐流坑董氏族谱》卷二，明万历刻本，叶26b～叶27a。董燧于隆庆四年撰写的《恩江古迹考》亦叙及恩江得名由来："自孟后过恩江，问恩人董御史家，左右对曰：'此水自其家来。'命取金杯饮水，以报瑶华秘狱之恩。是夜，后梦敦逸朝服谢恩。"董燧还强调隆祐太后饮江水以示报恩的逸闻与《乐安县志》《永丰县志》《董氏族谱》等史籍相合，"与今故老相传口碑亦同"，表明此事至迟在明代后期，已成为恩江流域士民普遍拥有的记忆。见董燧《恩江古迹考》，《抚乐流坑董氏族谱》卷三，叶40a。

② 有关流坑董氏从事竹木贸易的讨论参见邵鸿《竹木贸易与明清赣中山区土著宗族社会之变迁——乐安县流坑村的个案研究》，《南昌大学学报》1995年增刊。

③ 《大明一统志》卷五六《吉安府·寺观》，《中华再造善本》影印中山大学图书馆藏明天顺五年内府刻本，国家图书馆出版社，2009，叶14a。亦见嘉靖《江西通志》卷二九《吉安府·寺观》，《中国方志丛书·华中地方》第780号，影印明嘉靖四年刻本，台北：成文出版社，1989，第4799页。

将地方景观或神祇与隆祐太后躲避金军追击的史事相联系的现象，还见于赣江中下游其他州县：洪州丰城县的金花潭因太后将金花投入潭中祈风而得名；[①] 临江军新淦县的暮膳桥因太后暮间于当地用膳而得名；[②] 抚州临川县的万岁岭因太后行经时指问，扈从以万岁为对而得名；[③] 虔州赣县嘉济庙神石固则在太后从万安造口登岸时，曾统领阴兵驱退金军。[④] 由此来看，建炎三年隆祐太后行经包括吉州在内的赣江中下游州县，为该区域基层社会加强与朝廷的联系提供了契机。永和士民以王山大王庇护太后为由乞请朝廷颁赐庙额，不仅凸显了王山大王对朝廷的忠诚，还应有自证忠顺尊君的用意。

绍定年间王山大王驱退劫掠永和的峒寇，是地方官员和文人构拟该神与朝廷的联系的另一依据。绍定元年，南安军辖境内的峒首赵万九率众焚毁南康县城后，[⑤] 北上吉泰盆地再行劫掠。永和人欧阳文龙所撰《辅顺庙阴兵颂》谓绍定二年秋，王山大王曾统领阴兵于永和列阵，“寇目所睹，猎猎神旌，寇耳所闻，嘶嘶马鸣。不有阴兵，欲御谁能”，但峒寇遁逃后犹未罢休，“秋既奔窜，冬复纵横”。[⑥] 同为欧阳文龙手笔的《辅顺庙神木颂》称当年冬，峒寇再度攻入永和且势焰更盛，“金山一炬，冈焚其玉，白下、石溪，煨烬陆续，距我陶区，厥觃可烛”。士民虔诚祈求王山大王庇护，峒寇果皆伏诛。[⑦] 永和士民构拟王山大王驱退峒寇的神迹时依据的史实原型已不可考，但绍定年间峒寇肆虐应系吉泰盆地民众普遍拥有的记

---

① 万历《南昌府志》卷三《舆地类·山川》，《中国方志丛书·华中地方》第 810 号，影印明万历十六年刻本，台北：成文出版社，1989，第 234 页。

② 隆庆《临江府志》卷三《疆域·桥梁》，《天一阁藏明代方志选刊》第 35 册，影印明隆庆六年刻本，上海古籍书店，1962，叶 14b。

③ 《大明一统志》卷五四《抚州府·山川》，叶 5a。亦见弘治《抚州府志》卷三《山水一》，《天一阁藏明代方志选刊续编》第 47 册，影印明弘治十六年刻本，上海书店出版社，1990，第 187 页。

④ 宋濂：《宋学士文集·銮坡集》卷五《赣州圣济庙灵迹碑》，《四部丛刊初编》第 1503 册，影印侯官李氏藏明正德刻本，叶 1b。

⑤ 郑霖：《南康县治记》，嘉靖《江西通志》卷三六《南安府·公署》，《中国方志丛书·华中地方》第 780 号，第 5775~5776 页。

⑥ 欧阳文龙：《辅顺庙阴兵颂碑》，永乐《东昌志》附《辅顺庙志》，吉安第 128~129 页，江西第 117 页。

⑦ 欧阳文龙：《辅顺庙神木颂碑》，永乐《东昌志》附《辅顺庙志》，吉安第 128 页，江西第 116 页。

忆。彼时影响较著的事件是庐陵县宣化乡大鹏坑村里正萧必显纠集义兵抗击峒寇，战殁者三十六人，朝廷诏许立忠义庙祀之。族人萧山父所撰庙记曰：

> 方峒丁偎罳，毁我邑庐，崖谷战摇，鱼奔鸟溃。萧君独能奋不顾身，召义勇为乡井金汤，请战以身舍矢如破。呜呼！忠义之心谁无之，如萧君则独能为陈［世雄］之所不能。向非以一矢歼厥渠魁，则其猖獗叵测，岂独西昌受其殃毒奸谋。遏截祸，隙窒塞，萧之力、萧之功也。当时之殁于兵刃者，萧且庙而祀之，使忠魂义魄有所托，其用心亦仁美。[①]

萧山父在称颂萧必显击毙峒首的战功之余，亦痛斥江州副都统制陈世雄顿兵不进，[②] 扬抑之间凸显了庐陵士民忠勇报国的秉性，而这种秉性恰为吉州文人论证当地的节义传统提供了依据。[③] 王山大王以驱退峒寇之功两度获得加封，在一定程度上也可视为朝廷对吉州节义传统的确认。

在前引绍定六年加封王山大王的敕牒与《辅顺庙阴兵颂》《辅顺庙神木颂》等代表官府和文人立场的文本中，“峒獠”“峒寇”“峒氓”等语汇指居于山林且不事赋役的人群。他们利用山中良田和溪涧耕植禾稻，兼以贩运私盐为生。随着官府对山区的管控逐渐强化，部分峒寇选择通过承担赋役的方式成为“省民”，多数峒寇则因拒纳钱粮且不堪滋扰，遂袭击官

---

① 萧山父：《忠义庙记》，嘉靖《吉安府志》卷六《舆地志·坛庙》，《北京图书馆古籍珍本丛刊》第31册，影印明嘉靖刻本，第567页。类似纪事亦见萧垕《大鹏忠义事实记》、曾棨《重修忠义庙记》，《大鹏萧氏重修族谱》不分卷，美国犹他家谱学会图书馆藏民国4年宏远堂活字本，叶26b~叶28b、叶33a~叶34b。

② 康熙《庐陵县志》卷一二《祠祀志·庙》，叶29b。

③ 嘉泰四年，知庐陵县赵汝厦因当地先贤欧阳修、杨邦乂和胡铨所得谥号俱有忠字，故于县学立三忠祠以劝励后学。周必大所撰记文谓三忠皆有文章节义的秉性，此为吉州以“文章节义之邦”见称的开端。绍定年间吉州为“文章节义之邦”的话语传统尚未形成，萧必显率领义兵抗击峒寇之举，显然是彼时吉州文人论证当地节义传统的有力依据。见王瑞来校证《周必大集校证》卷六〇《庐陵县学三忠堂记》，上海古籍出版社，2020，第894页。

军差役乃至蜂起作乱。[①] 陈元晋论及绍定年间南安军辖境内的峒寇劫掠邻邑之状曰："峒民作过，非如他贼相扰，能四出为乱，近则出至南安、南康、大庾诸邑，远则出至南雄、韶州管下。才有所得，即便归峒，正如鼠状，不敢离穴。虽然不能为乱，而常足以致乱。"[②] 作乱峒寇往往规模有限，但官府囿于兵力短缺，难以及时将其缉捕归案。永和士民构拟出的王山大王驱退峒寇神迹，正是吉州官府治理陷入困境的写照。

不惟以上所论绍定之乱，绍兴和嘉定年间峒寇举事亦曾波及吉州与周边其他州县。[③] 封域位于湘粤赣闽交界区的数位神祇，就曾在峒寇作乱时庇护士民。例如汀州城普应庙所祀闽越王无诸的两位部将和清流县城渔沧庙所祀唐末因抗击赣寇而战殁于当地的樊令，在绍兴年间俱曾统领阴兵驱退赣南峒寇。[④] 吉州永新县才德乡龙陂村三位无名兄弟神祇，因"嘉定中峒寇犯邑，将近庙，闻空中铁马声，大惧而退"而获赐灵泽庙额。[⑤] 南雄州城的五位无名神祇，因在嘉定年间黑风峒举事时"提阴兵若驱若护，灵迹显著。强酋震骇，莫敢承突"，以及在绍定年间南安峒寇侵扰州境时"炉烟未竟，即闻空中有霹雳声，贼互惊疑，咸夜潜窜"而获赐孚应庙额。[⑥] 英德府真阳县麻寨岗虞湾村的寨将夫人虞氏，在绍兴末年峒寇焚毁殿宇时显灵，嘉定年间"畔（叛）兵洞寇接迹"时，"神躬擐金甲，领阴

① 参见黄志繁、胡琼《宋代南方山区的"峒寇"——以江西赣南为例》，《南昌大学学报》2002年第3期；黄志繁《"贼""民"之间：12~18世纪赣南地域社会》，生活·读书·新知三联书店，2006，第66~79页；温春香《文化表述与族群认同：新文化史视野下的赣闽粤毗邻区族群研究》，中国社会科学出版社，2015，第54~60页。

② 陈元晋：《渔墅类稿》卷四《申措置南安山前事宜状》，《中华再造善本》影印中国国家图书馆藏清乾隆翰林院抄本，国家图书馆出版社，2011，叶11b。

③ 参见李荣村《黑风峒变乱始末——南宋中叶湘粤赣间峒民的变乱》，《中央研究院历史语言研究所集刊》第41本第3分，1969年9月。

④ 马蓉等点校《永乐大典方志辑佚·临汀志·祠庙》，中华书局，2004，第1276、1282页。

⑤《大明一统志》卷五六《吉安府·祠庙》，叶16a。万历《永新县志》卷三《祠祀·祠庙》，《北京大学图书馆藏稀见方志丛刊》第198册，影印明万历六年刻本，国家图书馆出版社，2013，第379~380页。康熙《庐陵县志》和乾隆《永宁县志》所记两县灵泽庙神获赐庙额的缘由，与《大明一统志》和万历《永新县志》所记永新县灵泽庙由来相同，其原因或在于庐陵县和永宁县的灵泽庙为行祠，或在于庐陵县和永宁县部分士民试图将某个未得赐额的地方神祇与灵泽庙神相联系，从而证明奉祀该神的合法性。见康熙《庐陵县志》卷一二《祠祀志·庙》，叶45a；乾隆《永宁县志》卷四《祠祀志·祠庙》，《北京大学图书馆藏稀见方志丛刊》第197册，影印清乾隆十五年刻本，第568页。

⑥ 马蓉等点校《永乐大典方志辑佚·南雄郡志·五侯庙碑》，第2561~2564页。

兵出入空际，鞭霆驾风，见者惊溃，人用安堵”，故获赐冥助庙额并被封为显祐夫人。[①] 不过，湘粤赣闽交界区的方志所录宋代已获庙额或爵号的神祇中，拥有驱退峒寇神迹的神祇数量相当有限。但这并不意味峒寇未深刻影响该地区的基层社会，而更可能是由于方志所录祠庙多位于官府管控严密的“省地”，峒寇通常无力侵扰此类地区，故鲜见士民以神祇驱退峒寇为由乞请庙额或爵号的案例。开庆元年（1259），欧阳守道撰文记述知吉州萧逢辰营缮州衙筹安堂始末，即叙及彼时峒寇的活动已被限制在山区内：“今承平百余年，生齿蕃而习尚文。虽山峒之间与邻属邑间苦侵剽，而城郭晏然，无一日变容动色。”[②] 由此来看，峒寇作乱是导致南宋吉州与周边其他州县社会动荡的主因。永和士民以王山大王驱退峒寇为由乞请朝廷加封爵号，不仅凸显了王山大王保境安民的功业，当还有与不事赋役的峒寇划清界限的用意。

以上讨论揭示了隆祐南奔和峒寇作乱的事件如何被永和士民用于构拟王山大王与朝廷的联系，但永和的名士大族扮演的角色仍不清晰。下文拟围绕永和的乡居名士与著姓大族对王山大王获祀历史和显灵事迹的论说，分析这些群体在其中发挥了何种作用。

三　名士大族所述王山大王的历史和神迹

吉泰盆地的士民中间流传有王山大王在唐代前期即得奉祀，南唐显德五年（958）已获祭于永和行祠的逸闻，但该逸闻起初未得到地方官员与文人认可，也未被用于乞请庙额和爵号。《敕封辅顺庙额及封王爵原由》所录绍兴七年永和人欧阳世坚撰写的庙记曰：

> 王山之神，自唐开迹泰和，其后耀灵兹镇，因庙食焉。民戴休德，尚矣。建炎三年冬，天子南狩，鞑鞨长驰，江介列城，困于蛇

① 林子升：《显祐夫人庙记》，道光《英德县志》卷六《建置略下·坛庙》，《中国地方志集成·广东府县志辑》第12册，影印清道光二十三年刻本，上海书店出版社，2003，第295~296页；王象之编《舆地纪胜》卷九五《广南东路·英德府·古迹》，中华书局，1992，第3003~3004页。

② 欧阳守道：《吉州筹安堂记》，嘉靖《吉安府志》卷六《舆地志·公署》，《北京图书馆古籍珍本丛刊》第31册，第535页。

豖。惟蕞尔镇民，祈棰驱之。一时风声鹤唳，草木尽为赤帜，人马辟易，望尘引去。议者谓神护持默符，炎德中兴，有如此者。[①]

记文以唐代王山大王在太和县兴起，后庙食于永和镇为开端，随即接续其于建炎三年驱逐金军庇护镇民的神迹，并未将永和行祠始建事系于显德五年。前引绍兴五年赐额敕牒和绍兴十五年加封敕牒，不言王山大王在宋代以前已被吉州官府认可，亦与这一叙说暗合。

周必大乡居永和期间撰写的《闲居录》，是现存最早叙及该镇王山大王行祠建置于显德五年的文本。隆兴元年，周必大因反对孝宗拔擢近幸而奉祠归乡，后在拜谒辅顺庙时，见“庙有南唐匡甫所撰碑铭，后题显德五年十一月八日”，其上记述了王子乔在太和县王山控鹤升天，贞观年间匡和入山学道，天宝年间匡和获封匡山王并得享庙食，“敕使诣庙祈祷，至瓷窑小吾（湖）团，若有影响，遂创此以为别庙”等故事。对于石碑内容的真实性，周必大认为“其文词甚凡下，不足考信”，并依据吉州的王山、王田村和王仙观因王子乔行经而得名的现象，与《太和县图经》所记“王乔尝控鹤于此山，其舄堕焉，血食山中”的传说，指出吉州士民“言王仙事迹甚多”，但都荒诞不经且彼此抵牾。[②] 隆兴二年加封敕牒未叙及宋代以前吉州官员致祭王山大王的史事，[③] 或亦表明显德五年碑尚未被彼时的地方官员与文人用于延展王山大王得到官府认可的历史。

尽管吉州官员与文人在隆兴年间仍质疑将王山大王与王子乔相联系的叙说，但王子乔在王山修道成仙的逸闻在宋初就已于吉州士民中间广泛流

① 佚名：《敕封辅顺庙额及封王爵原由》，永乐《东昌志》附《辅顺庙志》，吉安第 129~130 页，江西第 118 页。

② 王瑞来校证《周必大集校证》卷一六六《闲居录》，第 2495~2496 页。

③ 尽管官府核实士民所申神迹时，神祇响应祈求的事迹确凿属实是关键，其出身履历清晰准确相对次要，但士民乞请庙额或爵号时仍常具申神祇身世和前代封赐情况以求稳妥。永和士民为王山大王乞请庙额和前两次请加封爵时，不言宋代以前吉州官员曾致祭王山大王，盖因彼时尚未发现乃至造出显德五年碑作为佐证。见皮庆生《宋代民众祠神信仰研究》，第 279~280 页。至于显德五年碑的真实性，马永卿《嬾真子录》谓南唐士人多以中主李璟主动削去帝号改奉中原正朔为耻，撰文多不书年号以示自守，故“江南寺观中碑多不题年号，后但书甲子而已”。显德五年恰为李璟改奉中原正朔的年份，则撰写碑记者在诟怨中主的氛围中题署后周年号颇乖情理。见马永卿撰，崔文印校释《嬾真子录校释》卷一《画像纪年》，中华书局，2017，第 2 页。

传。《太平寰宇记》曰：

> 王山在［太和］县东八十三里，周回三百里，其山峰峦秀异。昔王子乔曾控鹤于此山，故以王为名。旱即祈雨必应。按《山川记》云："祈祷之时，有人误唤奴者，则随其所犯乡境雨至，必见云开，卒无沾润。"相传云王乔既去，奴堕于此，因为神，至今操烈不可犯，民为之讳。[1]

这一旨在凸显王子乔与王山之关联的叙说，应系六朝以降传入赣江流域的道教神仙论，[2] 与吉州士民崇拜王山的地方传统相融合的结果。周必大所引《太和县图经》记述的王子乔传说与《太平寰宇记》稍异，或表明该传说在吉州流传的过程中已衍生出多种异文，而这正是当地士民普遍相信该传说的反映。王子乔在王山修道的传说在吉州广泛流传，促使王山成为当地的道教名山，故士民在构拟匡和身世时，选择将王山作为其修道仙化的场所。这种将匡和与王子乔相联系的叙说，还为胡铨和周必正论证王山的匡和正祠由来提供了依据。

淳熙六年（1179），致仕后归老于值夏镇（与永和镇隔赣江相望）的胡铨亦造访了辅顺庙并撰文记述该庙历史。该文虽未叙及庙中立有显德五年碑，但所述王山大王身世和立庙由来，与周必大引录的显德五年碑节文略同。庐陵人张贞生在康熙前期纂辑的《王山遗响》收有该文：

> 世传晋永嘉有王君讳子瑶，字大皋，汉王乔之裔。常慕神仙术，自玉笥山过庐陵抵泰和，乐义山山水，隐居四十八年，莫知其所终，相传以为仙去。至唐贞观中，有匡君讳智，长安人，弃妻子，脱屣轩冕，慕王君之为人，其兄子往依之，吟（吸）风餐霞，攻苦食淡者久之，人亦莫知其所终。里人塑正像祠之，水旱有祷辄应。……绍兴乙

① 乐史：《太平寰宇记》卷一〇九《江南西道七·吉州·太和县》，王文楚等点校，中华书局，2007，第2211页。

② 参见魏斌《宫亭庙传说：中古早期庐山的信仰空间》，《历史研究》2010年第2期；孔令宏、韩松涛《江西道教史》，中华书局，2011，第115页。

> 卯，有诏额庙曰辅顺。后十年，封神为威远侯。今上践祚，加封肃应。于是祀典益辉，过者加肃。[①]

胡铨裔孙胡定和胡沄于乾隆二十二年（1757）编成的三十二卷本《胡澹庵先生文集》亦收载了该文，[②]篇幅短于张贞生辑本，但辞句与之略同。辑本中胡铨结衔为“端明殿大学士、朝散大夫、提举隆兴府玉隆万寿宫、庐陵郡开国侯、食邑一千五百户、实封八百户、赐紫金鱼袋”，除实封户数疑系传写致误外，其他部分与杨万里《胡铨行状》和周必大《胡铨神道碑》所记胡铨仕宦履历相合，[③]知辑本当非凭空捏造。有别于周必大对吉州士民中间流传的王山大王逸闻抱持的怀疑态度，胡铨试图将王子乔的族裔王子瑶在义山（王山本名）修道成仙、匡智与匡和叔侄在王山仙化并得庙祀等故事，与朝廷颁赐庙额并加封爵号的史事相联系，揭示了王山正祠与永和行祠的由来，也整合了民众与官府对王山大王获祀历史的不同认知。与胡铨记文相呼应的是，庆元四年加封王山大王的敕牒称“神当周显德中，已列祀典，迨今盖三百年，而建炎却敌之功，其灵炫焰亦然，犹前日事”，标志着士民中间流传的宋代以前王山大王已为正祀的叙说得到了朝廷认可。

周必大从兄周必正于庆元四年王山大王加封为六字侯后撰写的《辅顺庙记》，亦著录了显德五年碑，内容与周必大所引该碑节文略同：

---

① 胡铨：《通仙郎庙碑记》，张贞生辑《王山遗响》卷五，《四库全书存目丛书》史部第255册，第112页。按引文标题所谓通仙郎庙，当指太和县的王山大王正祠，但文中所记朝廷颁赐爵号的主体是永和行祠，则张贞生当混淆了正祠与行祠的庙额。此外，万历《泰和志·人物传》仙释门引录的胡铨《辅顺庙碑记》，亦记述了匡智与匡和修道成仙的逸闻，内容与引文略同，只是《辅顺庙碑记》还称二人仙化后“事闻于朝，敕命乡人塑像立祠祀焉”，旨在凸显王山大王早在唐初即被列入祀典。见万历《泰和志》卷一〇下《人物传·仙释》，《中国方志丛书·华中地方》第842号，影印明万历七年刻本，台北：成文出版社，1989，第585~586页。

② 胡铨：《胡澹庵先生文集》卷一九《王山辅顺庙记》，叶21a。

③ 辛更儒笺校《杨万里集笺校》卷一一八《宋故资政殿学士朝议大夫致仕庐陵郡开国侯食邑一千五百户食实封一百户赐紫金鱼袋赠通议大夫胡公行状》，中华书局，2007，第4509页；王瑞来校证《周必大集校证》卷三〇《资政殿学士赠通奉大夫胡忠简公神道碑》，第467页。

> 吉州永和镇有庙曰王仙，旧无纪录。后周显德五年，始有神之族裔创为之碑，云："神姓匡，讳和，长安人。唐贞观中，年逾六十，与其叔智属意轻举，弃官远游。……后乐泰和王山之奇秀，止焉，绝粒修真，果有所遇。其叔寻以中元日受天衣而上升，神以后期嘱为地仙，次年七夕亦尸解。今山有庙，真身在焉。……昔刺史严公以岁之不和，遣官致祷。行次瓷窑之小湖团，人马辟易，若有诃逊而不得进。即其地祷之，随应，遂立屋以祀之，今庙是也。亦置坛焉，香火自是辐辏。"……皇朝景德中，瓷窑始置官吏，为永和镇。秀民大家，陶埏者半之。无高城深池而盗不能犯，窑焰竟日夜而火不能为孽，水潦大至而不没，疫疠流行而亟禳，此消患于未形者也。[①]

周必正不再质疑显德五年碑内容的真实性，表明该碑已成为反映王山大王身世与永和行祠由来的"标准"文本。[②] 在著录该碑之余，周必正还叙及景德年间永和瓷窑炉火炽盛之势与王山大王庇护镇民之功，也记述了建炎元年盗寇毁坏王山大王像后皆被断喉，以及王山大王因庇护隆祐太后而获赐庙额直至加封为六字侯等事件，呈现的是官府和民众共同认可的辅顺庙史。永乐《东昌志》所收嘉定十七年写就的《辅顺王仙行程录》和永乐年间成文的《辅顺庙重修记》《圆通堂记》《沿江行祠记》，皆沿袭

① 周必正：《辅顺庙记》，永乐《东昌志》卷二，吉安第52页，江西第53~54页。

② 明清居住于吉安府泰和县与自称由该县迁出的匡氏家族所修族谱，常将贞观年间匡智在义山修道成仙描述成始迁祖迁入该县的主因。宝庆府邵阳县隆回乡匡家铺的崇源公派，自称洪武元年由吉安府太和州迁至该地。该派族人在同治四年撰写的《匡氏源流考》中，依据永州府祁阳县永隆乡洄水湾义宣公派族人匡景秀遗墨，将家族源流与匡智仙化故事相联系，谓"唐贞观间，匡智居长安。贞观五年，仕为监察御史，与房、魏等共相协恭。八年，遂厌薄名利，有超世之志，寻弃官隐于终南山"，后听从仙人建议至太和县义山修道并仙化，"后数年，长子麟寻父至其地，知其已隶仙籍，遂田宅于此，为世居焉"。此外，泰和县千秋乡浮塘村的宏公派，虽以贞观年间担任吉州别驾的匡胄为吉州始迁祖，匡智并不在该派先祖世系中，但嘉庆八年该派族人匡隆沛参与编修族谱时，仍引录了陆应阳纂辑的《广舆记》所载匡智于义山修道并仙化的故事，其用意或系以该故事呼应先祖于贞观年间定居吉州的族源叙述。见佚名《匡氏源流考》，《邵阳隆回匡氏四修族谱》卷首，美国犹他家谱学会图书馆藏清宣统三年庆余堂活字本，无叶码；匡隆沛集录《匡山记》，《浮塘匡氏续谱》世系源流，美国犹他家谱学会图书馆藏民国元年活字本，叶5b。

胡铨和周必正所撰记文对王山大王获祀历史的论说,[①] 进一步确认了宋代以前士民祭拜该神的传统。

著姓大族在构拟和传扬王山大王神迹时扮演的角色，可以欧阳氏永和派为例。该派始迁祖欧阳堂为欧阳修高祖欧阳託的从兄，前文叙及的欧阳世坚（八世）、欧阳文龙（十世）和欧阳守道（十一世）皆属该派。[②] 该派族人多以科举为业，且与邻近的胡铨和周必大家族有密切的联姻关系和文字往还。胡铨为隆兴二年病殁的欧阳应求（七世）撰写墓志，称颂“欧阳之居永和者，登第踵武，而贡于太常者相望也，乡曲号为儒林名族”。[③] 庆元六年周必大观览欧阳彝（九世）所藏先祖墓志拓本后题写跋语，亦谓该派“肆其子孙，日以蕃衍，预贡籍、登科第者相望，其兴未艾也”。[④] 永乐《东昌志》收录了该派族人的多篇诗文，也表明该派在永和影响较著。

欧阳氏永和派参与奉祀王山大王的史事，除《通仙神惠九锡词》简略叙及的欧阳峄（九世）在建炎元年盗寇劫掠永和时，率众祭拜王山大王一事外,[⑤] 还见于嘉定三年欧阳文龙所作《辅顺荐德亭纪实》：

> ［元丰四年辛酉］八月朔旦，镇士欧阳中立率族党应举者三十六人，具祝册，备牲酒，悉至于亭，嘉告于庙。而于迈其香案，始升酹初献，有飞鸡升俎几而鸣。惟神敏歆，厥应如响，亦灵德在庙，托物以显如是。已而入试场中对策，文思沉着，伏案微困，恍惚梦中见一黄衣者促之起，觉来下笔如有神。……有司览其策，惊叹击节，以为

---

① 佚名《辅顺王仙行程录》、王伯贞《辅顺庙重修记》、区易白《圆通堂记》、于闳《沿江行祠记》，永乐《东昌志》卷二、附《辅顺庙志》，吉安第 54、60、64、132 页，江西第 55、61、65、128 页。

② 《续修安福令欧阳公通谱》永和世次，上海图书馆藏民国间影印清乾隆十五年活字本，叶 3b、叶 4b、叶 10a。下文叙及欧阳氏永和派成员，皆于名字后括注其在永和派的世次。例如欧阳世坚为欧阳堂之七世孙、永和派第八世，故注为八世。有关欧阳氏永和派发展历程的讨论参见小林义广「南宋晚期吉州の士人における地域社会と宗族—欧陽守道を例にして」『名古屋大学東洋史研究報告』第 36 号、2012 年 3 月。

③ 胡铨:《胡澹庵先生文集》卷二六《欧阳［应求］先生墓志铭》，叶 1b。

④ 王瑞来校证《周必大集校证》卷四九《书欧阳彝四世碑》，第 736~737 页。

⑤ 佚名:《通仙神惠九锡词》，永乐《东昌志》附《辅顺庙志》，吉安第 119~120 页，江西第 115~116 页。

> 非场屋士语，擢置优等。时叔道卿同举，乃赋诗以纪其事云：“登几再鸣鸡谶吉，同宗双荐鹗书荣。”此中联词也。……宣和三年辛丑六月甲午，欧阳珙、璟、球等劝缘中亭，推原所自，以“荐德”扁(匾)名，敬取鸡有五德之义，亦采摭厥初诗中之旨也。是岁，罢三舍法，行贡举，仍率众于试前期告庙如初礼，时欧阳应求偕侄峄又二人中榜焉。迨嘉定三年庚午端午日，欧阳必信、祴、逴再以其年大比，率族重建斯亭。是科欧阳文龙与计偕，亦获神助之力。其余充赋登第、贡于太常者，代不乏人，皆荐德之验。后之应举者踵斯亭下，当肃肃起敬，勿忘荐德之本，以永荐德之祀云。[①]

欧阳中立（八世）在元丰四年参加吉州解试前夕，率领应试族人祭拜王山大王，当时“有飞鸡升俎几而鸣”，后其在试场对策时如获神助。族人认为该神迹是“灵德在庙，托物以显”的表现，遂于宣和三年（1121）在王山大王庙中营建一亭，并依据《韩诗外传》所记田饶因未获鲁哀公重用而转事燕国时，以鸡自譬并谓“头戴冠者文也，足傅距者武也，敌在前敢斗者勇也，见食相呼者仁也，守夜不失时者信也”的典故,[②] 将该亭命名为荐德亭。尽管今已无从查考欧阳中立祭拜王山大王后力取高第和欧阳氏族人依据鸡有五德之说命名新亭二事是否属实，但欧阳文龙笃信二事真实性的态度，就体现了其强调王山大王为国举贤之德行的用意。引文仅叙及欧阳氏族人的科第功名，不言永和其他家族的举场成就，当旨在凸显该家族与王山大王关联紧密，并为该家族扩大在永和的影响力提供依据。

南宋时永和镇的著姓，除欧阳氏外，还有萧、曾、周、于、刘、吴等姓。这些家族多以儒为业，门风淳美，乡闾亲睦。洪武二年（1369），安福人伍庠为萧尚宾所建吾存堂撰写的记文，谓“［永和］地沃衍蕃，士庶雅驯，宋南渡来，名卿大夫多家焉。有萧氏居其地十三世矣，世读书而以

① 欧阳文龙：《辅顺荐德亭纪实》，永乐《东昌志》卷二，吉安第 66~67 页，江西第 67~68 页。

② 韩婴撰，许维遹校释《韩诗外传集释》卷二，中华书局，1980，第 60~61 页。

医名"。[1] 永乐十年（1412），庐陵人颜子奇为曾季高所建明秀楼撰写的记文，称"［永和］居民多秀而文，故家大族往往居其间焉。余友曾氏原方，其族属尤为永和著姓。凡其家筑一室，构一台榭，或临流而挹其清，或凭高而就其胜。故其所居视永和诸大家，尤为可称者"。[2] 由此不难推想这些家族在南宋时当也颇具影响力。这些家族应曾不同程度地参与祭拜王山大王和营缮辅顺庙事务，例如周必正《辅顺庙记》就称"予家自靖康南渡，往来于庐陵者三纪，又聚族于永和者且二十年，赖神之庇为多"，又谓淳熙十三年，"仲兄宗院尝合众人之力，增焕庙宇"。[3] 而从永乐五年永和人吴祯记述辅顺庙奉亲殿修造始末时所叙"殿之复新，庙宇之焕然，祀事之不绝，郡镇之民沐王之惠佑者必矣"来看，[4] 长期共同奉祀王山大王已成为永和大族维系族际网络的重要手段。

结　语

通过以上对永乐《东昌志》所收南宋辅顺庙敕牒的分析，可发现建炎三年隆祐太后躲避金军追击期间行经吉州和绍定年间南安峒寇劫掠吉州的事件，极大地强化了当地基层社会与朝廷的联系。永和士民基于这两起事件，构拟出王山大王庇护太后和驱退峒寇的神迹，表明其已能把握朝廷在绍兴初年急于重振权威和嘉定至绍定年间着力招讨峒寇的契机，将奉祀对象的德行和功业描述成符合朝廷政策的形态。永和的乡居名士与著姓大族有关王山大王获祀历史和显灵事迹的论说，不仅延展了该神取得官府认可的历史，也为该神庇佑举子的神迹赋予了为国举贤的意义。宋代以后，这类兼能契合朝廷意志和地方传统的叙说，应曾广泛流传于包括吉州在内的赣江中游多数州县。王山大王获赐庙额并累次加封的案例，或为宋代朝廷的价值观念和礼仪法度在该区域基层社会逐渐深入人心的缩影。

---

① 伍庠：《吾存堂记》，永乐《东昌志》卷三，吉安第 114 页，江西第 111 页。
② 颜子奇：《明秀楼记》，永乐《东昌志》卷三，吉安第 108 页，江西第 105 页。
③ 周必正：《辅顺庙记》，永乐《东昌志》卷二，吉安第 53 页，江西第 54 页。
④ 吴祯：《奉亲殿记》，永乐《东昌志》卷二，吉安第 74 页，江西第 74 页。

Annotations on the Imperial Edicts from Fushun Temple in the *Record of Dongchang Town* in the Yongle Period

Luo Yong

Abstract: The Imperial Edicts from Fushun Temple in Yonghe Town collected in the *Record of Dongchang Town* illustrated the history of the Lord of Wangshan Mountain being bestowed with Fushun plaque and twelve titles. These Imperial Edicts mentioned that the Lord protected Empress Meng who was pursued by the Jin army in 1129, and fought off the Dong-bandits who plundered Yonghe Town in the Shaoding period. These accounts indicated that the local people in Yonghe were able to describe the Lord's virtues and merits for fitting the policies of the court, which reflected the importance of Empress Meng's visit and Dong-bandits' rebellion in demonstrating the connection between Jizhou Prefecture and the court. By building the association between Wang Ziqiao and the Lord of Wangshan Mountain, the scholars living in Yonghe extended the history of the official recognition of the Lord. The Ouyang family in Yonghe was involved in constructing Jiande Pavilion and invoking Confucian allusions to explain the miracle of the Lord for blessing the scholars. Both cases mentioned above reflect the understanding and acceptance of the court's values and etiquette by local scholars and great clans.

Keywords: Local Cults; Imperial Edicts; Fushun Temple; Empress Meng; Dong-bandits

札 记

唐前期“散官当番”之制考析*

黄子芸

唐制，初授文武散官须于吏部和兵部上番，经两番听本部简拔进入吏部铨选程序，方得听注职事官。该制所依托令文原文已佚，其主体内容存于《唐六典》“吏部郎中员外郎之职”条之下，有关记载并见于《旧唐书·职官志》、《新唐书·百官志》、《通典·职官典》、《通志·职官略》及日本《养老令·选叙令》中。无论从选官政务流程抑或唐代职散勋爵官制序列视角视之，该规定无疑都是不可忽视的重要材料，对《唐六典》“以令式分入六司”编纂体例、北朝职人番直之制在唐前期的延续等问题的研究亦有重要参考价值。学界现有研究对此问题的揭示并不充分，① 本文以《唐六典》摘录的令文为核心，对“散官当番”条所涉问题详加考释。

一 散官当番制度相关记载辨析

《唐六典》卷二《尚书吏部》“吏部郎中员外郎”条载：

---

* 本文为中国人民大学科学研究基金项目“《大唐六典》疏证”（22XNLG04）的阶段性成果。

① 学界现有研究或见于专门讨论唐散官之制的文章、著作，对当番事任、地位、制度设计动机等问题进行详述，如黄清连《唐代散官试论》（《中研院历史语言研究所集刊论文类编·历史编·魏晋隋唐五代卷3》，1987，第3081~3155页）、马小红《试论唐代散官制度》（《晋阳学刊》1985年第4期）、黄正建《唐代散官初论》（《中华文史论丛》1989年第2期）等；或在讨论官制或财政时将其作为先定条件带过，如陈苏镇《北周隋唐的散官与勋官》[《北京大学学报》（哲学社会科学版）1991年第2期]、李锦绣《唐代财政史稿》上卷第二分册（北京大学出版社，1995）、李春润《唐开元以前的纳资纳课初探》（《中国史研究》1983年第3期）等。

凡散官四品已下、九品已上，并于吏部当番上下。其应当番四十五日。若都省须使人送符及诸司须使人者，并取兵部、吏部散官上。经两番已上，听简入选；不第者依番，多不过六也。[①]

从叙事语境和结构上看，这条文字置于吏部郎中员外郎职掌之下，上承文散官阶、下接叙阶之法，陈述文散官的当番义务，是《唐六典》常见的一句“发‘凡’起例”；句内书写逻辑是限定主体范围、概述当番事宜，小字详叙番上事务、番满简试后中第参选或番上如初之流程。相似表述又见于日本《养老令·选叙令》第十一条：

凡散位，若见官无阙，虽有阙而才职不相当者，六位以下分番上下。每有阙，各依本位，量才任用（其分番经二考以上入长上者，并以七考为限。若经一考者，听同六考之例）。其经八考者，八考中进一阶叙；四考上、四考中，进二阶叙；八考上进三阶叙。虽考不满八，而使番满四周者亦如之。即有上考下考者依前例。其以别敕及伎术，直诸司长上者，考限叙法，并同职事。[②]

仁井田升据此将正文复原为开元七年令，[③] 现已不存于《天圣令》。对读可见，《唐六典》《养老令·选叙令》正文均简要指明当番范围，但日本令文本逻辑差异较大，小字注文强调散官授职事官的程式和考叙，《唐六典》注文中的番上日数与事任并不见于其中，可能在唐选举令之外另有所本，取其他令文或格、式进行补充。要据此理解散官当番的制度，除对引文本身进行分析外，也需考虑在“以令式分入六司”的编纂体例之下，《唐六典》该条内容的来源与转写问题，即参照哪一令文格式，及其如何经过改

① 《唐六典》卷二《尚书吏部》，中华书局，1992，第46页。

② 黑板胜美、国史大系编修会编《令集解》第一，吉川弘文馆，1982，第478~482页。

③ 仁井田升：《唐令拾遗》，栗劲、霍存福、王占通、郭延德编译，长春出版社，1989，第202页。其复原为《选举令》第十一：“诸散官，四品已下、九品已上，并于吏部当番上下（其应当番四十五日，若都省须使人送府，及诸司须使人者，并取兵部、吏部散官，上经两番已上，听简入选，不第者依番，多不过六）。”“府”字当为“符”字出版讹误。另，句读断为“并取兵部、吏部散官，上经两番已上”可能不妥，前一处“上”应为上番之意。本条应为开元七年令还是开元二十五年令尚存疑，详下。

写和全景式概括[①]进入《唐六典》的最终文本。经改写与概括凝练而成的《唐六典》文本，相较于《旧唐书·职官志》和日本《养老令》等材料，何者更近于令文原貌，亦该考量。

《旧唐书》卷四三《职官二》载：

> 凡散官四品已下，九品已上，并于吏部当番上下。其应当番四十五日。若都省须人送符，诸司须人者，并兵部、吏部散官上，经两番已上，听简入选。不第者，依番名不过五六也。[②]

《唐六典》所载应与此同源，文字差别不大，值得注意处有二：一是“不第者依番，多不过六也”“不第者，依番名不过五六也”的句读问题；二是简试不第者当番次数的上限“不过六”与“不过五六”之别。前文所引版本均为中华书局点校本，二书句读互有抵牾。就句意而言，不第者照旧番上、番满再试、上限为几番，通畅可解；《旧唐书》校勘记标注“据《唐六典》卷二‘名’作‘多’”，而仍取“名”字，应当正是由“依番名”的词义出发，将主谓断破。然而散官之“番名”用法于史无征，“依番上下”则有本可依。《旧唐书》之误可能为底本版本讹误所致。再论当番次数上限问题，唐代官制以五或六为番数均较为常见，然从编撰体例来看，作为为政之本与“设范立制”的令文，似不应有“不过五六”一类约数的模糊用法，检《天圣令》所存唐令，也皆无约数。《唐六典》所依开元年间令相较永徽令、贞观令的精确性和简明性也应当更突出，在选举令上模棱两可的可能性不大。不过文散官当番在史籍中记载不多，番数上限仅有以上两条同源材料可供佐证；《旧唐书》所载是版本衍字还是某种制度弹性的体现，尚难判断，今人研究大多径取六番为限。[③]

---

① 参见刘后滨《〈唐六典〉的性质与制度描述方式》，《中国社会科学报》2020年4月13日，第6版。

② 《旧唐书》卷四三《职官二》，中华书局，1975，第1819页。

③ 散官当番番数在特定情况下可能有优待，如《开元十三年东封赦书》载：“其白身人及行署番官，放番选。”见《唐大诏令集》卷六六《封禅》，中华书局，2008，第372页。

二 散官当番的性质及其主体的界定

按《唐六典》，散官当番的终点是“经两番已上，听简入选；不第者依番，多不过六也”，即番满后经过本部简选进入铨选注职事官。按《旧唐书》卷四二《职官一》，散官“一登职事已后，虽官有代满，即不复番上”，[①] 也就是说授任职事官后即使停官待选，亦不需再履行番上义务。则文散官当番的规定仅限于无职事官的纯粹散官行列，获得职事官而将散品转为本品后，便不再番上；身有职事而进散官官阶，或身有职事而散品被削至四品乃至六品以下，也无须上番。既然散官当番的终点是通过本部简选后参与铨选、听注职事官，那么上番是授散后的义务，还是仅为注拟职事官的前提？因为纯粹散官已经可以获得名誉及蠲免、给田等社会特权，而部分官宦子弟或者举人、秀孝有可能并不强求职事官，那么这种散官是否需要当番？换言之，从选官政务流程的角度上看，是初授散官后就需要当番，还是希望参与铨选者才需当番？以往的讨论似乎以后者为主，如李锦绣认为“勋散官若不要求参选，则不必番上”，[②] 王勋成以及第进士为例，指出有的举子因不愿当番服役而隐居、不求仕，[③] 这类观点可能是忽视了散官纳资代番的选择。顾成瑞则引用吏部文林郎梁基墓志说明，“无论是否有意入仕，番上的义务是散官等品位性官号‘官人’所必须履行的”，而且上番的形式“往往根据官方需要进行具体安排”，[④] 这也体现出制度实际运行中的弹性空间。然而现实中，其人既已求取散官，一定是以进一步求注职事官为目的，墓志、文集等材料对叙述对象仕途潦倒的经历进行美化十分常见，不能完全反映真实情况，散官是否需要番上与其个人

① 《旧唐书》卷四二《职官一》，第 1807 页。

② 李锦绣：《唐代财政史稿》上卷第二分册，第 537 页。

③ 王勋成：《初盛唐是否存在守选制说》，《兰州大学学报》（社会科学版）2006 年第 5 期。

④ 顾成瑞：《唐代官人优免制度与赋役体系的变迁研究》，博士学位论文，中国人民大学，2017，第 85~86 页，转引墓志材料见于周绍良主编《唐代墓志汇编》上册，上海古籍出版社，1992，第 105 页：梁基“释褐授吏部文林郎。君立性忠贞，志敦仁孝，不干禄位，情在养亲。……近以东夷小丑，暂阙朝仪，圣上方命将徂征，问罪辽竭，既兴师旅，实籍贤材。以君谋略可称，机神爽晤，特配军所，拟应机须。……春秋四十有六，以贞观二十二年五月遘疾于军所，终于善山”。

求仕意愿并不存在直接联系，这实际上是一个伪命题。[①] 再者，从政务运行的角度来看，一年（以铨选为限）内授散名目复杂、时段分散、人数极多，若当番与否确可由散官本人选择，则需要一一确认其意向和可供安排上番的时间再进行统筹安排，事实上却又未见令文或其他史料中有进一步的规范约束，这必然使得吏部处理番上事宜的难度和烦琐程度剧增，在制度运作中并不合理。

除前文从入仕流程和政务运行视角进行分析外，对当番主体范围的界定也见于令文规定的当番品级起点问题。这也是数量有限的相关记载中一处主要的抵牾。按《唐六典》、《旧唐书·职官二》和《新唐书·百官一》，“吏部自四品，皆番上于吏部”,[②] 四品以下的文散官均需于吏部上番，范围极大。而另外一种记载表面看起来强调的是六品以下散官需要当番，如前引《养老令·选叙令》第十一条记为“六位以下分番上下”,《旧唐书·职官一》为“朝议郎已下，黄衣执笏，于吏部分番上下承使及亲驱使，甚为猥贱”,[③]《通典·职官十六》为“自六品以下，黄衣执笏，于尚书省分番上下”[④]（《通志·职官略七》文字同[⑤]），强调的都是六品至九品文散官当番，且《旧唐书·职官一》、《通典》和《通志》的相关记载可能同源。两种说法的区别在于四、五品散官是否当番。如前文所述，当番仅限于不带职事官的散官，那么这亦可进一步细化为四、五品纯粹散官是否上番的问题。根据《唐六典》所载叙阶之法，仅“有以封爵”之下的“谓嗣王、郡王初出身，从四品下叙；亲王诸子封郡王者，从五品上”[⑥] 在这一行列。其主体数量本就有限，除去授散时并授职事的嗣王、郡王，以四品、五品纯粹散官出身而需要上番的“王”应当不多。再者，尽管制度层面并无初出身即叙三品以上阶的规定，但特殊情况下宗亲王爵可能直接

① 此观点由刘后滨老师在《唐六典》读书班上提出。

② 《新唐书》卷四六《百官一》，中华书局，1975，第1187页。

③ 《旧唐书》卷四二《职官一》，第1807页。

④ 杜佑：《通典》卷三四《职官十六》，王文锦等点校，中华书局，1988，第938页。

⑤ 郑樵：《通志二十略》第七，王树民点校，中华书局，1995，第1218页。

⑥ 《唐六典》卷二《尚书吏部》，“吏部郎中员外郎”条，第31~32页。“亲王诸子封郡王者”一句，《旧唐书·职官一》（第1805页）、《新唐书·选举志下》（第1172页）、《唐会要》卷八一《阶》（中华书局，1960）误为“亲王诸子封郡公者”，参见王永兴《陈门问学丛稿》，江西人民出版社，1975，第375页。

加从三品银青光禄大夫阶，如大量李氏皇族在武周时期罹受劫难，中宗复位后大加优恤，颁布赦书、敕书为劫余皇族子孙附属宗正籍并量叙官爵，[①] 其时不乏嗣王（包括大量承嗣近亲的皇族）直接加从三品银青光禄大夫之例；[②] 亦即在唐前期，应履行当番义务的四、五品散官人数可能更少。[③]

回头看散官当番品级起点问题，可从两个角度进行分析。一是文本的叙述语境。记为四品以下的三条史料，均置于吏部郎中员外郎职掌之下，承接文散官阶。记为六品以下的材料之中，《通典》《通志》散官官阶独立于职事官另作志略，但当番事宜同样系于文散官阶之后；《旧唐书·职官一》则置于介绍永泰二年流内三十阶官品之后，但该句是否仍指永泰官制并不清楚。[④] 简言之，记为四品以下的相关记载均与官阶相连，是对文散序列的解释，但后三条材料的侧重点有所不同。以《旧唐书·职官一》为例，"朝议郎以下"一句是在三十阶官品列毕、陈述职散勋爵概况与流变的框架下，系于总述句"武散官，旧谓之散位，不理职务，加官而已。后魏及梁，皆以散号将军记其本阶，自隋改用开府仪同三司已下。贞观年，

① 参《唐大诏令集》卷二《中宗即位赦》，"皇家亲属籍没者，则天大圣皇帝虽已溥畅鸿恩，其先有任五品已上官枉遭陷害者，并宜改葬，式遵典礼；若有后嗣，还其资荫"，第7页；《资治通鉴》卷二〇七神龙元年条，"丙午，中宗即位。……皇族先配没者，子孙皆附属籍，仍量叙官爵"，中华书局，1956，第6581页；同书卷二〇八神龙元年条，"至是，制州县求访其柩，以礼改葬，追复官爵，召其子孙，使之承袭，无子孙者为择后置之。既而宗室子孙相继而至，皆召见，涕泣舞蹈，各以亲疏袭爵拜官有差"，第6586页；《唐会要》卷八五《籍帐》，"景龙二年闰九月敕……皇宗祖庙虽毁，其子孙皆于宗正附籍。自外悉依百姓例"，第1559页。并参盛会莲《试析唐代政府对皇族的救恤政策》，《浙江师范大学学报》（社会科学版）2021年第1期。

② 搜检《旧唐书》列传，高祖、太宗诸子及其嗣王之中，有嗣徐王、嗣彭王等十余人在神龙、景龙、景云年间封嗣并加银青光禄大夫阶（见卷六四、卷七六），均为武周之后中宗、睿宗对李氏皇族的优恤，目前尚未见这一时段之外为皇嗣直接加三品高阶者，且两朝对嗣王仕官的优待大约仅限于加高阶散官，而不直接加授职事（其中有两个特例：嗣滕王李涉于神龙初封嗣，于开元十二年加银青光禄大夫阶并授左骁卫将军；李祎少嗣江王，景龙四年为太子仆兼徐州别驾加银青光禄大夫）。孙俊《略论唐代宗室制度及其影响》（《北方论坛》2012年第4期）一文举嗣彭王、嗣郑王两例指出，唐代嗣王出官多加从三品阶，忽视了中宗复位的特殊历史背景。

③ 孙俊认为亲王、郡王、嗣王出官可能一般都带从三品阶，举证不足，仍存疑。参见孙俊《略论唐代宗室制度及其影响》，《北方论坛》2012年第4期。

④ 闻惟《〈旧唐书·职官志〉编纂及史源综考》（《文史》2022年第1期）一文考证《旧唐书·职官一》"永泰二年官品"的文本来源，认为《永泰表》原是唐国史中韦述、柳芳、于休烈等增补的官品。

又分文武，入仕者皆带散位，谓之本品”[①] 之后。兹引述完整表述如下：

> 旧例，开府及特进，虽不职事，皆给俸禄，预朝会，行立在于本品之次。光禄大夫已下，朝散大夫已上，衣服依本品，无禄俸，不预朝会。朝议郎已下，黄衣执笏，于吏部分番上下承使及亲驱使，甚为猥贱。每当上之时，至有为主事令史守扃钥执鞭帽者。两番已上，则随番许简，通时务者始令参选。一登职事已后，虽官有代满，即不复番上。[②]

从文意上看，此段表述实际上围绕“本品”概念展开，更多强调三品、五品以上本品区别于低阶的特权，尤重朝会和服色；在这种语境之下，对朝议郎以下文散官“黄衣执笏，于吏部分番上下承使及亲驱使”的陈述，可能主要是与高阶散官做区分，黄衣执笏、守扃钥执鞭帽是他们上番期间的一部分内容，用于说明不同品级的特权与义务，而并非聚焦于当番的规定本身。也就是说，这里写到六品以下散官须于吏部当番、受人驱使，与四品、五品散官同需当番可能并不矛盾，只是后者可能并不承担这些“甚为猥贱”的事务，而“猥贱”才是文意重心。[③] 另按《天圣令·杂令》唐令第九：

> 诸司流内，流外长上官，国子监诸学生，医、针生，俊士，视品官不在此例。若宿卫当上者，并给食。京兆、河南府并万年等四县佐、史，关府、史亦同。其国子监学生、俊士监等，虽在假月假日，能于学内习业者亦准此。其散官五品以上当上者，给一食。[④]

---

① 《旧唐书》卷四二《职官一》，第 1805 页。

② 《旧唐书》卷四二《职官一》，第 1807 页。

③ 与《旧唐书》相似的叙述逻辑亦见于《新唐书》卷四六《百官一》“尚书兵部”条，第 1197 页，武散官“自四品以下，皆番上于兵部，以远近为八番，三月一上；三千里外者免番，输资如文散官，唯追集乃上。六品以下，尚书省送符”。若仅摘取“六品以下”一句，便容易误解文意。

④ 天一阁博物馆、中国社会科学院历史研究所天圣令整理课题组校证《天一阁藏明钞本天圣令校证》卷三十《杂令》，中华书局，2006，第 376 页。并参韩雨彤、陈佳仪、聂雯、吴姚函、李凤燕、王斯雯、吴祖扬、赵晶《〈天圣令·杂令〉译注稿》，《中国古代法律文献研究》第 14 辑，社会科学文献出版社，2020，第 193～194 页。

唯五品以上番直散官得官府供给餐食，同样说明在上番散官行列中，确有以五品为界的制度规定。

第二个思考角度是时间背景，考虑是否确曾有六品以下散官才需当番的令文规定。现有研究似乎并未直面这一问题，一般径取其一；[①] 顾成瑞则指出“这一差异的形成可能是散官番上的品级起点发生过上移，《旧唐书》（《职官一》）所载是前阶段制度，其他二处（《唐六典》《新唐书》）记载是后阶段制度”，[②] 但并未举出具体证据。

除了《唐六典》可定为开元七年或二十五年令外，《新唐书·百官一》及《旧唐书·职官一》的材料在时间上也有迹可循。《新唐书》在记述散官番上问题后又载：“勋官亦如之。以征镇功得护军以上者，纳资减三之一。”[③] “护军”在贞观十一年进入勋官序列，故其文散官四品以下当番的规定不早于此。[④] 《旧唐书》文曰：“旧例，开府及特进，虽不职事，皆给俸禄，预朝会，行立在于本品之次。光禄大夫已下，朝散大夫已上，衣服依本品，无禄俸，不预朝会。朝议郎已下，黄衣执笏，于吏部分番上下承

① 张国刚《唐代官制》（三秦出版社，1987）第 143 页引《旧唐书·职官一》材料叙述当番细节，但取四品为当番品级起点。陈苏镇《北周隋唐的散官与勋官》[《北京大学学报》（哲学社会科学版）1991 年第 2 期] 杂用几条材料，同样径取四品。王勋成《初盛唐是否存在守选制说》[《兰州大学学报》（社会科学版）2006 年第 5 期] 引《唐六典》，取四品以下。李锦绣《唐代财政史稿》上卷第二分册第 546 页、李春润《唐开元以前的纳资纳课初探》（《中国史研究》1983 年第 3 期）、阎步克《北魏北齐“职人”初探——附论魏晋的“王官”、“司徒吏”》（《乐师与史官——传统政治文化与政治制度论集》，生活·读书·新知三联书店，2001）第 379 页，引《新唐书》，取四品以下。黄清连《唐代散官试论》论述当番规定时引《唐六典》《旧唐书·职官二》，取四品以下；论述“一些初叙散官者，上番传送公文或宿直时，被诸司使唤的一般情形”时引《旧唐书·职官一》，取六品以下。马小红《试论唐代散官制度》、黄正建《唐代散官初论》引《旧唐书·职官一》，取六品以下。以上均未直接讨论番上品级起点问题。

② 顾成瑞：《唐代官人优免制度与赋役体系的变迁研究》，第 86 页。

③ 《新唐书》卷四六《百官一》，第 1187 页。

④ 见《旧唐书》卷四二《职官一》，第 1808 页，“贞观十一年，改上大将军为上护军，大将军为护军，自外不改，行之至今”。并参李春润《唐开元以前的纳资纳课初探》（《中国史研究》1983 年第 3 期）、熊伟《唐代本阶官位的形成与勋官地位的演革》[《郑州大学学报》（哲学社会科学版）2014 年第 3 期]。另，李春润据同书同卷咸亨五年三月条“自是已后，战士授勋者动盈万计，每年纳课”，认为“勋官彼时纳代役钱已不叫纳资而叫纳课”，判断《新唐书》一条为贞观十一年以后至咸亨五年以前的情况，但参吴树国《唐前期色役的资课合流及其影响》（《经济社会史评论》2022 年第 1 期），李文似对资、课和番、役关系仍有混淆。

使及亲驱使，甚为猥贱。”即“旧例”中从二品的光禄大夫以下散官均不得参朝会。“旧例”一词何解？按黄清连的考证，贞元年间颁布的文武百官朝谒班序以开元前令和开元令为基础编定，彼时准许五品以上散官朝参、三品以上散官预朝会，故而此处“旧例”极可能为乾封元年至开元七年的规定。[①] 若此说法成立，应当是修撰开元七年令时对文散官当番制度做了调整。

开元年间文散序列已经稳定，[②] 不过同等散官官阶的价值可能因授予人数的变化而有所不同，比较显著的影响因素可能在于勋官。“有以勋庸”是获得散官的一条重要途径，[③] 无职事的勋官在兵部番上并经本部简选授散，[④] 故而高宗、武后以后勋官人数的增长对六品以下中低阶散官的数量应当有影响，这可能会带来散官内部层次划分的变动。此外，文散官阶地位的变化或许还可以从服色、薪俸、给田、朝参等方面反映出来。除上文提及的朝参外，散官给田似乎也可以作为切入点。开元七年及二十五年田令中有五品以上职事官永业田授田规制，且“其散官五品以上同职事给”。[⑤] 六品至九品职事官的授田额可能是令文脱漏或开元七年后取消，[⑥] 按宋家钰对《天圣令·田令》所做校录和复原，基本可以排除令文脱漏的可能性；[⑦] 至于六

---

① 黄清连：《唐代散官试论》，《中研院历史语言研究所集刊论文类编·历史编·魏晋隋唐五代卷 3》，第 3130~3131 页。

② 参见黄清连《唐代散官试论》，《中研院历史语言研究所集刊论文类编·历史编·魏晋隋唐五代卷 3》，第 3092~3097 页；朱旭亮、李军《分位与分叙：文武分途与唐前期散官体系的演进》，《西北大学学报》（哲学社会科学版）2020 年第 2 期。

③ 见《唐六典》卷二《尚书吏部》“吏部郎中员外郎”条，第 32 页：“谓上柱国，正六品上叙；柱国已下，每降一等，至骑都尉，从七品下；骁骑尉、飞骑尉，正九品上；云骑尉、武骑尉，从九品上。”

④ 见《新唐书》卷四六《百官一》，第 1190 页：“凡勋官九百人，无职任者，番上于兵部，视远近为十二番，以强干者为番头，留宿卫者为番，月上。外州分五番，主城门、仓库，执刀。上柱国以下番上四年，骁骑尉以下番上五年，简于兵部，授散官；不第者，五品以上复番上四年，六品以下五年，简如初；再不中者，十二年则番上六年，八年则番上四年。”

⑤ 天一阁博物馆、中国社会科学院历史研究所天圣令整理课题组校证《天一阁藏明钞本天圣令校证》卷二十一《田令》，第 253 页。并参仁井田升《唐令拾遗·田令第四》，第 548 页。

⑥ 堀敏一『均田制の研究—中国古代国家の土地政策と土地所有制』岩波書店、1975、211~212 頁及表七「唐代官吏永业田」，转引自黄清连《唐代散官试论》，《中研院历史语言研究所集刊论文类编·历史编·魏晋隋唐五代卷 3》，第 3124~3125 页。

⑦ 宋家钰：《明抄本天圣〈田令〉及后附开元〈田令〉的校录与复原》，《中国史研究》2006 年第 3 期。

品以下散官的给田情况，目前材料尚无法说清楚。如果是开元七年令取消了六品以下职事官授田，散官从之，或许就能与散官番上的品级起点变化联系在一起，视作唐前期对散官权利与义务的一次调整。此一推论有待于进一步研究证实。

简言之，《旧唐书·职官一》并不与《唐六典》《新唐书》所见四品以下散官当番的记载相冲突，前者可以作为考察散官当番具体情形时的补充。不排除开元年间修令时上移散官当番品级起点的可能性，但目前没有足够材料佐证，推论链过长但无法证伪。不过，如前文所述，初仕即授四、五品散官者既为皇室显贵，即使开元年间确因中低阶散官人数影响而对散官制度进行调整，这一部分高阶纯粹散官被划入当番范围的可能性也不大，似乎反而造成“制度空转”。

三 文散官吏部当番情形与纳资代番的实施

散官番上的规定在实际政治生活中如何执行，是否能够“纳资”代番，是散官当番之制中另一个需要考释的问题。纳资代番的记述仅见于《新唐书·百官一》：

> 自四品，皆番上于吏部；不上者，岁输资钱，三①品以上六百，六品以下一千，水、旱、虫、霜减半资。有文艺乐京上者，每州七人；六十不乐简选者，罢输。勋官亦如之。以征镇功得护军以上者，纳资减三之一。②

相较于武散官及工匠、乐工、卫官的纳资情况，文散官纳资代番的直接记载十分有限。现有研究提到相关问题，都引用且几乎只引用这一条材料，有的还加上范围或程度副词加以修饰，如黄正建提出：“散官大都不番上而岁输租钱。”③ 顾成瑞认为：“唐代典志在记载勋官、散官番上制度时，

① 应为“五”字讹误。

② 《新唐书》卷四六《百官一》，第1187页。

③ 黄正建：《唐代散官初论》，《中华文史论丛》1989年第2期。

也常常会提到他们可以身不上番，交纳资钱。”① 简言之，散官的当番义务保留到六十岁，即使是不立刻寻求注拟职事官的文散官，也须亲身上番或纳资代番，直至得授职事官或年至花甲，并且纳资仅是散官不亲上番时对朝廷的资钱代偿，并不能算入“经两番已上，听简入选”的番数；四品以下武散官若地处遥远，则“三千里外者免番，输资如文散官”，② 同样也有纳资代番的选择。以开元二十四年前京官给俸情况为参照，正四品钱四千二百、正五品三千六百、正六品二千四百、正七品二千一百、正八品一千六百、正九品一千三百；③ 对于占据当番主体绝大多数的非皇室贵胄的中低阶散官而言，在未求得职事官的情况下，每年交纳至少六百的代番资钱不能不说是一项沉重负担，相较于亲身上番而言，似乎并非合宜选择。另，开元、天宝年间，包括散官纳资在内的资课收入已经成为国家收入的重要组成部分。④

史籍中有关散官亲身番上的记载如下：

《唐六典》卷二《尚书吏部》：凡散官四品已下、九品已上，并于吏部当番上下。其应当番四十五日。若都省须使人送符及诸司须使人者，并取兵部、吏部散官上。

《旧唐书》卷四三《职官二》：凡散官四品已下，九品已上，并于吏部当番上下。其应当番四十五日。若都省须人送符，诸司须人者，并兵部、吏部散官上。

《旧唐书》卷四二《职官一》：朝议郎已下，黄衣执笏，于吏部分番上下承使及亲驱使，甚为猥贱。每当上之时，至有为主事令史守扃钥执鞭帽者。

《通典》卷三四《职官十六》注文：自六品以下，黄衣执笏，于尚书省分番上下。

① 顾成瑞：《唐代官人优免制度与赋役体系的变迁研究》，第 86 页。

② 《新唐书》卷四六《百官一》，第 1197 页。

③ 李锦绣：《唐代财政史稿》上卷第二分册，第 834~836 页。乾封元年京官俸料合一，俸、防阁等由按本品给转为按职事品给。

④ 李锦绣：《唐代财政史稿》上卷第二分册，第 546 页。

听诸司驱使、承使及亲驱使、为主事令史守扃钥执鞭帽，可归于杂役一类，相较于有职事品的官吏，散官当番期间的地位较低。“黄衣”亦可为佐证。依马小红考证，唐代服饰以本品为据，当番散官属于纯粹散官，未入职事，散品未转化为本品，故而在服色层面等同于无品庶人，服黄。[①]按《唐会要》卷三一《舆服》：“上元元年八月二十一日敕：……庶人服黄铜铁带，七銙。前令九品已上，朝参及视事，听服黄。以洛阳县尉柳延服黄夜行，为部人所殴，上闻之，以章服紊乱，故以此诏申明之。朝参行列，一切不得着黄也。”[②] 在高宗朝规定朝参官不得服黄后，黄衣基本成为流外官及无品参选者、宫内低品宦官和胥吏的身份标识，带有较为低等的“使役”意味，上番时在诸司服黄衣行走，也可与朝参序列形成区别。不过从法律地位上看，纯粹散官与带散位的职事官同属于“官人”行列，《职制律》“官人无故不上条”载：

> 诸官人无故不上及当番不到，虽无官品，但分番上下亦同。下条准此。《疏》议曰：官人者，谓内外官人。‘无故不上，当番不到’，谓分番之人，应上不到。注云‘虽无官品’，谓但在官分番者，得罪亦同官人之法。下条准此者，谓‘之官限满不赴’及‘官人从驾稽违及从而先还’，虽无官品，亦同官人之法。[③]

可知，散官若不履行当番义务，将会受到律法惩处。

值得注意的是，文散官为都省送符的记载仅出现于《唐六典》和《旧唐书·职官二》注文，若上移散官当番的品级起点一说成立，则可能是其时一并对上番事宜做了调整。《唐六典》卷一《三师三公尚书都省》载：“凡上之所以逮下，其制有六，曰：制、敕、册、令、教、符……尚书省下于州，州下于县，县下于乡，皆曰符。”[④] 既是“都省须使人送符”，则应当是“尚书省下于州”的符，从政务文书系统看，六部所拟省符行下州府前须经都省

---

① 马小红：《试论唐代散官制度》，《晋阳学刊》1985年第4期。

② 《唐会要》卷三一《舆服》，第569页。

③ 刘俊文笺解《唐律疏议笺解》卷九《职制》，中华书局，1996，第717页。

④ 《唐六典》卷一《三师三公尚书都省》，第11~12页。

勾检，“送符”可能就是在几个中央政务机构办公场所间传递文书。[①] 开元十一年改政事堂为中书门下后，程序性的文书签署成为尚书都省的职权重心，当番散官为都省送符可能也相应地成为都省政务中的重要环节。

整体而言，上番的散官应当主要由吏部安排，为都省传送公文、听诸司职事官差遣，这些都近似于政务处理中的杂役，成为政务运行中灵活且活跃的有机组成部分，当番散官并不占用《职员令》规定的员额。实际参与政务运行，并与都省及诸司职事官接触，可以说是对散官注职事官前的一种见习和“贮才”性质[②]的有效历练。再就四、五品高阶纯粹散官而言，开元初玄宗加强对宗室的整饬和防范，设十王宅、百孙院限制皇嗣行动且“禁约诸王，不使与群臣交结”，[③] 若仍允准他们得散位后亲身番上，可能是他们唯一接触朝廷官员和现实政务的途径。从制度源流上看，唐前期正六品以下文武散阶与隋初八郎八尉关系密切，而其上番事宜也与后者的“番直”及“出使监检”之责有一定承续关系，[④] 均有明显的临时差遣性质；隋制亦可再上溯北朝职人番直，乃至汉代郎署更直宿卫和承担差使的传统。这种传统也在待选官的考课标准中有所体现，如汉代郎官拔擢、北魏北齐职人迁转皆将勤务考虑在内，[⑤] 唐文散官番满后本部简试“通时务”者方可参加铨选。[⑥]

---

① 六品以下武散官上番亦有为“尚书省送符”之责，见前引《新唐书》卷四六《百官一》，武散阶“自四品以下，皆番上于兵部，以远近为八番，三月一上；三千里外者免番，输资如文散官，唯追集乃上。六品以下，尚书省送符”。

② 参见谭庄《初盛唐及第进士守选制说指疵》，《宁波大学学报》（人文科学版）2011 年第 3 期；黄清连《唐代散官试论》，《中研院历史语言研究所集刊论文类编 · 历史编 · 魏晋隋唐五代卷 3》，第 3081 ~ 3155 页；郑钦仁《北魏官僚机构研究》，台北：牧童出版社，1976，第 176 页。

③ 《资治通鉴》卷二一二，开元八年条，第 6741 页。此句在文本中作为叙事补充，后接玄宗对岐王李范、薛王李业交结群臣的处理方式，禁止宗室与群臣来往的规定可能早于开元八年。

④ 《隋书》卷二八《百官下》（中华书局，1973，第 792 页）载开皇六年，“吏部又别置朝议、通议、朝请、朝散、给事、承奉、儒林、文林等八郎，武骑、屯骑、骁骑、游骑、飞骑、旅骑、云骑、羽骑八尉。其品则正六品以下，从九品以上。上阶为郎，下阶为尉。散官番直，常出使监检”。

⑤ 参见阎步克《北魏北齐“职人”初探——附论魏晋的“王官”、“司徒吏”》，《乐师与史官——传统政治文化与政治制度论集》，第 356 ~ 380 页。

⑥ 见《旧唐书》卷四二《职官一》：“两番已上，则随番许简，通时务者始令参选。”又见《通典》卷三四《职官十六》：“两番以上，即便随番许拣，通时务者始得参选。”

以上简要分析了文散官在吏部当番的实际情况。至于是否可以不番上而选择纳资代番的问题，可从相关研究中获得启发。吴树国在《唐前期色役的资课合流及其影响》一文中基于现役实际运行对“不役纳资”的情况做出总结：一是服役未达到固定役期者“驱役不尽”，剩余役期纳资代役；二是不去番上；三是官府雇佣某些特殊技术人员，另一部分工匠无须番上，形成色役人纳资。[①] 结合前文，番上的品级起点无论是四品还是六品，都会涵盖许多不愿承担杂役的富家子、良家子、有功勋者和一些由于特殊原因不愿番上的新散官，他们可以主动选择纳资。但考虑高、武以后散官随勋官有所增加的事实，是否还可能出现低阶文散官数量冗余，远超出可安排番上的役使缺额，故而必须纳资的情况？在此基础上，如果前文推断的文散官当番品级起点上移一说成立，那么散官上番的规定除了“贮才”之需之外，可能还有另一层性质，即在正式获得职事官之前承担一定义务。如阎步克在《北魏北齐“职人”初探——附论魏晋的“王官”、“司徒吏”》一文中指出，“北魏的职人如果想进一步提高阶品和获得实官的话，就必须为王朝作出进一步的贡献，如番上轮直、从军立功、承担临时差使等等，此外的途径就是在必要时提供资财”，[②] 或许可备一说。

① 吴树国：《唐前期色役的资课合流及其影响》，《经济社会史评论》2022 年第 1 期。

② 阎步克：《北魏北齐“职人”初探——附论魏晋的“王官”、“司徒吏”》，《乐师与史官——传统政治文化与政治制度论集》，第 380 页。

唐代《康志睦墓志》考释

——兼论中晚唐政局的相关问题

何如月　邓梦园

唐《康志睦墓志》，首题为“大唐故银青光禄大夫检校尚书左仆射四镇北庭行军兼泾原等州节度营田观察处置使使持节泾州诸军事泾州刺史御史大夫上柱国会稽郡开国公食邑二千户赠司空康公墓志铭并序”。墓志青石质，长 77.5cm、宽 78cm、厚 12cm，现藏于西安关中民俗艺术博物院（见图 1）。

图 1　《康志睦墓志》拓片

志主康志睦（777～833），字得众，为中唐时将领康日知之子。康日知，灵州人，骁勇善战，德宗时为成德节度使李宝臣部将，授赵州刺史。建中二年（781），平定李惟岳叛变，效忠朝廷，授深赵观察使。兴元元年（784），授予同州刺史、奉诚军节度使，又徙为晋绛节度使，加检校尚书左仆射，册封会稽郡王，贞元五年（789）卒于任上，追赠太子太师。[①] 有关康日知的情况，可见《新唐书·康日知传》，赵明诚《金石录》卷二十八存《唐康日知墓志》碑目及考订文字，[②] 流传至今的《唐故中散大夫河州别驾宋公夫人康氏墓志铭（并序）》（以下简称《唐宋公夫人康氏墓志》）[③]、《唐康志达墓志》[④] 亦有些许记载可资参证。

康志睦，《旧唐书》无传，仅在《新唐书·康日知传》后有不足百字极其简略的附传，《宝刻丛编》录存咸通二年（861）由韦瓘撰、归融正书、杨述篆额的《唐赠太尉会稽郡公康志睦碑》碑名，内容不详。因而这篇长达一千三百多字的《康志睦墓志》的出现，为我们研究康志睦行迹提供了宝贵的第一手材料。本文将以《康志睦墓志》为主，结合各类文献，对康志睦的仕宦履历、家族世系、葬地情况进行考察，以期深入了解康志睦一生，并对当时的政治局势有所透视。

一 《康志睦墓志》录文

为研究方便，先将《康志睦墓志》录文于下：

大唐故银青光禄大夫检校尚书左仆射四镇北庭行军兼泾原等州节度营田观察处置使使持节泾州诸军事泾州刺史御史大夫上柱国会稽郡开国公食邑二千户赠司空康公墓志铘并序

朝散大夫权知宗正卿武骑尉赐紫金鱼袋李仍叔撰

朝散大夫守尚书驾部郎中知制诰上柱国归融书

① 《新唐书》卷一百四十八《康日知传》，中华书局，1975，第4772～4773页。

② 赵明诚撰，金文明校证《金石录校证》卷二十八《跋尾十八》，广西师范大学出版社，2005，第488页。

③ 吴钢主编《全唐文补遗》第6辑，三秦出版社，1999，第466页。

④ 吴钢主编《隋唐五代墓志汇编·陕西卷》第4册，天津古籍出版社，1991，第85页。

公讳志睦，字得众。其先会稽人，名将殊勋，累居河右。因功改贯，为京兆人也。曾祖讳植，皇含州刺史。开元初，蕃戎叛换，克建大勋，斩康大宾，献功魏阙，授左武卫大将军。祖讳孝义，皇万安府折冲、试光禄卿，累赠户部尚书。烈考讳日知，皇开府仪同三司、检校兵部尚书兼御史大夫，奉诚军晋慈隰等州节度观察处置使、榆林郡王，食邑三千户，实封五百户，累赠左仆射、太子太师。当建中年，王室多难，成德军节度使李宝臣卒，其子惟岳劫胁父兵，谋袭其位。太师时为赵州刺史，忠义自天，诚明贯日，潜谕趫悍之徒，使闻逆顺之理，帛书献款，间道以闻。后成德人共诛惟岳，传首阙庭，实太师之功也。及德宗皇帝驾幸梁洋，河朔诸侯怀贰非一，群恶相济，患其独醒，公遂以赵州人转战归觐，其元勋茂伐，彰于史册。臧孙有后，为善不诬；克生令人，翊戴休运。天之报应，其昭昭哉。公河山挺秀，天象降灵，既禀魁梧之姿，果负英雄之气。未冠之年，已探孙吴之术，爰从试用，授职禁军，累至先锋兵马使，仍兼宪官。元和中，宪宗皇帝驾幸和门，亲按营垒，异公容状，宠顾遂偏。公敷奏详悉，上甚爱之。因授云麾将军、右神策将军兼侍御史、范阳县开国子，食邑五百户。俄迁大将军。长庆纪号，加兼御史中丞、会稽县开国公，食邑一千五百户。后又加御史大夫。属妖贼张韶窃发中禁，乘我无备，祸出不虞。敬宗皇帝驾幸左神策军，京辇之下，人心震骇。公领步兵，率先击之。凶丑既歼，推功不□，谦让之誉，时为美谈。宝历元年，拜银青光禄大夫、检校工部尚书兼御史大夫、平卢军节度、淄青齐登莱等州观察处置，押新罗、渤海两蕃使。推诚待士，布德临戎，五州之内，人安其化。洎李同捷阻兵沧景，□王师有征，徐泗全军与淄青之众，同围棣州。公戒其众，曰师克在和，乃悉心供费，卒致成功。大和□年，朝廷以公北海年深，命岐帅王承元代之。公既至阙下，拜检校左仆射兼右龙武军统军。未启楙功，时议咨叹。七年七月，上以回中近藩，西控戎虏，苟非长才，孰膺重寄，遂除四镇北庭行军兼泾原等州节度营田观察处置使，兼泾州刺史。依前检校尚书左仆射、御史大夫、会稽郡开国公，食邑二千户。升坛而志已忘躯，秉节而义形于色，誓将永清边鄙，上答鸿私。不幸其年十一月十八日遘疾，薨于泾州官舍之正寝，享寿五十有七。泾州军人行哭天惨，皇帝闻之轸悼废朝，悯册法赙，恩深礼缛。以明年二月廿一日，与吴兴郡夫人沈氏合葬于京兆府长安县神泉乡马祖原，礼也。有子三人，长曰元立，前宗正寺齐陵署丞；次曰元度，准制合叙一子，官未授而钟艰故；次曰元密，前右领军卫兵曹参军。皆孝友承家，毁瘠过礼。呜呼，以公之所至方镇，徇公灭私，不求蓄聚，及启手足之日，家室屡空。天之福善，当必有后耳。有女四人，长嫁兼殿中侍御史乌汉封，次嫁试太常寺协律郎狄固言，二人尚幼在室。元立等号叙于仍叔，愿纪徽猷，聊书官业，岂尽芳烈。铭曰：

武烈传家，忠贞奉国。夙蕴六奇，早推七德。鞠旅禁营，妖氛唑息。陈师东野，以战则克。勋书钟鼎，业载旂常。拥旄青社，授钺金方。煦同春日，肃若秋霜。来歌杕杜，去咏甘棠。沴气晨兴，将星宵坠。震悼皇情，惊嗟列位。巷靡行歌，廛闻罢市。耆耋孩提，凄哀歔欷。终南崇崇，清渭溶溶。平原厚地，卜择丘封。箫笳满野，松柏生风。寂兮寥兮，千载长空。

二　志主康志睦

《新唐书·康日知传》云：“子志睦，字得众。资趫伟，工驰射。隶右神策军，迁累大将军。讨张韶，以多兼御史大夫，进平卢军节度使。李同捷反，放兵略千乘，志睦挫其锐，不得逞，遂下蒲台，尽夺其械。加检校尚书左仆射。徙泾原，封会稽郡公。卒，年五十七，赠司空。”[①] 正史记载极为简略，而《康志睦墓志》则非常详细地叙述了他的职官迁转、主要功绩、婚姻子息等情况，极大地补充了史书阙漏。

（一）康志睦生卒年

史书不载康志睦卒年，而志云大和七年“十一月十八日遘疾，薨于泾州官舍之正寝，享寿五十有七”。大和七年为833年，以此推知康志睦生

① 《新唐书》卷一百四十八《康日知传》，第4773页。

于大历十二年（777）。

（二）康志睦仕宦履历

《新唐书》载康志睦任职履历为：任右神策军将军，累迁至大将军。讨伐张韶，进平卢军节度使。参与平定李同捷叛乱。后又加检校尚书左仆射。迁至泾原，封为会稽郡公。碑史对照，史传仅记康志睦一生大要，对康志睦任神策军将军之前的仕宦情况并未提及，而墓志则对他一生所历诸官及迁转次序一一罗列，细致详明。

墓志叙及康志睦起家，云“未冠之年，已探孙吴之术，爰从试用，授职禁军，累至先锋兵马使，仍兼宪官”。康志睦为将门之后，少年时即晓习兵法，娴熟骑射，一入仕就在禁军效力，时间当在贞元十三年（797）二十既冠之后。此后数年行迹不详，仅云在禁军中累至先锋兵马使。墓志又云：“元和中，宪宗皇帝驾幸和门，亲按营垒，异公容状，宠顾遂偏。公敷奏详悉，上甚爱之。因授云麾将军、右神策将军兼侍御史、范阳县开国子，食邑五百户。”唐宪宗视察军营，康志睦因“禀魁梧之姿”、仪表伟岸受到关注，面见皇帝时又能“敷奏详悉”、练达军务，因此受到宪宗皇帝赏识，迁右神策将军，不久晋升右神策军大将军。

左右神策军建立于唐德宗贞元二年（786），负责保卫京师、戍卫宫廷以及奉命征讨，是天子直接控制的主要武装力量。自泾原兵变后，宦官日受宠信，神策军最高统帅为左右护军中尉，均由宦官执掌。下设大将军、统军、将军。《新唐书·百官志》载：“左右神策军：大将军各一人，正二品；统军各二人，正三品；将军各四人，从三品。掌卫兵及内外八镇兵。”① 康志睦在四十五岁前就已经任右神策大将军，官至二品，可见宪宗皇帝对他确如墓志所言的“宠顾遂偏”，因而仕途通达。

元和十五年（820）正月，宪宗暴崩。《新唐书·宪宗纪》载：“［元和］十五年正月，宦者陈弘志等反。庚子，皇帝崩，年四十三。”②《资治通鉴》云：“上服金丹，多躁怒，左右宦官往往获罪，有死者，人人自危；

① 《新唐书》卷四十九上《百官四上》，“十六卫”条，第1291页。

② 《新唐书》卷七《宪宗纪》，第219页。

庚子，暴崩于中和殿。”[①]《新唐书》卷二百八《王守澄传》载：“守澄与内常侍陈弘志弑帝于中和殿。”[②] 宪宗因为服用丹药，脾气暴躁，身边宦官人人自危，不堪忍受，故而内常侍陈弘志和宦官王守澄合谋弑君，然后又与右军中尉梁守谦及诸宦官等，杀掉左军中尉吐突承璀以及澧王恽，拥立宪宗第三子李恒，是为穆宗。

穆宗即位后，改元长庆，对有拥立之功的宦官及神策军将领进行封赏。王守澄被封为枢密使，得以参与机密；右军中尉梁守谦封安定郡开国公。时任右神策大将军的康志睦也被加官晋爵，墓志云“长庆纪号，加兼御史中丞、会稽县开国公，食邑一千五百户。后又加御史大夫”。虽然按照惯例，新皇帝即位，大赦改元，赐文武官阶、勋、爵，但康志睦由之前的范阳县开国子升到会稽县开国公，食邑由五百户加至一千五百户，并非一般封赏。可见康志睦直接参与了当时的宫中政变，确有功劳。康志睦这个经历在《新唐书·康志睦传》以及其他史料中均未见载，墓志可以补史之阙。

穆宗在位纵情享乐，畋游无度，长庆四年（824）正月因服方药暴卒，年三十。皇太子李湛即位，是为敬宗，时年十六，年号宝历。《新唐书·李逢吉传》载：“（穆宗）帝暴疾，中外阻遏，逢吉因中人梁守谦、刘弘规、王守澄议，请立景王为皇太子……明日下诏，皇太子遂定。”[③] 敬宗依然为右军中尉梁守谦、枢密使王守澄等人所立，康志睦为右神策大将军，仍受梁氏节制。敬宗少年登位，耽于玩乐，沉迷蹴鞠和打夜狐，政事多操于李逢吉之党和宦官王守澄之手，朝政腐败，由此引发了染工张韶的暴动事件。事情的前后经过，在《新唐书·马存亮传》中有详细记载：“［张韶］乃阴结诸工百余人，匿兵车中若输材者，入右银台门，约昏夜为变。有诘其载者，韶谓谋觉，杀其人，出兵大呼成列，浴堂门闭。时帝击球清思殿，惊，将幸右神策。或曰：‘贼入宫，不知众寡，道远可虞，不如入左军，近且速。’从之。初，帝常宠右军中尉梁守谦，每游幸；两军角戏，帝多欲右胜，而左军以为望。至是，存亮出迎，捧帝足泣，负而入。以五

① 《资治通鉴》卷二百四十一，中华书局，1956，第7777页。
② 《新唐书》卷二百八《王守澄传》，第5883页。
③ 《新唐书》卷一百七十四《李逢吉传》，第5222页。

百骑往迎二太后，比至，而贼已斩关入清思殿，升御坐，盗乘舆余膳，揖玄明偶食，且曰‘如占’。玄明惊曰：‘止此乎！’韶恶之，悉以宝器赐其徒，攻弓箭库，仗士拒之，不胜。存亮遣左神策大将军康艺全，将军何文哲、宋叔夜、孟文亮，右神策大将军康志睦，将军李泳、尚国忠，率骑兵讨贼，日暮，射韶及玄明皆死。”[①] 由上可知，在这场暴乱中，敬宗慌忙之下首先想逃入梁守谦的右神策军军营，在众人劝说下才去左神策军军营避难，叛乱最终在左右神策军大将军康艺全、康志睦的合力讨伐下平息。墓志云：“属妖贼张韶窃发中禁，乘我无备，祸出不虞。敬宗皇帝驾幸左神策军，京辇之下，人心震骇。公领步兵，率先击之。凶丑既歼，推功不□，谦让之誉，时为美谈。”碑史所记过程大致相同，只是史云左右神策大将军“率骑兵讨贼”，而墓志云“公领步兵，率先击之”，细节稍有出入。

张韶之乱平定后，论功行赏，左神策中尉马存亮赐食封二百户，右军中尉梁守谦进开府仪同三司，左神策大将军康艺全出任鄜坊节度使。《资治通鉴》长庆四年六月载有“己卯朔，以左神策大将军康艺全为鄜坊节度使”，注云“赏讨张韶、苏玄明之功也”[②] 可以佐证。《新唐书·康志睦传》曰：“讨张韶，以多兼御史大夫，进平卢军节度使。”[③] 墓志云：“宝历元年，拜银青光禄大夫、检校工部尚书兼御史大夫、平卢军节度、淄青齐登莱等州观察处置，押新罗、渤海两蕃使。”由史传及墓志文字可知，康志睦宝历元年（825）出任平卢节度使，即是平定张韶之乱的封赏。康志睦出任方镇的具体月份，唯在《旧唐书·敬宗纪》中有载：“［宝历元年］夏四月甲戌朔，以右神策大将军康志睦检校工部尚书，兼青州刺史、平卢军节度使。”[④] 比较两人出任方镇的时间，康志睦比康艺全晚了近十个月。究其原因，是否出于康志睦的推功谦让，也就是墓志所赞誉的“凶丑既歼，推功不□，谦让之誉，时为美谈”？而且康志睦出任平卢节度使时，

① 《新唐书》卷二百七《马存亮传》，第 5871 页。
② 《资治通鉴》卷二百四十三，第 7837 页。
③ 《新唐书》卷一百四十八《康日知传》，第 4773 页。
④ 《旧唐书》卷十七上《敬宗纪》，中华书局，1975，第 514 页。

带检校工部尚书、御史大夫衔，[①] 而康艺全没有，显然也表明康志睦在平叛中所立之功比康艺全要多，墓志所云“公领步兵，率先击之”，当非虚语。

平卢节度使在玄宗开元七年（719）设置，治所营州（今辽宁朝阳），安史之乱后南迁淄青（青州），领淄、青、齐、棣、登、莱六州，同时押新罗、渤海两藩使，处理渤海、新罗两政权对唐王朝履行的朝贡、朝觐、贺正、质子入侍等各项藩属事务，接待有关人员。平卢位置重要，地盘广大，实力雄厚，一直属于山东地区的强藩。安史之乱后唐王朝国力衰微，藩镇割据，嚣张跋扈。宪宗李纯登基后，开始了长达十几年的削藩战争。平卢节度使李师道，连横河北，上抗朝命，在朝廷讨伐淮西吴元济的用兵过程中，阳奉阴违，暗中破坏，并派人刺杀主战的宰相武元衡。淮西之乱平定后，朝廷立即调集兵马，讨伐平卢。元和十四年（819）二月李师道被杀，淄、青数州复为唐有，结束了李氏三代四人世袭割据的历史。李师道叛乱平定之后，朝廷着意经营平卢，首先派效力禁军三十余年，颇有声望的薛平为平卢节度使。在他任内平卢兵精粮足，徭赋均一，成为朝廷直接控制的藩镇力量。宝历元年，薛平期满入朝，康志睦接替薛平出任平卢节度使。这是朝廷的精心选择，不仅是对他平定张韶之难的酬功，也是对他才干能力的肯定。

事实证明，朝廷此举得人，康志睦任平卢节度使期间，在讨平李同捷的叛乱中发挥了重要作用。唐敬宗耽于游乐，童昏失德，仅在位两年就被宦官所弑，内枢密使王守澄和神策护军中尉魏从简、梁守谦拥立江王李涵为帝，是为文宗。文宗即位之初，锐意图治，想要革除前朝弊政。横海节度使李全略卒，其子李同捷请袭父位，朝廷不从，因而抗拒王命。于是在大和元年（827）八月，朝廷下诏削夺李同捷官爵，命康志睦等节度使合兵讨伐。据《旧唐书·李同捷传》：“文宗即位……诏授同捷检校左散骑常侍、兖州刺史、兖海节度使，以天平节度使乌重胤为沧州节度以代之。诏

① 节度使由朝廷派遣者，另加中央台省官衔，成为检校官；同时还可另加御史台衔，成为宪官。节度使属差遣使职，并无品级可言，所加检校官表示地位高低，宪官表示权力大小，其升迁也主要是所加检校官和宪官的升迁。工部尚书为正三品，御史大夫可以弹劾百官，权力极大。

下，同捷托以三军乞留，拒命。乃命乌重胤率郓、齐兵加讨。又诏徐帅王智兴、滑帅李听、平卢康志睦、魏博史宪诚、易定张璠、幽州李载义等四面进攻。”① 直到大和三年（829）四月，叛乱以李同捷被斩杀，传首京城告终。《资治通鉴》载：“时河南、北诸军讨同捷久未成功，每有小胜，则虚张首虏以邀厚赏，朝廷竭力奉之，江、淮为之耗弊。”② 在平定李同捷叛乱的过程中，各藩镇节度使拥兵自重、观望战局，以夸大战功来获取朝廷奖赏，并非真正通力合作、积极进讨。墓志言康志睦在平乱中“戒其众，曰师克在和，乃悉心供费，卒致成功”，足见康志睦公忠体国的品质及其军事才能。当时节度使往往在领地内大肆搜刮，贿赂中人，以结内援。而康志睦任平卢节度使六年，墓志云“徇公灭私，不求蓄聚”，反映了他任地方节镇的口碑，确实是立身有节，难能可贵。

大和五年（831）十一月，康志睦回朝。康志睦墓志云：“大和□年，朝廷以公北海年深，命岐帅王承元代之。公既至阙下，拜检校左仆射兼右龙武军统军③。”《旧唐书·文宗纪》：“大和五年十一月，以承元检校司空、青州刺史，充平卢军节度使。”④ 碑史对照，可知康志睦受代的具体年月。检校左仆射是荣誉头衔，右龙武军统军往往授予节度使罢任者，并无职事。将康志睦投闲置散，故而墓志作者有“未启楙功，时议咨叹”之语。

闲居不足两年，康志睦再次出镇西北。墓志云：“七年七月，上以回中近藩，西控戎虏，苟非长才，孰膺重寄。遂除四镇北庭行军兼泾原等州节度营田观察处置使，兼泾州刺史。”中唐以后，西北的局势相当紧张，经常受到吐蕃、回鹘的侵扰，泾原等州的军事地位日益重要，成为抵御吐蕃、回鹘的重镇，朝廷一般都选派勇猛善战的将领镇守，着力经营。正如墓志所云“苟非长才，孰膺重寄”。大和七年（833），康志睦出任四镇北庭行军兼泾原等州节度使，镇遏京师外围要害之地，可以看出朝廷对他的信任和倚重。只可惜康志睦尚未能施展身手，实现“永清边鄙，上答鸿

① 《旧唐书》卷一百四十三《李同捷传》，第 3906~3907 页。

② 《资治通鉴》卷二百四十三，第 7860 页。

③ 左右龙武军为天子六军之一，唐兴元元年（784）置统军，往往授予节帅罢任者，无职事。（《新唐书》卷四十九上《百官四上》“十六卫”条：“左右龙武军：大将军各一人，正二品；统军各一人，正三品。”第 1290 页。）

④ 《旧唐书》卷十七下《文宗纪下》，第 543 页。

私”的愿望，就在赴任后数月之内卒于任上，享年五十七岁。

康志睦一生历经德宗、顺宗、宪宗、穆宗、敬宗、文宗六朝，作为一位重要的政治人物，他卷入了当时的不少政治斗争。受到现实政治的波及，其仕途也与政治的兴衰共相起伏。如果将各种零散的文献记载和墓志资料排比钩稽，我们就会拼合出康志睦比较完整的人生轨迹，也不难从墓志有限的文字叙述中窥见错综复杂的时代背景。康志睦能在宪宗、穆宗、敬宗、文宗四朝历任要职，建功立业，当然不仅仅是因为他出身将门、颇具才干、人品清廉，恐怕也由于他长期效力神策军，与当权宦官关系密切，所以才能在中晚唐风云诡谲的政局中仕途平顺，既为朝廷所用，又不致被党派及宦官集团排挤陷害。

三　康志睦的家族世系

康志睦的家族情况，文献记载甚为简略零散。笔者综合《康志睦墓志》《唐宋公夫人康氏墓志》《金石录·唐康日知墓志》《唐康志达墓志》以及相关史书材料，对康志睦的家族情况进行考辨，并大致勾画出其家族谱系。

首先，关于康志睦高祖、曾祖名讳及其事迹情况。

康志睦高祖康校尉，其名讳、所任官职仅在《唐宋公夫人康氏墓志》中有记载：“祖校尉，隋朝左武卫大将军。”[①] 校尉似为官职称谓，但因在《隋书》及文献史料中未见其生平履历的相关记载，故无法考证他的名字是否为“校尉”，姑且以校尉称之。

《康志睦墓志》云其“曾祖讳植，皇含州刺史”。《新唐书·康日知传》云：“祖植，当开元时，缚康待宾，平六胡州，玄宗召见，擢左吾卫大将军。”[②] 康志睦姑祖母，《唐宋公夫人康氏墓志》载：“父石，皇朝左金吾卫大将军、开国男、长州刺史。”[③] 康日知子，《唐康志达墓志》言：“曾祖曰延庆，皇朝左威卫大将军。”[④] 在《金石录·唐康日知墓志》中，

① 吴钢主编《全唐文补遗》第6辑，第466页。

② 《新唐书》卷一百四十八《康日知传》，第4772~4773页。

③ 吴钢主编《全唐文补遗》第6辑，第466页。

④ 吴钢主编《隋唐五代墓志汇编·陕西卷》第4册，第85页。

赵明诚跋语："《唐书·日知传》云'祖植，开元中为左武威大将军'，而《志》云'祖讳石生'，撰志者李纾与日知同时人，《墓志》所书，宜得其实也。"[①] 高文文《唐河北藩镇粟特后裔汉化研究——以墓志材料为中心》一文中提出，赵明诚有可能在录《唐康日知墓志》"祖讳石"时多录了一个"生"字，又因"植"与"石"发音近似，在流传过程中后人误将"石"当作"植"，并认为《唐康志达墓志》中记其曾祖父名为"康延庆"，"延庆"应是康石的字。[②] 对比以上几方墓志，《唐宋公夫人康氏墓志》撰写时间早于康日知、康志睦、康志达的墓志以及《康日知传》，撰文之人对于康氏父亲名讳还比较清楚，出现讹误的可能性不大。《唐康日知墓志》记其祖父名讳与《唐宋公夫人康氏墓志》大致相同，而后人康志睦、志达墓志距其曾祖时代较远，对其名讳可能不甚清楚，因此，应以时间较早的《唐宋公夫人康氏墓志》为据。

又《康志睦墓志》云其曾祖康植在开元时平定六胡州之乱，"斩康大宾，献功魏阙"。开元时期的诏令《诛康待宾免从坐诏》"乃同华夏四乂，康待宾等，敢乱天常，俱为祸首"，[③]《讨康待宾等敕》"若生擒及斩获康待宾等一人，白身授五品"，[④] 将胡人叛乱者写为"康待宾"；而崔令钦在开元年间写的《教坊记·唱歌》中则作"康大宾"。[⑤] 可见在开元年间已有"康待宾""康大宾"两种写法。或许因"大""待"二字发音相近，在流传过程中人们将二字混淆，书写时产生错误，以致《教坊记》《康志睦墓志》写作"康大宾"。鉴于此，当以朝廷发布的诏敕书写为准。因《康志睦墓志》所写六胡州康大宾叛乱之事，与新、旧唐书《玄宗纪》《韦抗传》《张说传》《郭知运传》，新唐书《王晙传》《康日知传》，以及唐玄宗颁布的敕令等文献记载相同，故可知墓志所言"康大宾"即为"康待宾"。

其次，关于康志睦兄弟情况。

---

① 赵明诚撰，金文明校证《金石录校证》卷二十八《跋尾十八》，第488页。

② 高文文：《唐河北藩镇粟特后裔汉化研究——以墓志材料为中心》，博士学位论文，中央民族大学，2012。

③ 董诰等：《全唐文》卷二十八《诛康待宾免从坐诏》，中华书局，1983，第321页。

④ 董诰等：《全唐文》卷三十四《讨康待宾等敕》，第379页。

⑤ 崔令钦撰，任半塘笺订《教坊记笺订》，中华书局，1962，第34页。

《新唐书·康日知传》仅记载其子康志睦的生平履历，其余子息情况并未提及。由《唐康志达墓志》可知，康日知第四子为康志达，卒于长庆元年（821）五月十日，春秋五十四；而由《康志睦墓志》所书康志睦生卒时间，可推知康志达年长于康志睦，为其兄长。此外，《唐大诏令集·录功臣子康志宁等各除官职敕》云："故慈晋隰等州观察使检校兵部尚书康日知、故徐州刺史兼御史大夫李洧等一十家，皆有茂功，藏于盟府，故命搜访后嗣，光贲前人。今志宁等或服戎著绩，或从官有成，或投迹军府之中，或滞才州县之职，咸加甄录，各茂官荣。"[①]《册府元龟·延赏第二》载："宪宗九年八月庚寅，录功臣之后，以左神策军、华原镇遏兵马使兼御史大夫康志宁为检校、左散骑常侍兼左龙武军将军、知军事。"[②] 据此，康日知另有一子康志宁。宪宗元和九年（814），康志宁已任左神策军、华原镇遏兵马使兼御史大夫，而且诏敕明以康志宁承袭康日知，似其年岁居长。

最后，关于康志睦子息情况。

《康志睦墓志》记载其有元立、元度、元密三子，长子元立为前宗正寺齐陵署丞；次子元度，为准制合叙之子，官未授而钟艰故；三子元密为前右领军卫兵曹参军。有女四人，长女嫁兼殿中侍御史乌汉封。据《新唐书·宰相世系表》，乌汉封为宪宗平淮西时累立战功、穆宗时任天平节度使乌重胤之第五子，卫尉寺丞，墓志云兼殿中侍御史，可补史阙。次女嫁试太常寺协律郎狄固言。这些情况史书均未载。《新唐书·康日知传》言康志睦子"承训，字敬辞……僖宗立，授左千牛卫大将军。卒，年六十六。子传业",[③] 但《康志睦墓志》所载诸子中并未有康承训。《唐康志达墓志》中云其子名为"元质"，康志睦之子名为"元立、元度、元密"，可知康志达、康志睦的下一代名字从"元"字辈，而康承训之名、字与之不符。又《康志睦墓志》写于大和八年（834），据史书此时康承训已经二

---

① 宋敏求：《唐大诏令集》卷六十五《录功臣子康志宁等各除官职敕》，中华书局，2008，第362页。

② 王钦若等：《册府元龟》卷一百三十一《帝王部·延赏第二》，周勋初等校订，凤凰出版社，2006，第1439页。

③ 《新唐书》卷一百四十八《康日知传》，第4773、4779页。

十五岁，按理名字应出现在墓志之中。康承训一生历任左神武军将军、天德军防御使、检校工部尚书、义武节度使、岭南西道节度使、检校尚书右仆射、右武卫大将军、义成军节度使、徐泗行营都招讨使、检校左仆射、同中书门下平章事、河东节度使、左千牛卫大将军、恩州司马等官职，曾带兵击败庞勋起义军、抵御南诏北上，被封为会稽县男。康承训任职与《康志睦墓志》所云长子任前宗正寺齐陵署丞、三子任前右领军卫兵曹参军之职异，则他不是康志睦长子或三子。《康日知传》又言康承训“推门功进累左神武军将军”，[①] 他因祖先功勋而累迁至左神武军将军一职，这与康志睦次子按制门荫授官同，但墓志云次子元度在即将授官时遇父亲康志睦去世，因守孝而未授官，不知其后任职情况，故而不能断定康元度与康承训是否为同一人。目前，唯有《新唐书·康日知传》记载康承训为康志睦之子，《唐左仆射康承训碑》只有存目，不见原碑文字。就目前所见材料，尚无法考定康承训的身份。

结合上述多方墓志及史料，大致可以梳理出康志睦的家族世系：高祖康校尉，曾祖康石，祖父康孝义，父康日知，兄康志宁、康志达。康志达娶河南元氏，生元质及一女，女嫁陇西李继宗。康志睦，娶吴兴郡夫人沈氏，生元立、元度、元密、承训及四女（见图 2）。

四　康志睦的葬地

康志睦之兄康志达墓志云康志达葬于“长安县龙首乡兴台里先代茔之东北”，[②] 知康氏家族先人葬地位于长安县龙首乡兴台里。据武伯纶《唐长安郊区的研究之万年、长安乡里考》，长安县龙首乡位于今西安西郊土门村、枣园村、闫庄一带。[③] 1955 年西安西郊小土门村出土的永徽元年《刘世通夫人墓记》首书“大唐雍州长安县龙首乡兴台里”，[④] 知龙首乡兴台里在小土门村。《康志睦墓志》言其与夫人：“合葬于京兆府长安县神泉乡马祖原。”尚民杰《唐长安、万年县乡村续考》：“《冯朝光墓志》称其葬地

---

① 《新唐书》卷一百四十八《康日知传》，第 4773 页。

② 吴钢主编《隋唐五代墓志汇编·陕西卷》第 4 册，第 85 页。

③ 武伯纶：《古城集》，三秦出版社，1987，第 103 页。

④ 李域铮：《陕西古代石刻艺术》，三秦出版社，1995，第 274~275 页。

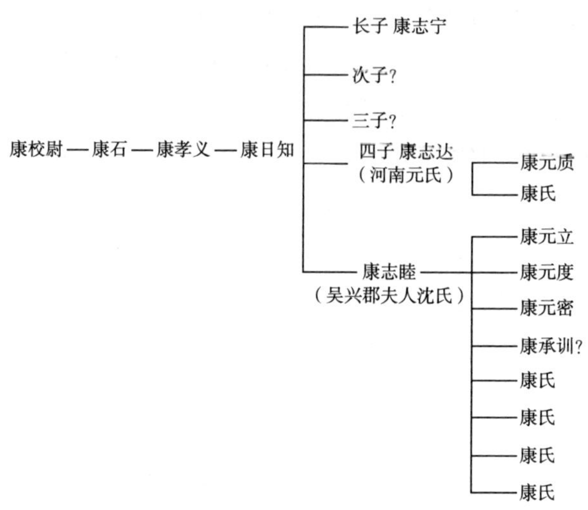

图 2 康志睦家族谱系

为‘马祖原’，该墓志的出土地点在今西安南郊的山门口乡响堂村。”① 贾梅《唐〈东明观孙思墓志〉考释》，李举纲、张婷《新见唐〈肃明观主范元墓志〉考疏》均提出，“马祖原应在唐长安城西长安县龙泉乡、神泉乡、务德乡等乡境内，大致范围在今莲湖区土门附近以南，雁塔区山门口乡以北的区域”。② 徐畅《唐万年、长安县乡里村考订补》一文，考证出长安县神泉乡马祖原位于西安南郊山门口响堂村。③ 结合以上材料，大概可以推知康志睦死后，依然是葬在先代祖茔附近，其家族墓地大致在今天西安莲湖区土门以南、雁塔区山门口响堂村以北的区域。

五 墓志撰者、书丹者

《康志睦墓志》撰者李仍叔，两《唐书》中无传。《新唐书·蜀王房》

---

① 尚民杰：《唐长安、万年县乡村续考》，西安文物保护考古所编《西安文物考古研究》，陕西人民出版社，2004，第 367 页。

② 贾梅：《唐〈东明观孙思墓志〉考释》，《碑林集刊》第 10 集，陕西人民美术出版社，2004，第 54 页；李举纲、张婷：《新见唐〈肃明观主范元墓志〉考疏》，《华夏考古》2011 年第 1 期，第 111 页。

③ 徐畅：《唐万年、长安县乡里村考订补》，杜文玉主编《唐史论丛》第 21 辑，三秦出版社，2015，第 168 页。

有云："宗正卿仍叔，字周美，初名章甫，为宗正卿栻之子。"[①] 排比两《唐书》及《资治通鉴》等相关史料，可知李仍叔历任仓部郎中、水部郎中、道州司马、湖南观察使、太子宾客及宗正卿等职，依附同族李程。李程曾受牛党李逢吉提拔，后又因事遭其忌恨，李仍叔亦受牵连。李仍叔与白居易、刘禹锡等人交好，可征于文献记载。《唐两京城坊考·东京·外郭城》载："太子宾客李仍叔宅。宅有樱桃池，仍叔尝与白居易、刘禹锡会其上。"[②] 白居易有《洛阳春赠刘李二宾客》《洛下雪中频与刘李二宾客宴集，因寄汴州李尚书》、刘禹锡有《和乐天李周美中丞宅池中赏樱桃花》等诗作。白居易赞其"为人厚实謇直，尝以文行谋画，从容于幕府之间。临事敢言，当官能守"。[③] 除《康志睦墓志》之外，李仍叔还为岳父崔遂撰《唐故秘书省秘书郎博陵崔公（遂）墓志铭》，[④] 为其女撰《唐李仍叔四岁女德孙墓志铭》，[⑤] 另有《唐故京兆田君（占）墓志铭》[⑥]、《唐故宗正少卿上柱国赐紫金鱼袋李公（济）墓铭》[⑦]、《唐故河南县丞安定皇甫君（弘）墓志铭》[⑧]。唐人重视墓铭文字，有力之家一般多请名笔撰写，由此可见李仍叔的文采颇为当时推许。

该墓志书丹者归融，字章之，文宗朝任户部侍郎、御史中丞、兵部尚书等职，武宗时朝廷礼典多出于归融之议。[⑨] 归融书法精妙，陶宗仪《书史会要》言其"工于翰墨，有名当世"。[⑩] 他既工八分，又擅正书，今可知者，有八分书写的《唐义成李德裕德政碑》[⑪] 以及正书书写的《康志睦墓志》《唐赠太尉会稽郡公康志睦碑》。

---

① 《新唐书》卷七十上《宗室世系上》，第 2041 页。

② 徐松撰，李健超增订《增订唐两京城坊考》卷五《东京》，"外郭城"条，三秦出版社，2006，第 364 页。

③ 谢思炜校注《白居易文集校注》卷十一《辛丘度可工部员外郎李石可左补阙李仍叔可右补阙三人同制》，中华书局，2011，第 497 页。

④ 吴钢主编《全唐文补遗》第 8 辑，三秦出版社，2005，第 113 页。

⑤ 周绍良主编《唐代墓志汇编》，上海古籍出版社，1992，第 2033~2034 页。

⑥ 赵力光主编《西安碑林博物馆新藏墓志汇编》，线装书局，2007，第 629 页。

⑦ 吴钢主编《隋唐五代墓志汇编·陕西卷》第 4 册，第 90 页。

⑧ 吴钢主编《全唐文补遗·千唐志斋新藏专辑》，三秦出版社，2006，第 353 页。

⑨ 《新唐书》卷一百六十四《归融传》，第 5040 页。

⑩ 陶宗仪：《书史会要》，上海书店，1984，第 182~183 页。

⑪ 赵明诚撰，金文明校证《金石录校证》卷十《目录十》，第 179 页。

综上可知，《康志睦墓志》撰写者李仍叔与牛党人不睦，书丹者归融曾为李党领袖李德裕书碑，二人与李党人关系更为密切，这也似乎能够推断出康志睦在牛李党争中的立场。

结　语

《康志睦墓志》不仅补充了史书对其仕宦履历及其功勋、家族子息等忽略阙载的内容，还从一个侧面折射出唐宪宗至唐文宗时期皇权式微、朋党相争、藩镇割据的政治局势，为研究中晚唐时期政治、军事等方面的历史提供了佐证，也为考察康日知、康志睦家族世系及政治地位提供了宝贵资料。但对于康志睦高祖名讳、康志睦兄弟排行情况、康承训是否为康志睦之子等问题的考证，依然存在疑问，尚需更多新材料出现以帮助解决。

被遗忘的名门*

——北宋关中雷氏家族的兴衰浮沉

刘 缙 何文钦

北宋关中郃阳雷氏家族，崛起于宋初，盛于真宗朝前期。其家族成员从雷德骧至雷简夫，四代五人在《宋史》中均有传记留存，[①] 史有明载，可称当时声名显赫的仕宦门第。

以往学术界对雷氏家族的研究总体相对薄弱。[②] 近年来，随着雷氏家族成员雷有邻[③]、雷有终及雷孝孙墓志的相继刊布，[④] 学界在传世史料之

* 本文系教育部人文社会科学规划基金项目“宋元时期关中地区民间信仰与社会变迁研究”（22YJA770012）与国家社会科学基金重大项目“辽宋西夏金元族谱文献整理与研究”（19ZDA200）阶段性成果。

① 雷氏家族四代五人的传记均载于《宋史》（中华书局，1985）卷二七八，分别为《雷德骧传》，第9453~9454页；《雷有邻传》，第9454~9455页；《雷有终传》，第9455~9463页；《雷孝先传》，第9463~9464页；《雷简夫传》，第9464页。

② 王昌伟先生在其著作《中国历史上的关中士人：907~1911》中简略涉及了雷氏家族的概况（刘晨译，浙江大学出版社，2017，第25~26页）。以往学术界对雷简夫推荐“三苏”之事也有过研究，如李悦现、邹念宗《雷简夫与“三苏”》，《文史哲》1990年第2期，第33~34页；李克明、黄万和、邹念宗《雷简夫慧眼识贤荐“三苏”》，《渭南师专学报》1994年第4期，第95~97页。笔者对雷氏的家族源流以及雷氏父子的历史形象等相关问题也有考述，参见《文本书写与北宋关中雷氏家族历史形象的重建》，《宋史研究论丛》第27辑，科学出版社，2020，第410~422页。

③ 高峡主编《西安碑林全集》卷九四《雷有邻墓志铭》，广东经济出版社、海天出版社，1999，第4545~4552页。原编者将此墓志著录为《严有邻墓志铭》，然据党斌考证，实误，志主当为“雷有邻”，参见氏著《出土墓志的互相佐证和考辨——〈严有邻墓志〉当作〈雷有邻墓志〉》，《碑林集刊》第26辑，三秦出版社，2021，第116~125页。《雷有邻墓志》录文亦见党斌《民族·盟约·边界·战争——陕西出土宋代墓志辑释》，社会科学文献出版社，2021，第32~34页。

④ 中国文物研究所、陕西省古籍整理办公室编《新中国出土墓志·陕西（一）》，文物出版社，2000，两方墓志之图版见该书上册第143、144页，录文见下册，《大宋故宣徽北院使起复云麾将军检校太保兼御史大夫上柱国夏阳郡开国侯食邑一千八百户食实封陆佰户

外,借助出土文献，对雷氏家族的发展轨迹和世系等方面有了更多认知。有鉴于此，笔者以传世文献与墓志史料为基础，对雷氏家族的兴衰事迹进行全面的考察，力争重构北宋时期雷氏家族的发展历程。

一 宋太祖朝雷氏家族的崛起与发展

（一）雷德骧与雷氏家族的兴起

北宋关中雷氏家族的起家人物为雷德骧，他的一生历经后周太祖、世宗、宋太祖、宋太宗四朝，历官显要，尤其是他和长子雷有邻在开宝年间与名相赵普的恩怨，使他们父子在宋初历史中留下浓重一笔。

1. 谏诤之臣

雷德骧在后周广顺三年（953）“举进士”，以科举入仕，颇有官声。[①] 入宋以后，他初任殿中侍御史，[②] 后转屯田员外郎、判大理寺。

宋太祖之所以将雷德骧调任大理寺，当缘于他为人刚正不阿。对此，宋代史籍也多有记述，如“［雷德骧］久居谏诤之任，有直名”。[③] 正是在大理寺任上，雷德骧让宋太祖了解到他的“性刚直”。

史载，某日，宋太祖在琼林苑放鹞子，“敕左右有急事即得通”。恰好雷德骧“携大理案二道，扣苑门求对”，宋太祖认为此非急事，他回复道：“岂不急于放鹞子乎？”宋太祖大怒，“自起击之”。但不久后，宋太祖颇有悔意，再次召见他，感叹道：“朕若得如卿十数辈，何忧天下乎？”[④]

赠侍中雷公（有终）墓志铭》（以下简称《雷有终墓志》），第150~153页；《大宋故光禄寺丞雷公（孝孙）墓志铭》（以下简称《雷孝孙墓志》），第153~154页。因墓志已经正式出版，故本文兹不照录志文。

① 《宋史》卷二七八《雷德骧传》，第9453页。

② 《宋大诏令集》卷一六五《令陶穀以下举堪藩府通判官诏（乾德二年七月辛卯）》，中华书局，1962，第629页。

③ 吴处厚：《青箱杂记》卷一，李裕民点校，中华书局，1985，第1页。

④ 田況：《儒林公议》卷上，张其凡点校，中华书局，2017，第34页。按：据笔者所见，《儒林公议》本条记载与其他宋代史籍颇有不同。李焘《续资治通鉴长编》（以下简称《长编》）卷一，建隆元年十二月，“［宋太祖］尝弹雀于后苑，或称有急事请见，上亟见之，其所奏乃常事耳。上怒诘之，对曰：‘臣以为尚亟于弹雀。’上愈怒，举斧柄撞其口，堕两齿。其人徐俯拾齿置怀中，上骂曰：‘汝怀齿，欲讼我乎？’对曰：‘臣不能讼陛下，自当有史官书之也。’上悦，赐金帛慰劳之”（中华书局，2004，第30~31页）。而

其后不久,雷德骧对宰相赵普不法行为的告讦更向朝堂上下展示出自己耿直谏诤的性格特征。

2. 反对赵普的急先锋

开宝元年（968），雷德骧以“其官属与堂吏附会宰相，擅增减刑名”求见宋太祖，“未及引对，即直诣讲武殿奏之，辞气俱厉”，同时揭发赵普强买住宅、贪污受贿之事，引起宋太祖震怒，呵斥他：“鼎铛犹有耳，汝不闻赵普吾之社稷臣乎！”用柱斧打掉了他的“上腭二齿”，并准备“处以极刑”，“既而怒解，止用阑入之罪黜焉”。[①]

此次雷德骧贸然“越制”向宋太祖状告赵普之事，没有对位高权重的赵普产生任何不利影响，反使自己身陷险境，一度有杀身之祸。他的做法，实在令人费解。而仔细考究事件本身，可以发现其中隐含着更多历史信息。

雷德骧的一系列非常规举动，从事件缘起到最终奏言，环环相扣，显然经过了仔细筹划。而他之所以敢与权势正隆的赵普为敌，其背后支持者应该是当时与赵普政争不已的皇弟赵光义。宋太祖很清楚雷德骧的后台是哪一方政治势力，因此他没有否认雷德骧所申诉的赵普罪状，仅以雷德骧违制为由将他贬官了事，低调处理了此次赵光义与赵普间的政治博弈。[②]

雷德骧被贬为商州司户参军之后，赵普延续了一贯的针对赵光义势力咄咄逼人的打击态势。《宋史·雷德骧传》记载，知商州奚屿“希宰相旨”，故意以傲慢态度激怒雷德骧，令他“出怨言”，又以非常规手段取得他“为文讪上”的证据，“即械系德骧，具状以闻”，但宋太祖仅将雷德骧流放灵武。此后赵光义势力反对赵普的大旗，顺势交到了雷德骧长子雷有邻手中。

《涑水记闻》与《皇朝编年纲目备要》对此事的记载与《长编》基本相似，且均未指明此处之大臣即为“雷德骧”，见司马光《涑水记闻》卷一，邓广铭、张希清点校，中华书局，1989，第7页；陈均编《皇朝编年纲目备要》卷二，开宝元年九月，许沛藻、金圆、顾吉辰、孙菊园点校，中华书局，2006，第30页。

① 李焘：《长编》卷九，开宝元年冬十月甲戌条，第210页。

② 关于宋太祖时期赵普与赵光义之间的政治斗争，参见王育济、范学辉《宋太祖》，人民出版社，2021，第695~697页。

（二）倒赵奇兵——雷有邻

由于“举进士不第”，雷有邻认为自己科举失败与己父被流放，均是赵普刻意为之，“意宰相赵普挤抑之”。所以他“日夜求所以报普者”。他借出入秘书丞王洞家之机，掌握了堂后官胡赞、李可度等人受贿的事实，又得知前摄上蔡主簿刘伟伪造履历之事，“遂上章告其事”，并指出中书仍有不法之事，“皆宰相庇之”。此事引起宋太祖震怒，重罚犯罪官员，对赵普也有了猜忌之心，“始有疑［赵］普意矣”，雷有邻则因功授秘书省正字。[①]

此次由雷有邻发端的倒赵事件，时机非常合适。开宝四年（971）后，宋太祖对独相多年的赵普已经有诸多警惕和防范，[②] 适逢此时，雷有邻向宋太祖揭露宰相的不法行为。纵观整个事件，计划周密，证据确凿，作为“除名人”之子的雷有邻应当很难独自完成，其背后仍然是赵光义势力在筹备，只是最终由雷有邻来实施而已。

赵普罢相后，宋太祖下令将流放在外的雷德骧召回京城，委以新职，任秘书丞，分判御史台三院事。[③] 开宝八年（975），他又与扈蒙、梁周翰等共同掌管当年省试。[④]

雷德骧入仕是雷氏家族兴起的最主要因素，他在宋太祖时期加入赵光义势力为家族的未来做出关键性选择，因此奠定了此后家族兴盛的基石。

二　宋太宗朝雷氏家族的兴盛与危机

宋太宗赵光义即位后，作为其忠诚的追随者，雷德骧深受宋太宗的信任与重视，此时的他以近臣的身份为天子处理棘手问题与急务。因此宋太宗朝，他的仕宦生涯一帆风顺，加之其次子雷有终在政坛崭露头角，最终令雷氏家族步入当时名门显宦之列。

---

① 李焘：《长编》卷一四，开宝六年六月癸卯条，第 303 页。

② 可参见张其凡《赵普评传》，北京出版社，1991，第 177～184 页。

③ 李焘：《长编》卷一四，开宝六年冬十月丁酉条，第 310 页。

④ 李焘：《长编》卷一六，开宝八年二月丁卯条，第 335～336 页。

（一）天子近臣——雷德骧

开宝九年（976）十月赵光义登基后，雷德骧先任“吴越国告哀使”，回朝后，他“勾当仪仗使事”，与齐王赵廷美等人共同负责宋太祖的安葬事宜。[①] 很快，他又升迁为“户部员外郎兼御史知杂事”，仕宦境遇，一片坦途。

1. 平步青云

太平兴国二年（977），因有人告发宋太祖孝明王皇后的同母弟王继勋虐杀奴婢，雷德骧受宋太宗之命前往洛阳调查此案。

王继勋性格残暴，他在宋太祖时期就“专以脔割奴婢为乐，前后多被害”。宋太祖得知其不法行为后，虽然表现出“大骇”，但仅仅对他降职了事。开宝三年（970）王继勋“分司西京”后，“残暴愈甚，强市民家子女备给使，小不如意，即杀食之，而棺其骨弃野外。女侩及鬻棺者出入其门不绝，洛民苦之而不敢告”。对于此事，宋太宗赵光义“在藩邸，颇闻其事”。所以继位之后，当有人告发王继勋的残虐行为，宋太宗即命令雷德骧“乘传往鞫之”，最终“令折其胫而斩之”，“洛民称快”。[②]

作为刚刚继位的新皇帝，宋太宗将太祖王皇后亲弟直接处死，丝毫没有顾及王氏的皇戚身份，表现出他急于彰显皇权、树立权威的政治心态。从中也可以看出宋太宗朝伊始，雷德骧就成为宋太宗倚重的近臣。而且雷德骧在太平兴国年间，不论是负责北伐大军的粮草调发与运输，[③] 还是掌管京朝官考课之事，[④] 大多能应付自如，深得宋太宗的赏识。

2. 主动请辞

雍熙二年（985），雷德骧在两浙路转运使任上被征召回朝，任同知京朝官考课。[⑤] 次年，他又与翰林学士贾黄中等人奉宋太宗之命对北伐失败

---

① 徐松辑《宋会要辑稿》礼二九之二，刘琳等校点，上海古籍出版社，2014，第 1318 页。

② 《宋史》卷四六三《王继勋传》，第 13541～13543 页。

③ 李焘：《长编》卷二〇，太平兴国四年正月丁酉条，第 444 页。

④ 李焘：《长编》卷二二，太平兴国六年九月丙午条，第 499～500 页。

⑤ 《宋史》卷二七八《雷德骧传》，第 9454 页。

的曹彬等九人进行审查。[①]

端拱元年（988），赵普再次拜相，作为赵普的老对手，雷德骧一度失态，“骤闻之，手不觉坠笏”，他马上请求辞官回乡。虽然宋太宗一再强调会保全他，但雷德骧“固请不已”，最终宋太宗“罢［雷德骧］知京朝官考课，仍奉朝请，特赐白金三千两，以慰其心”。[②]

不久，雷德骧因在酒后“叱起居员外郎郑构为盗”，被御史弹劾，但据《宋史》本传，宋太宗“止令罚月奉而释之。讫赵普出守西洛，帝终保全之”。[③] 可见雷德骧凭借天子近臣的身份，多次得到宋太宗的照拂。

3. 家庭与身后事

淳化二年（991），雷德骧的女婿卫濯状告他的孙子雷孝先“内乱”，宋太宗“素怜德骧”，未就此事对雷氏进行严肃处理，只是将雷孝先流配均州，雷德骧降职了事。不过，经此一事，雷德骧深受打击，次年即去世。之后随着雷有终为三司盐铁副使，雷德骧被追复旧官，[④] 并最终被追赠太傅。[⑤]

传世史料对雷德骧的婚姻没有记载，幸赖出土的《雷有终墓志》，可知雷德骧初娶妻王氏，但王氏不幸早逝，他又续娶杨氏。

至于雷德骧的子嗣，除去《宋史》所记雷有邻和雷有终二子及一女之外，据《雷有终墓志》，还有二子名为雷有伦和雷有庆。雷有终死后，在宋真宗的恩典之下，二人才以恩荫入仕。

雷德骧的一生宦海浮沉，历官几十年，为雷氏家族的崛起创造了良好条件。然而，雷德骧长子雷有邻英年早逝，官职不显，《雷有邻墓志》哀叹：“痛不登于贵仕也。”因此，之后雷氏家族的发展主要是由雷德骧次子雷有终来完成的。

---

① 李焘：《长编》卷二七，雍熙三年六月戊午条，第619页。《宋大诏令集》卷九四《推治曹彬等失律罪诏》将贾黄中、雷德骧等人推治曹彬等一事系于“雍熙二年六月戊午”（第345页），当误。

② 李焘：《长编》卷二九，端拱元年二月壬子条，第649页。

③ 《宋史》卷二七八《雷德骧传》，第9454页。

④ 《宋史》卷二七八《雷德骧传》，第9454页。《雷有终墓志》载雷德骧有女“尼敞”，不知是否即为卫濯之妻。参见《新中国出土墓志·陕西（一）》下册，第150~153页。

⑤ 《雷孝孙墓志》中又称雷德骧“赠太师”，与《雷有终墓志》所言“太傅”不同，未知孰是。参见《新中国出土墓志·陕西（一）》下册，第154页。

（二）崭露头角——雷有终

雷有终是宋初名臣，曾经两次入巴蜀平叛，尤其宋真宗年间的王均之乱，他的战功最显，深得宋真宗的信任。因此，《宋史》中他的传记篇幅远超其父兄。此外，曾巩在《隆平集》中仅为雷有终列传，[①] 而《东都事略》中则是雷有终的传记后附雷德骧与雷有邻的传记。[②] 可以说，在宋人看来，雷有终才是雷氏家族的代表人物。

1. 政绩斐然

《宋史》本传称赞雷有终“幼聪敏”，但他并未如父兄一般，走科举之路。他以荫补举官，初任汉州司户参军，后在莱芜县尉任上揭发前任知监刘祺的“奸赃”，令刘祺罢官流放，并整治冶官不法之事颇有成效。

《雷有终墓志》记载宋太宗登基后，派遣内官伍守忠去探查雷有终，伍守忠向宋太宗汇报“[雷]有终强济之状”。由此宋太宗任命雷有终大理寺丞、通判解州军州事兼提点两盐池。在任一年多后，他尽知盐池事务的利弊，请求入京向宋太宗奏告有关事宜，“太宗为之动容”。太平兴国六年（981），宋太宗任命他为淮南转运副使，“锡五品章绶”，以示恩宠。其时雷德骧为两浙转运使，“父子同日受诏，搢绅荣之”。[③]

雍熙二年（985），宋太宗令雷有终负责规划“放行江浙盐”之事，但因故未成。[④] 次年，宋军大规模进行北伐时，他被任命为蔚州飞狐路随军转运使，负责大军物资转运之事。战事结束后，他先后任三司盐铁判官、判三司度支勾院、户部副使、度支副使，《雷有终墓志》称“吏不敢欺，曹无留事”，政绩斐然，“邦人宜之”。

淳化二年（991），雷有终在知广州任上因家族“内乱”一事被贬官衡州团练副使，“夺章服”。不过，还未等雷有终到达贬所，他就被宋太宗重新起用，“起为都官员外郎，历度支、盐铁副使，复金紫”。[⑤]

---

① 曾巩：《隆平集》卷一一《雷有终传》，王瑞来点校，中华书局，2012，第340~341页。

② 王稱：《东都事略》卷四三《雷有终传》，孙言诚、崔国光点校，齐鲁书社，2000，第342~343页。

③ 《宋史》卷二七八《雷德骧传》《雷有终传》，第9453~9463页。

④ 徐松辑《宋会要辑稿》食货二三之二二，第6499页。

⑤ 《宋史》卷二七八《雷有终传》，第9456页。

淳化三年（992），因江南私贩盐、茶甚多，宋太宗命令时任三司盐铁副使雷有终兼充江南诸路茶盐制置使，进行实地考察，期望盐茶之事最终能达到“便于民而利于物”的效果。[①] 次年二月，宋太宗听完雷有终的详细汇报后，下诏：“废沿江榷货务八处，应茶商并许于出茶处市之，自江之南，悉免其算。”[②]

其后，雷有终迁转为工部郎中、知大名府，不及一月，他得到了知江陵的差遣。正在此时，四川爆发了李顺起义，他临危受命，入川平叛。

2. 西川平叛

淳化五年（994），宋太宗以王继恩为西川招安使。[③] 雷有终与裴庄“并为峡路随军转运使”，受王继恩节度，率军讨伐李顺。[④]

据《雷有终墓志》，雷有终等人率军“沿峡而上”，“时天久不雨，将士渴乏”。他潜心祈祷，终于得降大雨，缓解饥渴，军心为之一振。而在驻军广安军之时，宋军遇敌夜袭，全军一时陷入混乱，他镇定自若，“安坐理发”，指挥“奇兵”自敌军后方袭击，成功扭转败局。凡此种种功绩，墓志认为雷有终可以与古代名将谢安、周亚夫等相提并论。《长编》也称赞他：“调发兵食，规画戎事，皆有节制。”[⑤] 足见他在此次平叛中功勋卓著。

四川战事结束后，雷有终历官知许州、并州，至道二年（996）迁转给事中。宋太宗驾崩时，“遗赐对衣金带，表殊念也”，以示对他的恩宠。宋真宗即位，雷有终加工部侍郎，“罢郡入朝，路由巩洛”。经宋真宗允许，他祭拜了宋太宗陵寝，表达了对先帝的追思与怀念。[⑥]

三 宋真宗朝雷氏家族的短暂辉煌

雷德骧、雷有邻和雷有终父子三人在宋初政坛多年的深耕，终于使雷氏家族在宋真宗初年迎来了短暂辉煌，尤其是雷有终作为出色的能臣，在

---

① 徐松辑《宋会要辑稿》食货三六之三，第6786页。

② 徐松辑《宋会要辑稿》食货三〇之二，第6650页。

③ 李焘：《长编》卷三五，淳化五年正月癸酉条，第767页。

④ 李焘：《长编》卷三五，淳化五年二月甲申朔条，第772页。

⑤ 李焘：《长编》卷三六，淳化五年五月己巳条，第787页。

⑥ 《雷有终墓志》，《新中国出土墓志·陕西（一）》下册，第150~153页。

宋真宗初年深受宠信。

（一）治边能臣——雷有终

咸平二年（999），短暂任职审刑院的雷有终对大理寺与审刑院之间存在的“觉举”问题进行上奏，并得到宋真宗的允许而加以改革。[①] 次年，他被派往澶州，为宋真宗的北巡督办粮草。此时，四川爆发王均之乱的消息传至宋廷，宋真宗经过慎重考虑，决定命雷有终再次率军入川平叛。[②]

1. 再入西川

此次平叛过程，《雷有终墓志》的记述较为简单，这与对雷有终平定李顺之事大书特书颇有不同。究其缘由，实际上是由于此次平叛行动中出现了一些墓志必须讳言的事件。

雷有终等率军初至成都时，误中王均诈逃之计，损失惨重，“［雷］有终等缘堞而坠，李惠死之，退保汉州”。[③] 而且雷有终“与上官正、石普多不叶，赖［秦］翰和解。不然，几致生事”。[④] 因此从墓志铭撰写的角度来说，对于这类事情当然讳而不书。

咸平三年（1000）十月，王均兵乱最终被平定，雷有终派遣杨崇勋入京向宋真宗告捷。[⑤] 值得注意的是，杨崇勋曾“事真宗于东宫”，属于宋真宗的“藩邸旧人”，且与宋真宗的私人关系比较密切。[⑥] 雷有终以杨崇勋为使，恐怕是刻意为之，显示出他的政治智慧。

雷有终前后两次入蜀平乱，战功卓著。据《雷有终墓志》，宋太宗与宋真宗的各种赏赐超越常例，“其数甚多”，但他大都分配给军士，以致“家财罄竭”。甚至在他第二次入蜀之时，“过库钱数千贯，俱上表乞纳崇仁里第”，后被宋真宗予以减免，归还府邸。四川民众还为他立祠，以表

① 徐松辑《宋会要辑稿》职官一五之三二，第 3425 页。

② 李焘：《长编》卷四六，咸平三年正月甲午条，第 989 页。

③ 《宋史》卷二七八《雷有终传》，第 9458 页。亦见李焘《长编》卷四六，咸平三年二月丁卯条，第 994 页。

④ 李焘：《长编》卷八五，大中祥符八年闰六月戊戌条，第 1939 页。

⑤ 李焘：《长编》卷四七，咸平三年十月辛亥条，第 1028 页。

⑥ 《宋史》卷二九〇《杨崇勋传》，第 9713 页。

达对他的感激之情。故魏野有诗："新祠人祭祀，旧债帝填还。"[①]

2. 历官边境

雷有终自四川归来后，改任知永兴军府事。咸平四年（1001），宋廷筹划救援被李继迁围攻的灵州，以顺州刺史康延英为永兴军钤辖，率禁军步骑五千进驻京兆府，雷有终"同主之"，以张兵势。[②]

后宋廷令雷有终转任"知秦州军州事"。在秦州任上，他认为"秦甸控扼西陲，城垒卑庳，不足威戎"，于是上奏宋廷，请求修缮城防，"大兴版筑"。且他"亲自慰劳，暑不张盖，克期而就"。[③] 他知人善任，不拘一格地提拔人才，如下属唐肃在任职秦州司理参军期间平反冤案，遂将其"辟为观察推官"。[④]

景德元年（1004），宋真宗改任雷有终为并代州管内马步军副都部署，此时他的继母杨氏去世，他未及上任即丁忧在籍。不久，宋真宗命令他"起复"，仍旧任并代州管内马步军副都部署。当年冬天，契丹军队大举南下，宋真宗亲征至澶渊，命令他"以麾下会师塞上"。[⑤]

按照时任宰相寇准的战略计划，起初是打算让桑赞等自定州率军南下镇州，而雷有终率军从河东出土门至定州。[⑥] 但不久随着战事的变化，改命雷有终赴镇州与桑赞汇合，[⑦] 并在平定军驻扎，以增强对契丹的军事威慑力。[⑧]

在此次宋辽对峙中，雷有终并未如王超等宋军将领一般，"逗挠无功"，畏敌不前，而是积极主动地增援前线，"威声甚振，河北列城赖以雄

① 吴处厚：《青箱杂记》卷一，第2页。

② 李焘：《长编》卷五〇，咸平四年闰十二月丁亥条，第1101页。

③ 《雷有终墓志》，《新中国出土墓志·陕西（一）》下册，第150~153页。

④ 《宋史》卷三〇三《唐肃传》，第10041页。原文为"［唐肃］举进士，调郿县主簿，徙泰州司理参军"，考《宋史·雷有终传》，雷有终并无在泰州任职的经历。且《长编》卷八〇，大中祥符六年正月丁巳条，述及唐肃为"秦州司理参军"时，"知州事马知节"，第1816页。《宋史》卷二七八《马知节传》，其中记载马知节的仕宦经历，仅有"知秦州"的履历，并无在泰州任职的记载（第9450~9452页）。因此结合《雷有终传》中雷有终的履历，推断《宋史·唐肃传》中的"泰州"为"秦州"之误。

⑤ 《雷有终墓志》，《新中国出土墓志·陕西（一）》下册，第150~153页。

⑥ 李焘：《长编》卷五七，景德元年闰九月癸酉条，第1266~1267页。

⑦ 李焘：《长编》卷五八，景德元年十月丙戌条，第1274~1275页。

⑧ 李焘：《长编》卷五七，景德元年闰九月乙卯条，第1260页。

张云”。[①] 正因为他的积极表现，宋真宗将他升为宣徽北院使、检校太保。

咸平、景德年间的宣徽使仍带有“旧时代”的皇帝私家属性，表现出“待勋旧”“宠勋臣”的传统。[②] 由此可见，雷氏家族自雷德骧以来的“天子近臣”这一身份得到延续。宋真宗初年的雷有终以“能臣”加“近臣”的双重身份得到皇帝宠信，也令雷氏家族走向了辉煌顶点。

3. 猝然离世

雷有终一贯“倜傥自任，不拘小节”，“丰于宴犒”，他在并州任上依旧是“公费不足则倾私帑给之”，因此宋真宗也深知这位宠臣“家无余财”。在雷有终入京为宣徽使后，宋真宗“特给廉镇公用钱岁二千贯”。[③]

不幸的是，雷有终入京履任新职后不久，即于景德二年（1005）暴卒。据《雷有终墓志》，宋真宗亲临吊唁，并“辍视朝二日”。当年十一月，雷有终与其侄雷孝孙归葬于同州郃阳县雷氏祖坟。

雷有终作为真宗朝初期的重臣，“自谓公干洁廉，一代之良臣”，[④] 深受宋真宗的重视。清人赵翼评价宋代的“恩荫之滥”及“恩赏之厚”，其中就两次以雷有终为例进行阐述。[⑤]

雷有终去世之时，雷氏家族的下一代成员多以恩荫得武职入仕，并且仅为八品或者九品的低级官员。这在宋真宗之后崇尚科举的北宋官场，实在难以令家族的声望与地位再进一步，雷氏家族也逐步走上了衰落之路。

（二）以文换武——雷孝先、雷孝若兄弟的政治选择[⑥]

雷有邻的长子雷孝孙早逝，据墓志，其生前的职位不过是承奉郎而已。因此，在雷有终故去之后，雷孝先的仕宦生涯就对雷氏家族未来的发展有重大影响。

---

① 李焘：《长编》卷五八，景德元年十月辛卯条，第 1294 页。

② 廖寅、荆鹏超：《彷徨于新旧之间：北宋宣徽使新论》，《江西社会科学》2022 年第 3 期，第 118~128 页。

③ 李焘：《长编》卷六〇，景德二年五月己酉条，第 1333~1334 页。

④ 李焘：《长编》卷四七，咸平三年十月乙丑条，第 1029 页。

⑤ 赵翼撰，王树民校证《廿二史札记校证》卷二五，中华书局，2013，第 561~563 页。

⑥ 姜勇《允文允武——北宋家族文武转化探析》与尤东进《北宋文武换官制度探析》二文，对雷氏自文官家族向武官家族的转化之事均有论述，见赵龙、刘江主编《中古文明研究》第 1 辑，上海人民出版社，2020，第 68~102 页。

据《宋史》本传，雷孝先以科举入仕，“举进士，试秘书省校书郎”，但因为前文所述的“内乱”事件，一度被“除籍配均州”。后重新入仕，“知宛丘县”，并得到同为赵普政敌李处耘之子李继隆的举荐。[①] 咸平二年（999）宋真宗亲征之役中，雷孝先督运粮食，“首至行在，擢太常寺奉礼郎”。次年，他随叔父雷有终入川平定王均之乱，以军功“改将作监丞”。咸平五年（1002），他又赴陕西，与时任陕西转运使郑文宝共同处理因灵州失陷引发的关中社会动荡，治理颇有成效。但直至景德二年（1005），因为叔父雷有终死后的恩典，他的官阶才正常转一阶，由“将作监丞”转至“著作佐郎”，得到“监河府白家场垛盐务”的差遣。[②]

不同于祖父、父亲以及叔父的仕宦经历，雷孝先基本上是在地方任官，沉浮不定，并且在知兴元府的任上，因“保任失实”，被降职处理。后在同为关中籍的宰相寇准的举荐下，由文转武，改任“内园使、知贝州”。然而在贝州任上，雷孝先再次举措失当。[③] 据史载，“磁州民张熙载诈称黄河都部署，籍并河州郡刍粮，数至贝州”，被雷孝先查知并逮捕入狱，但他“反欲因此为奇功”，使人教唆张熙载自称契丹间谍，最终弄巧成拙，被枢密院得知实情，将他降为潭州都监。[④]

此后，雷孝先历任环庆路兵马钤辖、知邠州，益州钤辖，泾原路钤辖兼知渭州，知耀州等地方军职，最终官至正四品的右领军卫大将军，以昭州刺史、分司西京的官职去世。[⑤] 他也是唯一在《宋史》中有传记的雷氏家族第三代，但仕宦履历着实普通，也未能延续家族“天子近臣”的传统。

雷孝若是雷有终之子，《宋史》无传，传世史料对他的记载也不多。咸平三年（1000）初，四川王均叛乱爆发后，雷孝若与雷孝先共同跟随雷有终入川平乱。同年三月，雷有终派遣官阶为太常寺奉礼郎的雷孝若进京，向宋真宗奏报弥牟镇之捷。他在与宋真宗的奏对中，“愿改职自效，

---

① 关于李处耘与赵普之间的政治关系，参见何冠环《攀龙附凤——北宋潞州上党李氏外戚将门研究》，香港：中华书局，2013，第76~80页。

② 《雷孝孙墓志》，《新中国出土墓志·陕西（一）》下册，第153~154页。

③ 《宋史》卷二七八《雷孝先传》，第9463~9464页。

④ 李焘：《长编》卷九七，天禧五年三月丙戌条，第2243页。

⑤ 《宋史》卷二七八《雷孝先传》，第9563~9464页。

诏补西头供奉官”,[1] 标志着他正式由文职改换武职。

据笔者目前所见史料，雷孝若由太常寺奉礼郎转为西头供奉官后，基本就寂寂无闻，史载阙如，至其父雷有终于景德二年（1005）去世时，在宋真宗的恩典之下，方“自西头供奉官转内殿崇班阁门祗候”。由此推测，雷孝若当无过人之处。其最初的“奉礼郎”官职，或许如同雷孝孙一般，均是得自父祖辈的荫补。因此，在自己的文采并无可称之处的情况下，他选择“以文换武”，当是期望通过其父的庇护来获得一些利益。但是雷有终的突然去世，使得雷氏家族失去了一个能够倚重的对象，而且雷氏子侄未能适应真宗朝之后的政治转型，对家族此后的发展非常不利。

四　雷简夫与回归平凡的雷氏家族

北宋真宗朝后，随着政治局势的稳定、文官政治的确立，科举取士逐渐成为主流，这对惯于取武职入仕的雷氏家族非常不利。再加上雷氏成员个人政治能力的缺失，如宋仁宗时雷孝杰知代州，“贪赃不法”。[2] 如此种种，均使雷氏家族难以再现辉煌，逐步退出显宦门第，趋于平凡。这一时期，雷氏家族在史书中有迹可循的仅有雷简夫一人。

（一）以隐得官，颇有政声

雷简夫是雷孝先之子，在祖、父辈的荣耀褪去之后，他选择隐居在关中长安远郊终南山下。[3] 宋仁宗康定年间，隐居长安的雷简夫得到时任枢密使杜衍的举荐入仕。之后雷简夫受命治理久已荒废的三白渠，卓有成效。[4] 正因为雷简夫此次治水之功，宋仁宗将雷简夫迁秩为大理寺丞。[5]

雷简夫出色的个人才干，也引起了当时名臣韩琦、范仲淹的重视。两

① 李焘：《长编》卷四六，咸平三年三月丙午条，第998页。

② 《蔡襄集》卷三七《光禄少卿方公神道碑》，吴以宁点校，上海古籍出版社，1996，第670~674页。

③ 张礼：《游城南记》，孔凡礼整理《全宋笔记》第3编，大象出版社，2008，第1册，第218页。

④ 《宋史》卷二七八《雷简夫传》，第9464页。

⑤ 胡宿：《文恭集》卷一四《雷简夫可大理寺丞制》，《景印文渊阁四库全书》，台北：商务印书馆，1986，第1088册，第730页。

人对雷简夫评价颇高，“得为异才”，并向朝廷举荐雷简夫。[①]

嘉祐二年（1057），辰州彭仕羲叛乱，地方官处理不力，宋廷改派雷简夫前往平定此次叛乱。[②] 雷简夫受命后，剿抚并行，令彭仕羲黔驴技穷，不得不归还所掠兵丁、械甲，“饮血就降”。从此之后，“岁奉贡职如故”，[③]“而荆湖之间遂无事”。[④]

雷简夫招降彭仕羲有功，宋廷给予迁秩的奖励，“殿中丞雷简夫为国子博士、通判辰州”。[⑤] 此后，雷简夫因为疾病回到了北方，在虢州和同州等地任官，渐趋沉寂。

（二）交接文坛，举荐“三苏”

雷简夫不但为官颇有政绩，在当时的文坛也占据一席之地，并且与当时名臣或士大夫多有交往，以诗文互酬。[⑥] 他的书法尤为一绝，当时人赞曰：“迹甚峻快，蜀中珍之。”[⑦]

雷简夫知雅州期间的另一事迹，就是发现及推荐苏洵，令其“名满天下”。[⑧]“［苏］洵名振京师，盖自简夫始云。”[⑨] 雷简夫至雅州后，感慨与好友尹洙“至死不复相见”，因此“谓天下后生无复可与议论当世事者”。然而，他看到苏洵携来的文稿后大喜过望，但他又觉得自己位卑言轻，“无以发洵之迹”。因此他转而向韩琦、张方平和欧阳修等人推荐苏洵，在给三人的信中，盛赞苏洵有“王佐才”“迁史笔”，“皇皇有忧天下心”。

---

① 范仲淹：《范文正公政府奏议》卷下《奏举雷简夫充边上通判》，《范仲淹全集》，李勇先、王蓉贵点校，四川大学出版社，2002，第 618 页。

② 李焘：《长编》卷一八六，嘉祐二年九月乙亥条，第 4491 页。

③ 李焘：《长编》卷一八七，嘉祐三年八月庚申条，第 4520 页。

④ 徐松辑《宋会要辑稿》蕃夷五之八四，第 9888 页。

⑤ 李焘：《长编》卷一八八，嘉祐三年九月辛未条，第 4525 页。

⑥ 朱东润编年校注《梅尧臣集编年校注》卷二七《逢雷太简殿丞》《雷太简遗蜀鞭》《得雷太简自制蒙顶茶》，上海古籍出版社，2020，第 1207~1209 页。

⑦ 朱长文：《墨池编》卷三《听江声帖》、卷一〇《能品六十六人·雷简夫》，何立民点校，浙江人民美术出版社，2019，第 97、313 页。

⑧ 王象之：《舆地纪胜》卷一四七《雅州·官吏》，李勇先点校，四川大学出版社，2005，第 4404 页。

⑨ 王稱：《东都事略》卷四三《雷简夫传》，第 343 页。

正是基于他的力荐，“三公自太简始知先生”。[①]

而现存苏洵的文集中，也可以发现苏洵与雷简夫多有酬答。苏洵也述及他与雷简夫的情谊，“某与执事道则师友，情则兄弟”，并且苏洵为雷简夫撰写了墓志铭，称赞他“德积声施”。[②] 至南宋时，雅州州治还有贤范堂，“绘雷简夫、苏氏父子像，并刻荐三苏书于壁间”。[③]

五　余论

雷德骧父子面对宋初复杂多变的政治形势，以敏锐的政治嗅觉及杰出的个人能力脱颖而出，成为宋太宗的“近臣”，为家族的兴起奠定了良好基础。雷有终在宋真宗初年的危局中，不论是对内平叛，抑或对外作战，均将自己的才能发挥得淋漓尽致，实现了雷氏从“近臣”到“能臣”的角色转换。但在他之后，雷有终的子侄终究无法承担维持乃至提升家族声望这一重任，成员中再无显宦出现，家族日趋衰微，终至寂寂无闻，雷氏家族的衰落成为必然之势。

“君子之泽，五世而斩。”[④] 雷有终故去，雷孝先、雷孝若转入武职，雷简夫虽颇有才干，但家族再无人经由科举入仕。在崇尚科举的宋代官场，如果家族科举不兴，就意味着家族成员入仕的途径受到诸多限制，家族无法利用已有权势来维持社会影响，更无法提升和拓展家族的门第声望和社会关系。此后，宋代史籍对雷氏家族再无只言片语。曾经在宋初一度步入显宦之家的雷氏家族就此沉寂下去，最终消失在历史长河中。

---

① 邵博：《邵氏闻见后录》卷一五，刘德权、李剑雄点校，中华书局，1983，第118~121页。

② 苏洵撰，曾枣庄、金成礼笺注《嘉祐集笺注》卷一三《答雷太简书》、佚文《与雷太简纳拜书》《雷太简墓铭》，上海古籍出版社，1993，第362、480~481页。

③ 王象之：《舆地纪胜》卷一四七《雅州·景物下》，第4394页。

④ 《孟子集注》卷八《离娄章句下》，朱熹：《四书章句集注》，中华书局，1983，第295页。

附：

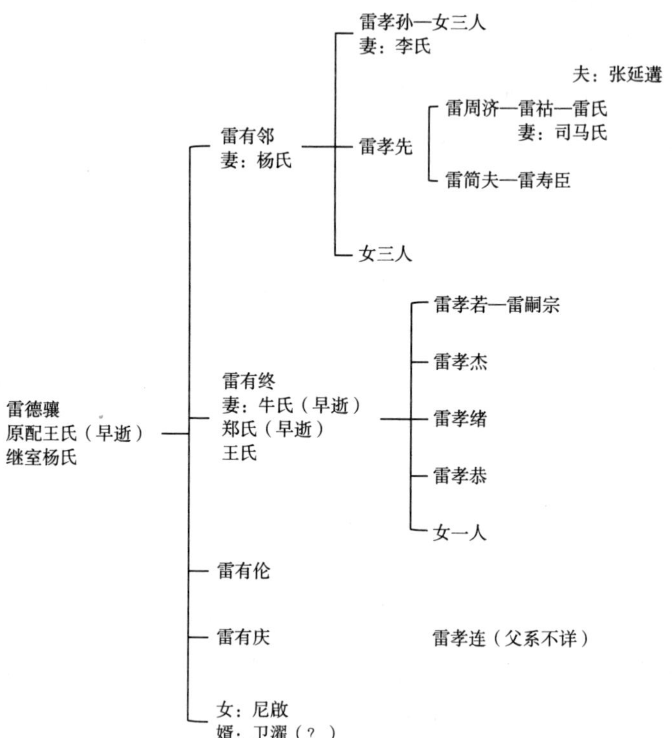
雷德骧
原配王氏（早逝）
继室杨氏
雷有邻
妻：杨氏
雷孝孙—女三人
妻：李氏
夫：张延遘
雷孝先
雷周济—雷祐—雷氏
妻：司马氏
雷简夫—雷寿臣
女三人
雷有终
妻：牛氏（早逝）
郑氏（早逝）
王氏
雷孝若—雷嗣宗
雷孝杰
雷孝绪
雷孝恭
女一人
雷有伦
雷有庆
雷孝连（父系不详）
女：尼啟
婿：卫濯（？）

关中雷氏家族世系

江西新出宋代碑刻考释三则

余　辉

一　《江夏黄府君夫人戴氏行状》考释

2012 年，江西修水县出土黄庭坚之曾祖母戴氏夫人行状碑，这是黄庭坚家族史料一次比较重大的发现。时任修水县黄庭坚纪念馆馆长黄本修先生立即前去制作拓片，收于该馆。2019 年，笔者前去修水县考察，黄本修先生慨然提供拓片供笔者研究，谨此致谢。根据黄先生提供的拓片（见图 1），笔者录文如下：

图 1　《江夏黄府君夫人戴氏行状》拓片

江夏黄府君夫人戴氏行状

夫人戴氏，其先济北人，□出宋穆公之后。父诩，祖福，曾祖占，唐末避地高谢林谷，遂为豫章郡人。夫人天赋惠淑，妇道著闻，家君奇之，慎择良士，得江夏府君中理以妻之。王师平南，国步多事。府君祇役关务，亏岁调缗钱一百万，破产偿入未充其逋。迹困羁縻，心固经勾，虽有兄弟，救在原之惟艰，岂无膏□，慰宜室而罔暇，焦劳十稔，不视家事。夫人身先布素，躬执樵爨，奉舅姑而愈谨□。府君之在侍，尝谓人曰："事亲之道，生不力孝养，死而勤三年之礼，亦何为哉?"故能孜孜尽节风而不渝，内外尊亲，悦其恭顺，咸以寿殁。训诸子好儒学，四□士至，有可亲者，必手制服用，亲调匕膳以礼之。丧乱之际，□□中微。府君之弟□祝氏与□□夫人，并节食贫，力济艰苦，洎门族咸，子孙有立四。祝氏先逝，每念妯娌之义，共瘁于先难，修短既殊，独向□后，追叹恻掩泣无已。故宗族推其孝，乡党服其善。怡燕之风弥劭，敦□之义□光，盖夫人辅佐君子之有力焉。天禧四年八月五日，以疾终于分宁县修村里之私第，享年六十有三。府君先夫人而亡。生四子，长茂□登进士第，历任崇信军节度推官；次茂谘，嗣家政；次茂询、茂伦，举进士。二女：长适进士游尚，次在室。夫人自毕二亲之丧，未尝□归□氏，将有事之先，躬致礼容，往视故族，周眷瓜瓞之绪，曲尽中□之情，疾病之夕，馆宾□会，咸各喻言，亲疎尽意，召诸子戒后事毕，曰："汝先君□，有地方丈，是吾安神之所。"言讫而终。以其年十二月八日葬于高城乡双井原，祔于府君，遵遗命也。谨录行状。

时请江西观察推官魏制埋文，未至，刻行状，用纪岁时。

戴氏的生卒年根据天禧四年（1020）卒，享年六十有三来看，其生年当为957年，该年为后周显德四年、南唐保大十五年。她的祖先系谱如下：

曾祖戴占—祖戴福—父戴诩—戴氏

唐代《元和姓纂》卷九载："戴，宋戴公之后，以谥为姓，宋大夫戴恶，汉有信都太守戴德、九江太守戴圣，后汉有司徒戴就，晋有戴逵，宋有戴法兴，齐有僧静。济北，戴涉之后。"[①] 戴氏出生在南唐后期，以济北为郡望，可见也以戴涉为先祖。

黄庭坚祖先世系，据学者研究为：

> 黄玘—黄赡—黄元吉—黄中理（妻戴氏）—黄湜（茂询）—黄庶—黄庭坚[②]

戴氏贤良淑德，其父为其婚配黄中理，是为黄庭坚的曾祖母。据《江夏黄府君夫人戴氏行状》（以下简称《戴氏行状》），戴氏嫁到黄家不久，就遭遇了"王师平南"之役。这里所说的王师平南，应该指的是开宝八年（975）曹彬率领军队平定江南。曹彬平定江南，史书多称赞其仁德。李宗谔《曹武惠王彬行状》载："伪朝文武官吏，赖彬保全，各得其所。亲属为军士所掠者，即遣还之。因大搜军中，无得匿人妻女。仓廪府库，委转运使按籍检视，彬一不问。师旋，舟中惟图籍衣衾而已。"[③] 据张其凡先生的研究，曹彬平南唐，也有妄杀抢掠的行为。[④] 曹彬虽然没有直接下令屠戮与抢掠，但其部将曹翰却在江州（今九江）屠城。《宋史》载：曹翰，大名人。仕周为枢密承旨、德州刺史。入宋，累迁蔡州团练使，从太祖征太原。将征江南，为行营先锋使。金陵平，江州军校胡德、牙将宋德明据城拒命。翰率兵攻之，凡五月而陷，屠城无噍类，杀兵八百。[⑤] 可见曹彬平定江南时对江南地方也有相当程度的扰动。开宝八年，戴氏已经嫁给黄中理，此时戴氏 19 岁，黄中理可能年纪稍长。此时黄中理为"祗役关

---

① 林宝原著，岑仲勉校勘《元和姓纂》卷九，中华书局，1994，第 1269~1270 页。另邵炳军先生认为老子亦为"戴姓"，详参氏著《老子先祖宋戴公暨老子宋相人说发微》，《诸子学刊》第 1 辑，上海古籍出版社，2007，第 37~47 页。

② 王毅：《〈黄庭坚家世考〉订补》，《文献》1988 第 3 期，第 21 页。

③ 李宗谔：《曹武惠王彬行状》，杜大珪：《名臣碑传琬琰之集》中卷四三，《景印文渊阁四库全书》，台北：台湾商务印书馆，1983，第 450 册，第 531 页。

④ 张其凡：《庸将负盛名——略论曹彬》，《宋代政治军事论稿》，安徽人民出版社，2009，第 364~366 页。

⑤ 脱脱等：《宋史》卷二六〇《曹翰传》，中华书局，1985，第 9014 页。

务”，唐代至北宋初年，“祗役”为地方小吏，《续资治通鉴长编》载：“国家共治之任，牧守为本，亲民之官，令长为急……然而资荫登朝，居千骑之长，胥徒祗役，分百里之封。”① 可见到了真宗时期还有胥徒祗役并称的状况。

黄中理被王师（指宋军）勒令偿还任上所亏空，即《戴氏行状》所谓“府君祗役关务，亏岁调缗钱一百万，破产偿入未充其逋”。而且黄中理可能还被羁押起来，即《戴氏行状》所言“迹困羁縻”。南唐时期苛捐杂税非常多，特别是伐楚失败后国力大衰，对于人民的剥削日益加重。② 宋军这时候追索黄中理的任上亏空，数额达到缗钱一百万，可谓非常之高，以至于黄家一段时间内处于破产的状态。此外，北宋在占领南唐、吴越等故地后，也并未立即废除一些苛捐杂税。③ 而且北宋对于所谓犯罪以及征收税赋不力的官吏，往往采取籍没家产的做法。④《戴氏行状》所记黄中理亏空一事是一个典型的案例，可以了解黄中理并非不出仕，而是早年为小吏时碰到亏空被迫还款而放弃出仕。

《戴氏行状》说“训诸子好儒学，四□士至，有可亲者，必手制服用，亲调匕膳以礼之”，则是黄中理建书馆，聚四方宾客的写照。黄庭坚给叔父写墓志铭时称其家“公曾大父（黄元吉）及光禄府君（黄中理），皆深沉有策谋，而隐约田间，不求闻达。光禄聚书万卷，山中开两书堂，以教子孙，养四方游学者常数十百”。⑤ 黄中理在其父黄元吉藏书的基础上，建有“樱桃洞”“芝台”两处书馆，教习子弟，迎接四方宾客。⑥ 戴氏则在其中训导子弟，招呼宾客，为黄氏书馆的维持付出极大的心力。黄氏家族

① 李焘：《续资治通鉴长编》卷四七，咸平三年五月丙寅条，中华书局，2004，第1020页。

② 吴树国：《中央与地方关系视野下的五代十国禁榷制度》，《陕西师范大学学报》（哲学社会科学版）2018年第4期，第70~78页；吴树国：《十国商税考论》，《长春师范学院学报》2005年第4期，第56~58页；何剑明：《沉浮一江春水：李氏南唐国史论稿》，南京大学出版社，2007，第293~310页。

③ 林煌达：《宋代对南方诸降国地区苛捐杂税处理之探讨》，《淡江史学》第26期，2014年，第65~82页。

④ 林煌达：《宋代官吏籍没家产之惩处》，《淡江史学》第25期，2013年，第89~107页。

⑤ 《黄庭坚全集·别集》卷九《叔父给事行状》，四川大学出版社，2001，第1648页。

⑥ 《叔父和叔墓碣》，郑永晓整理《黄庭坚全集辑校编年》中册，江西人民出版社，2011，第700页。

此时虽被迫偿还亏空缗钱一百万，却还有余力维持书馆运行和教习子弟，家产不可小觑。

黄中理与弟黄中雅关系甚笃，《戴氏行状》中也有反映。《戴氏行状》反复说戴氏与黄中雅夫人祝氏“并节食贫，力济艰苦，洎门族咸，子孙有立四。祝氏先逝，每念妯娌之义，共瘁于先难，修短既殊，独向□后，追叹恻掩泣无已”。黄氏昆仲与两位夫人一起渡过家难，而且把家业发扬光大，戴氏与祝氏的妯娌之义可谓大矣。

《戴氏行状》又言：“长茂□登进士第，历任崇信军节度推官；次茂谘，嗣家政；次茂询、茂伦，举进士。二女：长适进士游尚，次在室。”据近人研究，黄中理长子为黄沔（茂宗），字昌裔，历任崇信军节度推官。[①] 此人即为黄庭坚伯祖父。戴氏次子茂谘即为黄滋，天禧五年（1021）进士。《戴氏行状》刊石于天禧四年（1020），其中记载黄茂谘（黄滋）未中进士，正在嗣家政，也是真实的情况。茂询即为黄庭坚的本生祖父黄湜，号正伦，嘉祐二年（1057）进士，以子黄廉授朝散大夫。其弟“茂伦”即黄淳，号元之，宝元元年（1038）进士，任尚书职方郎中，知剑州事，后授太常寺正卿。[②] 传世文献记载黄中理生育有五子，四子中进士，但《戴氏行状》只记载四个儿子。根据上文，未记载者疑是黄涣，字茂锡，号晋之，可能并不是戴氏所出。而且据《戴氏行状》，戴氏殁于黄中理之后，则黄涣一定出生于天禧四年之前。黄庭坚对于五位伯叔祖父之学问有直观的记忆，据其所言：“故诸子多以学问文章知名。黄氏于斯为盛，而葬于双井。光禄生茂宗（黄沔），字昌裔。昌裔高材笃行，为书馆游士之师，子弟文学渊源，皆出于昌裔。祥符中，国学试进士以《木铎赋》，有司以王交为第一，而黜昌裔。昌裔抱屈归，次尉氏，遇翰林学士胥公偃，见昌裔赋，大惊，与俱还，以昌裔赋示考试官曰：‘使举子能为此赋，何以处之？’皆曰：‘王交不得为第矣。’胥则以实告，诸公相顾绝叹考校时实不见。因怀赋上殿，有诏特收试。及试礼部，参知政事赵公安仁、翰林学士刘公筠擢昌裔在十人中，授崇信军节度判官。”[③] 可见黄沔昆仲之学

① 周裕锴：《黄庭坚家世考》，《中华文史论丛》1986年第4辑，第187页。

② 王毅：《〈黄庭坚家世考〉订补》，《文献》1988年第3期，第23页。

③ 《叔父和叔墓碣》，郑永晓整理《黄庭坚全集辑校编年》中册，第700页。

问，一则来源自家族传统书馆教育；二是黄沔作为兄长，首先中进士，名重京师，带动家族子弟昆仲向学。戴氏有两个女儿，一个适进士游尚，一个在天禧四年尚待字闺中。

根据《戴氏行状》，黄庭坚祖父辈初皆以茂为排行，这一点黄庭坚十分清楚。他曾说“紫极宫道士胡洞微明之，少入道于庐山康王观，尝从容趋事余伯祖父宝之。宝之，人豪也，少名茂先”。[①]《戴氏行状》中写到黄中理与戴氏的儿子（即黄庭坚的祖父辈）皆以茂字为名首字，十分正确。仝相卿先生研究发现，北宋韩琦家族墓志铭记载男性姓名均采用相对严格的联名，但是原来所谓“彦”字派联名皆为后来改名的结果，本来取名并不严格。[②] 黄庭坚祖父先以“茂”字为首字，后改为字号，可能天禧四年后其祖父辈全面改为单名，从三点水字旁。

新获黄庭坚曾祖母《戴氏行状》，为我们提供了黄庭坚祖辈先世史最直接的材料。《戴氏行状》记载黄庭坚曾祖父辈的家难，曾祖父黄中理为“祇役关务”而亏空，虽然被强制赔偿缗钱一百万，却又可以开两处书馆，教习子弟，结交四方文士，侧面反映出黄氏家族在分宁县（今修水）之庞大家业。《戴氏行状》中记载的黄中理四个儿子的真名，也可以和黄庭坚文章对应，为我们了解北宋士大夫家族改名提供新的资料。《戴氏行状》所描写黄庭坚曾祖母戴氏的生平，可为我们了解北宋名重一时的分宁黄氏家族的发展情况提供新的切面，弥足珍贵。

二 《宋故江夏黄先生墓志铭》考释

2020 年，修水县双井古村出土黄庭坚叔父黄宽的墓志铭（见图 2），为名儒周敦颐两子周寿、周焘所制作，透露出双井黄氏与理学家周敦颐家族的联姻关系。《宋故江夏黄先生墓志铭》（以下简称《墓志铭》）录文如下：

① 《跋自书东坡乳泉赋》，郑永晓整理《黄庭坚全集辑校编年》中册，第 1157 页。

② 参见仝相卿《北宋韩琦家族疑难问题辨析》（未刊稿），感谢仝先生无私提供未刊论文。王明清总结韩琦家族后裔取名规则，称：“‘相韩’则魏公家也。魏公生仪公兄弟，名连彦字。彦生子，名从口字。口生子，从胄字。胄之子，名连三画，或谓魏公之命，以其名琦字析焉。”见王明清《挥麈录·前录》卷二，上海书店出版社，2009，第 15~16 页。

图 2 《宋故江夏黄先生墓志铭》拓片

黄先生墓

宋故江夏黄先生墓志铭

朝请□□□□荆南军府管勾学事兼管内劝农事充荆湖北路兵马都钤辖兼提举本路及施夔州兵马巡检事骑都尉赐绯鱼袋借紫周绅撰

朝请郎权发遣庐州军州管勾学事兼管内劝农事充淮南西路兵马钤辖飞骑尉赐绯鱼袋借紫周寿书

朝请郎权发遣成都府路计度转运副使公事兼劝农使飞骑尉赐鱼袋借紫周焘篆

大观三年三月初二日，修水黄先生卒于隐居，年六十六，政和元年十月廿日葬于双井溪上。侄观象奉叔母命，状先生之行，请铭于余。以为平日姻好，宜知先生之深，顾可辞耶？敬叙而铭之。

先生讳宽，字元泽，其先婺州金华人。四世祖赡，为江南李氏洪州分宁宰，因家焉。曾祖元吉、祖中理赠光禄卿，父涣皆有德艺，不耀、不鬻、不堕利禄网略，至先生而能似之。先生敦信俭庄，资与礼合，平居以礼自持不少弛。疑若强勉，而实安乐之已。于人无老幼贵贱，必敬人；于己或暴愣不校，必加敬治。其家斩斩纲纪备具，诲其子侄谆切，必孝友退慎为先。私语闺门中，未尝短一人也。人有善不啬，若己有为。人人道之，少尝刻意词赋，罕所推下。其读圣人书，多自得之学，然终不以试有司。方二亲垂白，朝夕承颜左右，致其所以养，无愧曾闵。故先生之不试，言高者谓不肯招世故，言孝者谓不忍去亲侧。既而遂老于山林焉。所居并溪流，有亭，有圃，葛巾藜杖往来其间，时时与宾友饮酒、赋诗。诗其所甚好也。倡赓及后人，畏其不穷，而伏其工风清月白，或鼓琴吹箫，神气旷迈，超然有外万物之情。其治生力本为入公私显而已，不为巧数射多赢。里豪乘饥，争贵其籴。先生独平出，由是愧而尽平。人有沽其产者，未尝幸其急取之。妹寡来依，抚恤深厚，教其出如教其子。

先生娶建昌徐氏，有贤行，生二男：子曰公式；曰公弌。俱好学，乐道得父风。一女归余之子，泣铭曰：

维双井黄，间有异人。夷仲鲁直，凤皇麒麟。出者然矣，人有隐者。元泽沈冥，紫燕在野。用所读书，治气养心。丘园无闷，视我箫琴。人嗟先生，才不世得。先生嗟人，山木自贼。或趍于怪，此蹈其常。美言尊行，有飶其香。六十六年，归则尚丞。然无一日，为物黥劓。以是全我，康庄及真。镵铭诏后，配古逸民。①

墓志铭主为黄宽（1043～1109），字元泽，是黄庭坚的叔父。这一支发展支脉为：

黄中理（妻戴氏）—黄涣—黄宽—黄公式
—黄公弌

《墓志铭》未明确记载黄宽家系的出仕情况。黄宽父黄涣为黄庭坚亲叔祖父，而且是黄中理最小的儿子。学者考察明代黄庭坚《黄氏族谱》，黄宽名字被记录为“黄孝宽”，② 显系家谱误植，应该以此石刻墓志为准。黄宽二子黄公式、黄公弌从未被任何文献提及，墓志铭记载也可补全分宁

① 修水县博物馆藏原石，感谢纪晏如学姐提点“焘”与“寿”字释读问题并提醒黄氏家族与周敦颐家族之联系。谨此致谢。

② 王毅：《〈黄庭坚家世考〉订补》，《文献》1988 年第 3 期。

黄氏的家系。《墓志铭》最重要的一点是提及黄中理之前的黄氏祖先为南唐李氏分宁县令，家族因而定居分宁。这比《戴氏行状》的记载更为细致，也符合南宋周必大所言“先生六世祖瞻尝为邑宰，厥后奉亲卜居，没则就葬，历三世，家修水上，宦学有声，而先生出焉。此世家之可考者也”。[①]《墓志铭》记载黄氏祖先为分宁县令，《戴氏行状》记载黄中理为南唐税吏，可见黄氏家族定居分宁后，世代为地方亲民官，厚殖地方势力，成为地方名族。

黄宽与其父黄涣皆不出仕。黄宽一生读书自乐，与朋友寄情山水，吟游山林，并奉养双亲，是分宁黄氏世代宦族中的异类。其女嫁给周敦颐侄孙，周绅之子，墓志铭也是周绅、周寿、周焘昆仲联合制作，可见分宁黄氏与周敦颐家族千丝万缕的联系。《宋元学案》引《宋史·周敦颐传》中黄庭坚评价周敦颐语：“茂叔人品甚高，胸怀洒落，如光风霁月。好读书，雅意林壑，初不为人窘束。廉于取名而锐于求志，薄于徼福而厚于得民，菲于奉身而燕及茕嫠，陋于希世而尚友千古。”[②] 可见前贤对黄庭坚与周敦颐交情匪浅早有所察觉，而《墓志铭》正好为我们提供了一个关于周敦颐家族与黄庭坚家族姻亲的佐证，也为我们思考北宋名族联姻等问题提供了一个新的案例。

三　宋儒程端蒙石刻家传考释

程端蒙（1143～1191），字正思，号蒙斋，饶州德兴（今江西德兴）人，朱熹门人。淳熙七年领乡贡，补太学生，持书上谏议大夫王自然，责其疏斥正学。以对策不合去，自是不复应举。绍熙二年卒，年四十九。著有《性理字训》《毓蒙明训》《学则》等，创蒙斋书院授徒讲学。程端蒙兄弟三人皆为朱熹早期门徒，程端蒙与陆象山也有书信往来。江西省德兴市新发现元代程文远所立《蒙斋先生传》（原位于蒙斋书院，现位于德兴市新岗山镇新建村礼堂，见图3），有助于我们考察程端蒙生平。

① 傅璇琮编《黄庭坚和江西诗派资料汇编》卷上《黄庭坚·宋代·周必大》，中华书局，1978，第118页。

② 黄宗羲原撰，全祖望补修《宋元学案》卷一二《濂溪学案下·高平讲友·元公周濂溪先生敦颐·附录》，陈金生、梁运华点校，中华书局，1986，第525页。

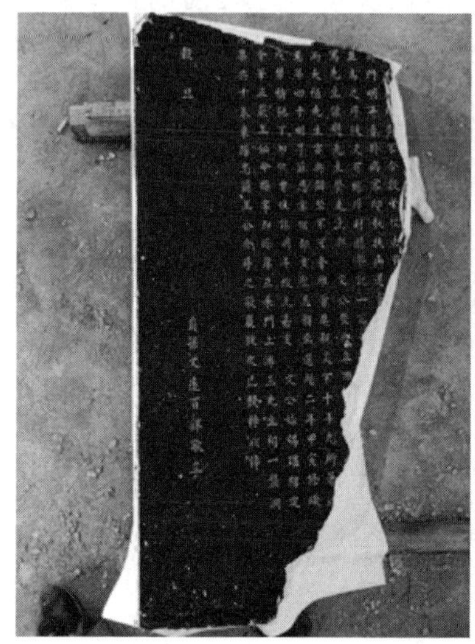
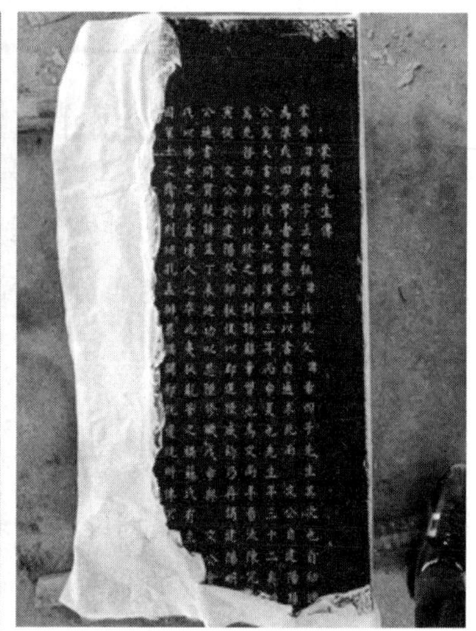

图 3 《蒙斋先生传》拓片

蒙斋书院是程端蒙创立的德兴文教重地，旧在德兴十二都，游弈隖裔孙程德美重建于县治东宝贤坊，嘉靖年间由提学副使王宗沐题额，知县许公高书匾。程端蒙曾为蒙斋书院弟子撰写《性理字训》。[①] 以下是根据《蒙斋先生传》残碑拓片所录文：

蒙斋讳端蒙，字正思。祖讳汝能，父讳易。四子先生，其次也。自幼谨□□为准式，四方学者云集。先生以书自通，求北面。文公自建阳归，□□公为大书之，复为之铭。淳熙三年丙申夏也。先生年三十二矣。进□□为先务，而力行以终之，非训诂辞章习也。为文尚平，易汰陈冗□□□寅，从文公于建阳。癸卯秋，复以郡选升成均，乃再谒建阳。明□□□公通书问，质疑请益。丁未，迪功以恩升修职。戊申，与文公会□□□氏以佛老之学蠹坏人心，卒兆狄乱华之祸。苏氏有立□□□□国策士之余习，则继孔孟，排异端，辟邪说，道统所传。不□□□□□……所对不合，投笔径去，有……吴门。明

① 朱升：《朱枫林集》卷三《跋·跋性理字训后》，刘尚恒校注，黄山书社，1992，第45页。

年春，卧病客邸，秋扶病还家……并为之序跋，又有县庠《射圃亭记》一篇……写先生像，题先生赞，先生与文公暨与真西山……而太极先生亦与辩，坚不可夺。虽首尾亲炙不十年，凡所著述……思年四十。明年庄思亦领郡贡圣恩，预亚选。越二年，甲寅，修职……戌禁稍弛，丁卯，侂胄伏诛。明年改元嘉定，文公始赐谥。绍定……金华正严王佖命县宰即县庠，立朱门上游三先生祠。一盘涧……文集共十卷。东阳忠简王公介序之，敬严跋之。已锓梓以传……毅旦

裔孙文远百拜敬立

程端蒙为朱门高弟，去世时朱熹甚为悲痛，《朱子语类》记“先生闻程正思死，哭之哀。有程正思一学生来谒，坐定，蹙额云：‘正思可惜！有骨肋，有志操。若看道理，也粗些子在。’”[①]朱熹亲自撰其生平事迹碑《程君正思墓表》，并为其祖父程汝能撰墓表。

在程汝能墓表中，朱熹这样记叙程氏家世：

正思病亟作书，其详如此，而字画谨细如常时，且谓它行之懿，犹有不及书者。今问其家，得其世系，则番阳之程，皆祖梁忠壮公灵洗。唐乾符间有名维者，以金紫光禄大夫、海州盐铁使，将兵讨巢贼不利，始居饶州乐平之银城，后徙新建，而地析为德兴县，故今为德兴人。自盐铁十二世，而生府君之父，讳宏，亦有乡行，娶齐氏，生府君。府君娶□氏，生二子，曰晟、曰易，晟先卒，易今以修职郎致其事。而又有正思为之子，意者程氏其将兴乎！今正思虽不幸，而二弟亦知为学，是固未可知也。乃书此碑，刻石墓左以俟。墓在□□乡□里某处。晟之子曰端友、曰伯云；易之子曰端诚、曰端蒙、曰端临、曰端本。正思即端蒙也，予亦已别识其墓云。[②]

朱熹所言程端蒙世系，较《蒙斋先生传》石刻更为丰富，透露出程氏

① 黎靖德编《朱子语类》卷一一七《训门人五》，王星贤点校，中华书局，1986，第2807页。

② 《朱子文集》卷九〇《程君公才墓表》，陈俊民点校，台北：德富文教基金会，第4412页。

家族乃唐末定居饶州，迁居乐平，后其地方成立德兴县，又为德兴人。以朱熹之文对应《蒙斋先生传》可知，程端蒙祖父程汝能乃乡里贤士，大度处事。父亲程易，是修职郎，且号“四子先生”，有学行，四方学者多有拜访。

程端蒙幼年立志读书，现存程氏论读书文字：

> 读书必正心肃容，计遍数熟读。遍数已足，而未成诵，必欲成诵。遍数未足，虽已成诵，必满遍数。一书已熟，方读一书。毋务泛观，毋务强记。非圣之言勿读，无益之文勿观。①

可见程端蒙读书有强烈的圣贤观。从残存碑文可知，程端蒙于淳熙三年（1176）第一次拜见朱熹时，即执弟子礼。壬寅年去建阳复从朱熹游，可知为淳熙九年（1182）。癸卯秋（淳熙十年，1183），再次拜谒朱子，成为太学生。丁未（淳熙十四年，1187），程端蒙由迪功郎以恩升修职郎，戊申（淳熙十五年，1188）再次拜见朱熹论学。朱熹与程端蒙书信来往十余次，也有文赠之，程端蒙书斋“放心斋”即请朱熹作铭：

> 番阳程正思作求放心斋，汪子卿、祝汝玉既为之铭，新安朱熹掇其遗意，复为作此：
>
> 天地变化，其心孔仁。成之在我，则主于身。其主伊何？神明不测。发挥万变，立此人极。晷刻放之，千里其奔。非诚曷有？非敬曷存？孰放孰求？孰亡孰有？诎伸在臂，反覆惟手。防微谨独，兹守之常。切问近思，曰惟以相之。②

黄榦曾言：“《求放心斋铭》为程正思作，皆切已工夫之语，亦随其人之资而告之。”③ 可见朱熹对程端蒙的推重。朱熹与程端蒙各自乡居期间，朱熹

① 《居家必用事类全集·甲集·读书·程正思论读书》，书目文献出版社，1988，第16a页。

② 《朱子文集》卷八五《求放心斋铭》，第4197页。

③ 黄震撰，王廷洽等整理《黄氏日抄》卷三十六《读本朝诸儒理学书四·晦庵先生文集三·铭赞》，大象出版社，2019，第299页。

也让程端蒙问候沙随程炯："度量素不曾讲究，今有书扣之。然此是千古未结绝底公案，恐终未易以一言定也。书烦遣去，并赵宪、程正思、曹挺之书为一一致之为幸。程在沙随寓居处不远，可并遣也。知赵宪已相荐，甚善。此等物合得终是得，正不须汲汲也。"①

朱熹评论程端蒙"于是学官承其风旨，因课试废策，直以王、程、苏氏之学为问，盖将以其向背为取舍，对者靡然，无敢正言其失"，② 此言针对的是程端蒙为太学生期间所作策论：

> 王氏以佛老之学蠹坏人心，苏氏有立朝大节，不以变故死生动心，此其天资超卓，有非常人所可及者。恨其学术未醇，未免有立□□□国策士余习。继孔、孟之传，排异端，辟邪说，道统所传，不归之二程，又其谁哉。③

《蒙斋先生传》此段文字作"以佛老之学蠹坏人心，卒兆狄乱华之祸。苏氏有立□□□国策士之余习，则继孔孟，排异端，辟邪说……"。可见载于雍正《江西通志》之文本已删去"卒兆狄乱华之祸"一句，失去了程端蒙批判荆公新学，称其引佛释乱正学，招引夷狄乱华之祸的本意。由朱熹所论可知，其雅重程端蒙对王安石、二程、苏轼的学问的评比，那就是以二程为宗，而王氏新学、苏氏蜀学各有缺陷。

朱熹曾为程端蒙像作赞，其文尚存：

> 程君正思画象，朱仲晦父作赞：呜呼正思！退然如不胜衣，而自胜有以举乌获之任；言若不出诸口，而卫道有以摧髡衍之锋。俛焉日有孳孳者，吾方未见其止。乃一朝而至此，则天曷为而不假之寿以成其终？呜呼！此犹未足以见其七分之貌，来者亦姑以是而想象其遗风。绍熙壬子重阳前一月书。④

---

① 《朱子文集·续集》卷四《答刘晦伯》，陈俊民点校，台北：德富文教基金会，第 4972 页。

② 《朱子文集》卷九〇《程君正思墓表》，第 4410 页。

③ 雍正《江西通志》卷八八，文渊阁《四库全书》本，第 14a 页。

④ 《朱子文集》卷八五《程正思画象赞》，第 4212~4213 页。

这是程端蒙过世后，朱熹为其画像所写的赞文。该文表达了朱熹对程端蒙英年早逝的痛惜之情，认为遗像尚不得程端蒙七分神貌，斯人已矣，只能追怀。

关于程端蒙在朱学传承中的地位，由元代第一任江西儒学提举徐明善所述可窥一斑：

> 子朱子之学，若乡邑董公叔重、程公正思、王公幼观，则见而知之；若董公望之，后学称曰“介轩先生”者，则闻而知之。

徐明善文中提及的程端蒙、董铢、王过皆为德兴人，都崇尚朱学。故而《蒙斋先生传》记县令王佖将程端蒙、董铢、王过共祀“朱门上游三先生祠”。宋儒李伯玉言：“圣人之学不传，濂洛诸儒探赜索隐以继其绝，至文公集诸儒之大成，阐教考亭，吾邦之士及门最众。若程公正思、董公叔重，俱号高弟，而知之深、望之厚，则于先生尤致意焉。”①

程端蒙之文集，《蒙斋先生传》记其已经刊行，由东阳名士王介作序，惜未能传世。但程端蒙编的童蒙教材影响后世甚巨，清儒陈弘谋言：

> 朱子论定《程董学则》。程名端蒙，字正思；董名铢，字叔仲。俱江西德兴人。弘谋按，《童蒙须知》为父兄者所以教其子弟也，《程董学则》则自十年出就外传以上事。凡乡塾党庠，胥可通行，故朱子尝以为有古人小学之遗意焉。父兄教之于家，师长教之于塾，内外夹持，循循规矩，非僻之心，复何自入哉。②

程端蒙融理学入童蒙，得到后世高度认可。《宋元学案》高度评价程端蒙对理学发扬的努力：

> 程端蒙，字正思，号蒙斋，鄱阳人。师江先生介。（云濠案：江

① 同治《饶州府志》卷二七《李伯玉·曹无妄先生祠堂记》，同治十一年刻本。

② 陈弘谋：《五种遗规·养正遗规》卷之上《朱子论定程董学则》，苏丽娟点校，凤凰出版社，2016，第11页。

先生见《龟山学案》。）已而受业于文公。淳熙七年，乡贡补太学生，对策不合，罢归。（百家谨案：新安为朱子之学者不乏人，而以程蒙斋为首。蒙斋之后，山屋以节著，双湖以经术显，其后文献蒸蒸矣。）①

黄宗羲、黄百家父子与后世冯云濠皆肯定程端蒙为早期理学传播做出了重要贡献。此次元刊石刻《蒙斋先生传》的重新发现，更是弥补了程端蒙生平与早期理学传播的一些史实，弥足珍贵。

① 黄宗羲原撰，全祖望补修《宋元学案》卷六九《沧洲诸儒学案上·晦翁门人·太学程蒙斋先生端蒙》，第2279页。

述论

德政类碑刻研究的新视角

何亦凡

近年，随着碑刻学的兴起和发展，学者开始总结碑刻史料的研究视角与方法。例如，史睿在《唐代石刻研究杂谈》一文中指出：石刻研究是跨越金石学、考古学、文献学、历史学等诸多领域的综合性研究。文中还强调“重视石刻文物的原貌”，重视“原石的地理位置、出土过程、周边环境和承载信息”，并提出要全面调查早期拓本、广校众本，互相配补，并充分利用工具书，发挥数字时代优势。[①] 孙正军《近十年来中古碑志研究的新动向》总结了石刻研究视角和方法的创新，主要涉及以下几个方面：碑志所记祖先谱系、碑志中“异刻”与历史书写研究、从视觉视角考察碑志的政治景观效应。[②] 陈章灿则强调以“现场阅读”的视角研究碑刻，认为“石刻、拓本、典籍是石刻文献的三种存在形态，有各自不同的物质存在形式，吸引不同的阅读主体，形成不同的阅读模式”，并指出现场读碑、抄录、题刻、访碑等行为促进了碑刻文本流传，拓展了读者情境。总而言之，该文强调的是碑刻的不同阅读场景对于读者的情感影响。[③] 现代学术背景下，如何继续推进碑刻研究，成为需要持续思考的问题。

“德政”，旧指好的政令或政绩。[④]“德政碑”原作为一个专名存在，指碑额或碑首有“德政”二字的颂扬政绩的石碑。史书中的“德政碑”最

① 史睿：《唐代石刻研究杂谈》，收入史睿《春明卜邻集》，凤凰出版社，2020，第105~116页。

② 孙正军：《近十年来中古碑志研究的新动向》，《史学月刊》2021年第4期，第107~118页。

③ 陈章灿：《石刻的现场阅读及其三种样态》，《文献》2021年第4期，第4~15页。

④ 在早期的语例（如《左传》）中，“德政”的主要描述对象是君王，但后世多用于对地方官的称赞（如《后汉书》《三国志》等）。

早见于萧梁大同年间（535~546）《北兖州刺史萧楷德政碑》。[①] 唐宋时期，“德政碑”成为一个类目名，泛指歌颂官吏政绩的石碑。本文拟用“德政类碑刻”指纪念优秀政令或政绩的石碑，既包括那些碑额有“德政”的石刻，也兼容那些名目不同但同样纪念政绩之碑。德政类碑刻是中国古代地方吏民颂扬、纪念地方官政绩的石刻，兼具物质性与文本性。高耸的碑版具有地标性质，标志着恒久性的公共纪念物和纪念场所，成为人们的情感寄托实体；深镌的文字记录着历史，集体记忆得以持久延续，循吏的嘉言懿行得以广远流传。德政类碑刻既有中国古代纪念碑的共性，又具有区别于其他碑刻的独特属性，是生动展现民间社会与王朝国家互动关系的珍贵史料。长期以来，学界将德政类碑刻当作纪念碑来看待，对其特性的关注与研究较少。本文以中古时期德政类碑刻研究为中心，回顾、反思既有研究成果，并提出新的研究视角，不揣浅陋，祈教方家。

一　德政类碑刻的著录与资料

中国的金石学肇始于宋代，碑刻著录的主要形式是存目、录文、题跋，或三者相结合。[②] 德政类碑刻也被编纂到这些石刻著录的著作之中，欧阳修《集古录》，欧阳棐《集古录目》，[③] 赵明诚《金石录》，开示轨辙；洪适《隶释》《隶续》，陈思《宝刻丛编》，《宝刻类编》（不知撰者），郑樵《金石略》（《通志十二略》之一），踵随其后。以上都是最为重要且流传至今的宋代石刻著录书，它们除了记录金石存目，还保留了立碑年月、撰书人、碑版存佚、竖碑地点等诸多信息。题跋除了记录基本信息，其节录的碑文与考证也尤为重要。《隶释》和《隶续》则较为完整地保存了碑文，许多碑版早佚的碑文的保存有赖于此。此后有元代都穆《金薤琳琅》和明代赵崡《石墨镌华》。

---

① 《梁书》卷四七《谢蔺传》，中华书局，2020，第730页。

② 关于具体的宋代金石书目存佚情况，刘昭瑞有详细介绍。参见刘昭瑞《宋代石刻著录书和所著录石刻概述（代序）》，《宋代著录石刻纂注》，北京图书馆出版社，2006，第1~13页。

③ 已佚，但《宝刻丛编》中保留其中很多内容，有缪荃孙《云自在龛丛书》辑本十卷，又有陈汉章《集古录补目补》二卷（《石刻史料新编》第2辑第20册，台北：新文丰出版公司，1979）。

清代是中国古代金石研究的另一个大发展时期，就资料整理的数量和质量而言，前代无出其右。清代金石资料汇编在形式上是宋代的升级，前有碑目、录文，后附历代题跋汇总，并有作者自己的题跋，具有学术索引的功能。王昶《金石萃编》和陆增祥《八琼室金石补正》就是其中的代表。正因其十分重要，后世不断有补订，如清代沈钦韩《读金石萃编条记》、王言《金石萃编补略》、方履篯《金石萃编补正》、陆继辉《八琼室金石补正续编》，近代有罗振玉《金石萃编校字记》、罗尔纲《金石萃编校补》。[①] 除综合性的石刻资料汇编之外，区域性金石资料的编纂也非常丰富，小至一县一地，大至一省一区。如武亿《安阳县金石录》，沈涛《常山贞石志》，翁方纲《粤东金石略》，[②] 赵绍祖《安徽金石略》，张仲炘《湖北金石志》，毕沅、阮元等《山左金石志》，胡聘之《山右石刻丛编》，罗振玉《西陲石刻录》，不胜枚举。清代的地方金石志层出不穷，这或许与地方志修编的传统有关。此外，清代的石刻目录与题跋也是研究史的重要组成部分，如顾炎武《金石文字记》、叶奕苞《金石录补》、朱彝尊《曝书亭金石文字跋尾》、钱大昕《潜研堂金石文跋尾》、翁方纲《两汉金石记》、严可均《铁桥金石跋》、武亿《授堂金石跋》、吴玉搢《金石存》、洪颐煊《平津读碑记》、林侗《来斋金石刻考略》、丁绍基《求是斋碑跋》、端方《匋斋藏石记》、罗振玉《雪堂金石文字跋尾》等。上述题跋所论，对德政类碑刻研究多有启发，如武亿所作大历五年（770）《龚邱令庾贲德政颂》题跋，便涉及德政立碑制度与现实之间的矛盾以及违制立碑的问题。[③]

与碑帖相关的文献以及研究书法的著作对于碑刻研究具有重要意义。与唐碑关涉较大的有张彦远《法书要录》、曾巩《元丰题跋》、董逌《广川书跋》、朱长文《墨池编》（尤其是从中析出的《古今碑帖考》），还有周锡珪《唐碑帖跋》、倪涛《六艺之一录》等。

① 学界对《金石萃编》尤为关注，近年亦有专论。参见赵成杰《〈金石萃编〉与清代金石学》，中国社会科学出版社，2019。

② 今有《粤东金石略补注》，对翁氏所未见和未收入的石刻多有增补。参见欧广勇、伍庆禄补注《粤东金石略补注》，广东人民出版社，2012。

③ 武亿：《授堂金石文字续跋》卷四《龚邱令庾贲德政颂》，高敏、袁祖亮点校，中州古籍出版社，1993，第272~273页。

中国的石刻文化绵延不绝，不仅古代的文人学者为后世留下了丰厚的石刻研究遗产，现代学术对此也愈发重视。现代金石学、碑刻学以及学者最近提出的“石刻文献学”被视作史学研究的重要组成部分。同时，石刻研究涉及历史、考古、文学、文献、哲学、宗教、艺术、书法等多种学科领域，学科交叉赋予石刻研究更新、更广的视野。在这样的学术背景下，关于石刻资料新的整理与研究不断涌现。就唐代及唐以前的碑刻整理而言，大致可以分为两类，一是按王朝时代划分的，二是按地域划分的，以下简述之。

袁维春的《秦汉碑述》（北京工艺美术出版社，1990）、《三国碑述》（北京工艺美术出版社，1993）以及高文的《汉碑集释》（河南大学出版社，1997）兼具了著录和考证，并附有作者根据善拓所作的校记，遗憾的是，以当时的出版条件，未能附有图版。日本学者永田英正主编的《汉代石刻集成》（同朋舍，1994），有图版和释文，是质量很高的汉代石刻汇编，也是现今石刻研究不可或缺的工具书。[①] 此后有叶程义的《汉魏石刻文学考释》（台北：新文丰出版公司，1997），未有图版，但均有录文，并附出处和简要考证。还有刘昭瑞的《汉魏石刻文字系年》（台北：新文丰出版公司，2001），侧重于对石刻史料年代的考证。徐玉立主编的《汉碑全集》（河南美术出版社，2006），附有较清晰的拓片图版和解题。毛远明编校的《汉魏六朝碑刻校注》（线装书局，2008）是迄今较为全面的石刻资料汇编，有图版、录文和校记，并附有《总目提要》，注有相关题跋情况，嘉惠学林，但美中不足的是没有索引。关于拓片资料，比较常用的是北京图书馆金石组编《北京图书馆藏中国历代石刻拓本汇编》（中州古籍出版社，1989），附有图版以及立碑时间。

相较而言，区域性的石刻汇编较多，是现代石刻研究的重要参考资料。这一类石刻整理的优势在于，重视实地勘察、资料搜集以及图版印

① 但此书没有收入一些宋代著录而后世散佚的碑刻，例如：《广汉属国都尉丁鲂碑》，东汉元嘉元年（151），《隶释》卷一七；《平舆令薛君碑》，东汉延熹六年（163），《隶续》卷一；《武都太守李翕天井道碑》，东汉建宁五年（172），《隶续》卷一一；《巴郡太守张纳碑》，东汉中平五年（188），《隶释》卷五。

刷，其搜集和整理过程可能会新发现一些以往未著录的石刻。例如，杨世钰主编的《中国西南地区历代石刻汇编》（天津古籍出版社，1998）、赵平主编的《中国西北地区历代石刻汇编》（天津古籍出版社，2000）。各省区石刻汇编资料更为丰富，例如：河北省有石永士等主编的《河北金石辑录》（河北人民出版社，1993）；山西省有山西省考古研究所编的《山西碑碣》（山西人民出版社，1997）、马金花编著的《山西碑碣续编》（三晋出版社，2011），以及陆续分册出版的《三晋石刻大全》（三晋出版社，2010~2021）；陕西省有王友怀主编的《陕西金石文献汇集》（三秦出版社，1990），是包含资料汇编和专题研究的著作；广西壮族自治区有杜海军辑校的《桂林石刻总集辑校》（中华书局，2013）；广东省有谭棣华等编著的《广东碑刻集》（广东高等教育出版社，2001），陈鸿钧、伍庆禄编著的《广东碑刻铭文集》（广东高等教育出版社，2019）；等等。还有地域范围更小的石刻资料的汇编，也颇具学术价值。例如，王晓宁编著的《恩施自治州碑刻大观》（新华出版社，2004），雅安市文物管理所、四川省文物考古研究院编的《雅安汉代石刻精品》（四川人民出版社，2005），张方玉主编的《楚雄历代碑刻》（云南民族出版社，2005），龚烈沸编著的《宁波现存碑刻碑文所见录》（宁波出版社，2006），史云征、史磊主编的《河北柏乡金石录》（文物出版社，2006），田国福主编的《河间金石遗录》（河北教育出版社，2008），张明主编的《河北隆尧石刻》（科学出版社，2018），等等。这一类书籍便于我们了解碑刻现今的保存情况。

此外，不能忽视碑刻索引、叙录等工具书的重要作用。宋代以降，石刻题跋的著作颇丰，即便遍检群书，亦难免挂漏，故而题跋索引就显得十分重要。幸有杨殿珣《石刻题跋索引》（商务印书馆，1940年初版，1990年重印），令后人索骥有图。另一方面，宋代的石刻著录书对于唐碑研究至关重要，但宋书或多散落，其著录之条目或被转引。在这样复杂的情况下，刘昭瑞《宋代著录石刻纂注》（北京图书馆出版社，2006）就显得格外重要。近来又有刘琴丽《汉魏六朝隋碑志索引》（中国社会科学出版社，2019），对杨殿珣的索引有所增补，并补入了传世文献中记录的石刻，还增加了新出石刻与新近研究。[①] 利用目录学的方法整理碑刻文献，对于现代学术研究颇有助力，这一方面有日本学者高桥继男编著的《中国石刻关系图书目录（1949~2007）》（汲古书院，2009）、《中国石刻关系图书目录（2008~2012前半）稿》（汲古书院，2013）。又有曾晓梅编著的《碑刻文献论著叙录》（线装书局，2010），此书编入了2010年以前历代碑刻文献著作，不仅有检索之用，而且反映了学术源流。还有按照收藏单位或收藏地编写的碑刻工具书，如徐自强主编的《北京图书馆藏石刻叙录》（书目文献出版社，1988），陕西省古籍整理办公室编、李慧主编的《陕西石刻文献目录集存》（三秦出版社，1990），等等。

墓碑、墓志资料中也保留了诸多德政类碑刻的信息。有些德政类碑刻后世不存，亦不见于其他史书记载，那么，如果碑主或志主拥有“德政碑”，作为逝者生平优秀事迹的汇集，墓碑和墓志就很有可能记录下这一“高光时刻”。例如，《余杭令邓淦德政碑》（拟题），刻立时间约在武周时期，见于《大唐故陈州司马邓府君墓志铭（并序）》。[②] 又如，《清苑令郑敞德政碑》（拟题）和《雍县令郑敞德政碑》（拟题），根据郑敞的墓碑记载，其生前有两方德政碑，立碑时间大约在高宗朝。[③] 又例，《徐浩神道碑》提到，天宝年间徐浩在岭南任选补使时，百姓曾申请为他立碑。[④] 类似的实例还有很多，兹不赘述。

德政类碑刻的很多历史信息还分散于各类史书中。正史史传尤其是“循吏列传”或“良吏列传”记录了立碑情况，[⑤]《册府元龟》可以作为补充资料。正史中的书志部分和政书类史书记录了相关制度，如《宋书·礼

① 此书是现代碑刻研究的必备工具书，体量较大、包罗宏富，可以看出编者所付出的心力。但需要注意的是，此书不涉及唐代的石刻，所以唐碑的部分仍需参考杨殿珣《石刻题跋索引》。此外，此书依据传世文献进行的立碑时间的考订，可以进一步细化。

② 毛阳光主编《洛阳流散唐代墓志汇编续集》，国家图书馆出版社，2018，第197页。

③ 都穆：《金薤琳琅》卷九《唐故洛州洛阳县令郑府君碑》，叶2b，《石刻史料新编》第1辑第10册，第7697页。

④ 碑文参见王楠《〈徐浩神道碑〉史事人物笺注》，韩永进主编《文津学志》第8辑，国家图书馆出版社，2015，第283~298页。

⑤ 关于“循吏列传”，参见赵翼著，王树民校证《廿二史札记校证》卷一《各史例目异同》，中华书局，2013，第2~6页。并参陈智超编注《陈垣史源学杂文（增订本）》，生活·读书·新知三联书店，2007，第3~5页。

仪志》《唐律疏议》《唐六典》《唐会要》。笔记小说丰富了德政类碑刻的社会性研究，是重要的史料来源，如《封氏闻见记》《刘宾客嘉话录》等，作为类书的《太平广记》尤需仔细勾检。此外，地理类文献也保留了前代的立碑情况，尤其有助于对立碑地点的考察，重要者有郦道元《水经注》以及施蛰存《水经注碑录》、李吉甫《元和郡县图志》、乐史《太平寰宇记》、王存《元丰九域志》、王象之《舆地碑记目》（《舆地纪胜》析出后的单行本，其中多引晏殊《类要》，保存了许多后世不见的唐代碑刻资料）、祝穆《方舆胜览》等。一些诗文集保留了碑文和相关论事敕书、敕旨、表状等，如《徐陵集》《李白集》《刘禹锡集》《权德舆集》等，《文苑英华》卷七七五、卷八六九、卷八七〇集中收入了多篇碑文。另外，不能忽视敦煌文书对于碑刻研究的意义，《敕河西节度兵部尚书张公德政之碑》就是利用敦煌文书拼合而成，[①] 还有敦煌文书 P. 5043，是五代时期朔方节度使韩逊生祠堂碑的残卷。[②]

总体来看，德政类碑刻资料分散于各类文献之中，搜罗、甄别、考证并非易事，乃举其要者，分类说明，或有挂漏，敬请批评。

二　德政类碑刻研究史的回顾与反思

以下就德政类碑刻的研究史进行回顾。“生祠”和“生碑”是对被纪念者的高级礼遇。这里有必要简单区别“生祠”、“生碑”与“德政类碑刻”。顾名思义，生祠、生碑就是为还在世的人所建之祠、所立之碑，可能是因为政绩，也可能是因为战功等其他原因。生祠之中一般刻立生碑，以记述被祭祀者的事迹，但二者也可能独立存在。而“德政类碑刻”有可能是“生碑”，也有可能是死后立碑，但应当区别于墓碑或神道碑。所以“德政类碑刻”“生祠”“生碑”之间存在一定的交叉关系，德政立碑的传

① 荣新江：《敦煌写本〈敕河西节度兵部尚书张公德政之碑〉校考》，初刊《周一良先生八十生日纪念论文集》，中国社会科学出版社，1993，第 206～216 页；后收入荣新江《归义军史研究——唐宋时代敦煌历史考索》，上海古籍出版社，2015，第 398～409 页。并参荣新江《石碑的力量——从敦煌写本看碑志的抄写与流传》，荣新江主编《唐研究》第 23 卷，北京大学出版社，2017，第 320～321 页。

② 参见吴其昱《薛廷珪朔方节度使韩逊生祠堂碑敦煌残卷考》，《庆祝潘石禅先生九秩华诞敦煌学特刊》，文津出版社，1996，第 63～73 页。

统也与之有关。清代学者已注意到与德政类碑刻相关的中国古代的“生祠”和“生碑”，如顾炎武、赵翼。[①] 20世纪80年代，中国古代民间信仰研究为学界所重视，“生祠”重新被纳入现代学术视野，相关研究史可参考雷闻《唐代地方祠祀的分层与运作——以生祠与城隍神为中心》。[②] 新近的研究还有刘蔚蓝《宋代的生祠研究——以四川为中心》，[③] 该文以《全宋文》所收录的生祠记、墓志铭、行状为基础，对宋代四川地区的生祠进行了详细考察，发现了南宋时期四川生祠数量激增的现象，并认为这与中央对地方的控制有关。

21世纪初，学者开始较为全面地利用唐代德政类碑刻的史料研究历史问题。日本学者穴沢彰子利用唐代的德政碑、寺庙碑、造像碑等碑阴的题名，研究“乡望”“父老”“耆老”等联结国家与地方的中间阶层的词语及其变化，从而研究唐代地方社会秩序的形成。他认为唐初的“乡望”多是南北朝郡姓的子孙，他们在唐前期的乡里社会中发挥了作用。而后，取而代之的是“父老”，他们是唐后期兴起的小农阶层。穴沢还指出，“乡望”“父老”“耆老”是国家和社会的中介。[④] 他的主要关注点在“乡望”“父老”的身份与作用，但其对唐五代德政立碑的申请形式也做了统计考察，发现唐后期赐给藩镇的德政碑中，请愿者的具体信息较以前更加明确，[⑤] 德政碑起到了沟通地方藩镇与中央之间关系的作用。对于穴沢的这一观点，笔者认为，这恰恰反映了唐代德政类碑刻奏请制度的执行情况，显示出了唐制的惯性。此外，通过对碑文的分析，穴沢还指出，较之于正史中宽泛而抽象的德政形容词（如“善政”“政化大行”“宽明”“为政

① 顾炎武著，黄汝成集释《日知录集释》卷二二，栾保群、吕宗力校点，上海古籍出版社，2006，第1268~1271页；赵翼：《陔余丛考》卷三二《生祠》，栾保群点校，中华书局，2019，第884~886页。

② 雷闻：《唐代地方祠祀的分层与运作——以生祠与城隍神为中心》，《历史研究》2004年第2期，第27~41页；后收入雷闻《郊庙之外：隋唐国家祭祀与宗教》，生活·读书·新知三联书店，2009，第221~250页。

③ 刘蔚蓝：《宋代的生祠研究——以四川为中心》，《都市文化研究》第23卷，大阪市立大学大学院文学研究科都市文化研究中心，2021，第15~28页。

④ 穴沢彰子「唐・五代における地域秩序の認識—郷望的秩序から父老的秩序への変化を中心として」『唐代史研究』5、2002、46~65頁。

⑤ 该文附德政立碑请愿统计，共43条。

有闻”等)，德政碑文所展示出来的细节更多，并且因地域、官职、时代不同而各具特色。这对于德政碑文的具体研究具有推进意义。总体来看，虽然穴沢所关注的重心是唐代地方秩序的形成，碑刻史料在其研究中扮演辅助角色，但是其研究视角和结论对于唐代德政类碑刻研究仍有很大的启示意义。

稍晚于穴沢，另一位日本学者佐藤直人也关注了中国古代的碑刻，但他将视野前移，时段放在了东汉，故此，他的研究更像是德政类碑刻源流的考索。[①] 事实上，东汉时期并没有专称为“德政碑”或题额为“德政碑”的碑刻，该文所用的“德政碑”一词是借用了后世的名称。对此，佐藤解释道：摩崖上也有不少记载表彰地方长官的文字，必须承认各种碑的内容有较大的重叠部分，故而文中所说的“德政碑”是指在任地表彰地方长官善政的碑刻。为了加强对碑刻的深入研究，作者将歌谚、祠庙也纳入考察范围，并认为“歌”与“谣”在中央对地方长官的政绩评价的判断上发挥了作用，“祠”也是汉代统治状况的民意表现，而“歌”与“祠”的合并，使得德政“记忆”更强地浸润了地域社会。该文还讨论了东汉末出现大量德政类碑刻的原因，即国家对地方社会统治能力减弱，而此时地方长官的德政就成为地方社会规避国家崩溃危机的巨大恩惠。于是，带有誓约性质的刻石行为大量出现，它们成为“官民和谐”的表现，增强了区域集团内部的团结性与凝聚力。佐藤还指出，“德政碑”只对地方社会内部有效，也可以视作民间向中央发出的一种信号，以寻求王朝统治机能的正常化。该文还揭示了汉代地方社会与王朝国家之间的复杂关系，具有重要的启发意义，为德政立碑的专题研究奠定了基础。但以上多是基于东汉末期的历史环境得出的结论，而在唐朝的绝大多数岁月里或许并不是如此，因而比较不同时代的德政类碑刻以及立碑者的目的与心态是一些更有趣的话题。

几乎与佐藤同时，刘馨珺发表了关于唐代“生祠”与“德政碑”的专门研究文章。其《从生祠立碑谈唐代地方官的考课》一文，主要从法制史

① 佐藤直人「後漢德政碑の出現とその周辺—西狭頌摩崖を事例として」『統合テクスト科学研究』2005 年第 3 卷、105~128 頁。

的角度考察唐代的生祠立碑与考课制度的关系，并认为唐代一系列的制度设计展现了中央合法化地方势力活动的用意。[①] 其后，刘馨珺在此文的基础上补充了更多唐宋事例以及生祠立碑的区域统计结果，增订为《唐代“生祠立碑”——论地方信息法制化》一文。[②] 此二文的结论基本相同：“唐代一方面制度化地方考课的运作，一方面派遣使节出巡监察地方，多方掌握地方州郡百姓‘勒碑颂德’的情形。当地方发生请碑活动时，中央能够迅速了解地方信息的传达，有效化解群众聚集的危机。有些请愿者诣阙投匦，既是请碑，又是举留，形成从地方官衙到中央朝廷的压力。就朝廷回复的态度观来，是以积极安抚民心为主，并要求回归考课法令的时程，而且不会加以处罚如此聚众的行为，可见中央合法化地方势力的做法与用意。”[③] 无疑，刘馨珺较早开始对唐代生祠立碑做专门的、系统的研究，涉及法律制度、立碑地域、碑主职官、信息传递、良吏评价等方面，多角度地展示了唐代生祠立碑的基本情况。然而，相关议题仍然存在深入研究的空间。若作吹求，作者对史料的搜集与利用还不充分，故而对立碑地域的研究略显粗略和片面，例如以魏州为“除两京之外较为特殊之处”，这一点其实可以深入研究。事实上，我们须将魏州的特殊性置于整个河北地区进行观察，如果把视野放宽、时段拉长，就会发现唐代河北地区具有自身的政治传统与特性。此外，作者将“生祠立碑”法律制度的形成解释为中央对地方势力的合法化，用以纾解民情。但事实上，如果长时段观察立碑制度的生成过程，可以发现，自东汉末，私碑大量出现，各个王朝都在努力遏制私碑的泛滥，所以要制定一系列制度加以制约。在限制民间社会为地方长官立碑的问题上，包括唐朝在内，各个王朝的立场基本相同，只不过在具体的法令和制度设计上有宽严之别。法令和制度的制定与执行，本来就是王朝国家主导的行为，其出发点是遏制民间社会立碑行为

① 刘馨珺：《从生祠立碑谈唐代地方官的考课》，高明士编《东亚传统教育与法制研究（二）：唐律诸问题》，台湾大学出版中心，2005，第241~284页。

② 刘馨珺：《唐代“生祠立碑”——论地方信息法制化》，原刊《法制史研究》第15期，2009年；后收入邓小南、曹家齐、平田茂树主编《文书·政令·信息沟通：以唐宋时期为主》，北京大学出版社，2012，第463~516页。

③ 刘馨珺：《唐代“生祠立碑”——论地方信息法制化》，邓小南、曹家齐、平田茂树主编《文书·政令·信息沟通：以唐宋时期为主》，第511页。

的泛滥，并保证国家对于立碑权力的掌控。另外，刘馨珺认为的“群众聚集的危机”可能并不存在或极少发生，因为所谓的“诣阙请碑”或“诣阙请留”，并不是所有吏民都会长途跋涉亲身参与其中，而更多是联名上书以表达诉求。

其后，仇鹿鸣撰写《权力与观众：德政碑所见唐代的中央与地方》，[①]其独到之处在于强调了“德政碑”的“纪念碑性”和“景观性”。作者将唐代的德政碑视作一种“政治景观”，并解释说：“占据城市中心位置的德政碑，无疑是民众注目的焦点，特别是在两京以外的城市中，没有了壮阔雄伟的宫殿庙堂、巨大规整的城坊布局，在一个被简化与缩小的空间尺度中，德政碑所占据的位置更为耀眼。我们暂且将目光移出两京这样的礼仪之都，设想在前现代的物质条件下，一个长期身处帝国边缘的庶民，如何来感知到国家权力的存在。”“而分布于帝国各地，可以被民众阅读、观看到的德政碑，则作为一种物质性的存在，展现出国家对地方社会的关注与引导。德政碑不仅是帝国体制下理想政治秩序的象征物，同样也成为普通民众感知国家权威存在的重要渠道之一。”[②] 在这样的视角和前提下，作者进一步梳理了唐代德政立碑的奏请与颁授程序，认为：“这一看上去并不十分复杂的申请程序，却为地方官员与朝廷之间的博弈提供了相当的空间。”[③] 作者指出，“在唐中后期，藩镇分化成‘顺地’与‘强藩’两种不同的形态，因而演化出了两种德政碑颁授模式，顺地模式是节帅离任→继任官员上表请碑，强藩模式则是驱迫吏民诣阙请碑→节帅不离任”，[④] 并认为“‘在任请碑’还是‘去任请碑’，是中晚唐中央和强藩之间围绕着德

① 仇鹿鸣：《权力与观众：德政碑所见唐代的中央与地方》，初刊于荣新江主编《唐研究》第 19 卷，北京大学出版社，2013；增订后收入《长安与河北之间——中晚唐的政治与文化》，北京师范大学出版社，2018，第 124~173 页。

② 仇鹿鸣：《权力与观众：德政碑所见唐代的中央与地方》，《长安与河北之间——中晚唐的政治与文化》，第 149~150 页。相似的表述还有：“在德政碑制度的运作过程中，国家借助对治吏楷模的塑造，向民众展示了中央对地方吏治的关切，强化了国家权力在地方社会中的存在感。”（第 155 页）

③ 仇鹿鸣：《权力与观众：德政碑所见唐代的中央与地方》，《长安与河北之间——中晚唐的政治与文化》，第 153 页。

④ 仇鹿鸣：《权力与观众：德政碑所见唐代的中央与地方》，《长安与河北之间——中晚唐的政治与文化》，第 161 页。

政碑颁授展开博弈的关节点，亦是衡量朝廷对于藩镇控制能力的重要标尺”，“在这一过程中德政碑的象征意义反而得到了强化，藩镇节帅对于德政碑的渴求变得更为强烈，使得朝廷得以通过对德政碑颁赐时机的选择来调整其与藩镇之间的关系，从而巧妙地达成自己的政治意图”。[①] 最后，作者的结论是：“德政碑之属的颁授已演变为中晚唐中央与藩镇间博弈的重要道具，而这一博弈的结果又进一步强化了德政碑的政治景观功能，使之从‘政绩激励’工具变为‘政治权威’象征，成为节度使统治一方权力合法性的重要来源。”[②] 总体而言，该文利用德政立碑描述中晚唐时期的“朝藩关系”，落脚点在于安史之乱后的唐廷与河北藩镇的政治博弈，视角新颖，论证精彩。

仇鹿鸣另有《政治的表达与实践：田氏魏博的个案研究》一文，[③] 利用田氏魏博时期的一系列政治景观（如田弘正家庙、厅壁记、狄仁杰祠、田承嗣德政碑、田承嗣神道碑、田弘正德政碑、田季安神道碑），梳理分析田氏魏博与唐廷的政治意图与政治行动。上述二文的研究视角、方法与基本结论相近，互为补充，前文为后文张本，后文又印证了前文的预设。

需要注意的是，仇鹿鸣的研究主要在中晚唐政治史研究的范畴内，故而文中重点解读的是“朝藩关系”“河朔故事”等政治问题，而“德政碑”只是其研究的对象之一，是诸多“政治景观”中的一种。事实上，还有很多问题需要进一步研究：在安史之乱以前，河北地区德政立碑的情况是怎样的？如果进行较长时段的研究，德政立碑的实质是如仇氏所说的“强化国家权力”、宣示国家权威，还是民间社会的政治表达？如何解读政治史之外的德政类碑刻？这样的问题恐怕仍然有待解答。

---

① 仇鹿鸣：《权力与观众：德政碑所见唐代的中央与地方》，《长安与河北之间——中晚唐的政治与文化》，第 163 页。

② 仇鹿鸣：《权力与观众：德政碑所见唐代的中央与地方》，《长安与河北之间——中晚唐的政治与文化》，第 167 页。相似的表述还有：“借助政治景观的兴造，朝廷赋予节帅以统治的合法性，但亦使强藩依赖于朝廷的权威让渡方可维系其统治，从而达成中央与地方之间新的政治平衡。”（第 169 页）

③ 仇鹿鸣：《政治的表达与实践：田氏魏博的个案研究》，余欣主编《中古中国研究》第 1 卷，中西书局，2017，第 297~330 页；增订后收入《长安与河北之间——中晚唐的政治与文化》，第 174~218 页。

此后，赵洋对唐代“德政碑”的定义产生了疑问。他在《唐代德政碑再探》[①] 一文中提出，刘馨珺、雷闻、仇鹿鸣三位学者“并不是就德政碑本身展开论述，且多将德政碑与生祠、其他颂德碑混为一谈”。[②] 作者认为：“德政碑、生祠、遗爱碑等碑因同属纪德碑之名目，都是为了褒扬官员德政，所以晚唐宋初之人已经将三者混淆。但在唐代的律令规定及实践中，三者的区别是毋庸置疑的，德政碑才是唐代官方生碑的常态。”[③] 这是学界首次对“德政碑”之名提出质疑，作者希望将“德政碑”当作绝对的专名来看待。此外，作者在刘馨珺和雷闻研究的基础上，总结了唐代德政碑的立碑程序：“长吏（县令、刺史和节度使）离任后，由当地比较有声望的吏民提出申请（官员不得自遣），层层上报到中央的尚书省吏部考功司审勘，之后由中书省或门下省对上报的状进行审读和预裁，然后进呈给皇帝批准认可，皇帝再令专人（翰林学士，或各部侍郎及宰相）撰写碑文，碑文撰写完毕，由中书省覆奏，门下省正式颁布敕书下发刻碑，最终在地方树立德政碑。”[④] 这是对唐代德政立碑制度较完整的复原。最后，作者对唐代“德政碑”的定义进行了更为细致的描述，“唐代德政碑是中央专为去任且在世的地方长吏所树立的生碑”，[⑤] 强调了其“生碑”的性质。这一结论虽然具有一定的普遍性，但也有例外的情况。例如，《金石录》记载：“唐乌程令韦君德政碑，沈务本撰，沈仲昌正书。肃宗至德二载（757）二月。”[⑥]《舆地碑记目》：“乌程令韦公德政碑，在乌程县治，唐至德二年沈务本撰，沈仲昌书。”[⑦] 又据陆心源《吴兴金石记》：“乌程令韦承庆德政碑，《吴兴志》在乌程县治，唐至德二年沈务本撰，沈仲昌书，

---

① 赵洋：《唐代德政碑再探》，赵力光主编《碑林集刊》第 20 辑，三秦出版社，2015，第 163~171 页。

② 赵洋：《唐代德政碑再探》，赵力光主编《碑林集刊》第 20 辑，第 163 页。

③ 赵洋：《唐代德政碑再探》，赵力光主编《碑林集刊》第 20 辑，第 166 页。

④ 赵洋：《唐代德政碑再探》，赵力光主编《碑林集刊》第 20 辑，第 170 页。

⑤ 赵洋：《唐代德政碑再探》，赵力光主编《碑林集刊》第 20 辑，第 171 页。

⑥ 赵明诚撰，金文明校证《金石录校证》卷七《唐乌程令韦君德政碑》，中华书局，2019，第 141 页。

⑦ 王象之：《舆地碑记目》卷一《安吉州碑记》，叶 5b，《石刻史料新编》第 1 辑第 24 册，第 18525 页。

文多漫灭，宋嘉祐中知州事杨纮摹题额九字，刻石在墨妙亭。”[①] 据此可知，此碑是“德政碑”无疑，九字题额之中也有“德政碑”三字。但碑主韦承庆早在神龙二年（706）已经离世，此碑是韦承庆死后50年才立的，韦承庆墓志记载：“乃随例授湖州乌程县令。政革浮僄，化归淳简。导之以德，则俗不忍欺；齐之以刑，则人弗敢犯。……未几，巡察使以茂政尤异上闻，敕授魏州顿丘县令。”[②] 由此看来，“德政碑”也有可能是碑主死后所立。总体来看，该文强调唐代“德政碑”是专名，而不是泛称，促使我们反思这一学术史中约定成俗概念的准确内涵。

但赵洋界定“德政碑”概念时，遗漏了一条比较重要的史料，那就是代宗宝应年间下达的一道诏书：“凡以政绩将立碑者，其具所纪之文上尚书考功。有司考其词宜有纪者，乃奏。”[③] 这里的“以政绩将立碑”明显是泛指，既然是泛指，那么即使碑额上没有刻写“德政碑”三个字，也同样要在制度的约束下进行。故而，该文强调“德政碑”的特殊性固然有其意义，但如果进行这样一个狭义上的预设，如何处理唐代大量未冠以“德政碑”之名的碑刻呢？它们或被称作“清德碑”“善政颂”“善状碑”“美政颂”“仁政颂”“颂德碑”“纪德碑”“清政颂”等。这些也应当属于宝应诏书中所说的“以政绩将立碑者”，恐怕它们不会因为名目不同就可以游离于制度与法令之外。例如，大历五年（770）颜真卿任抚州刺史时，曾为抚州崇仁县令元子哲撰写“遗爱碑”，《舆地碑记目》记载：“在崇仁县南五步，大历五年准尚书考功符建立，刺史颜真卿文，今存，见晏公《类要》。”[④] 据此可知，元子哲的“遗爱碑”是经由唐廷批准的，符合立碑程序。笔者推测，碑文中很有可能刻写了与这一份考功司“符”有关的内容，所以这一细节才被宋代学者记录下来。这也说明即使是题名“遗爱碑”的石刻也要经过奏请程序，并且由尚书省吏部考功司核准，批准后方

① 陆心源：《吴兴金石记》卷三，叶6a~6b，《石刻史料新编》第1辑第14册，第10706页。

② 周绍良、赵超主编《唐代墓志汇编续集》，神龙〇一九《大唐故黄门侍郎兼修国史赠礼部尚书上柱国扶阳县开国子韦府君墓志铭》，上海古籍出版社，2001，第420~421页。

③ 陶敏、陶红雨校注《刘禹锡全集编年校注》卷一七《高陵令刘仁师遗爱碑》，中华书局，2019，第1961页。

④ 王象之：《舆地碑记目》卷二《抚州碑记》，叶4b，《石刻史料新编》第1辑第24册，第18538页。

可立碑。又例，权德舆元和元年（806）为杜佑撰写遗爱碑，这是一方生碑，立于淮南扬州。[①] 而刘禹锡撰写的《为杜司徒让淮南立去思碑表》记载，此碑是淮南以“去思碑”的名义上表奏请的，并且得到了皇帝的准允，这说明不论是“遗爱碑”还是“去思碑”都要经过奏请程序。[②] 又例，樊泽于兴元元年（784）至贞元三年（787）为襄州刺史，贞元十四年（798）卒，元和八年（813）襄州为其立“遗爱碑”。《集古录目》载：“唐樊成公遗爱颂，唐中书舍人平章事李绛撰，太子少保郑余庆书，襄州刺史山南东道节度使袁滋篆额。滋以宪宗时镇山南，言故贞元中节度使樊泽在州有善政，请立遗爱碑，绛奉敕撰。”[③] 可见，即使碑主已经去世多年，“遗爱碑”的刻立仍然要执行奏请制度。还有一则常常被学者引用的碑文，即刘禹锡所撰的《高陵令刘仁师遗爱碑》。文中记载了奏请的过程：“大和四年（830），高陵人李士清等六十三人思前令刘君之德，诣县请金石刻。县令以状申府，府以状考于明法吏，吏上言：谨按宝应诏书，凡以政绩将立碑者，其具所纪之文上尚书考功。有司考其词宜有纪者，乃奏。明年八月庚午，诏曰：可。”[④] 这条史料也是“遗爱碑”要履行奏请程序的有力证明。以上这些例子均可说明，立碑制度在实际执行过程中并不会拘泥于碑名本身，虽然碑名并不称为“德政碑”，但不论是“遗爱碑”还是“去思碑”或是其他，在制度上等同，都要经过奏请审核的程序。

此外，该文还存在一个小问题，文章起首处说“目前所见最早的（德政碑）是欧阳修《集古录》中收录的开皇十一年（591）《梁洋德政碑》”,[⑤] 但实际上在此之前，“德政碑”之名已经出现。《梁书》记载，

---

① 《大唐银青光禄大夫检校司徒同中书门下平章事太清宫及度支诸道盐铁转运等使崇文馆大学士上柱国岐国公杜公淮南遗爱碑铭》，蒋寅笺，唐元校，张静注《权德舆诗文集编年校注》，辽海出版社，2013，第 561 页。《舆地碑记目》题作“大唐岐国杜公淮南遗爱碑铭”，参见王象之《舆地碑记目》卷二《扬州碑记》，叶 9a，《石刻史料新编》第 1 辑第 24 册，第 18541 页。

② 陶敏、陶红雨校注《刘禹锡全集编年校注》卷一三《为杜司徒让淮南立去思碑表》，第 1517 页。

③ 陈思纂辑《宝刻丛编》卷三《襄州》引《集古录目》，叶 19a，《石刻史料新编》第 1 辑第 24 册，第 18123 页。

④ 陶敏、陶红雨校注《刘禹锡全集编年校注》卷一七《高陵令刘仁师遗爱碑》，第 1961 页。

⑤ 赵洋：《唐代德政碑再探》，赵力光主编《碑林集刊》第 20 辑，第 163 页。

大同年间（535~546）谢蔺为北兖州刺史萧楷撰写过德政碑，文云：“时甘露降士林馆，蔺献颂，高祖嘉之，因有诏使制《北兖州刺史萧楷德政碑》。”[①] 此事又见于萧颖士自述，文曰：“仆南迁士族，有梁支孙。系祖司徒鄱阳忠烈王，追踪《二南》，迈德荆郢。有子四十人，俾侯锡社，入卿出牧，且忠且贤，终始梁代。第三子侍中懿惠侯，大同中以信武将军都督北兖州，缘淮南军，遗爱在人，诏学士谢蔺撰德政碑文。”[②] 由此观之，萧楷之碑应当名为“德政碑”。此后，北周、南陈均有名为“德政碑”者，所以，“德政碑”之名并非最早现于隋代，而隋唐不过陈陈相因而已。这也说明学界需要对德政类碑刻诸多名目进行系统整理与研究。

刘琴丽发表了系列文章专论唐代“德政碑”。需要特别说明的是，刘氏将“德政碑”作为泛称，指“颂扬官吏政绩而立的石碑”。其《表彰抑或利用：唐代德政碑刻立的政治意图》一文，利用唐人文集和金石材料中的德政碑，分析申奏刻碑群体和碑主之间的关系，作者认为，“在唐代官员德政碑的申奏刻立中，无论民众是发自内心表彰良吏，还是受官员驱使，都反映了唐代朝廷较为关注基层百姓对官员的评价”，“对属下官吏而言，他们为州刺史、县令或藩镇主帅立碑，带有巴结逢迎的目的”，“对碑主而言，德政碑可以为他们带来良好的政治声誉，从而为考课带来好处。中晚唐时期的节度使还可以借朝廷的德政碑，获取权力的合法性来源”，“对唐朝天子而言，刻立德政碑，可以为天下官员树立良吏典范，从而达到巩固政权、维护秩序的目的；当中央势弱之时，天子又借助德政碑来笼络强藩”。该文对唐代德政立碑的目的与石碑的多层政治功能进行分析，得出结论：“唐代德政碑刻立的背后，隐藏着复杂的政治动机，而不仅仅

① 《梁书》卷四七《谢蔺传》，第 730 页。

② 黄大宏、张晓芝校笺《萧颖士集校笺》卷三《赠韦司业书》，中华书局，2017，第 74 页。按，鄱阳王萧恢为萧颖士七世祖，萧恢第三子即萧楷。另，撰碑人，《萧颖士集》作“谢兰”，《梁书》《南史》作“谢蔺”，“兰”“蔺”二字繁体字写法形近。《梁书》卷四七《谢蔺传》记载：“蔺五岁，每父母未饭，乳媪欲令蔺先饭，蔺曰：‘既不觉饥。’强食终不进。舅阮孝绪闻之叹曰：‘此儿在家则曾子之流，事君则蔺生之匹。’因名之曰蔺。”（第 730 页）可知，谢蔺之名取自蔺相如，故《萧颖士集》作“谢兰”，误，当作“谢蔺”，今正之。

是出于表彰美政或善政这样简单的理由。”[①]

刘琴丽《德政碑与唐代州县官员的政绩书写》则聚焦于石碑文本，通过碑文中对于州县官员政绩内容的描述，探究唐代士人心目中理想的地方官应该具备怎样的政绩。该文较为详细地比较了唐代考课制度所关注的官员政绩与德政碑文所强调的政绩的异同，研究了制度与现实之间的差异。作者指出：“制度所强调的官员政绩并不一定被民众完全接受，而制度令文没有认可的官员政绩，民众却自发地认其为善政。”此外，作者认为：“德政碑所书州县官员政绩内容，更多的是对制度令文的细化。”其基本结论是，德政碑所书州县官员政绩，更多地强调其所应该具备的儒家品德修养，并将一些儒家理念如天人感应、富民思想等融入碑文撰写中。[②]

其后，刘琴丽还撰写了《唐代乡族势力的地方政治参与——以德政碑为中心》。该文探讨了以耆老为代表的乡族势力参与地方政治的三种方式：第一，“为藩镇和州县官员奏请刻立德政碑”，作者认为，“以耆老为代表的乡族势力，利用德政碑不仅可以间接制约当地官员，还可以为肃清地方吏治提供舆论支持”，“德政碑从更深的层次揭露了唐代国家与地方社会互动渠道和方式”；第二，“上书反映当地官员的治绩或败绩”，并推知耆老是唐朝中央与地方社会直接或间接沟通的媒介，其信息交流渠道相对畅通；第三，“干涉地方官员的去留”，“显示了以耆老为代表的乡族势力在地方社会的权威性和影响力”。[③]

此外，刘琴丽还发表了《德政碑所见唐代颂政歌谣考论》，指出德政类碑刻的又一史料价值——集中保存了歌谣歌词文献；并提出，在德政碑刊立之前，颂政歌谣就要在舆论上给官员造势。[④] 另有新近发表的《〈全唐文〉所收〈昭庆令王播清德颂碑〉订补》，该文对《唐王播德政碑》的碑

---

① 刘琴丽：《表彰抑或利用：唐代德政碑刻立的政治意图》，《江西社会科学》2014 年第 12 期，第 146~152 页。

② 刘琴丽：《德政碑与唐代州县官员的政绩书写》，《四川师范大学学报》（社会科学版）2015 年第 4 期，第 155~162 页。

③ 刘琴丽：《唐代乡族势力的地方政治参与——以德政碑为中心》，《兰州学刊》2019 年第 6 期，第 13~19 页。

④ 刘琴丽：《德政碑所见唐代颂政歌谣考论》，《隋唐辽宋金元史论丛》第 11 辑，上海古籍出版社，2021，第 60~69 页。

阳和碑阴的录文进行了重新整理。以《河北隆尧石刻》的录文为底本，参之以拓本、明代隆庆《赵州志》以及明代崇祯年间的《隆平县志》和《全唐文》。值得注意的是，此碑额题“王君德政之碑”，而首题“唐赵郡昭庆令王君清德碑”，一为“德政碑”，一为“清德碑”，于是作者提出了一个非常重要的观点：“唐代德政碑并非只有一个固定的名字。”[①] 诚为的论。

刘琴丽的系列文章对唐代“德政碑”进行了多面剖析，涉及政治功能、政绩评价、信息沟通、乡族势力、颂政歌谣、碑版释录等多个方面，对于德政类碑刻研究议题的扩展有重要作用。但文章中还有一些问题有待商榷。第一，部分结论有待推敲。《德政碑与唐代州县官员的政绩书写》，“在唐代州县官员的政绩考核制度中，没有涉及灾异与祈神事宜”，但事实上，唐代考课令应当存在相关内容，五代后唐考课令：“诸每年尚书省诸司，得州牧刺史县令政，有殊功异行，及祥瑞灾蝗、户口赋役增减、当界丰俭、盗贼多少，并录送考司。”[②] 第二，部分论点与已有研究有重叠。例如，前揭《表彰抑或利用：唐代德政碑刻立的政治意图》摘要部分说，“中晚唐时期的节度使还可以借朝廷的德政碑，获取权力的合法性来源”，这与仇鹿鸣的观点有一定重叠，仇鹿鸣说，德政碑“从‘政绩激励’工具变为‘政治权威’象征，成为节度使统治一方权力合法性的重要来源”。[③] 第三，对于史料的取择有待商榷。例如，前揭《德政碑所见唐代颂政歌谣考论》，文中所用史料部分来自德政类碑刻，部分则来自其他史料，包括墓志和类书，如郑知贤墓志，以及《册府元龟》“谣颂”类中“颜游秦”和“李岘”的例子。[④] 经笔者核验，虽然有关于他们的歌谣，但并没有证据表明这些人拥有德政类碑刻，况且这些歌谣并非依凭德政碑流传于世。

① 刘琴丽：《〈全唐文〉所收〈昭庆令王璠清德颂碑〉订补》，武汉大学中国三至九世纪研究所编《魏晋南北朝隋唐史资料》第43辑，上海古籍出版社，2021，第216~232页。

② 按，此据后唐天成元年（926）十月考课令，仁井田升复原为开元二十五年令，参见仁井田升著，栗劲等编译《唐令拾遗》，长春出版社，1989，第261页。并参《册府元龟》卷六三六《铨选部·考课第二》，凤凰出版社，2006，第7355页；《五代会要》卷一五《考功》，中华书局，1998，第189页。

③ 仇鹿鸣：《权力与观众：德政碑所见唐代的中央与地方》，《长安与河北之间——中晚唐的政治与文化》，第167页。

④ 而且李岘的歌谣出自《旧唐书》，似不当引《册府元龟》为唯一依据。

而且在传世史料中，像这样有歌无碑的例子十分常见。所以，恐怕不能用这样的史料讨论德政类碑刻问题。这也促使我们反思，在面对历史研究对象时，如何确定取择史料的边界。①

还有学者关注了元代的“去思碑”。陈雯怡撰写长文《从去思碑到言行录——元代士人的政绩颂扬、交游文化与身分形塑》，该文考察了元代各种政绩颂扬文字所反映的社会网络与社群文化。包括去思碑文本在内的，赠序、诗卷、记文等一起作为个人“声誉”的文字。作者认为，去思碑是“流动的文本”，它们在士人网络间流动、增生，这使得其具有社会文化价值。《去思碑记》的题跋进而产生了颂扬诗卷，从诗卷进而结集成汇集多种文体的个人政治传记（如郭郁的《言行录》《敏行录》）。颂扬政绩的诗卷反映了士人建立起来的“公论”，显示了士人在政治权力之外建立、维持自身价值体系的努力。这些“公论”是基于“循吏传统”的价值，代表士人对政治的一种参与，反映了元代士人的社交性写作文化，其中的推荐语也透露出它们可能具有现实作用。②

此外，还有学者从文学和文体视角对碑文的写作进行研究，叶晔《论官僚体制下生碑记的书写转变》梳理了古代生碑记的发展历程，探讨这一文学类型的文本结构和书写权力，以及撰文者如何在制度制约下发挥创作能动性。③

夏炎则关注了唐代地方官德政的“另类”表达，他发现唐代水旱石刻祝文片段的特征为“毁庙”“责神”等反传统表达，祝文的受众所能体会

① 这一系列文章还有一些小的讹误。《表彰抑或利用：唐代德政碑刻立的政治意图》文第148页“天宝诏书”当作“宝应诏书”。《德政碑与唐代州县官员的政绩书写》第156页表1，“武昌宰韩仲卿去思颂碑”的时间写作“干元或至德”，“干元”当作“乾元”，且“至德”年号在前，“乾元”在后；“鄂州刺史韦公德政碑”的时间写作“干元年间”，当作“乾元二年”；第161页参考文献第3条，刘馨珺《从生祠立碑谈唐代地方官的考课》，发表时间误作“2008年”，当作“2005年”，此文经过较多的增订，后于2009年发表于《法制史研究》第15期，并于2012年收入《文书·政令·信息沟通：以唐宋时期为主》。《唐代乡族势力的地方政治参与——以德政碑为中心》第15页“贤老刘楚环”当作“贤老刘楚瓌”。

② 陈雯怡：《从去思碑到言行录——元代士人的政绩颂扬、交游文化与身分形塑》，《中央研究院历史语言研究所集刊》第86本第1分，2015年，第1~52页。

③ 叶晔：《论官僚体制下生碑记的书写转变》，《北京大学学报》（哲学社会科学版）2017年第4期，第127~136页。

到的是地方官的"德政"。地方官之所以将这些另类文字创造性地镌刻于石碑之上，就是为了通过这些极富张力的表达方式引起读者对地方官德政的关注，从而达到地方治理之目的。[①]

近年历史学硕士学位论文的选题中也能够看到"德政类碑刻"的相关研究。例如，王昊斐《唐代德政碑研究》（硕士学位论文，陕西师范大学，2016）搜集了相关碑刻203方，论及"唐代树立德政碑的原因""唐代德政碑的刊立与管理""唐代德政碑的形式与内容""唐代德政碑的作用与影响"。该文是较早系统研究唐代德政类碑刻的硕士学位论文。另有刘杰《〈田琬德政碑〉研究》（硕士学位论文，河北大学，2019），该文聚焦唐代开元二十八年（740）易州刺史田琬的德政碑，论及了石碑的物质形态、流转历史、拓片、书法等多个方面。

由宋至今，综观前人对德政类碑刻的整理与研究，虽然已有一些代表性的成果，但相比德政类碑刻不小的数量和丰富的内容，既有研究尤其是专题研究还不能与之匹配。刘馨珺侧重于生祠与律令制度，仇鹿鸣则关注政治史，刘琴丽更多聚焦于碑文的整理与研究。客观而言，现有的相关研究成果虽然涉及德政类碑刻的多个方面，但恐怕仍不能称之为整体的、系统的、深入的研究。还有很多史料有待挖掘，很多研究有待深入，很多问题有待明晰。

三　德政类碑刻的功能、意义与特性

德政类碑刻主要由民间社会发起，地方吏民捐资而建，目的是纪念和颂扬地方官的德行与政绩。其功能、意义与特性很大程度上决定了研究的视角与方法，所以有必要加以讨论。德政类碑刻是中国古代"循吏文化"的具象化反映，其最重要的功能是为民间社会提供了一种参与政绩评价的方式。德政类碑刻的意义在于，增加了民间社会与王朝国家之间的一种联结，投射出地方与中央的动态关系。在唐代奏请制度的制约下，这种联结是双向的，唐廷限制、审核、接受德政类碑刻所代表的民间评价，同时，

① 夏炎：《唐代石刻水旱祈祷祝文的反传统表达及其在地方治理中的功用》，《史学月刊》2021年第5期，第60～72页。

地方社会也会主动利用国家制度和德政类碑刻谋求利益。所以，德政类碑刻虽然是被各方利用的对象，但客观上也为民愿上达提供了制度性渠道。总结起来，德政类碑刻有以下几个特性：公开性、物质性、制度性、双向性、区域性、神圣性、继承性。以下详论之。

余英时曾专论“循吏”在中国文化史上的意义。他认为，循吏兼具“吏”与“师”的双重身份，“吏”代表以法令为中心的政治秩序，“师”则代表以教化为主的文化秩序，而“循吏”兼而有之，是“大传统”（上层文化）与“小传统”（通俗文化）之间的中介。[①]“循吏”其实也是中国古代的民间社会与王朝国家联结、互动的中介。因为民间社会以不同的方式参与政治评价、歌颂循吏们的德政，进而影响国家的制度设计、任官选择，以及政治传统与文化。

民间社会歌颂循吏的形式多种多样，歌谚是其中之一。以歌谚的形式表达政治反馈，早在《诗经》时代就已开始，其中著名的《甘棠》就是代表。作为民间社会对政治的一种反馈形式，不论是针对王朝国家的还是针对地方长官的，歌谚都具有重要意义，亦如东汉大儒郑玄在《诗谱序》中所说“论功颂德，所以将顺其美；刺过讥失，所以匡救其恶”。[②] 此外，还有一种方式称为“请留”，即当地方官员离任时，百姓请求留任，留而不得，吏民则会遮道相送。例如，西汉末年，侯霸任临淮郡太守，史载：“更始元年（23），遣使征霸，百姓老弱相携号哭，遮使者车，或当道而卧。皆曰：‘愿乞侯君复留期年。’民至乃戒乳妇勿得举子，侯君当去，必不能全。使者虑霸就征，临淮必乱，不敢授玺书，具以状闻。”[③] 类似的例子史不绝书。另外，具有监督、巡查职能的御史也是地方百姓表达政治评价的渠道。狄仁杰的例子就是很好的说明，《新唐书·郭翰传》记载：“翰者，尝为御史，巡察陇右，多所按劾。次宁州，时狄仁杰为刺史，民争言有异政。翰就馆，以笔纸置于桉，谓僚属曰：‘入其境，其政可知，愿荐

① 余英时：《汉代循吏与文化传播》，收入氏著《士与中国文化》，上海人民出版社，1987，第129~216页。

② 《毛诗正义》，阮元校刻《十三经注疏》，中华书局，2009，第554页。

③ 《后汉书》卷二六《侯霸传》，中华书局，1965，第901页。

使君美于朝，毋久留。’即命驾去。”[①] 类似的事例在史书中亦不罕见。当然，民众还有诸多参与政治评价、提出政治诉求的其他方式。

在中国古代政治文化中，对于循吏的崇尚超越不同王朝与政权，一以贯之。不论是民间百姓还是文化精英，官僚群体还是国家统治者，“循吏文化”早已内化在集体意识之中。那些大大小小颂扬循吏的纪念碑，其实也是“循吏文化”的物质表现。相较于大多数民间参与政治评价的方式，德政类碑刻显得较为不同。

德政类碑刻拥有物质实体，石碑标志着特定的公共纪念区域。口头传唱的歌谚没有物质实体，著于书籍的文字虽可传世，但仍在文本传播的范围内，并没有公共纪念物，更没有纪念场所。[②] 纪念碑则不然，作为一种寄托着恒久性的石碑，它具有物质实体，这也就意味着，即使被纪念者已经离任或者去世，当地人和后世人依旧留有一处纪念地。一方石碑，使得人们能够与被纪念者建立物质联系，而不仅仅是精神上的联系，这一功能无疑是十分重要的。兹举一例。史载，唐代狄仁杰任宁州刺史时，“抚和戎夏，人得欢心，郡人勒碑颂德”。[③] 离任后，于垂拱四年（688）出为豫州刺史，史载，“时越王贞称兵汝南事败，缘坐者六七百人，籍没者五千口，司刑使逼促行刑。仁杰哀其诖误，缓其狱，密表奏曰：‘臣欲显奏，似为逆人申理；知而不言，恐乖陛下存恤之旨。表成复毁，意不能定。此辈咸非本心，伏望哀其诖误。’特敕原之，配流丰州。豫囚次于宁州，父老迎而劳之曰：‘我狄使君活汝辈耶！’相携哭于碑下，斋三日而后行。豫囚至流所，复相与立碑颂狄君之德”。[④] 这批来自豫州的囚徒历经颠沛苦辛，却在他乡异地的宁州遇到了恩公狄仁杰的颂德碑。令人感到意外的是，他们竟然在此停留了三天，或许狄仁杰碑成了他们的心灵慰藉。而这些囚徒到达他们的流配地丰州之后，也为狄仁杰竖立了丰碑。这一段史料充分表明物质实体对于情感寄托与纪念活动的重要意义。来自豫州的囚徒将

① 《新唐书》卷一一七《郭翰传》，中华书局，1975，第 4252 页。

② 用李雪梅的话说，就是“典籍藏之秘府，碑刻则为宣示之众”。参见李雪梅编著《碑刻法律史料考》，社会科学文献出版社，2009，第 17 页。

③ 《旧唐书》卷八九《狄仁杰传》，中华书局，1975，第 2887 页。宁州，属关内道，治所在定安县（今甘肃宁县）。

④ 《旧唐书》卷八九《狄仁杰传》，第 2887 页。

宁州的纪念碑当作了狄仁杰的化身，人们才聚集到碑下释放情感。而如果没有这样一个纪念碑或其他建筑实体，那么宁州只不过是囚徒们漫长而困窘的旅程中的一个过路之地。

群体性纪念不仅依靠个体记忆，还有赖于物质实体的存在，共同记忆的延续也不能仅靠口耳相传或述之笔端，还需要公共纪念物或特定的区域场所。这是德政类碑刻相较于其他民间政治评价方式的明显不同之处。谈及歌颂德政的物质实体，还有祠庙，有些还是生祠。相比于立碑，祠庙为祭祀活动提供了固定的公共场所，强化了被纪念者的神圣性，是更好的公共纪念空间。但一般而言，祠庙的建设和维护所消耗的资源要比一方石碑多得多，对于民间社会而言，出于成本的考虑，或许立碑才是既能流传后世又较为节约的两全之法。

唐代的奏请制度是理解德政类碑刻的关键和锁钥。周知，德政立碑毕竟是一种歌功颂德的行为，弄虚作假以博名者历代皆有，逢迎媚上以取利者亦非鲜见。而德政碑文是一种颂赞文字，既如此，难免有谀美之嫌，不可轻信。其实古人早已明察此理，前有桓范的《铭诔》之文，后有白居易的《青石》之诗，类似的诗文历代不绝。但对于遏制或削弱虚假立碑之风，仅仅依靠文士的舆论谴责显然势单力微，难以奏效，那么就需要制度和法令的约束，这是德政类碑刻所展示的另一个层面的政治互动。

德政类碑刻制度的建立可以看作国家权力对民间行为的干涉。虽然从制度建立到其稳定施行，此间并非一帆风顺，但制度最终建立并逐渐完善，形成了国家层面对德政立碑的制约，这一过程本身就是政治互动的展现。东汉以降，民间社会以及门生故吏之间存在大量的捐资立碑和碑阴题名等行为，其中亦不乏声势浩大者，在这种情况下，建立制度成为必要之举。虽然制度的创设往往以立法者为本位，但建立了约束制度，能否推行以及如何实施，则是另一问题。具体到立碑制度，也经历了一系列的调整，以适应社会民情。相对而言，制度条文的变化是显性的，实则反映了隐性的现实环境的变化。经过妥协、坚持、让步，进退消长之间，王朝国家与民间社会之间基本达成了平衡，制度的施行趋于稳定。制度的建立与演变是国家对社会行为的反馈，切实反映了民间社会与王朝国家之间的互动过程。

政治互动具有双向性，如果把制度的建立与约束看作政治互动的一个侧面，那么民间社会和地方长官主动利用制度以谋取政治利益，或可被看作互动的另一面。当德政立碑已成为一种历史传统，且唐代奏请立碑之制度业已稳定实行，那么，立碑颂德的宣传效力便不会仅限于地方，因为按照制度设计，通过整个奏请过程，地方官的政绩就会上达中央。不论此碑最终刻立与否（亦有地方官拒绝为自己立碑的例子），亦不论能否流芳后世，至少“善状”之上表与民愿之表达都具有实际的意义。于是，民间社会与地方长官都可以对这一奏请制度加以利用。需要说明的是，不应忽视中国古代民间社会对地方政治乃至王朝国家的影响与作用。正如鲁西奇总结的，民众“借助王朝国家的力量与权力话语，去获取他们在地方社会中的利益”，并与王朝中心联系起来。[①]

与墓碑或其他纪念碑不同，德政类碑刻一定竖立在被纪念者的任官地，这一明显的属地原则却往往被研究者忽略。所以德政类碑刻往往与区域史直接相关，广布各地的德政类碑刻以及德政建筑反映了中国古代地方社会的文化特色，是考察区域政治文化传统以及地方社会政治互动的重要史料，为地方与中央关系研究提供了鲜活素材。

对于古人而言，在自己的家乡为地方长官立碑是一件大事，所以碑主往往被神化，石碑也随之变成了令人敬畏的“神物”。[②] 德政类碑刻在唐代民间信仰中扮演着特殊角色。地方官吏是唐代地方民间信仰的来源之一，通过德政立碑的方式，地方长官被神化，甚至碑版本身也具有了神力。德政类碑刻的神圣性可能来自民间，也可能来自官方。民间社会、地方官吏与王朝国家都是神话的制造者和认定者。

德政类碑刻具有继承性，因为它不仅会对当时的参与者产生影响，还会对后世人、对整个区域产生跨时空的文化辐射。有证据表明，因为德政碑的存在，新的地方长官会效仿前辈的优良品行，当地百姓也会借此鞭策

① 鲁西奇：《多元、统一的中华帝国是如何可能的?》，氏著《谁的历史》，广西师范大学出版社，2019，第 206 页。

② 程章灿将汉末三国的石刻志异称为“神物”。笔者在研究中发现，一些中古时期的德政类碑刻也存在被“神化”的过程，所以借用了程章灿这一说法。参见程章灿《神物：汉末三国之石刻志异》，《南京大学学报》（哲学·人文科学·社会科学）2017 年第 2 期，第 123~133 页。

那些继任者们。当继任者们拥有了“德政”之后，他们可能也会获得自己的德政碑，优秀的政治基因与文化传统因此传承。即使是跨越时代、王朝，当地人还是会重修、重刻这些纪念碑，而石碑即使被损毁或已经消失，在历代相袭的地方志中也会保有一席之地。从积极的方面看，德政类碑刻促进了循吏文化的传递。

四　德政类碑刻研究的新视角

基于德政类碑刻的功能、意义与特性，笔者认为，研究的新视角可能有以下几种。

第一，对同质性碑刻进行整体性研究。在拥有一定样本数量的基础上，将具有相似性质和相同功能的碑刻文献作为一个整体的研究对象，并联系、统合其他的德政建筑。整体性研究的优势在于，不仅便于横向考察同一历史时期同质性碑刻的特征，而且便于纵向精细化比照不同历史时期碑刻的发展脉络。相较于中国史书所表现出的完整性和连续性，碑刻作为物质文化的一部分，其本身就具有很强的个体性，它所承载的历史信息往往是点段式的，所以补史、证史等考证式的个案研究更为常见。这样的研究固然具有重要意义，但已有艺术史学者提出对石刻个体性研究的局限，《纪念碑：起源、意义与多样性》一书就是解决这一方法论问题上的尝试。虽然其研究对象是印度纪念碑石刻，但其研究范式仍值得借鉴和参考。①此书的书评道出了当下石刻研究的困境：“尽管纪念碑被独立地发掘和披露，但它们并没有被系统性地对待。最好的情况不过是用于解决独立的历史问题，而其他的丰富的信息则被忽视。”② 虽然这是近四十年前的论说，但迄今为止石刻史料的研究范式并没有很大不同，对于石刻史料的整体性研究仍然有待推进。整体性研究可以长时段、多视角、跨地域地考察德政立碑和循吏文化在中国社会中的意义和影响，打破单一历史事件、历史人

① S. Settar, Günther D. Sontheimer, eds., *Memorial Stones: A Study of Their Origin Significance and Variety* (I. A. H. Series, No. 2.; *South Asian Studies*, No. xi/II.), Dharwad: Institute of Indian Art History, Karnatak University, and Heidelberg: South Asia Institute, University of Heidelberg, 1982, pp. 1-2.

② George Erdosy, "A Review of *Memorial Stones: A Study of Their Origin Significance and Variety*," *Bulletin of School of Oriental and African Studies*, Vol. 48, 1985, pp. 556-557.

物和历史朝代的界限。

第二，碑刻制度史研究，需要联系制度与“人”、制度与“碑”、“人”与“碑”之间或显著或隐秘的关系。凡是制度，都会对当时“人”产生或大或小的影响，并在器物上留下痕迹。而“人”的选择的偏转、观念的变迁，以及同类器物的形态变化、文字书写，其实都投射着制度的创建与发展。所以，若欲详细考察碑刻制度的变迁，不该限于制度条文本身，而应该依托大量史料，在“人”和“碑”的变化之间寻找制度的印记。正如侯旭东所倡导的：“返归古代王朝的具体时空，回到人（无论是圣人、君王还是官员、百姓）/事关系，甚至天道/人事关系中，去认识制度的产生、实态及其变化。”同时，他强调“以人与制度关系的探讨推动制度研究开辟新的方向。这一取向更可以和‘事’的研究相结合，制度不过是例行化的事务，而事务由人来完成，这样，人、事务与制度便衔接在一起”。[①] 受此启发，笔者认为德政类碑刻的制度史研究不应仅仅满足于各个制度条文之间的比照，而且要尝试将中古时期的相关制度条文排列成为一个纵向的时间轴，将能够反映制度产生、定型与演变的具体立碑事件嵌入其中，尝试发现制度背后的历史语境，通过历时性的分析，纵向考察制度条文变迁。此外，传世文献保留下来的制度条文不过寥寥数语，而德政类碑刻文献却相对丰富，所以共时性的分析就显得异常重要，否则对同一时期的不同现象不能有清晰的认识。换句话说，制度条文的产生、变化与实行，势必要与同时期的石刻及其他历史文献进行平行考察，才能横向研究制度设立的背景与制度实行的环境，并对这一看似简单的制度演变过程形成较为完整和深入的认识，从而尝试进行“活的制度史”研究。[②] 需要说明的是，长时段制度发展脉络的呈现，需要以整体性原则为基础，仅靠一方或几方碑刻是很难呈现的。

第三，关注中国古代民间社会与王朝国家之间的政治互动，重视民间社会在这一过程中的主动性和积极性。德政类碑刻的背后反映了多层级的政治互动，主要包括地方社会与地方官之间、地方与中央之间、百姓与国

① 侯旭东：《什么是日常统治史》，生活·读书·新知三联书店，2020，第210~211页。

② 邓小南：《走向“活”的制度史：以宋代官僚政治制度史研究为例的点滴思考》，《朗润学史丛稿》，中华书局，2010，第500~503页。

家权力之间的互动关系。同时，还反映了民间或地方社会如何利用德政类碑刻及国家权力，并对国家政治决策产生影响。

第四，关注“格式化”文本的产生和意义。碑志文发展过程中，形成诸多“格式化”的表达，甚至可以看作较为固定的“书式”。这种文本看似毫无个性、鲜有生趣，甚至被看作虚美之辞，但如果广泛搜集并掌握足够大的史料群，则会发现，正是这些非个性化表达所携带的重复性、普遍性、功能性和社会性，反映了时代特征和群体偏好，这是其他具有个性化表达的文献所不具备的。透过“格式化”的文本，还能够看到书写者对于制度与权力的屈从、迎合与利用。

第五，重视碑刻的人文地理意义。碑刻是重要的地理要素，在宋代金石学兴起之前，地理类著作早已详细著录各地碑刻，如《水经注》《洛阳伽蓝记》《元和郡县图志》等。碑刻也是中国古代各级地方志编纂的常规项目，方志中一般有这样的类目：“石刻”、“碑碣”或“金石”。敦煌文书《沙州都督府图经》中就有“碑碣”条目，只不过当时当地可能没有可供记载的碑刻，所以在“碑碣”条目之后备注“右当县并无前件色”。[①]即使当地没有相关碑刻，还是要在“图经”的编纂中保留“碑碣”这一条目名，可以推测，在唐代“图经”的编纂过程中，“碑碣”是不可缺少的一项。一方著名的碑刻可能成为当地的文化名片，其文化辐射的广度可能随着时间推移而不断扩大，这对于区域政治传统和文化所产生的影响不容小觑。襄阳羊祜的堕泪碑就是例证，还有魏州狄仁杰的生祠碑，等等。一些前代的德政建筑，后世还会修复、增建，循吏文化得以传承。例如，天宝九载（750）李白撰文的“虞城县令李公去思颂碑”，后于元和四年（809）重立；大历五年（770）李阳冰撰文的“龚邱县令庾贲德政颂”，后于金贞元三年（1155）重刻；等等。所以，碑刻史料具有特殊的地理意义。从这一角度看，以碑刻为线索的区域史研究也是有待耕耘的领域。

第六，关注碑刻的社会性、政治性和公开宣教功能。竖立于官员任官地的纪念碑是联结民间社会与王朝国家的政治宣教工具，提供了反映地方

① 敦煌文书 P. 2005《沙州都督府图经》，《法藏敦煌西域文献》，上海古籍出版社，1995，第 58 页。参见郑炳林校注《敦煌地理文书汇辑校注》，甘肃教育出版社，1989，第 16 页。

与中央关系的珍贵史料，为复原、拼合中国古代地方社会与地方治理的历史场景保存了丰富信息。立碑者有意识、有目的地展示给世人碑刻的形制、碑文的内容，使得碑刻拥有公开宣教功能，所以对于碑刻的利用需要进行审慎的史料批判。尤需注意的是，应当对古人的立碑行为及相关的思想观念抱有理解与尊重。在碑文撰写过程中，固然有虚美的成分，甚至在中晚唐时期，某些节度使的德政碑文更是充满谀美之辞。民间百姓有时会对石碑本身产生崇拜的情感，认为石碑具有某种神异的力量。但无论这些行为或观念是否符合现今的价值判断，都不能以当下的立场与眼光进行道德评判，而应给予充分的理解，并尽量客观地纳入研究范畴之中。

第七，发现、宣传古代碑刻的现实意义。历史研究中，学术创新固然是第一要义，但饱含人文关怀与现实观照的学术研究才更有历史的温度。研究中国古代德政类碑刻，就有责任和义务弘扬优秀的中国传统循吏文化，为当代中国廉政建设提供历史借鉴。中国古代各级地方志记载了大量当地的德政故事，著录了很多德政碑文。尤为可贵的是，这些方志并非仅仅记载当朝当代，而是层累地记载前朝前代的人和事。如果当地政府和文旅单位按图索骥、善加利用、积极宣传，将会对当地乃至全国的廉政建设以及文化旅游等方面的发展大有裨益。

2010年以来藩镇研究的动向*

闫建飞　肖靖可

藩镇是唐后期至宋初历史研究的核心议题之一，长期受到学界关注。不过21世纪前10年，藩镇研究呈现出式微迹象，不仅学术成果较少，研究议题和思路也未能突破原有框架，更多是旧有议题的延续。2011年前后，学者们从中央对藩镇的控制、藩镇的研究模式等方面概述了藩镇研究现状，对以往的学术成果进行了总结。①

近年来，藩镇问题再次成为研究热点，新议题、新视角、新材料的发现使藩镇研究重现活力。学者们通过对传世史料的再解读和新材料的利用，重新梳理了诸多与藩镇相关的政治事件、政治制度的发展脉络，发掘出不少以往藩镇研究忽略的层面，更加关注藩镇问题的动态发展。此前的综述限于发表时间，无缘囊括十余年来的新研究，因此本文尝试梳理2010年以来藩镇研究在视角、观点、方法、材料等方面的进展。需要说明的是，限于个人精力和能力，本文的梳理以勾勒学术史脉络为主，仅选择部分代表性论著进行评述，并非面面俱到，挂一漏万，在所难免。

一　安史之乱研究的深入

安史之乱是改变唐代历史的重大事件，不过正如学者所总结的，学界

* 本文系国家社科基金项目“宋夏对峙格局下的陕西军政研究”（20CZS028）阶段性成果。

① 刘兴云：《唐代中央对藩镇控制问题研究综述》，《中国史研究动态》2011年第2期，第10~15页；张天虹：《唐代藩镇研究模式的总结和再思考——以河朔藩镇为中心》，《清华大学学报》（哲学社会科学版）2011年第6期，第55~65、157页。此外，山崎覚士关于日本五代十国史研究的总结中不少内容亦涉及藩镇。参见山崎覚士「五代十国時代の研究」遠藤隆俊、平田茂樹、浅見洋二編『日本宋史研究の現状と課題—1980年代以降を中心に—』汲古書院、2010、325~345頁。

对安史之乱的研究集中在爆发原因和影响两个方面，很少有对其过程详细考订的专著，[①] 李碧妍的《危机与重构：唐帝国及其地方诸侯》正是弥补这一缺憾的力作。与以往线性叙述不同，该书从历史地理的角度，分河南、关中、河北、江淮四个区域，阐释了安史之乱的进程及其影响。作者注意到，唐军和叛军双方对垒的同时，各自也面临着其他内外危机。唐帝国在安史之乱后面临三类政治危机，一是玄宗与肃宗之间的中枢矛盾，二是来自新兴地方军将的危机，第三类危机则来自西部的异族政权。不同地区的主要危机类型存在差异：河南地区集中展现了朝廷与地方新兴军将之间的矛盾，背后还夹杂着玄宗与肃宗的中枢矛盾；江淮地区的永王东巡事件则是中枢矛盾的集中爆发，稍后的刘展之乱同样体现了朝廷与地方新兴军将之间的矛盾；关中地区则主要表现为唐帝国与西部异族政权之间的矛盾。就安史叛军而言，安禄山控制下的河北并非铁板一块，幽、营境内羁縻州的蕃族部落和以边州军镇为基础的骑兵，是安禄山叛乱的主要力量；河北南部的团结兵，则在战争爆发后一年内坚持与叛军对抗。安禄山被杀后，如何应对其旗下众多高级将领的离心离德，一直是安庆绪、史思明、史朝义面临的内部核心问题。作者在吸收学界研究成果的基础上，对这些内外矛盾与战争进程的关系进行了细致解读。

与李碧妍聚焦安史之乱整体进程不同，王炳文和仇鹿鸣对安史之乱进行了系列专题研究。王炳文重点关注历史书写下“安史之乱”和“河北胡化”的建构问题，指出“安史之乱”这一概念是唐后期不断建构起来的，“河北胡化”印象则是安史之乱中的政治军事形势、唐廷、河北藩镇三种因素共同作用的结果。至于“河北胡化”的历史进程则可分为幽营与恒魏两个阶段。王炳文通过对燕与后燕内部政治演进线索的勾勒，分析其对战后河北藩镇格局所产生的塑造作用。此外，他还对安禄山身世、起兵前的实际权力与当时政局的关系、唐廷借兵回纥、仆固怀恩之叛等问题做了更深入的梳理。[②] 仇鹿鸣利用新出墓志，重点考察了燕政权一方的情况，包

① 胡戟等编《二十世纪唐研究》，中国社会科学出版社，2002，第 46 页；李碧妍：《危机与重构：唐帝国及其地方诸侯》，北京师范大学出版社，2015，第 2 页。

② 王炳文：《从胡地到戎墟——安史之乱与河北胡化问题研究》，北京师范大学出版社，2020。

括安禄山起兵时的政治宣传、燕政权统治下的吏民心态、陷伪臣僚等问题，补充了安史之乱对当时官民的深层影响。[①]

二　藩镇区域研究的推进

安史之乱最重要的政治遗产就是唐后期的藩镇问题。其中盘踞叛军大本营河北地区的藩镇，因其鲜明的“割据性”和“异质性”，一直是学者们关注的重点，近年来出版的多本专著皆聚焦于此。冯金忠《唐代河北藩镇研究》是第一本关于河北藩镇的综合性研究专著。此前学界对河北藩镇的研究主要集中在朝藩关系、胡化与汉化、内部军事构造等方面，该书则相对全面地讨论了河北藩镇的组织体制、节度使选任、武职僚佐的迁转、军镇防御、屯田经济、佛教发展、世家大族等问题，既注意到河北地区藩镇与中央、顺地的交流联系，也注意到河北藩镇内部的差异与冲突，议题明显拓宽。该书利用大量出土墓志、碑刻材料，在解读河北社会流动、武职迁转、世家大族发展等问题上起到了重要作用。同时，新材料在该书中的广泛运用，为议题的拓展提供了新的可能性。[②]

与冯金忠研究议题紧密相关的著作，是张天虹的《中晚唐五代的河朔藩镇与社会流动》。该书基于孙国栋、毛汉光关于唐宋阶级变化的研究，[③]以藩镇为中心，尝试补充唐后期五代河朔政治精英的升降流动状况。张天虹整理了 252 方河朔藩镇墓志志主最近两三代的履历情况，将定量分析与个案研究相结合，指出安史之乱后河朔藩镇社会流动性增强，出现大量中低级幕职官和将校职位，从而为中下层政治精英和“凡庶”子弟提供了社会流动的空间，甚至使其中少数人进入上层政治精英行列。河朔藩镇在人才擢用上具有较强的灵活性和包容性，文武才干越发成为决定个人和家族前途命运的重要因素。伴随着唐末五代河朔地区独立性的日渐消解，河朔

---

① 仇鹿鸣：《五星会聚与安禄山起兵的政治宣传》《一位“贰臣”的生命史：王伷在安史之乱中的沉浮》《墓志书写与葬事安排：安史乱中的政治与社会一瞥》，氏著《长安与河北之间——中晚唐的政治与文化》，北京师范大学出版社，2018，第 1~123 页。

② 冯金忠：《唐代河北藩镇研究》，科学出版社，2012。

③ 孙国栋：《唐宋之际社会门第之消融》，原载《新亚学报》第 4 卷第 1 期，1959 年，第 211~304 页，后收入氏著《唐宋史论丛》，上海古籍出版社，2010，第 271~352 页；毛汉光：《中国中古社会史论》，上海书店出版社，2002。

被重新纳入五代政权核心区域，河北精英在政治舞台上开始发挥愈加重要的作用。[①] 不过正如作者所言，限于材料，其考察主要基于父子链条上社会地位的变化，并未全面考察婚姻关系的影响。如果考虑到旁系亲属及其婚姻关系、社会关系的影响，其研究与河朔藩镇社会流动的真实情况可能存在一定距离。

李碧妍在前人研究基础上，重点讨论了河朔三镇的异同。她指出，尽管河朔三镇有着相似的长期半割据状态，其性格特质却并不完全一致。继承最多叛军因子的成德镇，奠定了将领层为权力中枢的性格，并一直维持到该镇终结。与之相反，基础薄弱的魏博镇在建镇伊始就着力发展以牙军为核心的军事力量，但牙军崛起并成为魏博跋扈与动乱的源头，实际出现在魏博镇发展的中后期，前期的魏博镇同样是由将领主导的藩镇。幽州镇虽然由将领阶层占据政治舞台中心，但其构成由会府牙将逐渐转变为属州或外镇的军将，这与幽州外部矛盾的转移密切相关。唐廷对河朔三镇割据的态度，也经历了从积极打击干预到最终承认“河朔故事”的转变。[②]

仇鹿鸣利用《罗让碑》讨论了唐后期魏博镇内部的政治社会结构与文化心态，同时以德政碑颁授下的政治博弈为视角，以魏博镇为中心，探讨了中晚唐中央与地方关系的动态演变。借助德政碑这类政治景观的兴造，朝廷赋予节帅统治以合法性，亦使强藩需依赖于朝廷的权威让渡才可维系其统治双方，双方在互动中达成新的政治平衡。[③] 这与张国刚所论河朔藩镇对唐廷具有游离性与依附性的双重特点相吻合，[④] 仇文在此基础上，更好地证成了河朔藩镇这种矛盾的特性。

河北藩镇之外，近年来学界对东南藩镇的关注亦颇多。李翔从经济发展、政局演进、幕府府主和文职僚佐的身份特征与仕途迁转等方面探讨了中晚唐浙东镇的发展历程，指出其对吴越立国的深远影响，又讨论了中原

① 张天虹：《中晚唐五代的河朔藩镇与社会流动》，社会科学文献出版社，2021。

② 李碧妍：《危机与重构：唐帝国及其地方诸侯》，第296~379页。

③ 仇鹿鸣：《权力与观众：德政碑所见唐代的中央与地方》《政治的表达与实践：田氏魏博的个案研究》《唐末魏博的政治与社会——以罗让碑为中心》，氏著《长安与河北之间——中晚唐的政治与文化》，第124~218、261~303页。

④ 张国刚：《唐代藩镇研究（增订版）》，中国人民大学出版社，2010，第49页。

文化与越地文化的交融问题。[①] 东南八道一向被视为唐后期的财政命脉，张国刚将其归类为东南财源型藩镇。[②] 蔡帆从江淮兵力、两税上供比例等方面进一步证成、细化了这一结论。较之于其他地域藩镇的内部结构，“土豪”阶层的演变，是学者们尤其是日本学界观察江淮藩镇的重要视角。蔡帆通过梳理中晚唐江淮藩镇的形成过程与江淮土豪阶层的发展脉络，探究唐后期江淮的地方权力结构更替问题。他认为，唐末江淮维稳机制的失效、地方重臣高骈的离心、新兴武装力量的崛起，导致唐廷控制下的江淮藩镇走向崩溃，以土豪武装为主的江淮在地势力形成了广泛却细碎的武装割据。其对淮南节度使高骈离心原因及兴衰始末的解释，颇合情理。[③] 不过正如周鼎所言，史料中的“土豪”涵盖地主、商人、胥吏、军将、民间武装首领等多种地方有力人群，并非一个拥有特定职业、产业形态和身份认同意识的社会阶层，讨论相关问题时需要与具体的历史场景结合。[④]

需要指出的是，以上研究主要关注唐后期藩镇，五代宋初藩镇中，除了西夏前身的夏州静难军、世袭的府州折氏研究比较丰富外，[⑤] 其他藩镇的个案研究很少。河北藩镇依然受到学者较多关注，但主要是从梁晋争霸、朝藩关系视角，关注河北藩镇割据状态的瓦解过程。[⑥] 相比之下，何天白深入河北藩镇内部，通过观察五代宋初河北当地人士仕宦的变动，呈现了河北藩镇割据的消解过程，对这一问题进行了更深入的讨论。他指出，梁晋争霸导致河北军人集团主动或被动地依附朱梁、李晋等外部强权，李晋因较为妥帖地处理了自身与河朔藩镇政权、当地地方军人集团的

---

① 李翔：《中晚唐浙东镇研究》，浙江大学出版社，2017。

② 张国刚：《唐代藩镇研究（增订版）》，第42~59页。

③ 蔡帆：《朝廷、藩镇、土豪：唐后期江淮地域政治与社会秩序》，浙江大学出版社，2021。

④ 周鼎：《晚唐五代“土豪”新论——以学术史反思为中心》，《历史教学问题》2021年第6期，第36~41、166页。

⑤ 2010年以来的夏州藩镇研究如周伟洲《党项西夏史论》，甘肃文化出版社，2017；岩崎力『西夏建國史研究』汲古書院、2018；岳思彤《晚唐五代宋初定难军政权的形成》，《文史》2021年第3辑，中华书局，第123~146页；等等。府州研究如高建国《鲜卑族裔府州折氏研究》，博士学位论文，内蒙古大学，2014；折彦武、高建国编《陕北历史文化暨宋代府州折家将历史文化学术研讨会论文集》，陕西人民出版社，2016。

⑥ 如吴丽娱《从敦煌〈新集杂别纸〉看后唐明宗时代河北州镇的地缘关系与领地拓展：〈新集杂别纸〉研究之一》，荣新江主编《唐研究》第19卷，北京大学出版社，2013，第361~421页。

关系，得以据有其地，任用其人。一方面，李晋政权着意笼络河北旧将，拔擢骁勇，使其逐渐融入李晋集团；后唐建立后，这些将领或转变为朝廷权要，或出任其他军镇要职，逐渐与河北脱离关系。另一方面，河北军镇节度使和将校逐渐改由其他地区军将充任。由此，河北军镇旧有职业军人集团趋于瓦解，各地兵将也难以再形成新的胶固关系。与此同时，河北地方武人、文职官吏以及民间长于文学、吏事者，为争取更多出仕机会，也不再局限于在本镇任职，出任朝官和他镇僚佐者日增。河北当地文武人才出路的多样化，进一步改变了河北当地的政治、社会关系，使河北再难形成强势的地方职业军人集团，也使中原王朝对河北的控制更为深入。①

总体而言，目前的藩镇区域研究以河北藩镇研究最为深入，学者们对其特性、内部构造、与中央的关系等都有更深的理解，同时其他地区藩镇也多有专门论著，这使我们对唐后期几乎每个藩镇的形成、兴衰、内部结构、与唐廷关系等都有了具体的了解。不过这些研究的同质化现象也较普遍，正如陈翔、秦中亮所言，当前的藩镇个案研究，“无外乎先从本镇的自然环境、交通状况、战略形势，甚至地理沿革谈起，其次论及本镇与中央的关系，抑或是本镇的军队构成，最后论及本镇的地位、作用。研究者选取任一藩镇进行研究时，似乎已经预先设计好想要论述的问题、框架，那么，从这种大同小异的论述框架入手，得到的认识也几乎是一致的，因为学界早已对藩镇问题进行了许多概论性的研究”。② 这种研究状况的形成，主要缘于史料的限制。传统的史书编纂是以皇帝和中央朝廷为核心的，多数情况下，只有当藩镇与朝廷发生关系甚至产生冲突时，相关历史才会被记载下来，而宋以前的地方史料又相对有限，这使传世文献中与藩镇相关的史料多集中于朝藩关系甚至是朝藩对抗层面，导致多数藩镇研究变相成为区域化的朝藩关系研究。当这些研究形成较为成熟的解释框架，又会进一步影响后来的研究，使得本应丰富多样的藩镇个案研究给人“千镇一面”之感。当然，藩镇区域研究面临的这种困境并不是孤立的，其他

① 何天白：《重塑河朔：五代至北宋前期河北的军事态势（907~1048）》，博士学位论文，北京大学，2021，第85~137页。

② 陈翔、秦中亮：《〈“中原”边缘——唐代昭义军研究〉书评》，荣新江主编《唐研究》第18卷，北京大学出版社，2012，第533页。

区域史研究中也有类似问题。如何避免区域多样性被模式化的历史书写和研究所遮蔽，是今后藩镇区域研究的重要问题。

三　藩镇动态研究

在早期的历史叙述中，藩镇割据常被视为唐后期政治顽疾之一。随着研究的深入，学者们意识到割据只是少数藩镇的特征，需要对藩镇进行分类研究。在众多类型划分中，张国刚的河朔割据型、中原防御型、东南财源型、边疆御边型四分法得到学界的广泛认可，成为后来研究的基础。[①]不过，类型划分同样存在将某一时期特性扩大为长时段认识的危险，比如淮西、淄青等被视为中原防御型的藩镇，在元和中兴前也经历了长达半个世纪的割据状态，与河朔藩镇并无二致。因此，藩镇研究需要更注重其动态发展过程。

在中唐至宋初的两个半世纪里，中央朝廷经历了李唐、五代十国、赵宋的剧变，藩镇也以黄巢起义为界，经历了两个“生命周期”[②]。第一个生命周期可以元和中兴为界，分为前后两个阶段，前半段正是安史之乱后唐廷与藩镇经过长期博弈，朝藩关系趋于稳定、藩镇特征逐渐定型的时期，也是藩镇研究成果最为丰硕的时期。李碧妍《危机与重构：唐帝国及其地方诸侯》在前人研究基础上，重新探讨了安史之乱后至元和中兴前河南、关中、河北、江淮四个区域藩镇的变化过程。这一时期，河北、河南藩镇都在谋求割据、以土地传子孙，但在唐廷打击下，河南藩镇实现“顺地化”，河朔三镇割据态势最终形成。东南藩镇在经历永王东巡、刘展之乱的短暂动荡后，成为唐廷最重要的财赋供给基地。关中藩镇则在异族威胁、唐廷削藩、朝廷新建神策军三种因素的影响下，形成新的军政空间，即京西北八镇。李碧妍在深入探讨藩镇内部权力结构的基础上，向我们展现了唐廷尝试集权的历史脉络，进而解释了唐廷通过应对安史之乱及其后续政治危机，重建中央集权和政治权威的过程。

黄巢起义后，唐廷与地方统治秩序崩溃，以唐廷为核心的原有藩镇体

① 张国刚：《唐代藩镇研究（增订版）》，第 42~59 页。

② 藩镇“生命周期”的提法，参考了仇鹿鸣《长安与河北之间——中晚唐的政治与文化》，第 335、348 页。

系瓦解，[①] 藩镇也进入第二个“生命周期”。这一时期，学者们首先注意到的是，取代唐王朝的并不是唐后期最骄横的河朔三镇，而是在战争中崛起的新军阀朱温。对此，李碧妍、仇鹿鸣从藩镇骄兵的视角进行解读，认为元和中兴后，河北、河南等地藩镇内部权力结构中，地方军人集团逐渐占据主导地位，引发频繁内乱，导致两河藩镇衰落，最后在朱温、李克用等新军阀打击下，与唐王朝一起退出历史舞台。[②]

在唐王朝和旧藩镇衰落的同时，战争中崛起的新军阀纷纷建国，成为政治舞台中的主角，由此藩镇体制深深嵌入五代十国诸政权的“肌体”。由藩而国的过程及其影响，20 世纪 60 年代王赓武有过精彩论述，2014 年其书中译本出版。[③] 该书讨论了黄巢起义后唐廷与藩镇关系的演变，展示了朱温、李存勖建国过程中内部权力结构的变化及其藩镇政策。内诸司使和侍卫亲军的崛起，改变了北方中国原来以节度使为基础的权力结构。

闫建飞将唐末五代藩镇向王朝的转变过程称为“方镇为国”，重点关注后梁、后唐建立前朱温、李存勖对辖下藩镇的控制措施和集权情况。建国前的朱温、李存勖集团均由直辖镇、属镇、附镇构成，直辖镇由主帅朱温、李存勖担任节度使，属镇由其部将、子弟统辖，附镇节帅选任则不受二人控制。朱温在直辖四镇之上建立起集权体制，成为代唐建国的过渡；李存勖通过兼领四个强藩，形成新的权力核心。方镇为国的建国模式和直辖镇、属镇、附镇圈层结构的出现，与唐后期的藩镇格局和唐末群雄混战的形势密切相关。方镇为国的完成，使中央确立起对藩镇的军事和财政优势，为最终解决藩镇问题提供了条件。[④]

从长时段来看，藩镇的两个生命周期面临着共同的问题，即朝廷的藩

① 胡耀飞曾讨论黄巢起义对藩镇格局的影响，参见胡耀飞《黄巢起义对晚唐藩镇格局的影响》，《文史哲》2017 年第 4 期，第 130~145、168 页。

② 李碧妍：《危机与重构：唐帝国及其地方诸侯》，第 103~111 页；仇鹿鸣：《长安与河北之间——中晚唐的政治与社会》，第 219~260、345~349 页。

③ Wang Gungwu, *The Structure of Power in North China during the Five Dynasties*, Stanford: Stanford University Press, 1967. 中译本参见王赓武《五代时期北方中国的权力结构》，胡耀飞、尹承译，中西书局，2014。

④ 闫建飞：《方镇为国：后梁建国史研究》，《中山大学学报》（社会科学版）2019 年第 6 期，第 23~35 页；闫建飞：《方镇为国：后唐建国史研究》，邓小南、方诚峰主编《宋史研究诸层面》，北京大学出版社，2020，第 251~270 页。

镇政策。与前人多从朝藩关系探讨不同，张达志从藩镇内部权力结构入手，对唐后期藩镇与支郡的关系进行动态考察。他指出，唐后期朝廷通过裂地与徙治、归还刺史军权、两税三分等措施，一方面削弱单个藩镇能动员的军事财政资源，另一方面在藩镇内部抬升支郡地位，使藩镇渐弱、支郡渐强，为五代宋初最终解决藩镇问题提供了条件。① 五代宋初的藩镇问题，学者主要以削藩视角进行考察。陈长征从军事、财政、行政三方面讨论五代十国地方政权的变化，其中不少涉及削藩。军事措置包括加强禁军、削弱节度使军事力量、推行屯戍制度、控制藩镇势力等，财政措置包括推行藩镇进奉，行政措置包括改变权摄官制度、加强对州县官管理、以朝官出任地方官等，举证颇为全面丰富。② 闫建飞从知州制、幕职州县官体系、兵马都监、“制其钱谷”等方面，讨论了五代宋初削藩政策的实施过程，纠正了学界的部分认识偏差。③

“政治规范”是近年来观察朝藩关系的重要视角，亦被称为“政治默契”④、政治惯例、故事等。“河朔故事”是学界关注最早、研究最深、最典型的中晚唐政治规范问题，近年来仍有不少学者关注。这些研究尽管具体论证有所差别，但基本认可“河朔故事”有两重内涵：一是节度使的自相承袭，二是河朔藩镇内部事务的相对独立。“河朔故事”并不始于安史之乱，而是经过唐代宗、德宗、宪宗朝几次大规模朝藩战争，朝藩双方均意识到自身的力量边界，此后逐渐确立起来的。“河朔故事”的形成过程、在这一过程中唐廷的政策转变，是学者们关注的核心问题。⑤

最早利用“政治规范”考察其他区域朝藩关系问题的论著，应是陆扬

---

① 张达志：《唐代后期藩镇与州之关系研究》，中国社会科学出版社，2011。

② 陈长征：《唐宋地方政治体制转型研究》，山东大学出版社，2010，第124~233页。

③ 参见闫建飞《唐后期五代宋初知州制的实施过程》，《文史》2019年第1辑，中华书局，第139~162页；《宋代幕职州县官体系之形成》，《中山大学学报》（社会科学版）2018年第4期，第94~105页；《五代宋初兵马都监的演进与地方武力的整合》，《学术研究》2020年第9期，第130~140页、第178页；《宋初“制其钱谷”之背景及措施》，《史学月刊》2021年第11期，第43~54页。

④ 仇鹿鸣：《长安与河北之间——中晚唐的政治与文化》，第214~217页。

⑤ 孟彦弘：《“姑息”与“用兵”——朝廷藩镇政策的确立及其实施》，杜文玉主编《唐史论丛》第12辑，三秦出版社，2010，第115~145页；冯金忠：《唐代河北藩镇研究》，第194~207页；李碧妍：《危机与重构：唐帝国及其地方诸侯》，第356~371页；张天虹：《中晚唐五代的河朔藩镇与社会流动》，第103~148页。

《从西川和浙西事件论元和政治格局的形成》一文。该文首次对西川刘辟和浙西李锜事件做了全面探讨，指出唐宪宗通过对这两次危机的处理，成功确立了新的政治规范，即以无条件接受朝廷任命的节度使人选为藩镇效忠朝廷的标准，不再如唐德宗时那样模糊。这成为此后朝藩关系的基本前提，并维持到唐末黄巢起义前。该文提醒我们，当时的藩镇根据他们所理解的政治行为模式来决定其应对朝廷的方针，并调整与朝廷的关系，朝廷也是如此；不同区域藩镇自身性质和传统不同，其举动的弹性空间也各有不同。不过，藩镇和朝廷并不总是完全了解对方的意图，新的政治规范往往在带有误解的政治周旋中得以确立。[①] 此后，秦中亮、陈勇进一步对元和时期的政治规范展开探讨，指出平西川、浙西之后的两次兴兵成德，也是构建元和政治规范的重要一环。及至唐廷诛杀吴元济，以维护皇权权威为核心、否定“河朔故事”为旨归的新政治规范也已确立，不过其实行时间较为短促。[②]

有关政治规范的探讨，一是注意到政治斗争背后各方不言而喻的原则与界限，这有助于加深我们对实际历史状况的理解；二是不以后见之明来观察朝藩关系，唐廷与藩镇之间也并不总是了解对方意图，经过双方的冲突、试探甚至误解，政治规范才逐渐形成。但除了“河朔故事”之外，藩镇研究中其他政治规范的内容并不明确，适用度和边界也不甚清晰，仍有赖于学者们的进一步阐发。

四　未来藩镇研究的展望

通过以上的简单回顾，可以发现最近十余年来藩镇研究取得了不少成果，以往看似题无剩义的河北藩镇依然是成果最多的领域。研究的推进离不开对既有研究的回顾和吸收，也得益于新议题、新视角、新材料的发掘。

① 陆扬：《从西川和浙西事件论元和政治格局的形成》，荣新江主编《唐研究》第 8 卷，北京大学出版社，2002，第 225~256 页；陆扬：《从新出墓志再论 9 世纪初剑南西川刘辟事件及其相关问题》，荣新江主编《唐研究》第 17 卷，北京大学出版社，2011，第 331~356 页。两篇修订稿载陆扬《清流文化与唐帝国》，北京大学出版社，2016，第 19~86 页。

② 秦中亮、陈勇：《从两次兴兵成德看元和政治规范的形成》，《厦门大学学报》（哲学社会科学版）2016 年第 4 期，第 126~137 页。

正如仇鹿鸣与李碧妍对谈中所提到的，对于安史之乱这一唐史研究中的重大议题，令人疑惑的是，除了蒲立本早期开拓性的研究外，国内很少有专门著作对其整个过程加以详细考订。① 这很大程度上缘于学术史回顾的缺失。全面、系统的学术史梳理，有助于学者寻找研究中的缺漏，也更容易在此基础上寻求突破。这方面，李碧妍的《危机与重构：唐帝国及其地方诸侯》堪称典范。该书在论述中十分注重与前人对话，着意区分前人研究成果与自身推进。不论是对前贤成果的尊重、吸收利用程度，还是语言表达和对分寸感的拿捏，都值得后来者学习。

近年来，新出墓志的大规模公布和研究成为唐史学界的热点。根据仇鹿鸣的统计，目前正式刊布的唐代墓志已超过 11000 方，其中半数以上为最近十余年公布。② 这些墓志中不少与藩镇相关，比如张天虹搜集的河北藩镇墓志就有 252 方。墓志之外，还有碑刻、房山石经题记等其他新材料。新材料的发现使原有不少模糊不清的问题得到澄清，并开拓了许多新的议题。比如唐后期的社会流动，以往主要是利用正史进行讨论，但正史所收传主社会、政治地位普遍偏高，导致我们对于社会中下层的社会流动认识比较模糊，张天虹利用新出墓志讨论的河北藩镇社会流动就在一定程度上弥补了这一缺憾。不过总体而言，目前对石刻资料的利用尚停留在补史、证史阶段，总体利用程度不高。如何利用石刻新材料提出新问题，是藩镇研究也是唐史学界的难点。仇鹿鸣对德政碑的利用也许可以给我们启发。与前人主要关注碑刻文字不同，他更关注德政碑的“观众”和政治景观效应，即通过碑志的建立、修改、毁坏，展现碑志背后的政治博弈以及所反映的中央地方关系、地方权力结构等问题，挖掘了碑刻材料的多层次价值，重新激活了德政碑这一学界“熟悉”史料的价值。③ 因此，未来我们

① 澎湃新闻“私家历史”栏目《对谈｜仇鹿鸣、李碧妍：安史之乱为何没有导致唐朝灭亡》，2015 年 11 月 21 日，网址：http：//www. thepaper. cn/news Detail_forward_1397122。不过，蒲立本的著作主要关注安禄山叛乱的背景，亦未聚焦于安史之乱事件本身。Edwin G. Pulleyblank, *The Background of the Rebellion of An Lu-Shan*, New York: Oxford University Press, 1955. 中译本见蒲立本《安禄山叛乱的背景》，丁俊译，中西书局，2018。

② 仇鹿鸣：《十余年来中古墓志整理与刊布情况述评》，包伟民、刘后滨主编《唐宋历史评论》第 4 辑，社会科学文献出版社，2018，第 3~25 页。

③ 仇鹿鸣：《权力与观众：德政碑所见唐代的中央与地方》《政治的表达与实践：田氏魏博的个案研究》，氏著《长安与河北之间——中晚唐的政治与文化》，第 124~218 页。

对石刻史料的利用，也不应局限于文字方面。不过遗憾的是，新出墓志大多为盗掘，考古信息阙失，在很大程度上限制了我们对墓志及其价值的综合探讨。

既有藩镇研究中，研究者常将藩镇视为中央集权的对立面，强调二者的对抗层面，包括中央削藩和地方叛乱。但中唐到宋初的“藩镇时代”长达两个半世纪，对抗不可能始终是朝藩关系的主流，朝廷、藩镇、州郡在地方行政乃至军事中的分工合作才是朝藩关系的“日常”。比如唐后期长期割据的河朔三镇，多次派遣军队参与朝廷“防秋”,① 也参与针对其他叛藩、农民军的行营作战。元和中兴后，绝大多数藩镇与唐廷的关系趋于稳定，朝藩合作更加普遍。只是由于“常事不书”② 的历史书写传统，这方面记载相对较少。这有赖于我们转变研究思路，发掘更多朝廷、藩镇、州郡合作的材料，揭示朝藩的“日常关系史”。

朝藩关系历来是藩镇研究的重点，近年来依然如此，以藩镇为“本位”的研究则相对缺乏。正如周鼎所言：“站在地方人群的视角来看，藩镇体制绝非单纯的统治机器，更是一套资源整合与分配的机制，它对社会秩序势必起到了某种重塑作用。”③ 因此摆脱单纯的王朝叙述框架，从地方人群、地方社会的角度，探求藩镇体制如何整合各种地方势力，地方文武人才如何在朝廷、藩镇之间抉择，是藩镇研究中十分值得注意的问题。闫建飞曾讨论张全义的洛阳经营，指出张全义以联姻、辟署、推荐等方式强化与河南府僚佐的私人关系，同时尽量吸纳居于洛阳的衣冠清流加入张氏集团，整合了洛阳的各方面力量，形成以其为核心、相对封闭的地方权力结构。④ 周鼎指出，藩镇体制下地方政府获得了相对独立的权力运作空间，这成为其重塑地方社会秩序、重新分配社会资源的条件。藩镇差摄州县官，即因应了士人家族侨寓地方的社会形势；筹措军饷又使一批军将、商

① 朱德军：《中晚唐关中地区的几种防秋兵述论》，《唐都学刊》2020 年第 5 期，第 5~11 页。

② 《春秋公羊传》卷四《桓公四年》，阮元校刻《十三经注疏》，艺文印书馆，2001 年影印嘉庆二十年江西南昌府学刊本，第 7 册，第 51 页。

③ 周鼎：《晚唐五代“土豪”新论——以学术史反思为中心》，《历史教学问题》2021 年第 6 期，第 41 页。

④ 闫建飞：《京藩之间：张全义的洛阳经营与社会关系网络的展开》，《中山大学学报》（社会科学版）2021 年第 5 期，第 69~80 页。

人依托回图务等机构进行长途贸易，跻身藩镇体制之内。[①] 参考何天白之论，进一步“眼光向下”，关注河北藩镇体制下文武人才的仕宦选择及其对藩镇割据的影响，是更值得注意的研究。

总的来说，作为一个研究成果丰硕的传统领域，近年来藩镇研究仍取得了可喜进展，涌现出一批具有代表性的成果，藩镇研究也未到题无剩义之境地。当然，与其他领域类似，目前的藩镇研究也存在研究碎片化、研究议题和思路同质化等问题，五代宋初的藩镇尤其缺乏“全景式”研究专著。未来，我们一方面期待能产生一些在总结既有研究成果基础上的藩镇总体研究，另一方面更期待利用新材料、开拓新领域的典范之作，以及基于“藩镇本位”，能切实挖掘持续二百多年的藩镇体制给当时的国家、社会、人群带来深层次影响的厚重之作。后者的积累和突破，也许才能最终决定藩镇研究的高度、确定藩镇研究的意义所在。

① 参见周鼎《侨寓与仕宦：社会史视野下的唐代州县摄官》，《文史哲》2020年第3期，第36~44、166页；周鼎《晚唐五代的商人、军将与藩镇回图务》，《中国经济史研究》2020年第3期，第109~121页。

书　评

黄楼《神策军与中晚唐宦官政治》

卜天舒

神策军的问题，关乎军事又涉及政治，对系统探讨唐代后期的政治框架有重要意义。黄楼的《神策军与中晚唐宦官政治》是多年研究成果的积累，通过神策军的发展演变、宦官集团的党派分野变化及其与内外朝乃至地方关系等视角，对中晚唐神策军做了较为全面的考察分析；但该书对“宦官政治”等核心概念内涵、外延界定的缺失，使得某些论述缺乏可信度。

一

全书除去引言、总论和附录，主体内容分四编十五章。四编分别是“神策军的创建及其演进”“宦官集团与内廷皇位之争”“宦官集团与外廷政治”“宦官集团与地方政局”。该书主体是在作者博士论文《中晚唐宦官政治研究》的基础上增订而成。其中一些章节，例如《唐德宗“奉天定难功臣”、“元从奉天定难功臣”杂考》①、《唐德宗贞元末皇位之争考辨》②、《唐“制将”考》③、《唐代京西北神策诸城镇研究》④、《吐蕃尚延心以河、渭降唐事迹考略——兼论唐末高骈与宦官集团之关系》⑤、《论晚唐“内外

① 《魏晋南北朝隋唐史资料》第24辑，武汉大学文科学报编辑部，2008，另收入黄楼《碑志与唐代政治史论稿》，科学出版社，2017。

② 严耀中主编《唐代国家与地域社会研究——中国唐史学会第十届年会论文集》，上海古籍出版社，2008。

③ 《魏晋南北朝隋唐史资料》第25辑，武汉大学出版社，2009。

④ 《魏晋南北朝隋唐史资料》第27辑《唐长孺先生百年诞辰纪念专辑》，武汉大学人文社会科学学报编辑部，2012。

⑤ 《魏晋南北朝隋唐史资料》第28辑，武汉大学人文社会科学学报编辑部，2012。

大臣共治天下”格局的形成》[①]、《唐代射生军考》[②]、《唐代神策军建中四年汝州“扈涧之败”史实考辨》[③] 以及《从枢密使到枢密院——唐代枢密使演进轨迹的再考察》[④]，之前已以单篇文章或专著[⑤]的形式发表，此次均直接收入。

第一编，“神策军的创建及其演进”。分为肃代时期的“天子亲兵”及其破坏、京城禁卫体系的重建、京西北神策诸城镇的形成、神策军与中晚唐政局四章。作者论述神策军的创立和发展演变及至最后的衰落，全景式地展现了整个神策军的兴衰史。此前学界对此问题虽多有注目，[⑥] 但整体而细致的研究并不多。何永成的《唐代神策军研究——兼论神策军与中晚唐政局》一书是1990年出版的同主题专著，何著主要从神策军建置与发展、内外神策军组织结构、神策军兵源与职任以及神策军与中晚唐政局（主要是永贞内禅的个案研究）等方面展开考察，最早建立起相关研究体系。据何永成本人所言，此书系“对神策军之诸般问题，所提出各个层面之综合性意见。在全盘检讨后，似能对神策军建置因由、性质转变之历程，及宦官因缘得以掌握此一庞大武力集团之背景等论题，有所掌握”，[⑦] 因而只是对神策军系统整体初步的研究。例如在神策军演变问题上，何著只是粗线条地将其划分为由边军常驻中原、自地方进入京师、由京师而遍全国、宦官执掌权之确定四个阶段，[⑧] 但《神策军与中晚唐宦官政治》则敏锐地指出了神策军之创始并不只是起源于西北入援的边军神策军这一条线索，还有一条在中央由内射生军发展而成的线

① 《西部学刊》2013年第9期。

② 《史林》2014年第1期。

③ 《唐史论丛》第20辑，三秦出版社，2015。

④ 《徐州工程学院学报》（社会科学版）2015年第4期。

⑤ 黄楼：《唐宣宗大中政局研究》，天津古籍出版社，2012。

⑥ 可参见唐长孺《唐代军事制度之演变》，《国立武汉大学社会科学季刊》第9卷第1号，1948年12月，此据唐长孺《山居存稿续编》，中华书局，2011；唐长孺《唐书兵志笺正》，科学出版社，1957；黄永年《六至九世纪中国政治史》，上海书店出版社，2004；齐勇锋《说神策军》，《陕西师大学报》（哲学社会科学版）1983年第2期；张国刚《唐代的神策军》，氏著《唐代政治制度研究论集》，文津出版社，1994；何永成《唐代神策军研究——兼论神策军与中晚唐政局》，台北：台湾商务印书馆，1990。

⑦ 何永成：《唐代神策军研究——兼论神策军与中晚唐政局》，第143页。

⑧ 何永成：《唐代神策军研究——兼论神策军与中晚唐政局》，第12~18页。

索。皇帝本来最中意射生军，只是因为各种机缘巧合才最终将神策军确立为中央御林军，“神策军之坐大，不在于其膨胀了多少倍，而在于其合并了原本屯驻禁中的射生军（神威、天威军）”，进而提出“如此一来，学界对神策军的起源及其与宦官的关系问题有必要进行重新审视，或许会作出令人耳目一新的解释”（第 22 页）。在前人基础上，该书清晰论证了神策军除西北驻扎边军之外尚有中央禁军“血统”，展现了作者的学术创见。此外，作者指出神策军在京西北诸城镇的形成实际经历了代宗、德宗朝两次的发展，代宗时所设诸镇历时不久就在战乱中毁败，在德宗贞元年间才最终定型，并对神策诸城镇进行了细致的梳理，考证出一批军镇及监军情况。过往关于神策军问题的研究中，齐勇锋是国内较早对神策军持肯定态度的学者，认为“神策军在中晚唐抑制藩镇割据势力，抵御少数族的骚扰，稳定唐王朝的集权统治方面发挥了积极作用”,[①] 其侧重点在于代宗、德宗时期神策军的发展沿革，对后期神策军本身的变化关注不够。黄永年先生《“泾师之变”发微》则是更宏观地探讨了神策军与朔方军及其他军种的互动，视角也主要局限于代宗、德宗时期，如代宗入陕、德宗时的削藩战争，以此讨论当时的政治事件。[②] 该书作者将神策军与宦官作为两条主线与中晚唐历史的兴衰紧密联系，从代宗下延至唐末，一气串联，突破了过去简单个案的分析或局部剖析的局限，把神策军作为观察唐后期政治演变的主要线索，使得我们对这一问题有了更清晰的认识。在前人基础上，第二、三、四章对神策军的重建、京西北神策军的形成、神策军与中晚唐政局等方面做了深入的梳理，基本厘清了这一阶段的主要问题。正是基于对神策军兴衰演变全过程的深入探究，该书才能具体归纳出神策军的“六军化”（第 45 页）和其发展中经历的四次重建、崩溃的过程（第 136 页）。可以说，关于这一时期神策军建制演进的基本问题，该书已初步解决，并提出诸如“神策军即是以安史乱后入援内地的一千神策行营兵为基础扩充而来。除此

---

① 齐勇锋：《说神策军》，《陕西师大学报》（哲学社会科学版）1983 年第 2 期，第 102 页。

② 黄永年：《“泾师之变”发微》，《唐史论丛》第 2 辑，陕西人民出版社，1987；另收入黄永年《文史探微》，中华书局，2000；《黄永年文史论文集》第 2 册《国史探赜（下）》，中华书局，2015。

之外，神策军在宫内还有另一源头，即所谓的内外射生军”，“神策军的双重来源，决定了神策军具有双层性格，一方面保留边军镇戍征伐的职能，另一方面又具有宿卫京师特别是宿卫禁中的职能”（第 136 页）等新认识。

第二编，“宦官集团与内廷皇位之争”。分为德宪二朝皇位之争、宪宗朝储位之争与宪宗之死、穆敬文武四朝皇位的更迭、武宣之际的宫廷政变四章。作者通过始于唐德宗贞元年间的储位之争，论述从宪宗、穆宗、敬宗、文宗、武宗直至宣宗即位李德裕贬死这一时间段内的宦官与内廷政治。作者受陈寅恪先生“外朝士大夫之党争为内廷阉寺宦官竞争之反影”观点启发，以宦官的作用与影响为切入点并结合墓志与笔记小说等史料，关注内廷宦官与妃嫔的互动关系，对这段史实重新加以梳理与构建，得出了众多不同于以往的研究结论。概言之，唐后期政治史可分为“元和时代”与“后元和时代”，即“穆、敬、文、武四朝宫廷之争实际上是元和朝宫廷党争的延续”（第 261 页）。作者不赞同陆扬所持的宦官干预皇位继承乃为维护制度化皇权这一观点，[①] 认为“事实上，从前期禁军将领发动军事政变，至后期宦官率神策军逼宫拥立，两者没有本质的区别，我们无法作出谁‘更稳定’的判断”，“故本书在思路上与前贤不同，并不将宦官集团视为一个整体，而是以左右军为基础的不同派系”（第 221 页）。该书对前人的观点多有继承，但在一些细节的考证上则鲜明地提出自己的观点。例如，作者认为“元和末宪宗遇弑后，穆宗无力讨贼，致使元和系宦官长期把持操纵军权，打压新进用宦官，穆、敬、文、武诸朝实际相当于‘后元和时代’。神策军分左右两军，相互制衡，宦官派系之争亦以左、右军为基础”（第 201 页）。此外，该书对一些具体案例及细节的考证亦有深化推进，完善了相关叙事架构。

第三编，“宦官集团与外廷政治”。分为宪宗元和年间政治之变局，牛李党争，李训、郑注集团与甘露之变，内外大臣共治天下格局的形成四章。该编在上一编论述的基础上，将视野从内廷转向了外廷。对学界

① 陆扬：《从碑志资料看 9 世纪唐朝政治中的宦官领袖——以梁守谦和刘弘规为例》，《文史》2010 年第 4 辑，中华书局，2010，后以《9 世纪唐朝政治中的宦官领袖——以梁守谦和刘弘规为例》为题收入氏著《清流文化与唐帝国》，北京大学出版社，2016。

研究较多的牛李党争和甘露之变进行了重新梳理，认为党争的起始时间应定在穆宗长庆元年（821），党争的性质并非过去主流所认为的是高门士族和新兴科举阶层的斗争，而是同为与宦官合作的外朝政治集团之间的斗争，只是政见上有积极进取与保守僵化的区别而已。作者在甘露之变的相关论述中，提出“文人近幸集团”这一概念：皇帝对文臣武将皆怀猜忌之心，同时对宦官手握神策军权、专横跋扈不满，而从身边翰林院简拔的棋待诏、书待诏等成为文人近幸。典型的就是顺宗时的“二王八司马”集团和文宗时的“李训、郑注”集团。这一集团不属于牛李两党任何一方，故而得以为皇帝选中参与决策。但由于宦官势力与神策军已经结成牢不可破的利益共生体，所以任其发展的政治空间有限，最终难免走向失败。从这个角度讲，甘露之变的失败有其历史必然性。宦官集团是不断向外廷渗透的，其间经历了肃宗至德宗时期、顺宗至武宗时期、宣宗至唐末三个阶段。自宣宗以后，元和系宦官退出政治舞台，外朝官僚以牛党胜利告终，“牛党与宦官同声共气，中枢政治走向‘内外大臣共治天下’的局面”，而“这在中国历史上是一种非常独特的政治现象”（第 332 页）。

第四编，“宦官集团与地方政局”。分为宦官监军制度的设立、监军使及其组织结构、监军使与地方政局三章。主要对“监军使”这一概念进行了重新界定，进而对其设立的时间进行考证，认为它实际设立于唐玄宗开元中。监军使在地方的行政机构是监军使院，作者对监军使院的组织结构、等级、迁转、俸禄、职掌等问题进行了全面讨论，认为唐德宗谋划以宦官监视藩镇、以朝廷任命之行军司马接任节度使，但都遭到地方藩镇的抵制，故而监军使体制也经历了一个较为缓慢的发展演变过程。作者指出德宗贞元年间是宦官与节度使矛盾爆发的高峰期，正因该时期监军使制度草创，中央与地方经历了一系列磨合斗争。监军使拥有自地方向中央升迁的稳固途径。淮南、西川等地不仅是宰相的也是枢密使、神策中尉的回翔之地。作者同时认为“监军使以枢密使为‘长官’，其与枢密使之关系，犹如节度使之与宰相”，“监军使与封建皇权也存在一个逐渐发生异化的过程。尽管维护皇权没有彻底改变，但从中游离出宦官集团自身的政治利益”（第 430 页）。

二

综合来看，笔者认为该书是近年来中晚唐研究的重要成果，有不少可圈可点之处。

首先，该书占有史料颇为全面，分析亦相当细致。以墓志为例，据学者统计，关于隋唐的出土墓志已经达到12000～15000方，[①] 成为中古政治史研究推进的重要助力。作者对墓志的搜罗使用在该书中有很好的展现，特别是第三章第二节“神策诸城镇之分布”对京西北神策诸城镇具体设立情况进行统计。在此之前，以墓志为基础的年表整理工作几乎处于空白状态，得益于近年来大量墓志的刊布，作者制作出诸类翔实的年表，如列于附录的《中晚唐（肃宗至德元载后）宰相年表》（第469～482页）、《唐代宦官两军中尉、枢密使、宣徽使年表》（第484～495页）、《唐代宦官监军使年表》（第499～519页）、《唐代宦官诸司诸使表》（第525～561页）、《唐代宦官家族世系表》（第564～605页）等。其所引用的新刊墓志汇编，计有《陕西省考古研究院新入藏墓志》《秦晋豫新出墓志搜佚》《大唐西市博物馆藏墓志》《洛阳流散唐代墓志汇编》等二十多种；此外还有以单篇论文形式发表的墓志多篇，以及《鲍才墓志》《张琚墓志》《黄进华墓志》等未刊墓志。可以说做到了对墓志材料的网罗殆尽，因此在具体城镇、神策军将、宦官使职等过去囿于史料限制而无法展开或深入的问题上取得了突破性进展。

第十三章第二节“宦官充使边疆与宦官监军的起源”中新考证出的出现在西域、东北等边疆的五种使职，其中有四种（市马使、押弓箭甲杖等使、送旌节使、宣慰使）是主要从吐鲁番文书中获得的重要发现（第349～359页）。而作者并非只关注新材料，对传统史料也孜孜以求，如对《大事记续编》《沈下贤集校注》《牛羊日历》《续谈助》《白孔六帖》《宝刻丛编》《宝刻汇编》等的利用。例如，作者在文中将《大事纪续编》所引《武宗实录》的相关记载与《通鉴》相类比，证实《通鉴》所记转录

① 气贺泽保规编《新编唐代墓志所在总合目录（增订版）》，明治大学东亚石刻文物研究所，2017；仇鹿鸣：《十余年来中古墓志整理与刊布情况述评》，包伟民、刘后滨主编《唐宋历史评论》第4辑，社会科学文献出版社，2018。

自《武宗实录》，但《通鉴》将以皇帝名义所下诏敕径改为“德裕下诏”，有力地论证了《通鉴》的“抑李”态度（第 311 页）。这证明了传统史料具有强大生命力，时至今日仍有可挖掘的空间。而对于墓志等材料，如仇鹿鸣所言，其研究范式至今尚未建立。[①] 对墓志本身的简单考据实际上是对史料的浪费。作者在大量征引墓志的基础上将其置于宏大的历史叙述中，最大限度地拓展了研究的史料领域，将新史料与传统问题相结合，使过去一些悬而未决的问题获得了全新的视角。例如，作者依据《京兆金石录》和《宝刻丛编》考订宦官崔潭峻的卒年为长庆四年（824）（第 411 页）；依据《王堙墓志》所载“会昌五年，武皇帝诏削紧望以下□员，玉城则县尉在数，既罢，归京师”，论述“会昌五年，武宗下诏削紧望县以下僚佐”，可补正史之阙（第 313 页）。并在此基础推进自己的研究，为今后将墓志作为材料而非主干的研究方式树立了样本。总体来看，作者成功地将传统史料与墓志高度结合，不以单篇墓志讨论细节问题，而是通过新史料的补缀，将历史叙述最大限度地延展。

其次，该书的研究视角也有独到之处。学界此前对中晚唐的研究主要集中于所谓“藩镇割据”“宦官专权”“牛李党争”三个大问题，近些年来学者对此多有反思，[②] 但如何对元和中兴以后迄于唐亡的这段历史建立新的叙事模式，则是学界至今尚未解决的一大难题。作者以神策军的兴衰为主线，将军制与宦官这两大贯穿中晚唐政治史的核心问题串联起来，提示了一条可行的思路。通观这两者，透过神策军与宦官的结合，唐代的兵制有了一条明晰的演变路径：起自府兵，发展于募兵，终于镇兵。但对于中央禁军，前半段北衙六军至安史之乱瓦解，其后如何发展，学界并未形成定论。作者则将射生军这条线索与神策军相结合，论证出“神策军之坐大，不在于其膨胀了多少倍，而在于其合并了原本屯驻禁中的射生军（神威、天威军）”（第 22 页）。以兵制演变为线索，可以抓住唐代兴衰的一

① 仇鹿鸣：《十余年来中古墓志整理与刊布情况述评》，包伟民、刘后滨主编《唐宋历史评论》第 4 辑，第 24 页。

② 可参 Lu Yang, *Dynastic Revival and Political Transformation in Late Tang China: A Study of Emperor Hsien-Tsung (805-820) and His Reign*, Ph. D. Dissertation, Princeton University, 1999；黄日初《唐代文宗武宗两朝中枢政局探研》，齐鲁书社，2015。

条主线，而后期的藩镇军队，作为地方军队与中央神策军毕竟不同，而神策军的兴衰是与宦官势力紧密相连的，这就把握住了唐后期政治史发展的主线。以此为视角再来探究中晚唐的历史，很多原来悬而未决的问题得到了解决。而在空间范围上，第二至四编的研究视野由内廷而外廷（中央），最后再转至地方，对此做一通盘的考察，其结论大体是令人信服的。

最后，呈现于七篇附录（第469~620页）中的翔实资料汇编，是该书的一大特色，也是作者全面搜讨史料的产物。七篇附录几乎全是与宦官相关的各式汇总表格，其中一些表格，比如宦官监军使年表，学界诸如牛志平先生等也曾做过整理，[①] 但限于史料，所考有限。作者在前人的基础上大力发掘，既便于检索，又能对既有研究查遗补缺，启发读者寻求新的研究增长点，例如附录七《唐代宦官封爵表》，就对宦官职使爵位世系流转做了很好的梳理。笔者注意到其中宦官的增封与改封、内侍与外任监军的流转等问题，都存在可继续发力之处，可以在此基础上继续深化。笔者相信，随着新材料的不断丰富积累，这些资料汇编在今后会被不断完善。

三

同时，该书在史事考订、论证逻辑以及史料使用等方面也存在一些问题。

笔者认为，该书较为成熟的是第一编和第四编，主要是基于实证考据的制度史梳理，说服力更强。相对而言，第二、三两编以政治史研究为主，虽然提出一些新的观点，但更多是推论，令人读后顿生疑窦。作者在整体的叙事把握中似乎将宦官作用拔到前所未有的高度，对外朝、皇帝、藩镇的作用有弱化倾向，使得一些本来并不烦琐的问题转为复杂。在此基础上对史实的重构虽然能自成一家之言，但有些并不能够让人完全信服，个别地方还有对史料错误解读的情况，甚至牵强附会。特别是叙事中过分渲染宦官和后宫作用，使得论述蒙上较强的宫斗政治色彩，一些地方则明显证据不足，推论过多。

---

① 牛志平：《唐宦官年表》，《唐史论丛》第2辑；雷家骥：《唐枢密使的创置与早期职掌》，附表一《唐四贵年表》，《国立中正大学学报·人文分册》第4卷第1期，1993年。

如果说在原有对中央朝局讨论的基础上，对于史事的进一步考证尚属可信，那么在此前推论的基础上再度前推则是十分危险的，使得一些细节的研究还需再做斟酌。如第五章第二节论述舒王一党，作者提到“虽有左军中尉杨志廉公开支持顺宗，但是舒王在宦官集团内培植党羽也非一朝一夕，早在贞元初，宦官集团即多有舒王之党。据《杨志廉墓志》，公开支持太子李诵的仅为‘二三元臣’，支持舒王或态度不明的宦官人数当不少”，紧随其后，却又说“受史料限制，目前诸宦官中姓名可考的舒王之党只有乐辅政一人”。既然已云其为党，所在人数当不少，但作者所能指出的人物只有乐辅政一人，试问这能撑起“舒王党”这一概念吗？即便是这个乐辅政，据作者文中所引其墓志内容，笔者也并未发现他与舒王有瓜葛的任何表述，而作者接着又说“乐辅政无疑卷入了这场皇位争夺”之战（第 153 页），不知从何说起？似这般将推论径直作为下一环节论述展开证据的现象，在书中并不鲜见。例如，“郑、卫二人不为太子侍读，与李诵关系疏远，倾向于支持皇孙广陵王李纯（即宪宗）”（第 155 页），郑絪、卫次公在德宗贞元末与李程、张聿、李建、王涯同为翰林学士，作者在前文交代“翰林学士密迩禁庭，接触机密的机会多，德宗又为太子提供了相对宽松的环境”（第 154 页），依此逻辑，太子与翰林之接触当不少。既然如此，又何谈郑、卫二人“与李诵关系疏远”？史书并未讲到此二人与太子有任何矛盾，《新唐书·郑絪传》载：“帝召絪草立太子诏，絪不请辄书曰：‘立嫡以长。’跪白之，帝颔乃定。”《新唐书·卫次公传》载：“德宗崩，与郑絪皆召至金銮殿。时皇太子久疾，禁中或传更议所立，众失色。次公曰：‘太子虽久疾，冢嫡也，内外系心久矣。必不得已，宜立广陵王。’絪随赞之，议乃定。”他们在德宗新丧、太子尚未及登皇位的关键时刻坚持德宗遗诏，拥李诵上位，这样的事实还不够明确吗？难道只有太子侍读头衔，才算与太子关系亲近吗？至于所言二人倾向于支持皇孙李纯，与正史记载根本冲突，在不能拿出新证据的情况下，更是不知从何说起。相对而言，倒不如后文所述二人“顺宗立后也没有因之而得到迁转（此亦可佐证郑、卫二人并非顺宗得立的定策功臣）”（第 157 页）更有说服力。凡此种种，都说明在材料不充分的情况下，单纯将宦官按支持某某王以实现其政治利益为标准加以分类，未免失之武断。如此所谓“出新”，并不能带来什么新的发现。在论述澧王问题时，作者引用《旧唐书·崔群传》《旧唐书·宪宗诸子传》《册府元龟·词臣部·献替门》三段史料，认为"'赖宪宗明断不惑'为议论性语句，因本条史料并非原始记载，夹杂有他人注文，此数语很可能为混入正文的注文"（第163~165页），笔者认为与其说是加入注文之误，不如说是史官为宪宗之讳饰。"吐突承璀在敬宗时得以平反，其子吐突士晔、吐突士昕等也得到朝廷重用"，"士昕与士晔连字，当同为吐突承璀之子"（第170页），如作者在此所引用《新唐书·吐突承璀传》，正史明确记载吐突士晔为吐突承璀之子，士晔与士昕名字相连，可以认为他们是吐突氏家族大排行中的平辈，但并不能据此径断士昕为吐突承璀之子。同页提到的另一位中使吐突仕晓，其名中的"仕"与士昕、士晔并不相同，其名字出处的刘禹锡《谢差中使送上表》，较权威的中华书局本[①]和上海古籍本[②]以及《文苑英华》[③]、《全唐文》[④]皆作"仕"，所以关于此人与吐突承璀的关系考证尤需慎重。但令人疑惑的是，作者在该页注释中认为"此吐突仕晓当为吐突承璀之另一子"，语气上尚不敢遽断，何以在附录五"吐突承璀家族"（第578页）中，径将其列为吐突承璀之子，更将其名字"仕晓"擅改为"士晓"（如果不是印刷错误的话）而未加以任何说明？

此外，在论述敬宗上位的过程中，作者认为"'中贵秉权者'如果要继续享荣华富贵，首先要做的就是尽可能地掩盖宪宗遇弑的真相，转移世人的怀疑。而达到此目的，最直接的办法就是抛弃旧主子，向具有合法即位身份的皇太子表示效忠，于是就出现了澧王之党最后却倒戈迎立穆宗的情况，相应地，杀死澧王则成为向穆宗表示忠心的投名状"（第171页）。在论述武宗王才人、宪宗郑后问题（第207~216页）以及元和中后期的文人近幸集团（第257页）上，都有推论失当之问题，不一而足。

另外，作者考证唐人事迹，多引述晚近史料。如清雍正十三年（1735）《陕西通志》、乾隆元年（1736）《甘肃通志》、乾隆二年（1737）

① 卞孝萱校订《刘禹锡集》，中华书局，1990，第166页。
② 瞿蜕园笺证《刘禹锡集笺证》，上海古籍出版社，1989，第349页。
③ 李昉等：《文苑英华》卷五九〇《谢差中使送上表》，中华书局，1966，第3059页。
④ 董诰等：《全唐文》卷六〇一《谢差中使送上表》，中华书局，1983，第6078页。

《福建通志》和《泾阳县志》（当代）等清代和当代所修地方志。从文献学的角度讲，清朝与唐代已相去久远，其修县志时所见材料尤其是政治人物类未必多于今人，故此类县志在具体使用上还是要更谨慎。例如作者引用《杨良瑶墓志》，所据为当代所修《泾阳县志》，[①] 其所收入的此方墓志差错较多，难以卒读。引用时最好以荣新江先生《唐朝与黑衣大食关系史新证——记贞元初年杨良瑶的聘使大食》[②] 与张世民先生《杨良瑶：中国最早航海下西洋的外交使节》[③] 二文所录作为参考底本。

该书还存在一些技术性问题。例如第 433 页“中书门下置吏房、枢密房、户房、兵房、刑礼房等五房”，“枢密房”当为“枢机房”；[④] 第 406 页“王谊事件说明昭义镇军情复杂”，“王谊”当为“元谊”；第 384 页“元和八年（814），振武兵乱”，“814”当为“813”；第 261 页注释 1 中“李钰”当为“李珏”；第 411 页注释 2 中“崔谈峻”当为“崔潭峻”；第 250 页“李吉甫、裴垍为‘宿嫌’之说与史无征”，“与史无征”当为“于史无征”；第 147 页“贞元十五年邕王謜薨时十八岁，则其应生于建中二年（781）”，古人讲虚岁，出生当年即为一岁，若邕王謜贞元十五年（799）死时为 18 岁，实际年龄为 17 岁，则其出生时当为建中三年（782）而非二年。

最后，需要对作者归纳的“宦官政治”概念加以反思。总体而言，该书是在前人基础上所做的传统政治制度史研究，但作者并未止步于细节而是力图在考察中晚唐神策军及宦官制度演变的基础上，提炼出对于中晚唐朝廷权力结构具有解释力的概念，为学界提供合适的分析框架。作者也许受到陈寅恪先生“关中本位政策”说和田余庆先生“门阀政治”说影响，

---

① 泾阳县县志编纂委员会编《泾阳县志》，陕西人民出版社，2001。

② 荣新江：《唐朝与黑衣大食关系史新证——记贞元初年杨良瑶的聘使大食》，《文史》2012 年第 3 辑。

③ 张世民：《杨良瑶：中国最早航海下西洋的外交使节》，《咸阳师范学院学报》2005 年第 3 期。

④ 《新唐书》卷四六《百官志一》：“张说为相，又改政事堂号‘中书门下’，列五房于其后：一曰吏房，二曰枢机房，三曰兵房，四曰户房，五曰刑礼房，分曹以主众务焉。”（中华书局，1975，第 1183 页）学界引用也多作“枢机房”，如刘后滨《唐代中书门下体制研究》（齐鲁书社，2004，第 189 页）、李全德《唐宋变革期枢密院研究》（国家图书馆出版社，2009，第 75 页）。

认为“中国古代皇权政治的两次异化，东晋门阀势力主要是外朝，中晚唐宦官集团则移至内廷”（第 467 页）。较之于过去认为宦官集团是皇权附庸的观点，作者明确指出“唐代宦官不应简单地看作皇权的附庸，而应视为一种相对独立的政治势力”（第 464 页）。宦官集团必然依附于皇权，但却不是简单地与皇权合作，而是已经滋生出属于自身的庞大政治利益，与皇权成为相辅相成的合作关系，作者提出“比照东晋‘门阀政治’，我们将中晚唐宦官集团全面参与军事、政治、经济等领域的政治格局用‘宦官政治’一词加以概括似大致不误”（第 431 页）。“唐代宦官最突出的特点就如同门阀一样，在宦官上层形成了若干个绵亘数十年甚至上百年的宦官世家。”（第 437 页）这与田余庆先生《东晋门阀政治》的观点有相近之处，从而类比于陈寅恪唐前期“关陇集团”说，提出所谓“宦官政治”。认为其通过攘夺神策军权，从内廷一步步向外朝延伸势力。作者试图通过勾勒宦官集团从诞生、发展、衰落以至灭亡的全过程，将中晚唐的基本政治框架呈现在读者面前。中国古代所谓的宦官专权时代，主要是东汉、唐、明三朝，三朝情况又各不相同。唐代尤其严重，其原因就在于宦官掌握军权同时滋生出一整套的内诸司使系统，从政治、军事方面实现了垄断，故而唐后期的诸多问题如不从宦官角度进行剖析，则很难厘清。所以唐后期政治史与宦官系统高度相关，业已成为学界共识。由此展开的对此一系列相关问题的宏观论述，成为摆在学者面前的一道必须越过的难题。关于中晚唐政治史的研究，迄今没有跳出政治集团说的范畴，[①] 可以说该书仍是在传统理论框架下的尝试。

可以看出，作者似乎想仿照田余庆先生《东晋门阀政治》以门阀为切入点，找到中晚唐历史中一条提纲挈领的主线，以剖析长时段的历史脉络。作者提出的这条主线就是“宦官政治”。问题是，田先生对东晋历史提出门阀这条主线，进而概括这段历史为“门阀政治”，可谓一语中的。而较之东晋，中晚唐这段纷繁复杂的历史能否以“宦官政治”来简单概括？笔者对此持保留意见。作者目光只局限于中央高层内部或央地之间的

① 仇鹿鸣：《事件、过程与政治文化——近年来中古政治史研究的评述与思考》，《学术月刊》2019 年第 10 期，第 161 页。

矛盾斗争，而对这一时期的种种社会变化未予关注。过往纯粹的政治史研究内容主要是藩镇、宦官、党争并立，在并无过硬证据、不能推翻这一前提的情况下，任意拔高其一而不及其余，说服力仍显不足。诚如胡宝国先生所说："单纯的政治史研究可以解释从去年到今年的政治演变，但却无力解释政治形态的根本变化。当整个政治形态都发生变化的时候，它必定牵涉到超出政治史范围的更大的历史变动。"[①]

概言之，该书通过关注对象提出新的问题。此类研究，对既有问题的反思有价值，颇有解释力。在做出解释的同时，作者尝试对此类权力互动基础做进一步的分析和总结，提出具有方法论意义的概念。作者对史料进行了穷尽式的搜罗整理，用力之勤令人感佩，深化了我们对史事细节的认识；但该书对"宦官政治"等核心概念的内涵、外延缺乏界定，对于宦官以外的政治史影响因素关注不足，使得方法论层面的思考未能充分达到目的。

（黄楼：《神策军与中晚唐宦官政治》，中华书局，2019）

① 胡宝国：《读〈东晋门阀政治〉》，《书品》2002 年第 2 期，第 8 页。

陈铁民《守选制与唐代文人的诗歌创作研究》

吴夏平

近年来，唐代文学研究日新月异，涌现出大量论著；但是，这些成果究竟在多大程度上推进了古代文学研究，又为后人提供了怎样的方法借鉴，需要仔细分析。程千帆先生曾说："创新有三种情况：一、前人所未涉及或未论述过的东西，你论述了，这叫创新。二、前人已做过一些研究，但做的还不够充分，有继续补充和扩展的必要，或是前人解释尚不够圆满，不能让人完全信服，有必要作进一步的解释。这种在前人基础上的进一步扩充和重新解释，也是一种创新。三、就是前人对某一问题已有涉及和论述，但其论断并不正确，需要加以修正，也是一种创新。"① 由此可见，学术创新极其不易。判断一部学术著作是否具有创新价值，需要将之置于相关学术史中进行考察，通过比较才能获得准确认识。从"制度与文学"研究史来看，陈铁民先生新著《守选制与唐代文人的诗歌创作研究》可以说是该领域的新创获。以下拟从学术史、选官制度、唐诗研究、制度与文学研究方法等方面展开分析。

一　唐代制度与文学研究回顾

要理解陈先生为何选择守选制与唐诗关系进行研究，必须回到近年来制度与文学研究的学术背景中去。笔者曾对此问题有所考察，发表《"制度与文学"研究的成就、困境及出路》② 一文，兹略述如下。

---

① 巩本栋编《程千帆沈祖棻学记》，贵州人民出版社，1997，第 129~130 页。

② 吴夏平：《"制度与文学"研究的成就、困境及出路》，《北京大学学报》（哲学社会科学版）2017 年第 5 期，第 124~133 页。

20世纪上半叶，有学者开始关注科举与唐诗的关系，如日本铃木虎雄发表《唐代考试制度与诗赋》（张我军译，载1929年3月30日天津《益世报》附刊），施子愉发表《唐代科举制度与五言诗之关系》（载《东方杂志》第40卷第8号，1944年）。1980年，程千帆先生《唐代进士行卷与文学》一书出版，不仅深化了对此问题的认识，而且还创新了研究模式。1986年，傅璇琮先生《唐代科举与文学》一书出版。此后，不少研究者仿其写作模式，撰写了类似选题，如唐代幕府、文馆、贬谪、铨选、音乐、政治、交通、教育、谏议等制度及其与文学之关系，得到学界高度关注。以唐代为基点，制度与文学研究朝纵横两个方向展开。纵向是指历时性研究，横向是指领域的拓展。先秦史官制度、乐制，汉代东观著作、仕进制度、教育制度，魏晋南北朝选官、著作郎官制度，宋代馆阁、科举等制度，明清书坊、选官等制度与文学关系的选题不断增多。不仅如此，现当代文学也受古典文学研究风气影响，涌现出不少论述文学制度、文学奖励机制、文学机构与文学关系的著作。有学者将其称为“文史对话”，认为其价值体现在“借助于对社会文化的广阔考察，文学研究这一感性的事业获得了某种史学的坚韧和扎实，因而推动着学科走向成熟”。[①]

如果追问傅璇琮先生何以要将科举与文学作为研究对象，应重回20世纪80年代初的学术环境。在1980年出版的《唐代诗人丛考》中，傅先生说：“若干年前，我读丹纳的《艺术哲学》，印象很深刻……由丹纳的书，使我想到唐诗的研究。”[②] 并征引丹纳名言：“艺术家不是孤立的人。我们隔了几世纪只听到艺术家的声音；但在传到我们耳边来的响亮的声音之下，还能辨别出群众的复杂而无穷无尽的歌声，像一大片低沉的嗡嗡声一样，在艺术家四周齐声歌唱……艺术家本身，连同他所产生的全部作品，也不是孤立的。有一个包括艺术家在内的总体，比艺术家更广大，就是他隶属的同时同地的艺术宗派或艺术家家族。”[③] 在丹纳这些理论的启发下，傅先生强调，通过研究，“我们仿佛走进了那个时代，迎面所接触的

① 李怡：《文史对话与中国现当代文学研究》，《中国社会科学》2016年第3期，第172页。

② 傅璇琮：《唐代诗人丛考》，中华书局，1980，第1~2页。

③ 傅璇琮：《唐代诗人丛考》，第1页。

是那个社会所特有的色彩和音响”。[①] 由此可知，西方文学社会学是傅先生科举制度与文学研究的重要思想源头之一。此外，20 世纪 80 年代末至 90 年代，傅先生花了不少时间专研陈寅恪先生的学术思想，发表了一系列论文。[②] 这些论文主要是对“陈寅恪热”的关切和回应。实际上，早在此前，陈先生的学术思想已融进傅先生的著作中。可以说，《唐代科举与文学》作为“制度与文学”研究领域的开山之作，其学术渊源根植于中西学术传统的碰撞，是新知与旧识交融的结果。傅先生的研究及后来众多追摹之作，成为当代古典文学研究的亮丽风景。从这层意义上说，傅先生开创的“制度与文学”研究范式，意义重大：一是改变了古典文学研究格局，使之成为现代学术史中不可或缺的一环；二是构建了新的文史理论，具有重要的方法论意义；三是解决了文学史研究中的相关问题，一些重要学术现象得到深入研究。

很显然，《守选制与唐代文人的诗歌创作研究》是在上述学术背景中生成的。诚如陈铁民自述：“我对守选制的研究兴趣，是在读了王勋成先生的《唐代铨选与文学》之后。”[③] 王勋成先生在《唐代铨选与文学》（初版于 2001 年）的绪论中说：“二十世纪九十年代中叶，我在阅读傅璇琮先生的《唐代科举与文学》一书时，突然萌发了想研究唐代铨选与文学的念头，很显然，是受其启发的结果；书写成后，又承蒙傅先生写了序。”[④] 这样一来，就形成了一条清晰的从科举到铨选再到守选制研究的学术脉络。不过在文学研究之外，史学界对唐代选官制度的研究成果也很丰富，如吴宗国《唐代科举制度研究》、宁欣《唐代选官研究》、刘后滨《唐代中书门下体制研究》《唐代选官政务研究》、孙国栋《唐代中央重要文官迁转途径研究》、赖瑞和《唐代基层文官》《唐代中层文官》《唐代高层文官》、

① 傅璇琮：《唐代科举与文学》，陕西人民出版社，1986，第 2 页。

② 傅璇琮：《一种文化史的批评——兼谈陈寅恪的古典文学研究》，《中华文化》1989 年第 1 期，第 75~83 页；《陈寅恪思想的几点探讨》，《清华大学学报》（哲学社会科学版）1990 年第 2 期，第 52~68 页；《陈寅恪文化心态与学术品位的考察》，《社会科学战线》1991 年第 3 期，第 233~243 页；《略谈陈三立——陈寅恪思想的家世渊源试测》，《中国文化研究》1993 年第 1 期，第 62~67 页。

③ 陈铁民：《守选制与唐代文人的诗歌创作研究》，中国社会科学出版社，2021，第 1 页。

④ 王勋成：《唐代铨选与文学》，中华书局，2021，第 6 页。

赵璐璐《唐代县级政务运行机制研究》等。这些著作也是理解和认识陈先生研究守选制与唐代文学关系的重要基础。

二　唐代选官制度研究的新突破

李唐立国之初，人们还处在对战乱的惊悸恐惧中，多不愿出仕。随着政局逐渐稳定，特别是唐太宗"贞观之治"后，人们的入仕意愿不断提高，竞争开始加剧。但中央和地方各机构的官位是有限的，这样一来，想入仕或已入仕需升迁的人数与有限官位之间的矛盾越来越突出。这种现象在武则天和唐中宗时期变得更加严重，虽然当时已采取员外、同正、试、摄、检校等各种任官方法，但都未能很好地解决选人多而官缺少的问题。逐年累积下来的六品以下前资官，以及每年新增获得科举出身需入职者，像滚雪球般越积越多。每年在长安等待员缺以求注官的人数多至数万，给京城造成很大压力。在这种情况下，开元十八年（730），侍中裴光庭制定"循资格"，守选制作为选官制度正式确立。简言之，守选制是按参选者类别规定待选的不同年限，为解决官缺少而选人多问题而制定的一项选官制度。这就意味着，此后，吏部在进行选官时有了确定的守选制度依据。但实际情况并非如此简单，例如，开元十八年之前，是否存在守选制度？获得进士、明经出身者，开元十八年以前需要守选吗？以门荫入仕者以及流外入流者又如何守选？这些是研究守选制必须解决的问题，也是讨论该制度与唐诗关系的重要基础。陈先生对此做了全盘考察，取得了以下几方面突破。

（一）守选与待选

王勋成先生认为，唐代自始至终都存在守选制度："及第举子的守选自唐初贞观年间就开始了"，[①]"在唐代，进士及第不守选即授官，可以说是没有的"。[②] 因此，在具体论述唐代铨选各层次问题时，他并未区分守选与待选，而是笼统地称作守选制。其实，守选与待选在字面意义上并无不

① 王勋成：《唐代铨选与文学》，第2页。

② 王勋成：《唐代铨选与文学》，第5页。

同，“守”和“待”表示的都是等待员缺的意思。但从制度发生和演变角度看，又确实存在待选与守选两个阶段。待选是指守选制度正式确立之前的选官现象，守选则是制度正式形成之后的选官规则。二者相较，待选阶段官员选任也存在守选现象，但因尚未成为正式制度，属于惯例，故而在实际施行时具有随意性。一旦以诏敕形式发布，成为正式制度后，执行时也就更加严格。陈先生认为：“守选是一种正式的制度，有自己的形成过程，待选则是守选制度形成以前，社会上存在的一种较为普遍的现象。”① 将守选对应于“正式的制度”，待选对应于“普遍的现象”，这种划分具有制度史研究的启发意义。也就是说，任何一种制度的正式确立，都需要经历较长的过程。这个过程符合事物发展的一般规律，也是解决社会和政治问题的必经途径。社会各阶段的矛盾并不相同，随着时间推移，一些矛盾消失了，一些矛盾却越积越深，需要制定相关制度予以解决或缓和。唐代守选制度的发生和发展也同样经历了这样的过程。总体来看，贞观年间及高宗初期，选人与官缺的矛盾虽然存在，但尚不突出。因此，唐初虽也存在官员待选现象，但尚未形成正式的守选制度，这个判断符合史实。

（二）新及第进士和明经守选的实行问题

王勋成先生认为，唐代及第进士一般守选三年，明经一般守选七年。这一点，陈先生是赞同的。二人的分歧在于及第进士和明经守选制开始实施的时间。王先生认为，唐代及第举子的守选制自唐初贞观年间就开始了，唐代进士及第不守选即授官，可以说是没有的。陈先生对此有不同看法，他说：“唐代确实存在着及第进士的守选制，但它的形成、发展过程如何，所称及第进士必须守选三年才能授官，是否初、盛唐时就已存在，都需要作进一步研究。”② 陈先生对王先生所列几条论据做了细致辨析。其一，“贞观”与“贞元”之辨。陈先生依据谭庄《初盛唐及第进士守选制说指疵》一文指出，《唐会要》卷七五《贡举上·帖经条例》所载“贞观九年五月敕”之“贞观”，应是“贞元”之误，因此，这条材料不能作为

① 陈铁民：《守选制与唐代文人的诗歌创作研究》，第 17 页。
② 陈铁民：《守选制与唐代文人的诗歌创作研究》，第 35 页。

贞观年间已开始实行及第举子守选的证据。其二，关于“前进士”的称呼问题。王先生认为“前进士”之称在高宗总章二年（669）就存在，说明当时已经有守选制了。陈先生则认为，从现存的唐代资料看，“前进士”之称最早出现在唐玄宗开元、天宝年间。“前进士”与守选制虽有一定联系，但若当时无守选制，“前进士”之称也还是有其意义，因为从关试到铨选授官之间有一段时间，这段时间对及第进士只能称“前进士”。另外，有些新及第进士参加铨选而不得官，也还只能称作“前进士”。其三，《册府元龟》所载诏文的解读问题。陈先生认为，《册府元龟》载玄宗开元三年（715）六月诏文，“其明经、进士擢第者，每年委州长官访察，行业修谨、书判可观者，三选听集。并诸色选人者，若有乡闾无景行及书判全弱，选数纵深，亦不在送限”，是指各州长官要对本州吏部选人的善恶加以访察，访察对象有两类，一类是有科举及第出身的前资官，另一类是各种非科举出身的前资官。因此，诏文中“明经、进士擢第者”，是指已经担任了地方官职的前资官，而非新及第进士和明经。那么，初盛唐时期进士及第后授官的具体情况到底如何？陈先生列举出土墓志所载 14 个例子，证明初盛唐并不存在新及第进士必须守选三年才能授官的定制。不仅如此，他通过对孙逖、李昂、鲜于仲通、李华等人任职情况的具体分析，发现不少初盛唐进士在及第后多年尚未授官。这样正反两方面的例举，确能说明初盛唐进士及第后的授官情况。陈先生进一步指出，新及第进士的守选制，大抵形成于安史之乱发生后的肃、代之际。这是因为安史之乱后藩镇割据，吏部能够署授的官吏员额大为减少。在这种压力之下，新及第进士也必须守选。自此至唐末，进士守选三年的制度一直在实施。

明经及第者的入仕过程，要比进士及第者更复杂一些。根据规定，明经及第后只先授给散官，还需要在吏部服役当差一段时间并通过考核，才允许参加吏部的冬集铨选。这个过程称为“明经授散”，自唐初至玄宗开元初一直实行着。开元十六年（728），因国子祭酒杨玚建议，对明经授散制度做了调整。根据新规，只有习《礼记》加《易》，或《礼记》加《尚书》者才需要授散当番。贞元九年（793）五月，朝廷再发布新规，明经习《礼记》者也不必授散当番。至此，明经授散制度就自然停止了。新及第明经守选制形成的时间与进士情形差不多，大抵也在安史之乱发生后的肃、代之际。其成因，也是受藩镇割据后署官员额大量减少的影响。

（三）对以门荫入仕及流外入流者守选问题研究的特殊意义

所谓以门荫入仕，是指皇亲国戚、有封爵者和五品以上官员的子孙具有以门荫入仕的资格。一般情况下，这些皇室贵族及高官的子孙大都要进入中央官学接受教育，再以馆监生徒身份参加科举考试。但事实上，因科考竞争激烈，馆监生徒成功者极少。据开元十七年（729）国子祭酒杨玚上言，馆监诸学每年考中进士、明经的只有一二十人。因此，这些皇室和贵族子弟多直接以门荫入仕。[①] 所以，这里讨论的其实是皇室和贵族子弟这一特殊群体的出路问题。他们多通过担任斋郎、挽郎，或充任皇帝和太子的侍卫，或充任亲事、帐内（即亲王等的侍卫、陪从）及其他杂掌等途径获得出身。在取得入仕资格后，再与其他前资人一样守选，等到守选年满后，由吏部依据相关程序铨资注官。不过，他们待选或守选的时间要比进士、明经出身者长得多，一般至少十几年，有些人甚至一生皆为“吏部常选”，未能获得官职。以门荫入仕者的守选，展示了唐代权贵阶层入仕的另一幅真实图景。从这个角度看，唐代“循资格”选官制度虽有各种弊端，但在限制特权和维护社会秩序等方面确实发挥了重要作用。

据《唐六典》所载，流外官是指“凡未入仕而吏京师者”。[②] 因此，陈先生所言流外官包括的三个群体，其中在中央各部门负责办理各种具体事务的胥吏，以及六品以下九品以上官员之子可参加流外选，但州县胥吏不由尚书吏部补授，也不能入流。[③] 流外官的铨选，由吏部郎中二人中的一人负责，因被铨选的对象是未入国家正式编制的九流，故被称为“流外铨”，也称作“小铨”。其铨选程序大致与流内铨相同。不过，流外官的待选或守选时间略短，一般为三年。但是，流外官如要入流担任职事官，实现从吏到官的蜕变，条件比较严苛。唐初担任流外官六至七年，即可入流

---

① 吴宗国：《唐代科举制度研究》，北京大学出版社，2010，第 14 页。

② 李林甫等编《唐六典》卷二《尚书吏部》，“吏部郎中员外郎之职”条，陈仲夫点校，中华书局，1992，第 36 页。

③ 吴宗国：《唐代科举制度研究》，第 19 页。

为职事官。玄宗开元年间，规定要“十考六上”，亦即担任流外官必须满十年，而且其中有六年考核等第为上。满足这些条件，才能获得从流外官转变为流内官的资格，此后才能按照流内官的铨选程序参与选拔。流外官是唐代官员的一个重要来源，研究这个特殊群体的铨选问题，有助于更清晰地认识唐代官员选任中的清浊观念。

三　制度张力：通向制度史研究的新路径

制度作为建构及维护秩序的手段和工具，对相应群体的行为具有重要制约作用；但人又总是以符合个体利益的最大化作为基本原则来规划和设计行为，面对制度束缚和限制，总会在相应范围内寻求规避或超越制度的各种方法。所以，有某种制度在，就一定有反制度的行为在，这就形成了制度张力。长期以来，研究制度与文学之关系者，多着眼于制度顺应，较少思考制度冲突。事实上，摆脱束缚是人类的天性，自古至今如此，未来还是如此。从这个角度看，在唐代选官系统的整体性之下，观察唐人如何摆脱守选制带来的绳束，为理解和认识他们的行为提供了重要切入口，因而既是制度史研究的新路径，也是研究制度与文学关系的新方法。

唐人摆脱守选的具体路径有哪些？其核心又是什么呢？陈先生指出，“出选门”包括两种情况：一种是成为五品以上职事官，另一种是成为六品以下常参官。唐人常用的方法主要是参加科目选、制举、荐举、入使府。无论走哪一条路径，最终都是希望首先能够成为六品以下常参官。因为根据制度规定，只有成为起居郎、起居舍人、通事舍人、诸司员外郎、侍御史（以上六品），左右补阙、殿中侍御史、太常博士（以上七品），左右拾遗、监察御史（以上八品）等六品以下常参官，才能摆脱守选并快速升迁。因此，无论采取哪种方式摆脱守选，其核心目标都只有一个，那就是成为六品以下常参官。陈先生抓住这个关键点，具体分析了科目选、制举、荐举、入幕等方式与唐人摆脱守选的关系。

科目选的设置是为了消除“循资格”的弊端，以利于真正有才华者脱颖而出，故其设置时间一定在“循资格”制定后不久。依据《通典》所载，当在开元十九年（731）。书判拔萃科和博学宏词科每年录取的人数都只有三人，这对于缓解人多缺少的压力并无实质意义。其实际作用是为那些有真才实学者提供摆脱守选并获得快速升迁的路径。在陈先生列举的大量例子中，可以看到参加科目选成功者，都能较快地成为监察御史、拾遗等六品以下常参官。科目选每年录取的人数很少，但应考者非常多，原因就在于成功后不仅不用守选，而且还可获得任职上的优待。由此可知，科目选的吸引力主要还在于能够快速成为常参官。

制举以天子名义举行，登第者亦由天子下诏公布，交由中书门下立即授官，因此成为文人摆脱守选的一条重要路径。参与制举者，可以是白身人、有出身人，或有官职者。陈先生通过大量实例对此三种不同群体的制举及第者进行分析，发现他们登第后大多有较大机会，或直接成为拾遗、监察御史等六品以下常参官，或经过几任职务，再升为拾遗、监察御史等六品以下常参官。由此再次证明，成为六品以下常参官是唐人升入“出选门”的五品以上官员，以至于成为宰相的关键性环节。这也就很好地解释了为什么有些人要多次参加制举，因为他们摆脱守选的目的非常明确，要么成为敕授的六品以下常参官，要么升任五品以上的官员。

唐代荐举的举主有一定资格限制，多为宰相和台省长官、地方长官以及六品以下常参官，有时皇帝也亲自荐人。荐举与摆脱守选的关系，主要体现在举主推荐的官职多为拾遗、监察御史等六品以下常参官。但也存在另一种现象，即举主推荐的官职虽非六品以下常参官，但却能沿着校书郎到畿、赤县簿、尉，再到监察御史、拾遗，最后成为五品以上官员的路径升迁。可见，荐举制的核心也是围绕六品以下常参官展开。陈先生列举的大量例子，表明荐举应是唐人选择摆脱守选的常规路径，因为科目选每年录取人数有限，而制举又并非每年都举行。

唐代文人入幕，当然也可能被幕主推荐或被朝廷征召而入朝任职，或者在使府中不断升迁为上佐，再迁为州刺史或节度使，但总的来说这种情况较少。从摆脱守选角度看，大多数入幕文人追求的是府主为其奏请的朝衔和宪衔。因为使府去职后朝衔或宪衔在铨选中发挥着重要作用。府主替幕僚奏请的朝衔多为校书郎、正字、协律郎、卫率府兵曹参军、大理评事、员外郎、郎中等，宪衔则为监察御史、殿中侍御史、侍御史。《旧唐书·德宗纪》载贞元九年（793）十二月丙午，制“今后使府判官、副使、行军已下，使罢后，如是检校、试五品以上官，不合集于吏部选，任准罢使郎官、御史例，冬季闻奏。”① 据此可知，幕职所带朝衔或宪衔虽为虚职，但在罢使后的吏部铨选过程中能发挥实际作用。假如入幕时获得五品以上朝衔或监察御史等宪衔，罢使后不用守选，可直接参选。即便不能获得上述美衔，仅只六品以下的试官，如试校书郎、试正字之类，虽尚未达到免除守选的条件，但也可按校书郎、正字参选，进而获得美职。唐代秘书省、弘文馆、集贤院等所置校书郎（校理）、正字实职员额，全部合计在二十人左右。按照唐人常规最佳仕进路线，即校书郎（正字）—畿、赤县簿、尉—监察御史、拾遗—五品以上官员，校书郎和正字自然成为争夺最为激烈的起家官。因此，通过入幕获得监察御史之类的常参官宪衔，或者获得校、正之类的朝衔，是唐人竞相入幕的真实原因。从摆脱守选角度看，获得五品以上朝衔或监察御史等宪衔，是入幕者竞趋的重中之重。

由上述可知，唐代文人摆脱守选的多种路径是以获得六品以下常参官为核心展开的。选择某种方式，或多种方式并用，依据的是各自的自身条件和所能利用的社会资源。但是，这里面还有两个问题。一是一旦成为六品以下常参官，是仅获得一次免除守选的机会，还是永久性地不用守选？从史传所载案例来看，成为六品以下常参官后，仍有可能出为非常参官，不过他们还是有较多机会再入为常参官。这样看来，在升入五品“出选门”之前，他们要反复不断地争取进入常参官序列，才能保证快速升迁。二是中晚唐士人跻身精英阶层的途径问题。刘后滨先生指出，中晚唐士人跻身精英阶层，逐渐形成了一条以八俊为标志的新途径。② 所谓“八俊”，是封演《封氏闻见记》中提出的一种概括性认识：“宦途之士，自进士而历清贵，有八俊者：一曰进士出身、制策不入。二曰校书、正字不入。三曰畿尉不入。四曰监察御史、殿中丞不入。五曰拾遗、补阙不入。六曰员外郎、郎中不入。七曰中书舍人、给事中不入。八曰中书侍郎、中书令不

① 《旧唐书》卷一三《德宗纪》，中华书局，1975，第378页。

② 刘后滨：《宦途八俊：中晚唐精英的仕宦认同及其制度路径》，《北京大学学报》（哲学社会科学版）2019年第6期，第94页。

人。言此八者尤为俊捷，直登宰相，不要历余官也。”[①] 这里的“不入”，是指此八个步骤之外的其他出身和官职都不入八俊之列。这个仕宦阶梯，为深入理解中晚唐文人的行为选择提供了新视角。

四　唐代诗歌史研究的新收获

从守选与摆脱守选角度重审唐诗，发现很多此前未能理解或未很好做出解释的现象和作品，都可以获得新认识。研究守选制与唐诗关系，前人已做了不少尝试。例如，王勋成先生曾在《唐代铨选与文学》第九章中论及选举制及铨选与文学的关系。不过，王先生主要致力于唐代铨选制度研究，对制度与文学的关系关注较少，因而文学研究方面还有很广阔的空间。通察陈先生对守选制与唐诗关系的研究，发现其主要贡献有以下几方面。

其一，守选制与唐诗联结的基本原理。研究守选制与唐诗关系，首先要解决的问题是二者联结的内在机制和表现形式。陈先生的方法是，以守选制对唐人行为产生的作用力为基础，从时空流动和心理变化两个维度展开分析。因待选或守选，文人在两任官职之间有较长时间，有些人选择按常规居家待选，有些人则利用间隙去漫游。为摆脱守选，他们又想尽各种办法，或入使府或干谒或交游，这就使他们所处时空不断发生变化，而时空变化是创作变化的重要基础。同时，守选与摆脱守选之间形成的张力，促使唐人不断调整行为方式和心理状态以适应新变化，进而影响他们的诗歌写作。但守选制对诗歌写作产生的持续作用力又并非简单直接，而是经由一个媒介，陈先生称其为生活风尚。守选与摆脱守选的交互作用，使唐人生活风尚各异，呈现为隐逸、漫游、入幕、干谒、交友等不同形态。与生活风尚相适应，其诗歌创作也多样化，包含山水田园诗、山水行旅诗、使府诗、干谒诗、友情诗等不同内容。因此，守选制与唐诗的内在关联，可表述为守选制—生活风尚—诗歌创作。这就打开了守选制与唐诗联结的密码。

① 封演撰，赵贞信校注《封氏闻见记校注》卷三，中华书局，2005，第18页。

其二，守选制视角下的唐诗新认识。这里所说的新认识，非指唐人创造了诗歌新题材或新内容，而是从守选角度对其创作行为和作品予以重新理解。陈先生指出唐人隐逸有不同类型，有的是真隐逸，有的是在乡间或山林读书而为入仕做准备，有的是亦官亦隐式的“休假隐居”，有的是辞官归乡。但也存在另两种与守选制相关的隐居：一种是在两任职务之间的待选或守选期间，他们居于田园山林，唐人亦谓之隐居；另一种是文人登第后未能立即授官，在守选或待选期间回到田园山林居住，过着隐居生活。显然，后两种在守选期间隐居创作的诗歌与其他山水田园诗当有不同，若视其为一般意义上的山水田园诗，显然不符合作者本意。例如，王维守选期间隐于淇上所作《归嵩山作》，颈联“荒城临古渡，落日满秋山”，颇有落寞之感，当与他尚未“出选门”的待选心境有关。开元二十九年（741），王维以殿中侍御史身份完成“知南选”后隐于终南山，所作《终南别业》则极其平淡，丝毫没有隐居嵩山时的落寞。这与他已“出选门”，前途光明不无关系。事实上，第二年春，王维即出为常参官序列的左补阙。新及第进士待选或守选期间创作的山水田园诗，显然也不能简单地将之等同于一般隐逸诗。陈子昂于永淳元年（682）进士及第后，还故乡射洪待选，曾作《酬晖上人秋夜山亭有赠》：“皎皎白林秋，微微翠山静。禅居感物变，独坐开轩屏。风泉夜声杂，月露宵光冷。多谢忘机人，尘忧未能整。”此诗写山水，格调高古，但其中也暗含了待选焦虑，故而反复说“独坐”“宵光冷”“尘忧”。施肩吾进士及第后曾隐居洪州西山，作《闲居遣兴一百韵》。五代王定保《唐摭言》认为，施肩吾好道，慕西山真风，高蹈于此，似无求仕之意。但联系诗人此前为求仕所做的各种努力，他不大可能甫一登第马上放弃。从待选角度重新理解这首长诗，更能接近施肩吾此阶段的真实心理。

唐人漫游大致有三种情况：一是出仕前的漫游，二是仕宦期间的漫游，三是低级文官守选或待选期间的漫游。因漫游目的不同，对其理解也应有所区别。例如，王勃总章二年（669）被逐出沛王府，他心知从免官到再次参加吏部铨选至少需要三年，故离京赴蜀漫游，作《入蜀纪行诗》三十首，诗作一改此前齐梁风习，变得清新自然而又境界高阔。待选制在其中发挥的作用，主要是促使王勃离京，进而改变其诗歌风格。

孟郊贞元十二年（796）进士及第后守选，其间漫游越中，写了不少山水行旅诗。这些诗歌风格明快平易，丝毫没有冷涩尖峭之感，当与其待选期间心情相对平和有关。据此可知，从守选或待选角度重新理解漫游诗，能获得对漫游之风形成及相关诗歌写作的新认知。

入幕是唐人摆脱守选的一条重要路径。边塞诗无疑是文人入幕期间创作的重要内容。从守选制出发，能系统把握文人入幕与边塞诗创作的关系。例如，中晚唐边塞诗留存十首以上者，有李益、武元衡、令狐楚等十一人。李益尤具代表性，他先后五次入边地使府，存诗五十余首，其中一半以上是在前两次入朔方时写的边塞诗。其《从军诗序》中说“出身二十年，三授末秩”，“末秩”是指他进士及第后所任河南府参军、华州郑县主簿、渭南县尉等未能摆脱守选的底层州县官。由此序可知，摆脱守选是李益积极寻求入幕的重要动机。在这种背景下，更能理解其边塞诗所写艰苦生活以及对建功立业的渴望之情。

干谒是制度之下唐人的正常行为，与今日所谓投机不同。唐人干谒行为，主要有为科举及第、铨选授官、获得荐举、入使府之干谒，以及直接干谒宰相和皇帝等不同类型。虽其目的有别，但所使用的方法大致相同，即多以诗文投献方式进行。为摆脱待选或守选，或者为获任美职，唐人多向主司或其他官员投献诗文。投献主司的例子，如王勃参加吏部铨选，作《古君臣赞》十篇并序，献给当时主持铨选的吏部侍郎裴行俭，获任虢州参军；骆宾王以《帝京篇》投献裴行俭，授长安主簿；王昌龄以《鉴略》五篇进献吏部侍郎李林甫，虽未获官，但这种行为同样有例证价值。投献其他官员的例子也不少，如萧颖士献杂诗五首与国子司业韦述，岑参献诗兵部侍郎李进，钱起献诗中书舍人王维，张祜献诗职方员外郎韩愈，等等。其中特别需要注意的是上书拜官制度，其实质是直接以诗文投献皇帝，如杜甫献三大礼赋得授右卫率府胄曹参军，李群玉诣阙献诗获任弘文馆校书郎，等等。从守选制角度研究干谒诗，不仅能深刻理解其文化内涵，而且还能补正史之缺，如据崔峒《扬州蒙选相公赏判雪后呈上》，可补史传失载的崔峒置选于扬州之事。

与守选制有关的交友诗歌，多以离别、赠答为主题。这些诗歌既有对贫贱之交的赞美，也有对势利之交的慨叹；既有对友人前程的关切，也有自述苦闷的感伤。可见交友虽不无功利目的，但也并非完全流于形式。诗中的复杂情感，多与制度束缚以及摆脱守选之艰难有关。因此，从待选和守选视角，结合荐举制度来观察，更能深入诗人内心，获得对交友诗歌的新理解。

其三，为重构唐诗史提供了史料和观念基础。陈先生从待选和守选出发，通过细致考证，对近百位诗人的早期行迹做了再研究，其中包括王勃、骆宾王、陈子昂、杜甫、马怀素、孙逖、高适、岑参、王维、王昌龄、萧颖士、储光羲、韦应物、常建、李颀、李端、钱起、耿沣、司空曙、施肩吾、许浑、欧阳詹、孟郊、郑谷、李益、武元衡、元稹、白居易、姚合、陆贽、严维、章八元、章孝标、朱庆馀、赵嘏、李绅、聂夷中等著名诗人，为重写唐诗史准备了新材料。陈先生最后总结守选制与唐诗繁荣的关系，提出“文人终生学文”的概念，指出围绕科举考试和摆脱守选，唐代文人一生都在致力于诗赋等方面的学习。这个判断大体上是成立的，因为能迅速摆脱守选而获得快速升迁者，相对于参选者总量来说，其数量是非常少的，绝大部分文人长期处于守选与摆脱守选之间。即便已“出选门”，但为交友求荐等需要，他们还要不断提高个人艺术水平，这是毋庸置疑的。

五 “制度与文学”研究方法的新思考

近四十年来，制度与文学研究获得长足发展，但在这个过程中也出现了各种问题，其中最重要的是对制度与文学关系的理解问题。有些成果虽标作某某制度与文学，但只论制度不论文学，或将制度和文学断为两橛，制度归制度，文学归文学，两者似乎没有关联。可见，要真正揭示制度与文学的内在联系，难度很大。陈先生在该书后记中也说：“这个课题之难还在于，要找到唐代守选制与诗歌创作的内在联系极为不易。”[①] 由此可知，陈先生曾对制度与文学的研究方法做了深入探索。大体而言，其思考主要有以下几方面。

其一，详细明辨制度是研究的重要基础。道理其实很简单，若未清晰

① 陈铁民：《守选制与唐代文人的诗歌创作研究》，第 377 页。

了解某种制度的生成和演变过程，则不可能抓住制度的特质，讨论其与文学之关系，显然也不可行。但要辨明制度本身又极不容易，因为有些制度或制度的某些方面，在传统制度典籍中要么没有记载，要么记载不全。如何解决这个问题？陈先生的方法是从原始文献中剔抉爬梳。例如，正史列传、唐人墓志等对传主和墓主的守选经历少有记载，因此必须从今存的诗文和其他零散材料中去考证发掘。初步统计，书中引用的具体事例有500多个，都是从两《唐书》、《全唐诗》、《全唐文》，以及《唐代墓志汇编》《唐代墓志汇编续集》等原始文献中爬梳钩稽出来的。再如，开元十八年（730）前是否已经实行守选制，制度典籍所载很不清晰，因而利用各种材料进行综合考辨就是一种非常有效的办法。对于唐代文学而言，研究守选制度本身，其意义主要在于重新认识唐代文人的生平经历，提醒研究者在阅读史传和墓志材料时需要注意其中略去的守选记载。研究唐人摆脱守选的各种方式，则能更好地理解唐人的创作行为，因为出于不同目的、在不同时段的诗歌写作，其风格面貌显然也不尽相同。

其二，充分注意制度与文学关联的权力本质。程千帆先生曾以科举制度为例，提出制度对文学有“促进”和“促退”两种作用。[①] 其“促”之义，即权力在文学领域的延伸。陈先生的研究有三点值得特别注意。一是制度张力。以往研究多关注制度的正面力量，多从文人对制度的顺应入手。这个切入点无疑是对的，但还应看到另一种情况，即为摆脱制度束缚而形成的反作用力。陈先生对唐人摆脱守选途径的研究，为此提供了极好的范例。二是制度合力。任何一种制度都不可能单独存在，必须依赖其他制度方能有效实施。守选制也是如此，守选制与科举、荐举、使府等制度，共同形成一个系统。守选制对文学的作用力，来自该系统多种制度形成的合力。三是作用力的流动性。制度本身是流动的，是“活”的，这就要求研究者不仅要重视制度的文本规定，而且要关注其实际表现，关注影响其活动的诸多因素。[②] 制度对文学的作用力也是不断变化的，因而研究制度与文学，尤其要注意二者关系的“活”性。

① 程千帆：《唐代进士行卷与文学》，上海古籍出版社，1980，第88页。

② 邓小南：《再谈走向“活”的制度史》，《史学月刊》2022年第1期，第103页。

其三，从作品出发解决文学史中的重要问题。陈先生强调，在搜集材料的准备阶段，必须首先从作品入手，熟悉作品是一切文学研究的基本前提。同时，制度与文学研究的最终目的，是要解决文学史中复杂而重要的问题。不少研究者先存制度观念，再找一些作品来解释这些观念，因而结论难免牵强附会。事实上，前述山水田园诗、山水行旅诗、使府诗、干谒诗、友情诗等，研究成果已相当丰富。因此，要将这些诗歌研究再推进一步，极为不易。陈先生之所以能推进唐诗研究，不仅因为守选制角度新颖，更因为他自 20 世纪末已着手准备资料，对此问题持续关注了二十余年。此外，陈先生几十年来一直从事唐诗研究工作，包括《王维集校注》《岑参集校注》《王维论稿》《唐代文史研究丛稿》《增订注释全唐诗》等在内的著作，使其对唐代诗歌作品以及唐诗研究史都非常熟悉。显然，只有在这样厚实的基础上，才有可能取得唐诗研究的重大突破。

受陈先生新著启发，笔者认为其中某些问题或可进一步探讨。例如，王维入河西幕府的身份问题。陈先生认为开元二十五年（737），王维以监察御史的身份出使河西节度。他说：“监察御史是六品以下常参官，说明王维入幕前，已摆脱守选，但监察御史（正八品下）毕竟是卑官，入幕能够为王维提供进一步升进的机会。”① 实际上，这里可能存在误解，监察御史实为王维入河西幕府所带宪衔。这是因为：第一，王维入河西幕府所任判官为其使职，无品级，因而宪衔实际上是其享受俸禄的依据。第二，宪衔与其去使职后的职务迁转有关。正如陈先生所言，幕职所带宪衔虽为虚衔，但又是去使职后职务迁转的重要依据。王维自河西归朝后，升任殿中侍御史（从七品下），与其在河西幕府所带监察御史宪衔关系密切。殿中侍御史为六品以下常参官，王维升任此职才真正摆脱守选。第三，带宪衔者具有参与地方案件审理的权限。② 再如，关于制度与文学的研究方法亦可进一步思考。笔者曾提出研究制度与文学关系的两条路径，亦即“制度—文人—文学”和“制度—文化—文学”。近来在研究和教学过程中又不断思索，认为制度与文学的内在联系，除文人和文化外，还应包括文

① 陈铁民：《守选制与唐代文人的诗歌创作研究》，第 302 页。

② 吴夏平：《王维〈使至塞上〉新赏》，《古典文学知识》2019 年第 1 期，第 26 页。

心、文献、文体，由此形成二者联动的五个层面。文人主要指文士的生存和生活方式，文化主要指文艺环境、社会思潮，文心主要指作者的创作观念、艺术心态，文献主要指作者阅读和创作所利用的书籍及资料来源，文体主要指与创作有关的体制观念、文学样式等。这样就构成一个多维立体空间，庶可整体而系统地论述制度与文学之关联。

（陈铁民：《守选制与唐代文人的诗歌创作研究》，中国社会科学出版社，2021）

再评曾瑞龙《经略幽燕：宋辽战争军事灾难的战略分析》*

——兼论宋军御辽作战的主要样式

曹兴华

一 问题提出：从“战略分层”到“弹性（积极）防御”

《经略幽燕：宋辽战争军事灾难的战略分析》是已故香港学者曾瑞龙的力作，开创了史学界借鉴军事学领域相关成果分析宋辽战争的先河。包伟民、何玉红、王化雨等学者曾分别对其内容和意义做过介绍和评论，[①]但对于该书核心观点，即将宋军作战失败归咎于“战略”层次间不协调，以及宋军所谓“弹性（积极）防御”方略的相关探讨稍显简略。鉴于该书对中国古代军事史研究的重大意义，仍有再次述评的必要。

全书除绪论和结尾之外，共分为八章。第一章通过总结既有成果的缺陷，归纳运用“战略分层”学说分析宋辽战争的必要性。第二章概括了唐末以来契丹辽朝对中原王朝关系的演变。第三章阐述了宋朝开国伊始，与辽朝围绕北汉政权的博弈。第四章指出了宋代主流所倡导的“弭兵论”，与五代以来军队长期形成的野战取向之间的强烈碰撞。第五章论述了宋军效法和尊奉五代战略文化是高梁河之战失利的主要原因。第六章归纳宋军

---

* 本文系成都师范学院高层次人才引进项目“唐末宋初中原军队战术体系演进研究”（YJRC2022-13）与陕西省教育厅一般专项科研计划项目“北宋西北缘边城寨军民生活用水研究”（20JK0389）阶段性成果。

① 参见包伟民《书生睿智、遗事绝唱——读曾瑞龙遗作〈经略幽燕：宋辽战争军事灾难的战略分析〉》，氏著《传统国家与社会：960～1279 年》，商务印书馆，2009；何玉红《战略文化视野下的宋辽战争史研究——读曾瑞龙〈经略幽燕：宋辽战争军事灾难的战略分析〉》，《书品》2006 年第 6 期；王化雨《评〈经略幽燕：宋辽战争军事灾难的战略分析〉》，《北大史学》第 18 辑，北京大学出版社，2013。

作战方式为“弹性（积极）防御”，并以满城之战为例加以论述。第七章从多个角度出发分析宋军岐沟关之战的失利，将其主要归因于战役计划实施过程中的偶然性和风险性。第八章认为宋军陈家谷之战、君子馆之战的受挫是战役法未能及时调整的结果。我们必须肯定该书为一部内容翔实、结构严整、特色鲜明的高质量论著。

有关宋辽战争的讨论一直是学界热议的话题，研究成果不胜枚举。该书能将宋史的众多相关史料文献契合起来，娴熟地加以应用，展现出了曾瑞龙先生扎实的史学功力。更难能可贵的是，该书不仅破除了传统的诸如“步不敌骑”“将从中御”等一系列定论，同时也开始尝试从军事学的角度探讨宋军的战法和战术问题。这得益于曾瑞龙先生吸收借鉴了西方军事学中的相关研究成果。

曾瑞龙先生主要运用了美国学者爱德华·鲁特瓦克（Edward Luttwak）的“战略分层”学说，将“战略”界定为大战略、战区战略、战役法、战术和技术这五个由高到低的不同层次。按照作者的观点，大战略层次“协调了政治、经济、社会和文化诸方面，规范了国家最基本和整体的努力方向”,[①] 也就是“国家战略”。战区战略是大战略和战役之间的桥梁和纽带，“使战略的分析能从军队的调动，纵深展布的战役要素，透过战区的地理因素分析，上升到大战略的层次”。[②] 战役法则主要是描述战役组织和实施的方法。至于较低层次的战术和技术，仅涉及具体战斗以及武器装备的应用问题。根据作者对“战略分层”学说的阐释，层次越高所涉及的内容越多，反之则越简单。

尤其值得关注的是，作者结合“战略分层”学说，重点探讨了宋军在战区战略层次表现出的“弹性（积极）防御”形式。“弹性防御并非直接保卫领土，而是采取机动战的模式，以击败敌军为保卫领土，因此也被称为机动防御，或者积极防御。”[③] 曾氏重点加以论述，一方面将“弹性（积极）防御”与“前沿防御”“纵深防御”并列，认为三者是战区战略的主

① 曾瑞龙：《经略幽燕：宋辽战争军事灾难的战略分析》，香港：中文大学出版社，2003，第 23 页。

② 曾瑞龙：《经略幽燕：宋辽战争军事灾难的战略分析》，第 22~23 页。

③ 曾瑞龙：《经略幽燕：宋辽战争军事灾难的战略分析》，第 34 页。

要表现形式；另一方面从具体战役的角度出发，论证“弹性（积极）防御”较“前沿防御”和“纵深防御”更适合宋代御辽的实际情况。

曾氏的立论主要站在军政关系和战略文化的角度，分别是：其一，宋军并未在边境线上展开前沿防御；其二，五代军队的御辽作战经验使得北宋初年的军队具有强烈的野战取向；其三，宋军的职业兵制，也就是募兵制，保证了一支强大野战力量；其四，辽军的南下线路多沿唐河、徐河中央突破，较为固定，利于宋军组织防御，提前设伏，出奇制胜。因此，宋军失败可以主要归因于“弹性（积极）防御”战略。总体来看，这一说法立论充分，论证有力，有一定的合理性。

然而，有关“战略分层”和“弹性（积极）防御”的论述，均不只见于西方的军事学著作。中国人民解放军亦有自己的“战略分层”学说，分为战略、战役和战术三个层次。毛泽东曾经说过：“研究带全局性的战争指导规律，是战略学的任务。研究局部性的战争指导规律，是战役学和战术学的任务。”① 同时，他还在《论持久战》中强调了抗日战争的军事策略，即：“战略防御中的战役和战斗的进攻战，战略持久中的战役和战斗的速决战，战略内线中的战役和战斗的外线作战。”② 也就是说，虽然抗日战争中，中国在战略层次上无法避免地处于防御态势，但落实具体作战方法要积极组织进攻的战役和战斗。他的这一理论，也被称为“积极防御”。那么，毛泽东提出的“积极防御”和曾氏笔下的宋军“弹性（积极）防御”是否一致呢？

二 “弹性（积极）防御”：宋军御辽适用性的讨论

中国式弹性（积极）防御的经典战例不胜枚举。譬如：十六国时期，太元二十年（395）燕魏参合陂之战就是北魏太祖拓跋珪，“羸形以骄之”，“邀中山之路”，集中两万主力于参合陂反击慕容宝的经典战例。“魏王珪夜部分诸将，掩覆燕军，士卒衔枚束马口潜进。……燕军将东引，顾见之，士卒大惊扰乱。珪纵兵击之，燕兵走赴水，人马相腾蹑，压溺死者以

① 《毛泽东选集》第1卷，人民出版社，1991，第175页。

② 《毛泽东选集》第2卷，第484页。

万数。略阳公遵以兵邀其前，燕兵四五万人，一时放仗敛手就禽，其遗迸去者不过数千人。"[①] 此战为北魏政权统一中国北方的关键战役之一。

而在宋辽战争中，宋军两次进攻幽云地区，皆被辽军诱敌深入，以弹性（积极）防御击败。保宁四年（972）高梁河之役，幽州守将韩德让、耶律学古虽在宋军闪击攻势下猝不及防，却能凭借为数不多的兵力顽强地防御城池，牢牢牵制住宋军的主力，为反击做好准备。同时，辽军主力耶律休哥、耶律沙和耶律斜轸等部在幽州外围不断集结，阴蓄力量，最终在高梁河发起反击，一举击溃宋军主力。[②] 统和四年（986）岐沟关之役，针对宋军曹彬、田重进、潘美三路并进以会师幽州的方略，耶律休哥率领的辽军不断袭扰和牵制宋军主力曹彬部，最后寻机发起决定性反击将其歼灭。这一关键性的反击战斗，迫使其他两路宋军无功而返，再一次成功地完成防御任务。[③] 上述战例最显著的特点就是，将反击作为作战的关键，通过积极进攻的手段实现防御的目的。

宋辽战争中，宋军"会兵设伏夹击之"的几次战斗，则与上文所述存在差别，主要体现在列阵正面防御，辅以小部队夹击、迂回。如太平兴国四年（979）满城之战，"契丹大入侵，镇州都钤辖、云州观察使浚仪、刘延翰帅众御之，先阵于徐河。崔彦进潜师出黑卢堤北，缘长城口，衔枚蹑敌后，李汉琼及崔翰亦领兵继至"。[④] 又如太平兴国五年（980）雁门之战，"潘美言自三交口巡抚至代州，会敌十万众侵雁门，令杨业领麾下数百骑自西陉出，由小陉至雁门北口南乡与美合击之，敌众大败"。[⑤] 再如端拱二年（989）徐河之战，宋将尹继伦"令军中秣马，会夜，遣人持短兵潜发蹑敌后"，发起袭击。随后，宋军李继隆列阵与尹部形成夹击，"敌望见大军，遂奔溃，自相蹂践死者无数"。[⑥] 可见太宗朝，宋军同时结合正面防御和迂回夹击的情况已经屡见不鲜。

---

① 《资治通鉴》卷一〇八，太元二十年十一月乙酉条，中华书局，1956，第 3424 页。

② 《辽史》卷九《景宗本纪下》，中华书局，1974，第 101～102 页。

③ 李焘：《续资治通鉴长编》（以下简称《长编》）卷二七，雍熙三年五月庚午条，中华书局，2004，第 611～613 页。

④ 《长编》卷二〇，太平兴国四年十月庚午条，第 462 页。

⑤ 《长编》卷二一，太平兴国五年三月癸巳条，第 473 页。

⑥ 《长编》卷三〇，端拱二年七月丁未条，第 682 页。

到了真宗年间，宋军经过一系列的改进和摸索，逐渐在部署上形成定制：

> 镇、定、高阳三路兵宜会定州，夹唐河为大阵，立栅以守，量寇远近出军。俟敌疲则先锋出致师，用骑卒居中，环以步卒，接短兵而已，无远离队伍。
>
> 又分兵出三路：以六千骑屯威虏军，魏能、白守素、张锐领之；五千骑屯保州，杨延昭、张禧、李怀岊领之；五千骑屯北平寨，田敏、杨凝、石延福领之，以当贼锋。始至勿轻斗，待其气衰，背城以战。若南越保州，与大军遇，则令威虏之师与延昭会，使腹背受敌。……契丹将遁，则令定州大军与三路骑兵会击之，令普统军一万于莫州，卢文寿、王守俊监之，敌骑北去，则西趋顺安军袭击，断西山之路。[①]

由此可见，针对辽军经常性的、来自保州方向的南下进攻，宋军的应对方略大致如下。

第一，辽军大举南下，宋军迅速集中镇州、定州、高阳关三路主力大军，会合在唐河、徐河之间组成坚固的大阵，正面迎击辽军主力。

第二，魏能、杨延昭、田敏各领一路骑兵为全军的先锋，“以当贼锋”。若辽军进展迅猛，突破中路的保州防线南下，则魏能、杨延昭等合力袭击辽军的侧后，与主力形成南北夹击，“使（辽军）腹背受敌”。

第三，石普在莫州的一万兵马作全军的预备队。若辽军撤退，宋军诸部全力追击。这时候，石部“西趋顺安军”截击敌军，“断西山之路”，尽可能地扩大战果。

可见，宋军列阵与前锋出击是同时进行的。按照宋军“骑，两翼以蔽于前，阵成而骑退”的思路，[②] 只要辽军南下保州，宋军一面列阵，一面出动前锋骑兵与辽军战斗。因而，宋军御辽的一系列作战存在针对辽军正

① 《宋史》卷三二四《石普传》，中华书局，1978，第10472~10473页。

② 《宋史》卷三六六《吴璘传》，第11416页。

面实行的阵地防御，同时遣精兵进攻侧翼的迂回和夹击，似乎吻合曾氏所描述的西方式“弹性（积极）防御”。

然而，不论中西的“战略分层”学说，都规定了“战略自上而下构成指导关系，自下而上构成服从和服务关系”。[①] 宋军在“崇文抑武”和“守内虚外”方略指导下，长期突出表现为：“以维持域内稳定和对外防御为宗旨，其主要职责便是镇压内乱，而非与塞外强敌（辽军）争锋，边防战略自然演化为全面和消极的防御性。”[②] 在这一形势下，宋军以稳定秩序为目的进行军事建设，军队被过度管控。因此，无论军事战略还是战役、战术层面，宋军更多表现为被动和消极的抗击。

宋军在战役和战术层面，其关键性作战显然不是反击，而且参与“反击”，作为“迂回”“夹击”的作战部队更不是主要力量。在御辽作战中，一般参与正面阻击作战的是排列成“平戎万全阵”或常阵的宋军主力，占其参战兵力的绝大多数，“平戎万全阵”的兵力部署为十四余万人，[③] 常阵则为“中军阵步骑常满十万人”。[④] 然而宋军针对辽军翼侧实施迂回打击的机动部队数量相对有限，无法形成有规模的强大“反击”。雁门之战中杨业率领迂回的骑兵部队仅有八百人，而徐河之战中尹继伦袭击辽军侧后的骑兵仅一千余人，至真宗朝杨延昭等诸将麾下的骑兵总数不过两万人。他们在数量上、质量上都无法与“每蕃部南侵，其众不啻十万”[⑤] 的辽军抗衡。这些脱离大阵、独立作战的骑兵，只能以袭击的方式与敌作战，不可能对敌方予以决定意义上的打击，更无法起到扭转战局的关键作用。

与此同时，在宋辽战争中，宋军失败往往并非因为夹击和遮断战斗的失利，而是缘于正面阻击部队被辽军击溃。辽军亦集中主力，合力进攻宋军相对固定、顽强防守的大阵。满城之役，宋军取得大胜的主要原因是主将崔翰听从了部将赵延进、李继隆的建议，改变了原定的阵法部署，与崔

① 寿晓松主编《战略学教程》，军事科学出版社，2013，第 19 页。

② 陈峰：《简论宋朝的治军特点与边防困境》，《西北大学学报》（哲学社会科学版）2018 年第 1 期。

③ 曾公亮、丁度等：《武经总要》卷七《平戎万全阵法》，《中国兵书集成》第 3 册，辽沈书社、解放军出版社，1988，第 282 页。

④ 曾会亮、丁度等：《武经总要》卷七《本朝常阵制》，《中国兵书集成》第 3 册，第 318 页。

⑤ 《宋史》卷二六四《宋琪传》，第 9126 页。

彦进所部的迂回、夹击关系不大。[①] 又如咸平三年（1000）裴村之役，宋将范廷召领偏师与康保裔部合击辽军。辽军对范廷召部围而不打，集中力量将康保裔所率主力“围之数重”，并予以全歼。[②] 再如咸平六年（1003）望都之役，辽军对宋军主力大阵的穿插行动，成功地将大阵东偏的王继忠部和王超部隔开，“敌悉众攻东偏，出阵后焚绝粮道”，以致王继忠部全数败没。[③]

上述所示，宋军是消极抵抗，显然有别于八路军和新四军虽处于防御态势，却又主动地深入敌后寻找战机。也就是说，“弹性（积极）防御”，在中西军事学界似乎是两种全然不同的解释。中国强调的积极主动，主要是用以攻代守的方式实现防御战略，总体上属于战役学的内容。而西方只是将其作为战区战略中，区别于前沿防御和纵深防御，且带有夹击、迂回、遮断行动的一种防御战略，并不突出积极主动。那么，结合上述所论，再用西方所谓“弹性”甚至“积极”等词形容御辽作战中的宋军，就显得有些偏颇了，似乎可以重新界定。

三　坚守防御：消极防御下的宋军作战

既然宋军的御辽算不上弹性（积极）防御，那么又是什么呢？除了弹性（积极）防御之外，野战防御主要还有运动防御与坚守防御两类，需要分别进行讨论。

运动防御，又称迟滞防御，即全军于一定地区和时间内逐次地转换阵地，依靠层层防线，节节抗击敌人进攻。其实质是在广袤的纵深内，以空间换取时间，通过钳制、迟滞、消耗等手段逐渐地消耗对方的进攻力量。它的核心要素是时间，以牺牲一部分地方和兵力为代价，将战争的时间拖得越久，胜利的天平就越往己方倾斜。它一般适用于执行方国土面积广大、军队力量弱小，而对方军队力量极度精强的情况。在力量极度不对称的情况下，作为运动防御的执行方很难组织起坚固的阵或阵地进行顽强防御，更没有能力进行决定性的反突击，仅能寄希望于延长作战时间不断地

① 《宋史》卷二七一《赵延进传》，第9300页。

② 《长编》卷四六，咸平三年正月乙酉条，第985页。

③ 《长编》卷五四，咸平六年四月丙子条，第1190页。

消耗敌军有生力量，最终获得胜利。这类双方力量极不对称的战斗盛行于近代，较为世人熟知的是1812年俄国元帅库图佐夫在博罗季诺组织军队抵御拿破仑的侵略。俄军较大程度地消耗了法军精锐后，主动撤出战斗，为赢得战争的最终胜利奠定了基础。[①] 同时，我国抗日战争中的正面战场也属于典型的运动防御。由于其在古代的战争中并不多见，兹不赘述。相对而言，坚守防御才是古代防御作战的常态。

坚守防御是最传统、最常用的防御作战样式，主要依托阵、阵地和城池顽强地抗击敌人的进攻。整套作战计划以固守己方阵地（阵）的空间为大前提，聚力于在主要阵地上大量杀伤、消耗敌人，最终达成防御的目的。指挥员通过列阵或构筑野战阵地，加强防护，能够在一定程度上弥补自身力量的不足。在冷兵器时代，由于敌军的打击力量不强，在野战中还不太需要构筑防护工事。只需要将士兵按一定的队形排列，互相掩护后方和翼侧，组成坚固防御阵形。依托阵形的稳固性和严密性，同样能起到一定的防护作用。

中国古代的大多数防御战役属于坚守防御。譬如：西周宣王迎击徐国，“前其虎臣之将，阚然如虎之怒，阵屯其兵于淮水大防之上”。[②] 至德二载（757），唐军为收复安史叛军盘踞的长安，“列长阵而待之”，却被敌军突破。唐将李嗣业“乃脱衣徒搏，执长刀立于阵前大呼，当嗣业刀者，人马俱碎，杀十数人，阵容方驻”，[③] 终将叛军击败。后周显德元年（954），周世宗在高平防御北汉军队的进攻，“令侍卫马步军都虞候李重进、滑州节度使白重赞将左，居阵之西厢；侍卫马军都指挥使樊爱能、步军都指挥使何徽将右，居阵之东厢；宣徽使向训、郑州防御使史彦超，以精骑当其中”。[④]

可见，坚守防御样式主要应用于抗击正面攻击能力强的敌军，直截了当，可操作性强。宋军集中主力部队列阵，抗击辽军进攻，较符合坚守防御的典型特征。

① 参见柯春桥主编《世界军事简史》，解放军出版社，2015，第149页。

② 《册府元龟》卷四四《帝王部·神武》，周勋初等校订，凤凰出版社，2006，第475页。

③ 《旧唐书》卷一〇九《李嗣业传》，中华书局，1975，第3299页。

④ 《旧五代史》卷一一四《世宗纪一》，中华书局，1976，第1512~1513页。

其一，相较于攻势歼敌，宋军更重视列阵而守。

宋朝历来重视防御性阵法、阵图的设计和改进，并将其付诸实施。宋太宗尤其强调排兵布阵对于防御骑兵的重要性，“大抵行军布阵，当务持重，虽有勇者率数千人以先犯贼，亦无能损益，适足挠乱行伍。朕每深戒之，违令者必斩，果无敢轻率者。布阵乃兵家大法，非常情所究，小人有轻议者，甚非所宜”。[①]

宋代皇帝常在作战之前赐予诸将各种防御性的阵法和阵图。在太平兴国四年的满城之战前，太宗就御赐“平戎万全阵”给前线将领，“赐阵图，分为八阵，俾以从事”。[②] 至道二年（996）宋军讨伐李继迁，太宗再赐阵图给诸将，“朕自为阵图与王超，令勿妄示人”。[③] 受到其父的影响，宋真宗同样如此。咸平三年裴村之战前，“以殿前都指挥使王超、权都虞候张进为先锋大阵往来都提点，马步军都军头呼延赞、马军都军头王潜为先锋，滨州防御使王荣、马步军副都军头王继忠为策先锋，内出阵图示超等，令识其部分”。[④] 景德元年（1004）澶州之战，宋真宗“内出阵图二，一行一止，付殿前都指挥使高琼等”。[⑤] 宋军在整个御辽战争中对阵法的倚仗可见一斑。

与崇尚骑战，“师行必借马力，不数十万，不足与虏争”[⑥] 的汉唐不同，宋代对于骑兵这一擅长快速攻歼兵种带有偏见。对此，王曾瑜先生有过研究，认为：与唐代相比，宋代的马源不足，仅靠贸易获得的马匹并不足以满足军队对外战争的需要；主流士大夫战略目光短浅，以经济利益衡量国防建设，加之除狄青、岳飞重视并善于骑战，其余军事将领皆恪守“以步制骑”的陈旧观念，导致有宋一代皆不重视骑兵建设；宋军长期固守以步兵防御的传统思路，未意识到组建快速机动大兵团的重要性，而是将骑兵分散于各个战场，作为步兵的附庸。[⑦] 换言之，宋军的战术层面以

① 《长编》卷四〇，至道二年九月乙卯条，第 852 页。

② 《宋史》卷二七一《赵延进传》，第 9300 页。

③ 《长编》卷四〇，至道二年九月乙卯条，第 852 页。

④ 《长编》卷四五，咸平二年十二月辛酉条，第 970~971 页。

⑤ 《长编》卷五八，景德元年十一月乙亥条，第 1287 页。

⑥ 《新唐书》卷一二二《魏元忠传》，中华书局，1975，第 4342 页。

⑦ 参见王曾瑜《宋朝军制初探（增订本）》，中华书局，2011，第 370~380 页。

拱卫中军方阵为核心，重视针对辽军骑兵的列阵而守。

其二，宋军的作战任务是驱敌离境，并非尽歼敌寇。

经历了两次北伐失利，宋朝的国防战略转为全面被动防御，突出表现为：以薛居正、张齐贤和赵普等为代表的主和派文臣不断抨击北伐，朝堂上弭兵论占据主流。如薛居正说："昔世宗起兵，太原倚北戎之援，坚壁不战，以致师老而归。及太祖破敌于雁门关南，尽驱其人民分布河、洛之间，虽巢穴尚存，而危困已甚。得之不足以辟土，舍之不足以为患，愿陛下熟虑之。"[①] 赵普抨击更甚："远人不服，自古圣王置之度外，何足介意。窃虑邪谄之辈，蒙蔽睿聪，致兴无名之师，深蹈不测之地。……伏愿陛下审其虚实，究其妄谬，正奸臣误国之罪，罢将士伐燕之师。非特多难兴王，抑亦从谏则圣也。"[②] 最终宋太宗认可了文臣的主张，回应道："治国在乎修德尔，四夷当置之度外。"[③] 朝堂上的军事决策完全被"位不高则朝廷易制，久不易则边事尽知，然后授以圣谋，不令生事"的思想风气所笼罩。[④]

在被动防御方针指导下，宋军的作战任务已经违背了"消灭敌人、保存自己"的战争逻辑，逐渐形成"来则掩杀，去则勿追"[⑤] 的认识。名臣宋祁曾对此解释道："朝廷与敌相攻，必不深入穷追，驱而去之，及境则止。"[⑥] 王曾瑜先生也对此有概括性的总结："宋廷不是设法如何集中兵力，聚歼进攻的辽军，而只是开挖塘泊，兴置稻田，以阻碍辽朝骑兵的奔冲。"[⑦] 换言之，宋军并不考虑如何歼灭敌人，而只是将其击退，驱逐出境。

对于如何达成防御目的，朝堂上众说纷纭。宋琪提出："近边州府，只用步兵，多屯弩手，大者万卒，小者千人，坚壁固守，勿令出战。……俟其阳春启候，虏计既穷，新草未生，陈荄已朽，蕃马无力，疲寇思归，

① 《长编》卷二〇，太平兴国四年正月丁亥条，第 442 页。

② 《宋史》卷二五六《赵普传》，第 8934~8935 页。

③ 《长编》卷三四，淳化四年十一月甲寅条，第 758 页。

④ 《长编》卷四五，咸平二年十二月丙子条，第 974 页。

⑤ 《长编》卷四五，咸平二年十二月丙子条，第 974 页。

⑥ 《长编》卷一七四，皇祐五年正月壬戌条，第 4195 页。

⑦ 王曾瑜：《宋朝军制初探（增订本）》，第 527 页。

逼而逐之，必自奔北。”[①] 吴淑则提出：“夫匈奴所长者骑兵也，必须平远广野，云布雾散，驰逐往来。士卒前无所依，后无所据，故戎骑雷动飙至，易致退缩，苟非联车以制之，则何以御其奔突哉？故用车战为便。”[②]

最终，宋军采取一方面分兵把守边防要地，“贼众南驰，长驱深入，咸婴城自固，莫敢出战”；[③] 另一方面，建设和改造沿边河塘，“顺安寨西开易河蒲口，导水东注于海，东西三百余里，南北五七十里，资其陂泽，筑堤贮水为屯田”，[④] 并寄希望借此有效地抵御辽军骑兵。这也标志着，宋军在战略层面已经彻底放弃了积极进攻。

其三，宋军缺乏强大的机动攻歼能力。

对于实施弹性防御而言，需要迅速机动，果断实施反击。具体而言，实施反击是战斗核心，故而机动力和突击力是两大基础性条件。很显然，两者均不是宋军的强项。

以步兵为主的宋军行军时仰仗专门的阵形，称为“行为方阵法”，“令四角相接，结成方阵，缓急遇贼即战，贼远则成阵而行”。[⑤] 雍熙三年（986），宋将曹彬率部北伐，采用“结方阵，堑地两边而行”的方式行军。[⑥] 至道二年（996），名将田绍斌在讨伐李继迁的行军中，“为方阵，使被伤者居中，自将骑三百、步弩三百，与敌兵角于浦落河”，并对此解释说：“蕃贼禽兽，不可追也。勿弃辎重与战，当按辔结阵徐行。”[⑦]

事实上，这样牺牲机动力的行军方式看似严整，却是在给辽军骑兵的袭击创造战机，史载：“丁夫悉持弓矢自卫，兵给拒马、劲弩，令为方阵而行……当寇之暴集，战具未暇施设，而丁夫已溃乱。”[⑧] 这也说明，宋军以步兵为主，机动能力不是其长项，更适合倚仗弓弩结阵，实施坚守防御。

---

① 《宋史》卷二六四《宋琪传》，第 9127 页。

② 《长编》卷五〇，咸平四年十一月乙卯条，第 1086 页。

③ 《长编》卷三〇，端拱二年正月癸巳条，第 667 页。

④ 《宋史》卷二七三《何承矩传》，第 9328 页。

⑤ 参见曾公亮、丁度等《武经总要》卷五《行为方阵法》，《中国兵书集成》第 3 册，第 186~191 页。

⑥ 《辽史》卷八三《耶律休哥传》，第 1300 页。

⑦ 彭百川：《太平治迹统类》卷二《太祖太宗经制西夏》，校玉玲珑阁抄本，第 191~192 页。

⑧ 《长编》卷三九，正道二年五月辛丑条，第 833 页。

弓弩手是宋军的主力，也是其最主要的打击力量。“制骑以弩”，一直是宋代朝堂文武的共识。名臣宋琪曾说：“只用步兵，多屯弩手，大者万卒，小者千人。”[①] 仁宗朝的大臣王尧臣也指出：“以精兵扼险，强弩注射，旁设奇伏，断其首尾，且追且击，不败何待。”[②] 除了文官，武将张亢也宣称：“官军所恃者，步军与强弩尔。”[③]

宋人笔下的军队作战，“故弩当别为队，攒箭驻射，则前无立兵，对无横阵。若虏骑来突，驻足山立，不动于阵前，丛射之中，则无不毙踣。骑虽劲，不能骋，是以戎人畏之”。[④] 因此，宋军的弓弩训练偏重斗力，不追求命中率，“惟务斗力多而不求所射疏密”。[⑤] 譬如至道二年，宋军征讨李继迁的乌、白池之战，“布阵，万弩齐发，贼无所施其技，矢才一发，贼皆散走”。[⑥] 又如庆历年间，张亢率部在建宁寨抵御西夏军，“万弩齐发，贼奔溃”。[⑦] 大多数情况下，宋军的弓弩齐射仅能对敌人的进攻起到遏制的效果，“敌人未至，万弩齐张，敌骑既还，箭如山积”，[⑧] 无法对敌有生力量进行歼灭性打击。

宋军过于倚重弓弩打击，抛弃了前人“弩不离于短兵”的思想，[⑨] 提倡“弩当别为队”。现代的军事学者对冷兵器时代的战斗做出总结：“突（冲）击过程中虽然有时也进行射击，但它毕竟还起不到决定性的作用，因为最后解决战斗还得靠冷兵器的突（冲）击。”[⑩] 宋军不重视突（冲）击和格斗训练，“不会短兵，束手受害”，[⑪] 又缺乏骑兵，导致其较弱的突

① 《宋史》卷二六四《宋琪传》，第 9127 页。

② 《宋史》卷二九二《王尧臣传》，第 9773 页。

③ 《宋史》卷三二四《张亢传》，第 10484 页。

④ 曾公亮、丁度等：《武经总要》卷二《教弩法》，《中国兵书集成》第 3 册，第 103~104 页。

⑤ 《长编》卷一三一，庆历元年七月丙寅条，第 3152 页。

⑥ 《长编》卷四〇，至道二年九月乙卯条，第 852 页。

⑦ 范镇：《东斋记事》卷一，中华书局，1980，第 6 页。并见于韩琦《安阳集》卷四七《故客省使眉州防御使赠遂州观察使张公墓志铭》，《宋集珍本丛刊》第 6 册，线装书局，2004，第 599 页上。

⑧ 《长编》卷三〇，端拱二年正月癸巳条，第 1669 页。

⑨ 李筌：《神机制敌太白阴经》卷六《教弩图篇》，王云五主编《丛书集成初编》第 943 册，商务印书馆，1935~1937，第 148 页。

⑩ 总参谋部军训部：《战术学基础》，解放军出版社，1987，第 163 页。

⑪ 尹洙：《河南先生文集》卷二〇《奏阅习短兵状》，《宋集珍本丛刊》第 3 册，第 457 页上。

（冲）击能力无法实施大规模的反击。因此，宋军的胜仗也只是击溃战，而并非消灭敌人的歼灭战。

四　结语

综上所论，曾瑞龙先生根据西方军事战略学原理，尤其是“战略分层”说，得出了宋军御辽实施“弹性（积极）防御”战略的结论，值得商榷。毕竟僵化的宋军长期消极抵抗辽军，可能难以用“弹性”甚至“积极”来形容，而坚守防御似乎更为恰切。坚守防御一般是以全力固守阵地为主，再辅以一定的攻势行动。那么，宋军在立足集结主力、打阵地战的基础上，另遣一部分兵力迂回打击敌军，是能够对应的。这就是兵家所谓的：“当敌为正，外击为奇。”[①]

战争是力量与智慧的对决。随着战场形势不断变化，作战指导方针也应该做出改变。宋辽战争中，宋军也曾被迫进行弹性防御，如咸平四年（1001）威虏之战。宋军本来的作战计划因为“大阵犹在中山，前阵先锋已至威虏”而搁浅，[②] 能够迎敌的仅是以骑兵组成的前阵部队。宋将杨延昭、杨嗣率部诱敌深入，“自北掩击，且战且退”，[③] 主力李继宣、秦翰、魏能等部待辽军进入预定伏击位置后，与其“合势大战”，终将之尽歼于羊山的牟山谷，[④]“戮二万余人，获其伪属大王、统军、铁林相公等十五人首级”。[⑤] 这一个战例同时也在告诫指挥员，必须根据战局的变化对作战部署做出应变。南宋名将岳飞说得好：“阵而后战，兵法之常。运用之妙，存乎一心。”[⑥] 但当时这样的战例并不多见，以“弹性（积极）防御”概括宋军御辽作战的整体情况似乎还是欠妥。

当然，曾瑞龙先生是当之无愧的以军事学原理分析宋辽战争的先驱。他敢于突破的创新精神，以及运用“战略分层”思想解读战争史的方法，

---

① 曾公亮、丁度等：《武经总要》卷七《本朝常阵制》，《中国兵书集成》第 3 册，第 317～318 页。

② 《长编》卷五〇，咸平四年十一月戊寅条，第 1084 页。

③ 《宋史》卷二七二《杨延昭传》，第 9307 页。

④ 《宋史》卷三八〇《李继宣传》，第 10146～10147 页。

⑤ 《长编》卷五〇，咸平四年十一月丙子条，第 1082～1083 页。

⑥ 《宋史》卷三六五《岳飞传》，第 11375 页。

对中国史研究具有重大的意义和贡献。美中不足的是，该书直接以“弹性（积极）防御”概括宋军御辽，产生了“水土不服”的情况，值得后人警惕。

（曾瑞龙：《经略幽燕：宋辽战争军事灾难的战略分析》，香港：中文大学出版社，2003）

附　录

《唐宋历史评论》第一至十辑目录

第一辑目录

书评

殷守甫：Tackett，Nicolas，*The Destruction of the Medieval Chinese Aristocracy* 中国中世贵族的解体

皮庆生：张文昌《制礼以教天下——唐宋礼书与国家社会》

陈昊：廖育群《医者意也——认识中医》

第二辑目录

笔谈：唐宋史研究如何对待新材料？

荣新江：漫谈隋唐史研究中的史料运用问题

邓小南：宋代史料整理二题

刘浦江教授纪念专栏

邱靖嘉：刘浦江先生学术成就与思想述评

钟焓：评刘浦江《松漠之间——辽金契丹女真史研究》

维舟：良史的胸怀、视野与方法——评刘浦江著《松漠之间——辽金契丹女真史研究》

专论

孟宪实：论武则天称帝

刘后滨、顾成瑞：政务文书的环节性形态与唐代地方官府政务运行——以开元二年西州蒲昌府文书为中心

高柯立：南宋地方政治探微——以朱熹按劾唐仲友事件为中心的考察

王杨梅：南宋中后期告身文书形式再析

黄宽重：交游酬唱：南宋与元代士人的兰亭雅集

札记

梁太济：大中宰相魏扶史事杂考五题

吴宗国：唐代的科技、外贸与绘画——唐史漫笔三题

第三辑目录

第四辑目录

第五辑目录

第六辑目录

第七辑目录

书评

第八辑目录

笔谈

专论

札记

述评

第九辑目录

第十辑目录

札记

述论

书评

第十一辑作者研究或学习单位索引

卜天舒　中国人民大学国学院

曹兴华　成都师范学院马克思主义学院

邓梦园　陕西师范大学文学院

何美峰　南京师范大学历史系

何如月　陕西师范大学文学院

何文钦　西安电子科技大学人文学院

何亦凡　中国社会科学院考古研究所

黄子芸　中国人民大学历史学院

李　超　湖南省社会科学院（省人民政府发展研究中心）

刘　缙　西安电子科技大学马克思主义学院

骆　勇　中国人民大学历史学院

王孙盈政　四川师范大学历史文化与旅游学院

韦　兵　四川大学历史文化学院

魏聪聪　中央美术学院人文学院

吴夏平　上海师范大学人文学院

肖靖可　湖南大学岳麓书院

闫建飞　湖南大学岳麓书院

余　辉　杭州师范大学人文学院

张亦冰　中国人民大学历史学院

征稿说明

一、本刊由中国人民大学唐宋史研究中心和浙大城市学院浙江历史研究中心合办，入选中文社会科学引文索引（CSSCI）来源集刊。

二、本刊为半年刊，主要刊发基于问题导向的唐宋历史专题研究，以及以专题述评、书评为主的唐宋史研究学术史的梳理。文章形式为论文、书评、述评、笔谈、读史札记等。鼓励学术创新，竭诚欢迎国内外学者赐稿，不限字数。

三、本刊实行双向匿名评审。

四、凡向本刊投稿的作者，应允许本刊对原文进行必要的文字修改，如不同意，请于来稿时说明。

五、本刊所发书评实行约稿制，不接受投稿。

六、来稿请附上作者信息及联系方式，包括作者姓名、工作单位、研究方向、通信地址、联络电话、E-mail。

七、请勿一稿两投。自投寄后两个月内，如未收到本刊通知，作者可自行处理稿件。

八、投稿方式：电子稿请发送至本刊专用电子邮箱 tangsongreview@163.com，来稿请遵循本刊所登文稿格式规范的要求。

《唐宋历史评论》编辑部

《唐宋历史评论》文稿格式规范

一、本刊一律使用简体字、新式标点符号。

二、文内分节的数字顺序依次是：

一、二、三居中，单独题号不加顿号。

|（一）（二）（三）|1. 2. 3. |（1）（2）（3）

三、重要引文另立段落者，引文首行开头空四格，次行起每行之首均空二格。引文的首尾不加引号。引文的注释号写在引文最后标点之后的上方。

四、第一次提及帝王年号，须加公元纪年，如：建元元年（前 140）、天宝十一载（752）。第一次提及外国人名，须附原名。中国年号、古籍卷、叶数用中文数字，如贞观十二年，《宋史》卷五八，《西域水道记》叶三正。其他公历、杂志卷、期、号、页等均用阿拉伯数字。引用敦煌文书，用 S.、P.、Φ.、Дx.、千字文、大谷等缩略语加阿拉伯数字形式。

五、古代重要地名在后面括号内注出今地名。如：沛（今江苏沛县）。

六、注释规范：

1. 注释采用页下注，注号使用①、②、③……标识，每页单独排序，其位置放在标点符号之后的右上角。

2. 引用他人著作必须注明出处。引用著作依次注明责任人（著、编、译、校等）、著作名（篇名用双书名号）、出版单位、出版年份、页码；引用文章依次注明作者、文章名、所载刊物及出版年份、期数或卷次（报纸注年、月、日）。以书代刊的注出版社。如：

唐长孺：《魏晋南北朝史论丛》，三联书店，1955，第 51~52 页。

周一良：《关于崔浩国史之狱》，《中华文史论丛》1980 年第 4 辑，第 113 页。

陈垣：《致王国维》，1925 年 2 月 20 日，陈乐素、陈智超编校《陈垣史学论著选》，上海人民出版社，1981，第 619 页。

〔芬兰〕韦斯特马克：《人类婚姻简史》，刘小幸、李彬译，商务印书馆，1992，第 7 页。

3. 引用古籍须注出责任人（著、编、点校、校注等）及书名、卷次、篇名，并注明版本（常用古籍可不注著者、版本）。如：

《颜氏家训》卷七《音辞》，乾隆五十四年抱经堂校定本。

李心传：《建炎以来朝野杂记》甲集卷九《故事》“百官转对”条，徐规点校，中华书局，2000，第 170 页。

4. 外文著作请按原文依次注明著者、著作名、出版地、出版单位、出版年份、页码；文章注明著者、文章名、所载刊物及出版地、期数或卷次、日期、页码。书刊名用斜体，论文加引号。如：

Sarah Grogan, *Body Image*: *Understanding Body Dissatisfaction in Men*, *Women and Children*, London and New York: Routledge, 1999, p. 16.

Edward Schafer, “The T’ang Imperial Icon,” *Sinologica* 7: 3, 1963, pp. 156-160.

七、专题论文须附 300 字左右的中、英文内容提要和关键词。

图书在版编目(CIP)数据

唐宋历史评论. 第十一辑 / 包伟民，刘后滨主编
. -- 北京：社会科学文献出版社，2023.5
ISBN 978-7-5228-1381-3

Ⅰ.①唐… Ⅱ.①包… ②刘… Ⅲ.①中国历史-研究-唐宋时期 Ⅳ.①K240.7

中国版本图书馆 CIP 数据核字(2022)第 256460 号

唐宋历史评论(第十一辑)

主　　编 / 包伟民　刘后滨

出 版 人 / 王利民
责任编辑 / 赵　晨
文稿编辑 / 汪延平
责任印制 / 王京美

出　　版 / 社会科学文献出版社 · 历史学分社(010)59367256
地址：北京市北三环中路甲 29 号院华龙大厦　邮编：100029
网址：www.ssap.com.cn
发　　行 / 社会科学文献出版社（010）59367028
印　　装 / 三河市东方印刷有限公司

规　　格 / 开　本：787mm × 1092mm　1/16
印　张：21.75　字　数：338 千字
版　　次 / 2023 年 5 月第 1 版　2023 年 5 月第 1 次印刷
书　　号 / ISBN 978-7-5228-1381-3
定　　价 / 79.00 元

读者服务电话：4008918866